日仏交感の近代

Modernité des empathies franco-japonaises

文学・美術・音楽

Littérature, art, musique

宇佐美 斉［編著］

京都大学学術出版会

京都大学人文科学研究所研究報告

序文

宇佐美　斉

日仏の文化交渉は、幕末から数えて今日にいたるまでおよそ一五〇年におよぶ。本書のめざすところは、その実態を具体的なヒトとモノの交流に着目しながら、それが相互の文化的創造性においてどのような成果をもたらしたのかを、文学、美術、音楽の領域を横断的に考察することにある。端的に言って、日本人にとってのフランス文化、フランス人にとっての日本文化、このふたつを具体的な文物を手がかりにして、異なった専門分野の研究者が協力して考察することを主眼とする。そこからさらに異文化コミュニケーションが提起する諸問題、例えば翻訳がもたらす効用と誤解、相互理解の恩恵と困難、あるいは文化接触が生む創造性と摩擦による弊害等についても、さらに理解の度を高めることをめざす。

取り扱う主題は当然多岐にわたるが、ここでは具体的に三つの主要テーマについてあらかじめ略述しておきたい。

（1）日本近代におけるフランス文化受容の特異性として、正系からの逸脱、周辺的なもの、趣味的な分野への偏愛が指摘し得る。出口裕弘氏が『辰野隆　日仏の円形広場』（新潮社、一九九九年）で指摘するように、「フランスといえば料理、ワイン、オートクチュール、美術、映画、忘れずに音楽――日本では久しくそれが通念になっている」のである。ドイツやイギリスの文化が明治政府の構想する国のかたちと密接な関係を維持しつづけたのに対し、フランスの文化は政権の中枢からはずれた社会の周辺部において、ある意味では徒花のようにして深く浸透した。フランス文学の受容に限ってみても、例えばヴォルテールよりはルソーが、古典主義やロマン主義の大家たち（例えばラシーヌ、モリエール、ラマルチーヌ、ユゴーら）よりも、ボードレール、ヴェルレーヌ、ランボー等の象徴派詩人が突出して受容された。この特異性を和歌や俳諧を生んだ日本の文化的土壌と関連させながら考察するとどうなるか。

（2）フランス近代における日本文化受容の問題点。ジャポニスムについての研究はすでに相当の成果が蓄積されている。本書が扱うのはそれ以降のフランス美術、文学における日本文化の受容である。具体例をあげるなら、一八八五年にパリで出版された和歌の選集『蜻蛉集』の研究である。この詩集は原題を *Poèmes de la Libellule*（蜻蛉の詩篇）といい、和歌八八首のフランス語訳を収める。フランス語のテクストを作成したのは、詩人のジュディット・ゴーチエであり、これにはパリに留学中であった若き日の西園寺公望が原歌の選択から下訳にいたるまで多方面にわたって協力した。表紙絵と挿絵を担当したのは同じくパリに滞在中の画家山本芳翠であった。この詩集をテクストと図像の両面から解析することによって、世紀末のフランス美術や象徴派の文学運動との関連までを解き明かすことが、ここではめざされる。

（3）日本におけるフランス音楽受容の諸問題。洋楽導入にあたって日本がモデルにしたのはドイツだった。近代フランス音楽の情報が日本にもたらされるのは、ようやく明治末年になってからのことである。これ以降の日本におけるフランス音楽は、以下の三つのモードに大別される。「古くさい権威としてのドイツ音楽に見切りをつけて、パリ・モダニズムの最先端に追随しようとするハイカラ派」、「偉大にすぎるドイツ古典の権威から逃避して、近代フランスの音楽語法を借用することで日本エキゾチズムを演出するフォークロア派」、そして「ドイツを中心に発展してきた西洋音楽を、エクリチュールに還元して手っ取り早くマスターしようとする技術派」。こうしたモードを検討することによって、異文化の受容と創造性の問題を考察することができる。

以上のように、本書が課題とするものの独自性としてまず挙げられる点は、文学、美術、音楽の諸領域が有機的にかかわる現場を重視して、その実態の解明と考察に意を用いたことである。また異文化交渉の提起する諸問題を、地域文化研究の一環として、日仏双方の内と外という区別そのものを問いなおす作業を行いながらも、あくまでも百数十年におよぶ日仏文化交渉の内実と創造性そのものを、具体的に問いなおすことに主眼が置かれている。このような作業を通してこそ、二一世紀の新しい日仏文化交渉の展望もまた得られるにちがいない、と思われるからである。

以下、具体的に本書の内容を略述する。日本におけるフランス文化とフランスにおける日本文化の近代を振り返った場合、そこに浮かび上がる主要な問題点を五つの方向から考究する二〇本の論文を収める。第Ⅰ部「出会いと触発」は、四本の論文からなり、幕末日本におけるフランス学の揺籃から昭和一〇年代におけるフランスの思想・文学の受容の問題までを扱う。第Ⅱ部「受容と創造」は、日本におけるフランス近代詩の移入と咀嚼、そしてその独自な創造的な展開を考察する四本の論文を収める。第Ⅲ部「虫と花のジャポニスム」は、一八八五年にパリで出版された和歌の仏訳『蜻蛉集』をテクストと挿絵の両面から総合的に扱う二本の論文と、これとほぼ同時代のアール・ヌーヴォーと深くかかわった高島北海におけるフランス、そしてプルーストとジャポニスムの関係を扱う論文とからなる。第Ⅳ部「もう一つのオリエンタリズム」は、フランスの近代作家が思い描いた日本像と、日本の近代作家が「水のイメージ」を媒介として日仏の交感をはかったいきさつとを通して、ジャポニスムとオリエンタリズムの問題を考察する四本の論文を収める。最後に第V部「幻のパリ」は、日本におけるフランス音楽の受容に見られるいくつかの特徴を通して、いわゆるフランスかぶれの現象やオクシデンタリズムの諸問題を、斬新な視点から解明する四本の論文からなる。

本書の特徴として特記しておかなければならないのは、ヴィジュアルな資料を有効に活用してテクストと図像との有機的な関連を解明することに意を用いたことである。とりわけ『蜻蛉集』におけるジュディット・ゴーチエのテクストと山本芳翠の挿絵の相互関係の解明、アール・ヌーヴォーとジャポニスムにかかわる図像学的な分析、寶塚少女歌劇にかかわる風俗史的な資料の援用等には、この特徴が顕著にあらわれるだろう。いずれも貴重な資料を駆使することによって、論旨に具体性と親しみやすさとを添えることが期待される。

最後に今後の課題と展望について若干の補足をしておきたい。文化交渉史の研究には、当然、軍事や外交政策など政治社会史的な視点、あるいは思想史的な視点をも援用することが求められる。私たちの研究はこうした視点を決して軽視するものではなく、むしろ必要に応じてこれらを積極的に参照することを心がけたつもりであるが、もとよりそうした諸問題を正面から論じたものではあり得ず、再考の余地や今後さらに検証すべき事柄も少なくはないはずである。日本近代史やフランス近代史の専門家たちとの意見の交換が、今後の課題として求められる所以である。

本書は、京都大学人文科学研究所において、二〇〇二年四月から四年間の予定で実施された共同研究の成果報告書である。日本人にとってのフランス文化、フランス人にとっての日本文化、このふたつを問うことから始めて、具体的なヒトとモノの交流を重視しながら考察をすすめて来た。そのうえで日仏両文化の相互的な交渉がもたらした豊かな創造性とその問題点とを、浮き彫りにするのが主なねらいであった。時代区分としては、フランスでいえば第二帝政と第三共和制の時代、日本でいえば幕末維新期から昭和一〇年代あたりまでを想定して、フランスの文学や諸芸術を対象とする研究者のみならず、日欧比較美術史、日本文化史、比較文明史などを専門とする研究者にも加わっていただいて、これまでに数十回におよぶ口頭発表と討議とを積み重ねて来た。また正規の班員としてではないが、必要に応じて海外からも複数の研究者の協力を得ることが出来た。特にトゥールーズ・ルミライユ大学のイヴ＝マリ・アリューとパリ第七大学のセシル・サカイの両氏からは、貴重な助言と情報を得ることが出来た。記して感謝申し上げる。

四年間にわたる共同研究班の運営に際しては多くの方々の協力を得たが、正規の班員として、またはゲストとして、口頭による研究発表を行っていただきながら、種々の理由から論文執筆をお願いできなかった方々のお名前を記して、深く謝意を表する。これらの方々の発表や議論の中での発言が、直接または間接に本書のあちこちで活かされていることは言うまでもない。

佐々木克（京都大学名誉教授）、横山俊夫（京都大学人文科学研究所）、丹治恆次郎（関西学院大学名誉教授）、アンヌ・ゴノン（同志社大学）、ジャック・ジョリー（英知大学）、小関武史（一橋大学）、佐藤洋子（明治大学）、クリスチアン・ドゥメ（パリ第八大学）、ジャン＝ジャック・チュディン（パリ第七大学名誉教授）。

なお本書の執筆者の一人である吉田城氏は、二〇〇五年六月に急逝された。永年にわたって病魔と戦いながら、精力的な研究活動を続けて来られた同氏への尊敬と感謝の念を抱きつつ、深く哀悼の意を表する。

本書の出版に際しては、『アヴァンギャルドの世紀』に引き続いて、京都大学学術出版会の小野利家氏に大変お世話になった。困難な出版事情にあって快く刊行をお引き受けいただいた同出版会と小野氏に、厚く感謝する次第である。

目　次

序　文……宇佐美　斉…i

I　出会いと触発

「フランス」との邂逅……柏木　隆雄…4

一「西洋」との邂逅――新井白石、青木昆陽とその門下、渡辺華山など／二 フランス語への架け橋――村上英俊の『三語便覧』／三 海波を越えて――初めて踏むヨーロッパ／四 ヨーロッパへの視線――『米歐回覧實記』と『八十日間世界一周』

『懺悔録』の翻訳と日本近代の自伝小説――藤村の『新生』……小西　嘉幸…28

一『懺悔録』全訳の刊行をめぐって／二『懺悔録』と藤村の『新生』

木下杢太郎とフランス文化……吉田　城…48

一 フランス芸術との出会い／二 フランス文学の魅惑／三 美食文学の開拓／おわりに――医学的文学と仏印体験

「反語的精神」の共振――林達夫とジャンケレヴィッチ……近藤　秀樹…79

一 引用符なき引用――「反語的精神」／二 庭と迷宮《ラビリント》――「反語」の周辺／

三　反語家の孤独――古代支那の刺客／四　フォークロアとユーモア――「反語」の戦後／おわりに

Ⅱ　受容と創造

岩野泡鳴とフランス象徴詩……………………………北村　卓……102
一　明治期から大正期にかけてのボードレールとヴェルレーヌの受容／二『神秘的半獣主義』まで／三　フランス象徴主義の導入／四『表象派の文学運動』から小説へ／五　ボードレールと「描写」の問題／六　泡鳴と『表象派の文学運動』の影響
近代詩の移入から創造へ……………………………宇佐美　斉……120
はじめに／一　ひとつの受容史／二　咀嚼から創造へ／おわりに
九鬼周造の押韻論とフランス文学……………………………小山　俊輔……139
一　遊民／二『文学概論』／三　押韻論／結　び
創造的フランス――竹内勝太郎のヴァレリー……………………………森本　淳生……158
一　静的な万物照応――『室内』まで／二　飛散する金剛石《ディアマン》――「贋造の空」と「海辺の墓地」／三　詩人を襲う創作力――「黒豹」、「水蛇」、「虎」／四　創造的フランス――ヴァレリー受容における勝太郎の位置

Ⅲ　虫と花のジャポニスム

フランスから来た「日本」──『蜻蛉集』挿絵について……………………高階　絵里加…184

一「装飾芸術」としての『蜻蛉集』／二　自然観と造形美／三　詩と絵の出会い

『蜻蛉集』における実りと萌芽──和歌とフランス詩の接点………………吉川　順子…205

一　フランスにもたらされた大和の言の葉／二　東洋の短詩とフランスの文学的土壌／三　花を植えるジュディットの手／四　異国に咲いた和歌の花々、そして萌芽

高島北海の日本再発見──フランス滞在がもたらしたもの……………………鵜飼　敦子…225

はじめに／一　ナンシーの日本人／二『仏文詩画帖』をめぐって／三　高島北海の位置／おわりに

『失われた時を求めて』にみる菊の花──愛の憂いと嫉妬を秘めるジャポニスムの花……………………………阪村　圭英子…245

一　フランスにおける菊の位置／二　ジャポニスムの菊受容／三『失われた時を求めて』における菊

Ⅳ　もう一つのオリエンタリズム

世紀末フランスにおける日本趣味とフロベール………………………柏木　加代子…272

一　オリエントから極東へ／二　日本趣味と晩年のフロベール

「日本」を書く——ピエール・ロティ『お菊さん』の位置 ……………………… 大浦　康介… 297
一　恋物語／二　異国の表象

マルロー『人間の条件』と日本——「静謐」sérénité の夢 ……………… 三野　博司… 320
一　混血児／二　日本人画家／三　神戸／四「静謐」sérénité

媒介者としての「水の風景」——日本近代文学を中心にして ……………… 内藤　高… 340
はじめに／一　都市の中の閑雅／二　荷風の場合——郷愁を準備するもの／三　批評者としての「水」——荷風から藤村、堀口大學へ／四　反復される水の風景——竹中郁、林芙美子、岡本かの子

V　幻のパリ

ドイツ音楽からの脱出？——戦前日本におけるフランス音楽受容の幾つかのモード ……………………………………………………… 岡田　暁生… 364
一「ドイツ音楽にあらずば音楽にあらず」——フランス音楽受容の前提／二「官＝ドイツ音楽 vs 民＝フランス音楽」という二項対立／三「ドイツ古典は演奏するもの vs 作曲の手本は近代フランス」／四　ハイカラ／フォークロア／技術——近代フランス音楽の中に見出されたもの

ドビュッシーと日本近代の文学者たち ……………………………… 佐野　仁美… 382
一「最先端の」西洋音楽——上田敏と永井荷風／二「日本人の心に近い」音楽——島崎藤村／三　民族主義への傾斜——柳沢健と九鬼周造

憧れはフランス、花のパリ……………………………………………………………袴田　麻祐子…400
一　白井鐵造の「パリ」レビュー／二　寶塚外への広がり／三　幻想の「西洋人化」
日本人にとってシャンソンとは何か?――シャンソン受容史の試み…………松島　征…424
一　日本におけるシャンソンの受容史（戦前）／二　日本におけるシャンソンの受容史（戦後）／三　シャンソン・フランセーズとは何か（シャンソンの実像）／四　シャンソンの虚像（日本の場合）／五　誤解する権利――歌詞テクストの翻訳の問題／結語に代えて
コラム〈fenêtre〉
1　淫らな告白――日仏翻訳事情の一断面……………大浦　康介…97
2　中原中也の使った仏和辞典……………………宇佐美　斉…178
3　ブルターニュの「日本」……………………高階　絵里加…266
4　パリ万博と古都…………………………高木　博志…358
5　大澤寿人と戦前関西山の手モダニズム……………岡田　暁生…443
人名索引（逆頁）……………………………………………………………456

日仏交感の近代——文学、美術、音楽

Ⅰ　出会いと触発

「フランス」との邂逅

柏木　隆雄

一　「西洋」との邂逅──新井白石、青木昆陽とその門下、渡辺華山など

日本人は一体いつごろからフランス、あるいは近代的ヨーロッパの存在を知ったのか。おそらく宗教改革のあと、一六世紀も半ばに達するころ、イエズス会の宣教師たちが世界への布教を志して、東アジアにも及び、応仁の乱後の日本にたどり着いて、布教と鉄砲をもたらし、日本の歴史に大きな影響を与えたのは一五四〇年ごろだ。彼らの見聞は、アビラ・ヒロン（?－一六一九?）『日本王国記』*Relacón del Reino de Nippon*、ルイス・フロイス（一五三二－一五九七）やジョアン・ロドリゲス（一五六二－一六三三?）の『日本教会史』*Historia Ecclesiastica de Japàno*（一六三四年）などのイエズス会への報告書にみることができる。また当時東北の有力大名伊達政宗が、年少の家臣をローマ法王の

もとに派遣し（一六一三年）、その七年後、彼らの何人かが帰国している。しかし彼らのもたらした西洋の知識は日本でほとんど用いられることはなかった。その統括者たる支倉常長は、帰国二年後に死に、一六九八年キリスト教は禁止、翌年鎖国令が布かれて、一八五八年までちょうど二二〇年間、オランダと中国を除いていっさいの交流を断ち切ることになる。したがって表向きには日本人とオランダを除く西洋人との交渉は、その間ぴったりと切れることになった。

一七〇八年、禁をおかして日本での布教をめざしたイタリア人宣教師シドッチ（一六六八－一七一五）が、捕らえられて長崎から江戸まで送られたのを、翌年一一月新たに幕府に登用された当時第一の知識人新井白石（一六五七－一七二五）が尋問したことは、交流の稀な例外だろう。その記録『西洋紀聞』（一七二四年？）は、秀才白石と気骨あるイタリア宣教師との丁々発止のやりとりを偲ばせて極めて興味深い。そのシドッチを問うて、ヨーロッパの情勢に耳を傾けた白石が仔細に書き留めた中に、

ガアリヤ〈またラテンの語に、フランガーレキスとも、フランガーレンギョムともいふ。そのレキス・レンギョムといふは、国といふがごとしといふ也。またイタリアの語には、フランスヤとも、フランガーレイキともいひ、ヲヽランド（オランダのこと）の語には、フランスといふ。〔……〕〉[1]

とフランスの名称が出てくる。おそらくは江戸時代、「フランス」の語の出るもっとも早い文献ではないか。白石の関心は、単にフランス一国の文化のみではなく、西洋全般の地理、政治、キリスト教にまで及んで、『西洋紀聞』は白石の鋭い学問的洞察力があざやかに印象づけられる名著となったが、もともと将軍に差し出される私的な報告書で公刊されたわけではなく、これが世に知られるようになるのは遙か後年のこと、一般の人々に「フランス」という国

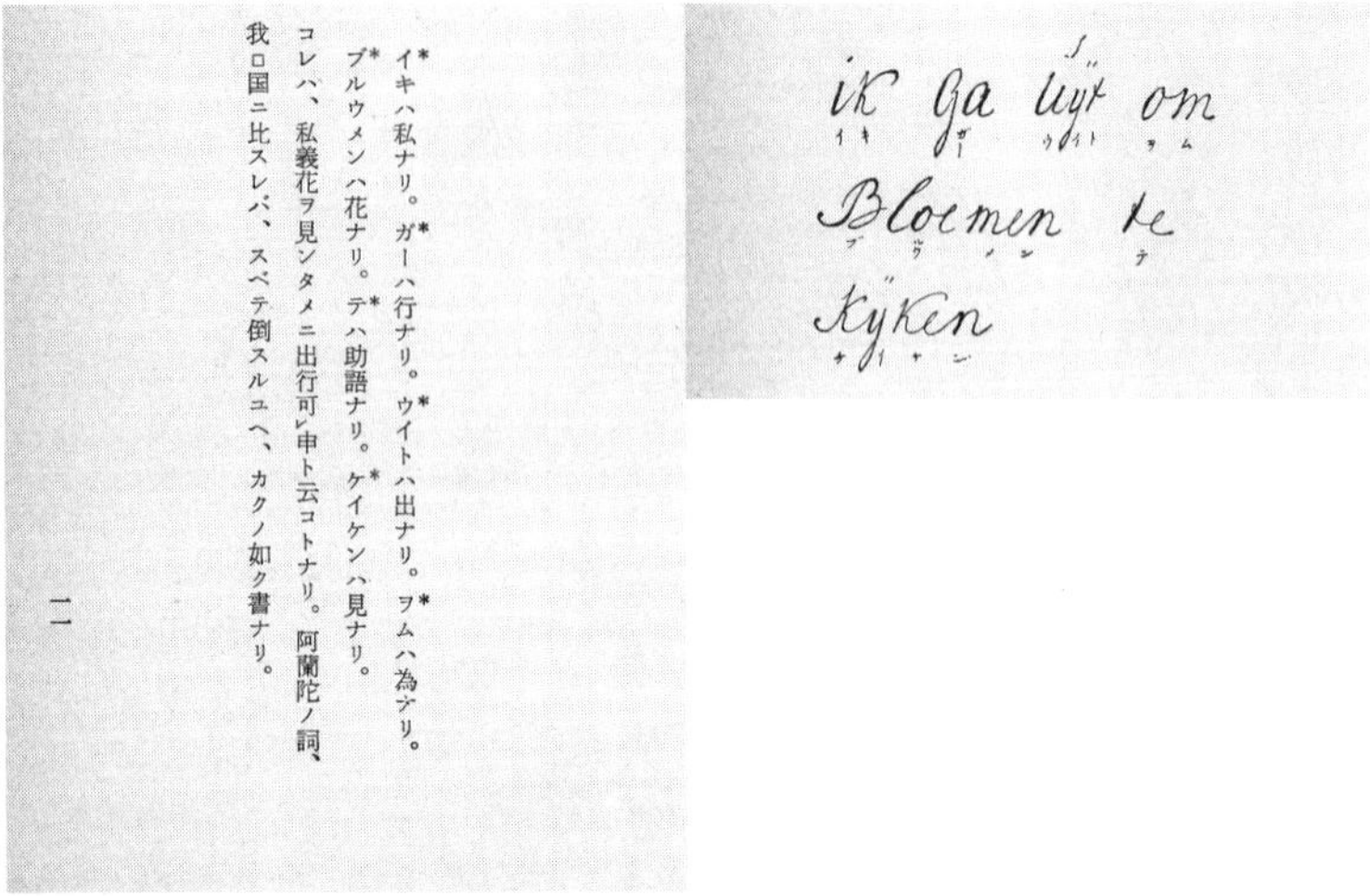

図1　青木昆陽「和蘭話訳」（『日本思想大系』第64巻（岩波書店）による）

が意識にのぼることはなかったろう。

白石は尋問にあたって、有名なマテオ・リッチ（一五五二－一六一〇）「万国坤輿図」*L'Atlas universel*（一六〇二年）の写本やオランダ人ブラウ（?－一六八〇）の「輿地図」*l'Atlas*（一六四四年?）を傍らにおいて検証したという。白石以前にも大名や知識人たちの中には、知識としてヨーロッパの国々の名のみは知っている者もいたのかもしれない。その新井白石が没する五年前に、吉宗政権によってキリスト教以外の洋書の輸入が解禁された。このことは偶然とはいえ、その後の日本の洋学の発展について、きわめて象徴的なできごとだった。

その効果のもっとも早く、かつ影響力の大きかった例は、吉宗が登用した学者青木昆陽（一六九八－一七六九）の著した「和蘭話訳」（寛保三（一七四三）年）で、そこに初めてオランダ文が日本語の訳をともなって日本人の目に映ることになった。これももちろん公刊したものではなく、幕府要路に提出したものではあるが、すくなくとも私記ではなく、複数の読者を意識したものとして画期的なものであった[2]（図1参照）。また杉田玄白の『解体新書』訳の重要な産婆の役を果たす前野良沢（一七二三－一八〇三）は、その

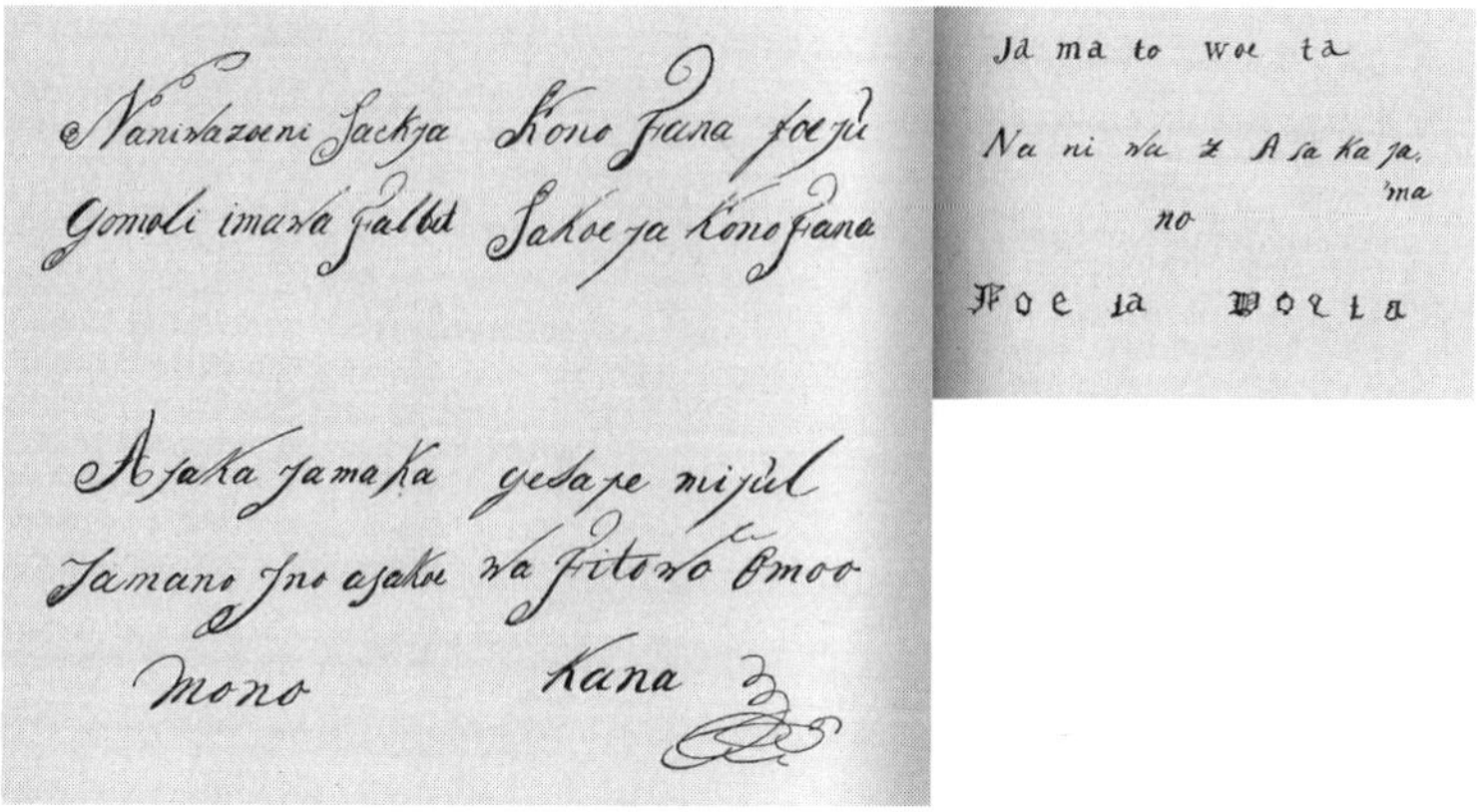

図2　前野良沢「和蘭訳筌」（同右）

青木に入門してオランダ語を学び始めている。この時良沢四三－四六歳。のち長崎に遊学して有名な吉雄幸左衛門に習い、蘭書も持ち帰った。その中に例の『ターヘルアナトミア』があって、杉田玄白を誘い、苦心して安永三（一七四四）年に『解体新書』として出版することになる。

良沢は蘭語の普及を思って幾つかの語学書を書いた。なかでも「和蘭訳筌」（一七八五年）は青木のものより遙かに精密にできており、写本によってかなり広く流布したようだ（図2参照）。彼の「管蠡秘言」（一七七七年執筆）は、天地宇宙の地理的、天文的知識を述べたもので、すでにヨーロッパの観念や世界地理の大体の知識を獲得していたことをうかがわせる。この労作も当時蘭学者の間でよく知られたものになっていた。さらに大槻玄沢（一七五七－一八二七）は、その前野良沢に二二歳で入門し、長崎にも行ってその知識を深めた。彼の蘭学入門の書『蘭学階梯』（一七八八年）は多くの読者を得て、蘭学の普及に大きな貢献を収めたという（図3参照）。従来筆記本であった蘭学書がはじめて刊本となったことは画期的なことだった。また玄沢は「捕影問答」としてイギリスの帝国主義（当時はそんな言葉はなかったが）を詳しく説き起こしている。すでに日本人の頭にヨーロッパが深く入り込んでいた証しである。[3]

この流れは語学の秀才高野長英によってさらに押し進められ、その友

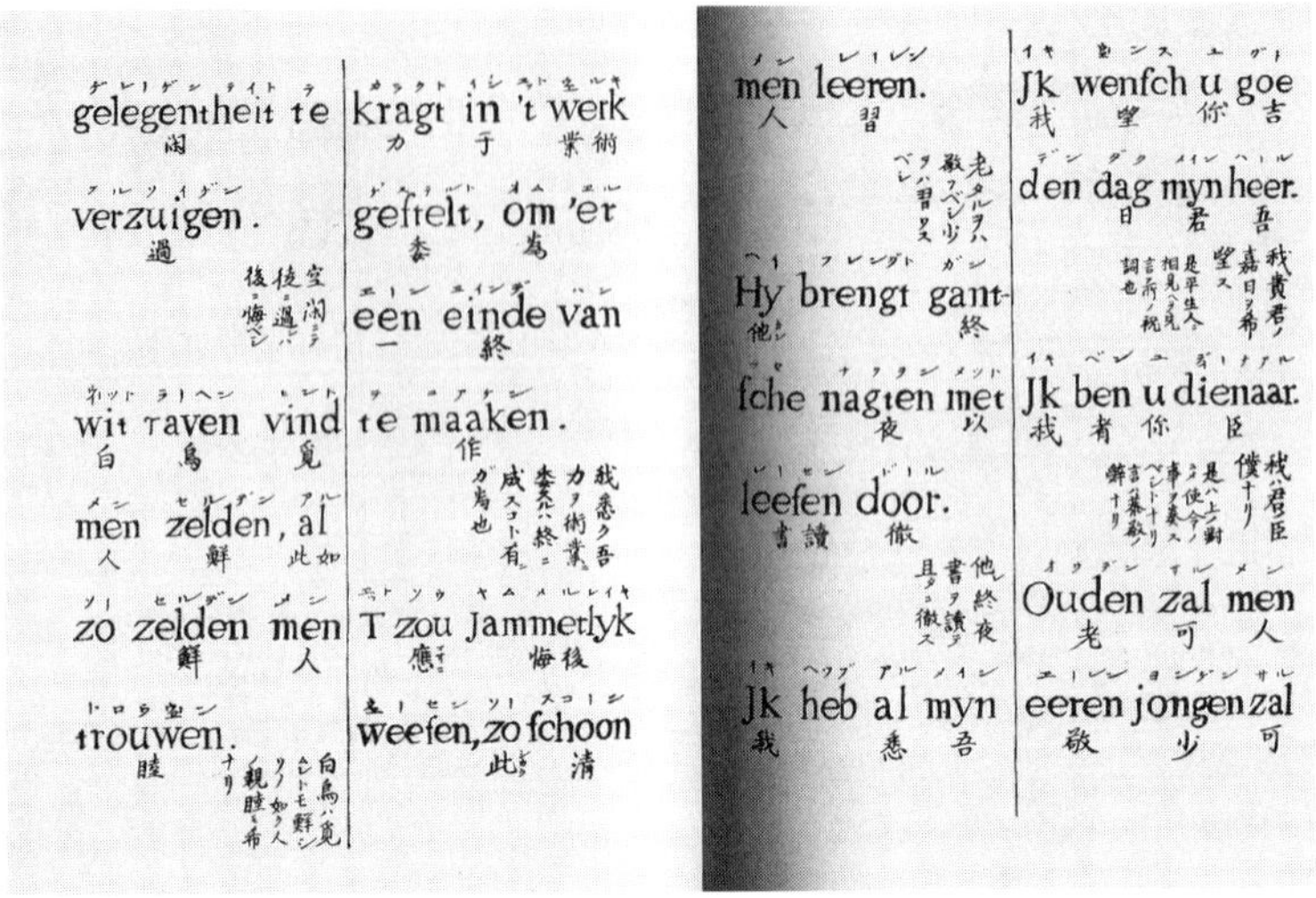

図３　大槻玄沢「蘭学階梯」（同前）

人渡辺華山は「外国事情書」（天保一〇（一八三九）年）などを著して、深い理解を示した。この書はもともと友人、韮山江川太郎左衛門の需めに応じて書き送ったもので、元来無題であったものを江川がその題名で部下に浄書させたものである。華山は画業をその本領とし、生涯を賭けて精進を志したが、彼は司馬江漢などが始めた洋画に関心を抱き、そこから洋学を知った。漢学の素養は深いものの蘭語を解さぬ彼は、外国語を初歩から学ぶ迂路を取らずに、友人の長英や小関三英などに依頼して、蘭書を翻訳してもらい、知識を貪欲に吸収した。彼はとりわけ世界地理、砲術、兵学にその学問の中心をおいたが、その知識は注いだ時間と金銭に比例して、当時の水準をはるかに超えた。とりわけ世界認識にかけて、彼ほど深く世界と日本の位置を認識していた者はいなかったろう。

彼が安積艮斎の新築祝いの席で、世界地図を広げて外国事情を説き、同席した当時の知識人をその雄弁博識で圧倒したのはその一例だが、それがその席にいた幕府の儒者林述斎の四男式部の妬視するところとなり、彼の兄鳥居耀蔵の罠に掛かるきっかけとなったことは有名だ。江川に宛てた「外国事情書」は、

そうした華山の博大な知識を明らかにして遺憾がない。たとえば、

文化年間払郎察ボナパルと申もの、独逸・意大利亜・波羅尼亜・伊斯把に亜・波爾杜瓦爾等を平定致。勢ひに乗じ、一世界を我有と仕志願を発し、魯西亜に打入候処、敗走仕候。其後一八一五年（我文化十二年）魯西亜・イギリスを始、西洋諸国会盟仕、諸国の王、本土に復し、今の静謐と相成候。是より猶更盟約を重じ、日本の商人之参会を以て天下相場を定、利権を持候如くに御座候[4]

と書かれているところなどをみると、その情報の正確に驚いてしまう。しかも「盟約を重じ、日本の商人之参会を以て天下相場を定、利権を持候如くに御座候」とあるのは、貴族覇権ではなく、ブルジョワ覇権となったヨーロッパの情勢を鋭く洞察するもので、彼のヨーロッパ理解が深く、確実なことを示すものだ。彼の友人に宛てた書簡に、葡萄酒を嗜み、その飲用の効用を述べる行りなど、西洋をわが物とする意欲の激しさを実感させる。

「外国事情書」は江川の手を経て、幕府の中枢に届くことを願ったものであったが、それをいわゆる妖怪（耀甲斐）、鳥居耀蔵が江川を恫喝し、ついに日の目をみることなく終わったことは、華山のみならず日本そのものにとっても不幸だった。まさしくその華山とともに幕吏に捕らえられた長英が、獄中で秘かに綴った備忘録『わすれがたみ』において、「蘭学行れて、いまだ弐百年に不至。其学を為す者は、僅に千万人の一、二人に不過。是を卑蔑する者は多くして、是を尊信する者は少なし」という通りである。しかもそのことを行うのは、「其の言所、実理有て、業とする処に利あれば也。何んぞかゝる芽出度神国を棄て、冱寒不毛の西洋を慕ひ、西夷に従んや[5]」と、西洋を学ぶのは自家に実利を得る所以と思えばこそ、苦しみながら学ぶ（まさしく真似ぶのである）のだと弁疏さえしているのだ[6]。しかし、高野や友人の懸念どおり、華山は江川を敵視する鳥居の陰謀によって「蕃社の獄」で捕らえられ、長英もまたその累

を免れず、華山は天保一二年に自殺、長英は弘化元（一八四四）年、伝馬町の牢屋に放火して脱獄、嘉永三年一〇月捕吏に襲われて自殺するまで、江戸や宇和島、鹿児島にまで足を延ばした後、再び江戸に戻って訳筆を取るなどして生き延びるのである[7]。

ところで華山が「外国事情書」を江川に渡す、その一年前には大阪に緒方洪庵が適塾を開いて、のちの幕末、維新を形成するはずの橋本左内、大村益次郎、福沢諭吉、松本良順、長与専斎などを養成する基を築いている。西洋はますます日本人に近くなってくるのである。そして長英自殺の三年後、ペリー（一七九四―一八五八）が浦和に現れて、いよいよ西洋が日本と直に接することになった[8]。

二　フランス語への架け橋――村上英俊の『三語便覧』

嘉永六年が日本のフランス学の歴史にとっても重要な年であったことを書き落とすわけにはいかない。それは村上英俊による『三語便覧』の出版である。英俊は文化八（一八一一）年下野那須の生まれ。彼は医者である父に従って江戸に出、一八歳で蘭学を宇田川榕庵に学び、彼の妹が藩主の側室となり、世嗣の母にもなった縁で信州松代藩の医となった。彼は勉学中ベルゼリウスの化学書を知り、その原書を読むことを志した[9]。同藩の重役に洋学の先覚佐久間象山がいて、彼からフランス語の修得を勧められ、蘭仏の辞書だけをたよりにフランス語を独習すること一年半の後に、オランダ語・フランス語・英語の三語の語彙書『三語便覧』を出したのである（図4参照）。

もともと彼と同年の佐久間象山（一八一一―一八六四）は、漢学の十分な知識の上に、藩が海防係を仰せつかった関係から蘭語を学び、しだいに西洋の学術に目を向けていった先覚者の一人だ。彼は江川英竜に師事したから、その意

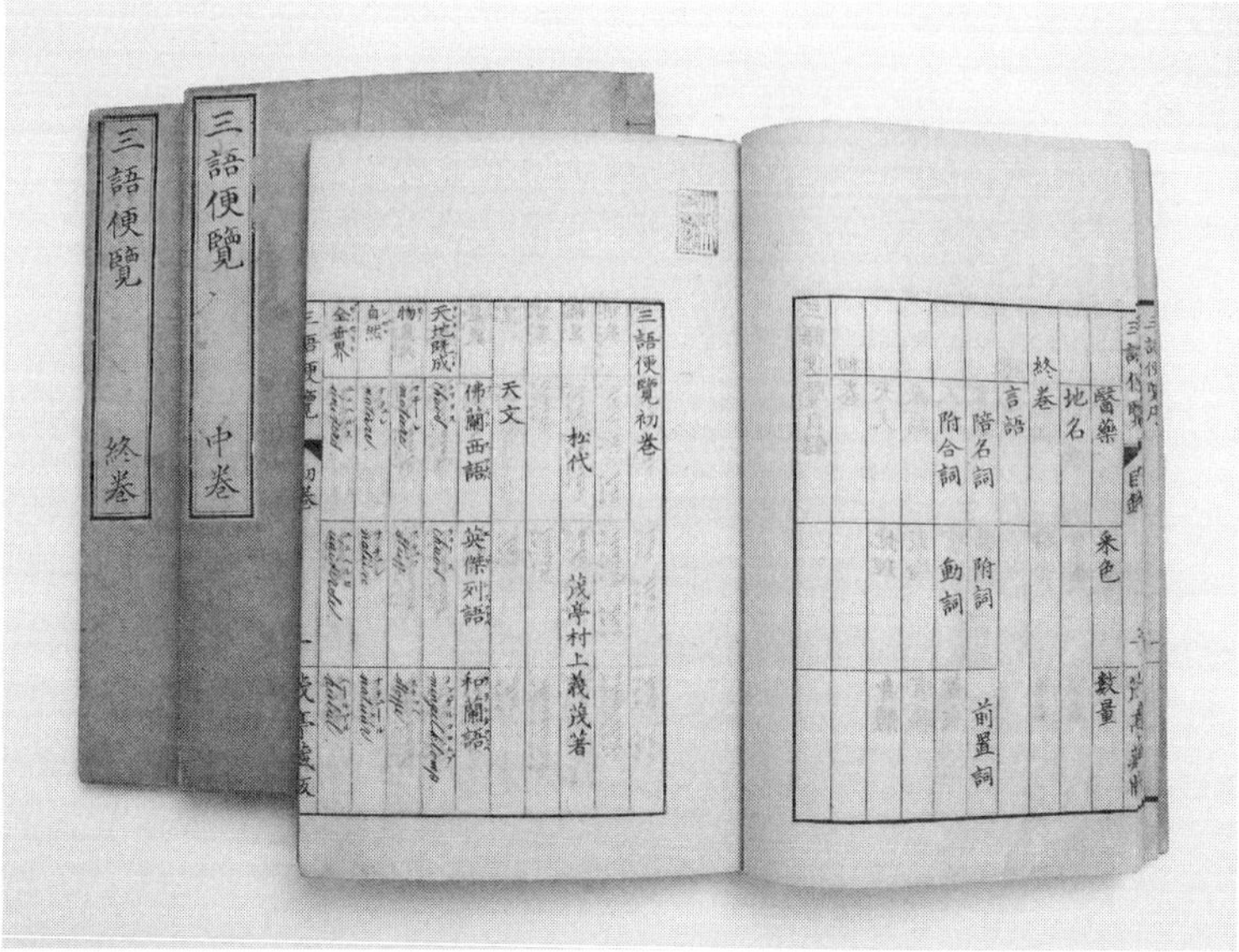

図４　村上英俊『三語便覧』（大阪大学蔵）

味で渡辺華山とも知り合いであり、また勝海舟とはその妹を妻にするほど親しい間柄であり、長州の吉田松陰とも知己であった。そのため松陰のアメリカ渡航計画に与ったとして連座し、村上英俊が『三語便覧』を出した翌年、松代藩に蟄居させられたが、その折りに獄中での感慨を出獄後執筆したのが、「省諐録」である。これは後に勝海舟の序文を添えて明治四年に出版された。その書に「夷俗を馭するは、先づ夷情を知るに如くはなく、夷情を知るは、先づ夷語に通ずるに如くはなし。ゆゑに夷語に通ずるは、ただ彼を知るの階梯たるのみならずして、またこれ彼を馭するの先務なり[10]」とあるのは、先の長英の「わすれがたみ」の一節にも見たように、当時の洋学者に共通する考えであったように思われる[11]。

象山は当時『皇国同文鑑』と称する欧州諸語の辞書編纂を企て、まず蘭和辞典である『ヅーフ・ハルマ』を改訂して発行しようとしたが許されなかった[12]。村上英俊の「仏和辞書」の企ては、したがって象山の企図を実現するものでもあった。象山の声望は幕末風雲急となる頃ま

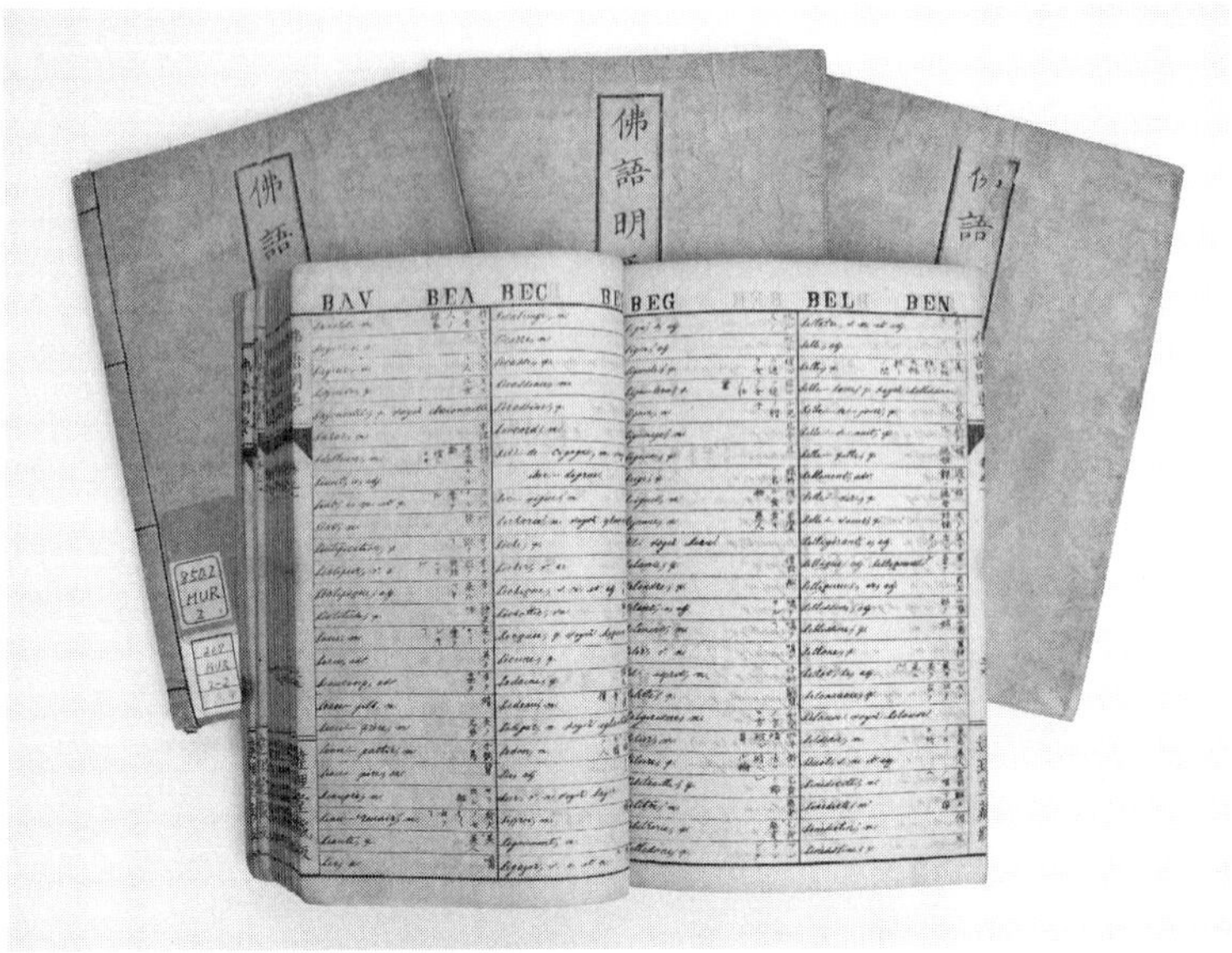

図５　村上英俊『佛語明要』（同前）

すます高まるが、元治元年、すなわち池田屋騒動、禁門の変の起こる一週間前に京都で暗殺された。時に五三歳。この年彼の親友英俊は、それまでの仏語研究の成果として原稿五千枚からなる『佛語明要』（図５参照）を著すのである。

その「凡例」に、彼が初めてフランス語に接して、どのように苦心したかが懐古として、次のように書かれている。

一　佛蘭西ハ欧羅巴中ニ於テ。最モ大国ナリ生民有テヨリ以来。聖賢遽《にわか》ニ興リ。世々又タ聡明賢知ノ士出テ、。各其材力ヲ竭《つく》シ。国家ノ為ニ裨益ヲ発明シテ。是ヲ書ニ著ワス。故ニ其他ノ国ニ比スレバ。有用ノ善書。最モ多シ。然レドモ
皇朝ニ於テ佛蘭西書ヲ読者アルコトヲ聞カズ。誠ニ隔靴ノ思ヲ為セリ。是ニ由テ。余憤然トシテ志ヲ立テ。佛蘭西書ヲ読マント欲ス。以為《おもえら》ク。資性浅薄ナリト雖モ学テ倦ズンバ。必ズ其書ヲ読得ベシト。嘉永元年五月初テ。佛蘭西文典ヲ取テ。之ヲ閲スルコト五閲月聊《いささ》

カ文法ヲ知ル。⑬

こうして彼は一応の自信をもって、ベルゼリウスの化学の本を手に取った。が、一行も読むことができない。それでさらに語学書を必死に読んで、一年四ヶ月の後、ようやくその意味を取ることができたという。⑭しかもその間「歯痛ヲ患フルニ至レリ。其困苦ハ言以テ説ク可ラス。筆以テ書ス説ク可ラス」と記してもいる。もって英俊の意気込みと、その努力の真摯であることを察すべきだろう。

こうした懐旧の語を記せるのも、それだけ彼のフランス学習に一つの自信を得たからに違いない。この英俊畢生の労作の出版に至るまで、その端緒たる日本最初の仏和辞書『三語便覧』刊行からの一〇年は、彼にとってまことに辛苦の一〇年だった。英語、蘭語と併記して仏語を並べ、訳語を付した『三語便覧』は、彼としては大いに自信をもって世に問うたものだったろうが、それを慫慂していた象山自身は、手に執った時あまり喜ばなかった。彼が友人に送った書状に、

三語便覧一寸致寓目候處訛誤以ての外に多く散々なる著述と存候右へ松代など題し候事恥かしき次第本藩無人を世間へ知らせ候様のものにて扨扨気の毒なる事と存申候⑮

と書かれて、強い不満を漏らされている。各巻の冒頭、語釈の始めに「松代　茂亭村上義茂著」と刻してあることが、象山の藩意識を刺激したらしい。こんな誤りの多い辞書しか松代の人間は出せないのかと侮られることを懸念したのである。以後英俊はその著に「松代」と記すのを控える。それほど象山の叱責がこたえたのであろうか。

たしかに蘭学を基礎として独学した彼のフランス語は、アクサン記号もなければ、たとえばétoile（ホシ）を「エト

イレ」、晩飯（ユウメシ）を soupe「ソウペ」とするなど、オランダ語からする発音が掲げられて、少しでもフランス語を知るものには、噴飯ものであることがしばしばで、このことはイギリス語についても同様である。また語の収載、配列は『節用集』などに見られる天文、地理、身体、疾病、家倫、官職、人品などといった類目によっているため、やや当座の用を速やかに満たすことが難しい。総計三三七五語だから、英、仏、蘭と合わせればその三倍が実数となり、膨大な精力を費やしたことになる。と同時に、やや雑駁な印象も免れない。けれども鈴木信太郎が『スタンダード仏和辞典』（大修館書店）の初版の序文に言うように、「日仏両語を結ぶ最初の貴重な絆」であったことは確かだろう。この辞書の成立に関しては瀧田貞二の『村上英俊』以来、ジャワで布教に携わった英国人宣教師、メドハースト（一七九六－一八五七）の『英和・和英語彙集』（一八三〇年）を参照したことが知られているが、近年の田中貞夫、杉本つとむ、高橋邦太郎・富田仁・西堀昭、櫻井豪人などの研究があり、英俊が当時の中国、そのほか幾つかの仏蘭対訳会話集も参考にしたことが調査されている[16]。

村上はその翌年『捷径佛英訓辯』を出版するが、これはまだ現物を目にする機会を得ていない。瀧田の前述の書を参照すると、前編がフランス語の発音や品詞の分類について、後編は先のメドハーストの『和英語彙』の抄訳となっているようだ。さらにその翌年『五方通語』を出す勢力には驚く（復刻版あり）。これは仏、英、蘭、ラテンの四語を収めて、日本語を入れて「五方」と称したのだろう。ただし語の配列は『三語便覧』をほぼ踏襲する。さらに印刷を縦に切れ目無く四語を連ねて示す形なので、きわめて引きにくく、また検索に不便な辞書となっている。こうした批判は、当然著者自身が自覚していたことだろう。最初の試みから一〇年を隔てて、ようやく仏和辞書としての形を整えた『佛語明要』四巻が生まれるのである。

これは図5に見られるとおり、従来の左開きから右開きに変え、『節用集』風の語彙分類を排して、アルファベッ

図６　村上英俊肖像
（瀧田貞二『佛学始祖村上英俊』所収）

ト順に語と釈語を並べた点で画期的なものだった。序文の漢文も左から読み下さねばならぬ不便はあるが（当時としては奇矯とさえ思われたことだろう）、これによってフランス語そのものは、検索も容易になり、また仏語だけとなったから語釈も詳しい。日本語を横書きにする工夫がないため、縦書きに固執する語釈は狭苦しい感じはするものの、仏語だけとなった分、語釈も詳しい。それに従来付されていたカタカナ書きの発音は添えられていないため、フランス書解読を主体とした辞書として十分に機能させようとした意図が測られる。

すでに幕府の蕃書調所に召しだされて仏語を教授していた彼は、門弟も多く、仏学の始祖と自負していたが、『佛語明要』の発刊された年、フランスから公使レオン・ロッシュが来日、日仏両国の交渉はいよいよ本格的となっていくにつれ、本国フランスで直接学んだものもおいおい帰国するようになると、元来独学の上、素地が蘭学である以上、発音その他で後学の侮りを受ける場合も多くなったようで、次第に落魄していった。息子を失い、ヨード製造の業にも失敗、孫娘を養女に出すほどに困苦のうちにあった彼を仏学の祖として顕彰したのは、加太邦憲、浜尾新などかつて江戸の仏語塾で学び、明治政府の顕官となっていた弟子たちだった。彼は帝国学士院に列せられ、静かな余生を送ることになって、明治二三年八〇歳で没している。

三　海波を越えて——初めて踏むヨーロッパ

こうして幕末いよいよ洋学がその緒に着こうとする時、日本に渡航する外国人との応接も必要となり、英語を学ぶものも出てきた。福沢諭吉が蘭学からいち早く英学に転向するのもこの時期である。そして万延元（一八六〇）年一月咸臨丸が初めて太平洋を横断、一ヶ月と二週間を要してサンフランシスコへ着いた。翌文久元（一八六一）年、英国公使オルコックの勧めによって、幕府は英国フランスを歴訪する遣欧使節を派遣することになり、これも初めて——といっても慶長一三（一六一三）年に出発した支倉常長以来のことだ——欧州の地を踏んだ。さらに慶応元年横須賀造船所建設の具体的プランを実行に移すために派遣された遣外使節団は、人数も限られながら、有能な幕府の役人が出向いてそれなりの成果を上げる。その中枢に柴田剛中（一八二三-一八七七）がいた。彼の克明な日記が残されていて、『西洋見聞集』（『日本思想大系』第六六巻、岩波書店）に収められている。フランス人と応対する記事の中に漢詩を挟むのは、当時の知識人の特徴でもあり、また矜持でもあろう。謹直ながら索漠とした交渉の記事にまじる漢詩は、むしろ柴田の本音に近い旅愁を表して読者の感慨をそそる。

たとえば、「自述」と題した詩は、今日のインテリ日本人が、外国人と話した後味わう屈託した気持ちを表したものと言ってもおかしくない。

為聾為瘂自称能　　黙々無言問譏應

莫訝弁論如許鈍　先生畢竟学模稜

［意訳］相手の言うことも聞こえず、自分の意見を言うこともできないで、しかも自分には才能があるという。ひたすら黙って問われても僅かしか答ええない。馬鹿みたいな話し方だが、これも仕方がない。自分の学問が結局はできていないということだ。

しかしいずれにしてもこうした記録は、ほとんど個人の筐底に収められたまま、公刊されて一般の目に触れることはなかった。それを時勢に応じて『西洋事情』として公刊した福沢諭吉の炯眼と覇気と見識は特筆に値しよう。

福沢の仕事については今更詳しく述べる必要はあるまい。一八三四年豊前中津に生まれ長崎で蘭学を修めた後、大阪の緒方洪庵の適塾に入り塾頭、のちに江戸に出て蘭学塾を開くが、やがて英学を志し、万延元年の幕府使節に同行、さまざまな見聞を得て、帰国、さらに文久元年欧州へも同行した。それらは彼の自伝『福翁自伝』に詳しい。慶応三年四月に塾を芝新銭座に移した時に、当時の年号をとって慶応義塾とする。ところが、半年も経たない内に明治と改元されてしまう。ちょうどその一ヶ月ほど前に、彼は『学問のすすめ』と『西洋事情』初編を出してベストセラー作家になっていた。この『西洋事情』はあまりに売れたので偽版まで出て、それを取り締まる文章を福沢が書いた。これが日本における版権問題の最初である。山本有三の『路傍の石』に少年吾一が『学問のすすめ』を読んで発憤する場面がでてくる。福沢の本がどれほど新しい魅力をもって新しい世代に迎えられたか。このエピソードがよく語っている。

また慶応二年に初編、外編が上梓された『西洋事情』は、従来の蘭学者たちの同種のものより遙かに情報の上で新しく、詳しい。当時のいろいろな原書から訳したと彼自身言うように、きわめてジャーナリスティックな、情報満載の書であった。フランスに関する記事は明治三年に出た『西洋事情二編　巻之三および巻之四』に詳しく説かれる。この書が初編、外編に続いて多くの読者に迎えられたことは、「余が著譯中最も廣く世に行はれ最も能く人の目に觸れたる書」と諭吉自身その『全集』緒言に説いている。[17]

その書の「巻之三」は、「佛蘭西の國名は羅甸語の『フランシ』より轉じたるものにて、『フランシ』とは覊絆を脱する人と云ふ義なり」ときわめて専門的な紹介から始まり、主としてゴール人の時代から、ナポレオン三世の当代にいたるまでの歴史の大略と政治、軍事の現況が、当時として破格のわかりやすさ、かつ生き生きとした表現で綴られていく。たとえば「巻之四」、フランスの歴史は、

千八百五年魯西亜、瑞典、英吉利の三國同盟して、佛蘭西皇帝ナポレオンに敵し、後、墺地利、普魯士も同盟に與して、皇帝の野心を制せんとし、墺地利帝先づ兵を発してバワリアに入り佛の境に臨めり。佛には前年より英を攻めんとして兵備既に整たれば、乃ち此兵を発して墺地利を伐ち、直に其首府ヰヰンナに迫てこれを降だし、次で又墺地利の残兵、魯西亜の大軍に合し、オウストルリツの原に佛軍を迎戦て又敗績し、墺、魯の二帝は辞を卑して和を乞ひ、佛蘭西の新帝に帰順して唯命是従ふのみ。

と、アウステルリッツの三帝会戦をあたかも軍記物のように調子高く語って、一九世紀初めのヨーロッパ情勢を説き、仏蘭西の政治的、軍事的推移を叙述する。[18]もとより福沢自身が言うように、基づく種本があるには違いないが、その情報の精密で詳細な点は、かつての渡辺華山の「外国事情書」の及ぶところではない。明治開化期の青年は、この調子のよい文章とそこに息づく進取の気迫に、心を躍らせて読んだことだろう。

しかし、一般大衆にヨーロッパを広く知らしめたのは、同じ明治三年の末に出した『世界國盡』ではないだろうか。

叙述をすべて七五調で統一して、口調をよくし、いわば義太夫節になれた耳にすんなりと入り込んで、驚くほどの浸透を遂げた。そのことは以下のフランスについての書きぶりからも察せられよう。「英吉利」の首府「論頓府」を軽快に述べ尽くしたあと、

> 急ぐ旅路に心せき悉しき事はまたの日と名残おしくも「論頓」を別れて南「堂宇留《ドウブル》」の瀬戸の渡は九里余わたり上れば
>
> 「仏蘭西国」、西の界は「西斑牙」、東は「白耳義」「瑞西」、東西二百六十里、南北凡二百余里、南の方に「地中海」、海岸近き「虎留鹿」も合せて土地の広大は「魯西亜」に次ぐ帝位の国。人口三千七百万。首府「巴里斯」の人別は唯「論頓」に及ばねど市中の家の華美にして文字学校の繁昌は西洋諸国に類なし[19]。

とまことに調子がよい。日本の近代詩は、明治一五年、外山正一、矢田部良吉らの『新体詩抄』に始まるとされるが、外山らが採った七五調の詩体と口調は、すでに福沢のこの著作が先鞭をつけたものと言ってよい。

『世界國盡』は、この本文を下半部に、上半部を挿絵とポイントを落とした活字でさらに詳しい情報が付け足されている。フランスについての本文には、

> ○仏蘭西は欧羅巴中の都ともいふべき真中にて、土地もよく開け、一体花美なる風俗なり。人の才気鋭くして、学問を勉め発明多し。巴里斯の大学校とては世界に竝なき学問所にて、大先生の集る処なり。

とあり[20]、続いてナポレオンの来歴も記されて、求める知識の程度にしたがって記載に精粗を分ける諭吉らしい配慮を見せて、この本がベスト・セラーになることも肯かれる。注意しなければならないのは、フランスが「欧羅巴中の都

ともいふべき真中にて、土地もよく開け、一体花美なる風俗なり。人の才気鋭くして、学問を勉め発明多し」と福沢が記していることだ。彼の『西洋事情二編　巻之三』に言うところの「歐羅巴洲にて四達の地位を占め」るというフランスについての認識は、すでに明治開化期の日本のほぼ大方のものとなっていたことがわかる。

四　ヨーロッパへの視線――『米歐回覧實記』と『八十日間世界一周』

この在野の西洋案内に少し後れた明治一一年一一月の『特命全権大使米歐回覧實記』は、政府の公式文書として発刊された。その第三編第四一巻がフランス総説にあてられ、

仏朗西国ハ、欧羅巴州ノ最ノ開ケタル部分ニ於テ、中央ノ位置ヲシメ、百貨輻輳ノ都、文明煥発ノ枢ナリ、

と始められている。[21]いわゆる「岩倉使節団」派遣が行われたのは明治四（一八七一）年。アメリカ、ヨーロッパ一二ヶ国をまわって、明治六年秋に帰った二年にわたる大旅行の記録で全一〇〇巻五編五冊、随行した書記官久米邦武が全編一人で書いた。久米は後に東大国史学の教授となり、「神道は祭天の古俗」という論文が問題を起こして職を辞し早稲田大学に移ったことでも知られる。記事はとりわけ各国の地理、経済、軍事防備に詳しいが、それは使節団のみならず、日本の関心がそこに集中していたからにほかなるまい。しかしそれぞれの人情、風俗にも鋭い観察を示して、細密な銅版画の挿絵とともに、当時としてきわめて貴重な外国事情書であったことをうかがわせる。

ここでも福沢の『西洋事情』と同じように、フランスの文化的優越とその文化の華美であることが強調されるが、それが同時にある種の危険をはらんだものでもある認識は、ドイツの歴史家が、同国の若者たちのフランスにおける

行状に苦い顔をして、「仏国ニ游学シタル結果ハ他ナシ、只軽佻浪費ヲ事トシ、無限ノ嗜欲ヲ養成シ、傲慢無礼ニテ、百物ヲ軽侮シ、廉恥操行ノ心ヲ失ヒ、放肆淫佚ニ溺レ」る、と評した言葉をそのまま紹介して、「仏国ノ弊風」に注意を促すことにも表れている。[22] 以後日本におけるいわゆる〈フランス的〉とされる華美繊細、軽佻放肆のイメージは、こうした開化の初期からのイメージであることがわかり、このことはのちのちまで、日本におけるフランスのイメージを形作った。

じっさい世紀末から二〇世紀初頭にかけてのフランスは、いわゆるベル・エポックとして華やかな栄華を謳歌したが、しかしこの『實記』が執筆、刊行された時期は普仏戦争においてフランスがプロシャに惨めな敗北を喫した時でもあり、富国強兵をモットーとする明治新政府や要路の人間にとって「文弱放恣な敗戦国」の轍を踏むことは避けたい、という思いがそうしたイメージを助長したのかもしれない。

川島忠之助（一八五三―一九三八）によるジュール・ヴェルヌ『新説八十日間世界一周』の翻訳が出版されたのは、その『米歐回覧實記』に先立つ五ヶ月前、同じ明治一一年六月のことだ。フランス文学のわが国への移入の歴史を語る時、その記念すべき最初のものとして必ず言及されるこの作品は、瓦解した幕府の横須賀造船所伝習生出身で、当時横浜の生糸貿易商の番頭であった川島が英訳を傍らにフランス語原典から訳したものである。その経緯は柳田泉や富田仁の研究に詳しいし、最近『新日本古典文学大系　明治編』（岩波書店）の一巻となって復刻されて、その解説にも説かれている。彼の翻訳がいかに明治初期の人々の迎えるところとなったか。当時精力的に西洋ものを翻訳していた井上勤などがその好評を受けてヴェルヌを英訳から重訳、ヴェルヌ熱はその圧倒的な翻訳のタイトル、明治一一年の川島訳から二二年の森田思軒訳の『大叛魁』まで一〇年間におよそ二〇数編というリストを見れば歴然とする。

ヴェルヌの『八十日間世界一周』が好評を博した原因として「金の力を如実に示した文明利器の宣伝書であり、日本人の大好きな冒険小説であり、文明野蛮の比較講釈であり、傍ら一種の世界案内書たる役目を兼ねている」と柳田泉が言っていることなどは、[23]そのまま『米欧回覧實記』についてもあてはまるだろう。じっさい『實記』の記事と川島の訳とには、やや似たような文体が見えることもある。

たとえば川島訳のその第一〇回、インドのボンベーへと向かうところの冒頭に、

印土ノ地勢タルヤ能ク衆庶ノ知ル所ニシテ略ボ三角ヲナシ　其座線北ノ方山ニ接シ　尖角南ノ方海ニ突出シ　面積百四十万英方里　人口一億八千万　此大邦ニ配居スルコト稠寥《ちゅうりょう》所ニ従テ均一ナラズト雖モ大率ネ英国政府ノ統轄スル所ニシテ　カルカッタニ惣理知事ヲ置テ政治ヲ司ラシム

とある文章は、[24]『實記』の各国の大略を紹介する筆法に近い。両者の刊行はわずか五ヶ月ほどの差だから、そこに直接的な影響関係は無いにしても、精神の上で、あるいはすでに取り込まれた情報という点で、類似する点があっても不思議ではない。『實記』はおよそ通算三五〇〇部は印刷販売したようであるから、当時として相当の売行きであったはずだ。『新説八十日間世界一周』とともに、西洋文明のわが国と較べて格段に進歩している様を、具体的な世界の案内とともに、日本の読者に確信させたに違いない。

忘れてならないのは、ヴェルヌの『八十日間世界一周』の翻訳が、フランスにおける原著の刊行（一八七三年、初出はその前年）からわずか五年後に現れているということである。もちろん、ヴェルヌのこの作品は、彼の膨大な作品群にあっても、最大の読者を獲得し、出版後、たちまち各国語に翻訳されたものであるから、川島が旅中の徒然のために一冊を買い求め、大いに興味を覚えて訳出したのも当然のこととして、そこに、小説の興味以上の、より積極的な政治的、経済的啓蒙の意思を見ることができるように思われる。それは、読み物としての面白さはともかく、文芸

的というよりは、福沢の書や、久米の報告書のように、文明国日本の歩むべき姿を指し示す、きわめて時宜にかなった翻訳であった。

とはいえ、主人公フィリアス・フォッグのイギリス人らしい寡黙、沈着、しかもことあれば剛毅に、かつ情に厚い紳士ぶりと、従者のフランス人ジャン・パスパルトゥの、その名のとおり（Passepartout）、行くとして可ならざるはない無類の活躍、フォッグがバラモン教徒の悪習から救ったインドの美女アウダの可憐にして気丈な艶姿を中心としての波瀾万丈の展開は、単なる文明紹介を超えて、小説本来の醍醐味を日本の読者に知らしめたことも疑いない。

翻訳は驚くべきほどに原作に忠実で、それに英訳を参照して原作に無いところを補うなど、訳者川島忠之助がこの作品を十分に読みこなした上でのものであることがわかる。この点については先にあげた岩波版の解説や本文の注に譲って詳しい紹介は控えよう。

いずれにしても、ヴェルヌの作品が、『米歐回覧實記』にいうところの「軽佻浪費ヲ事トシ、無限ノ嗜欲ヲ養成シ、傲慢無礼ニテ、百物ヲ軽侮シ、廉恥操行ノ心ヲ失ヒ、放肆淫佚ニ溺レ」るフランスのイメージを、さらに強くすることになったかはともかく、フランス人パスパルトゥの、いささか軽薄な、しかし才気あふれる行動に〈フランス的なるもの〉の印象を与えることになったかもしれない。ヴェルヌは『十五少年漂流記』にも見られるように、その作品においてヨーロッパのいろいろな人間を登場させ、それぞれの気質の特徴を発揮させる筆法を採ったが、本来フランス人である彼は、よく読んでみると登場させたフランス人にもっとも深く暖かい目を注いでいたように思われる。

それはともかく、当時の日本の読者にとって、本の扉に記されてある「佛人、シュル、ウェルヌ氏原著」という名は、文明開化の偉大な指標であったに違いない。

こうして明治開化、攘夷の裏側にあった西洋への関心は、『八十日間世界一周』の翻訳を始めとする西洋旅行もの、さらに自由民権の思潮に乗ったユゴーなどの翻訳書の流行となった。一八二〇年代、ロマン主義の盟主として活躍したユゴーは、当時ナポレオン三世の専制に抵抗して、彼の没落後パリに凱旋将軍さながら大歓呼のうちに帰還、共和主義の象徴のように遇されていた。維新直後の外遊派からもたらされたこの状況は、詩人としてのユゴーよりも、政治亡命者、一徹な共和主義者としてのユゴーのイメージを日本の知識人に抱かしめたのだろう。当時名訳と謳われた森田思軒の『探偵ユベール』（『国民の友』、明治二二（一八八九）年）も、亡命時代の共和主義者としてのユゴーが語るナポレオン三世の放ったスパイのエピソードである。

民権運動のイデオロギー的指導者である中江兆民は、「ユーゴーの諸作の如き、亦実に神品の文也」とその愛弟子幸徳秋水に述べたというが（幸徳秋水『兆民先生』）、ヴォルテールの『シャルル一二世』を誉めたのに続く口振りからすれば、やはり詩人としてよりは政治的言動をも含む文人として評しているように思われる。

中江兆民は長崎で蘭学を収めた後、江戸に来て村上英俊の仏学塾に入った。その奔放不羈のゆえに破門になるが、英俊の晩年慰問を怠らなかったという。村上英俊が切り開いた日本における仏学の伝統は、中江兆民において一つの果実を結んだと言うべく、前述の岩倉遣欧使節団についてフランス留学を果たして帰った彼が政府に重用され、多くの外交文書の翻訳や調査に携わって力を尽くした。

彼の活躍はまた新たなフランスのイメージに繋がるが、江戸から明治初年にいたるフランス学の変化を記して、ひとまず稿をおくことにしよう。

（1）『日本思想大系』第三五巻、岩波書店、一九七五年、三三三頁。
（2）青木は孝行のゆえに、与力加藤某が大岡忠相に推挙し、青木は「蕃薯考」を書き上げて大岡に提出、そのことを聞いた吉宗が薩摩芋御用係に命じ、それに成功したため書物御用となり、幕府の書物を読むに便宜をえた。のち吉宗からオランダ語を学ぶように命じられ（一七四〇年？）、出府したオランダ人について学んだ。その会話の手控えが「和蘭話訳」で、一〇年以上にわたるこうしたオランダ語学習に際してのノートが、「和蘭文訳」全一〇集として残された。
（3）この項、『洋学　上』（『日本思想大系』第六四巻、岩波書店、一九七六年）に多く拠る。
（4）『渡辺華山・高野長英・佐久間象山、横井小楠、橋本左内』『日本思想大系』第五五巻、岩波書店、四七頁。
（5）同前、一八二頁。
（6）この高野の言葉にも明治に入ってからも連綿と続く、和魂洋才の意識の源流を見ることができる。
（7）彼が薬品で面貌を焼き、変名して江戸に隠れ住んだものの、その訳筆の巧みさから疑われて捕吏に囲まれて自殺するのは、いかにも皮肉な結果であり、そうした才能を生かし切れない日本の「貧しさ」を感じずにはいない。
（8）巷間に西洋のことが知られていたのは、たとえば瀧澤馬琴の『開巻驚奇侠客傳』に「エウロパまで逃げようとも」といった言葉遣いがされていることにも知られる。馬琴は嘉永元年にこの小説未完のまま世を去った。
（9）ベルゼリウス（一七七九－一八四八）はスウェーデンの化学者であるが、フランスのアカデミーにも知られていた。彼の著作は一八四〇年代に仏訳されている。ちなみに筆者がパリで博士論文を執筆している際、バルザックの『独身者』三部作、『ピエレット』、『トゥールの司祭』、『ラ・ラブィユーズ』を結ぶキー・ワードは「触媒」と考えた時、そのアイデアの由来を調べて、バルザックが触媒の観念の発明者であるベルゼリウスを知っていた可能性のあることを知った。筆者の所持するベルゼリウスの五巻本化学書（一八四五－一八五〇）はあるいは村上英俊が見たのと同じ書か。
（10）『渡辺華山・高野長英・佐久間象山、横井小楠、橋本左内』『日本思想大系』第五五巻、岩波書店、二五二頁。
（11）また象山が漢詩を学ぼうとする知人の問いに答えて、そのためには先ず唐詩の原本を熟読し、とにかく古今の名詩を暗誦、これも初めから暗誦する目的ではなく、何回も読んでいく内に、自然と覚えるのがよく、やがてそのことによって、詩の言葉の置き方や働きがわかってくる、さらに、「古人の詩を記する事少なく、悟る所なくして、いたづらに多作候は、つまらぬ事に候。古人の詩を誦し候間には、自分にて作り見度念を生じ候ものにて候所、夫を押さへて作らずに居候へば、ますます作り度思ひ候の念を起こし候へば、やむを得ざる時に及で筆を下し候へば、長短編思ひのままに調ひ可申、是詩を習ひ候の妙訣にて候」と説いているのは（前掲書、六八三頁）、単に詩の作法のみならず、外国語習得の根本であって、彼がその奥義に達していることを、この言葉は明らかにするだろう。

(12)『ヅーフ・ハルマ』はオランダで刊行された蘭仏辞書を元に、長崎オランダ商館長ヅーフが通事数人と編纂したものを、幕府が校訂、謄写させて一八三三年完成させた貴重本である。後、桂川甫周が許可を得て一八五八年『和蘭字彙』として刊行した。一七九六年、稲村三伯、宇田川玄随などによって編纂された和蘭辞典、いわゆる「江戸ハルマ」に対してこれを「長崎ハルマ」という。

(13) 村上英俊『佛語明要』第一巻、達理堂蔵版、一八六四年、一頁。

(14) ベルゼリウスはスウェーデンの化学者で、「触媒」の概念の創始者としても知られる。パリの社交界にも出入りし、小説家バルザックとも面識があり、彼の『幻滅』にもその名があげられている。筆者はバルザックの『独身者』三部作を論じた論文において、その人物造形に「触媒」の観念が働いていると説いたが、ベルゼリウスとの関係からそれを傍証するために彼の仏訳著作集を手に入れた。一八四五年刊のその書は、あるいは村上英俊が読もうとしたものと同じエディションのものであったかもしれない、と勝手な想像を逞しくしている。

(15) 瀧田貞二『佛学始祖村上英俊』中巻、巖松堂書店古典部、一九三四年、四頁。

(16) 櫻井豪人は先行研究を跡づけた後、この辞書の編纂過程において東洋の分類体辞書の流れを受け継ぐとともに、また村上が参照したと思われる仏蘭対訳の単語・会話集にも見られる西洋の分類体辞書の影響も受けていることを指摘している。櫻井豪人「『三語便覧』の編纂過程」（『国語学』一八九集、一九九五年一二月）参照。

(17)『福沢諭吉全集』第一巻、岩波書店、一九六九年、一二六頁。

(18) 同前、第一巻、岩波書店、一九六九年、五八七頁。

(19) 同前、第二巻、岩波書店、一九六九年、六一五頁。
(20) 同前、第二巻、岩波書店、一九六五年、六一五頁。
(21) 久米邦武『米歐回覧實記』第三巻、岩波文庫、二一一頁。
(22) 同前、五七頁。
(23) 柳田泉『明治翻訳文学の研究』、春秋社。
(24) 川島忠之助『新説八十日間世界一周』『新日本古典文学大系　明治編』第一五巻、岩波書店、二〇〇二年、五六頁。

『懺悔録』の翻訳と日本近代の自伝小説
——藤村の『新生』

小西　嘉幸

明治以降の日本近代社会にあたえた思想的影響の大きさにおいて、おそらくルソーはマルクスにつぐ位置をしめるであろう。しかもルソーは政治思想、教育論（これは同時に人間論でもある）、音楽論、小説、さらに晩年の自伝著作といった広汎な分野にいずれもきわめて独創的な著作を残したため、その影響もマルクス以上に多岐にわたっている。とくに『告白』を中心とする自伝は一九世紀以降の近代文学の一つの方向を決定づけたといって過言ではない。わが国でも明治中期以降の自然主義的告白文学に決定的な影響を与えたことは周知の事実である。本論ではまず日本で最初に『告白』の全訳が刊行された経緯とその反響を検討し、ついでそのもっとも強い影響下に書かれたと思われる島崎藤村の『新生』について限定的な角度から考えてみたい。

一　『懺悔録』全訳の刊行をめぐって

ルソー生誕二〇〇年にあたる一九一二年、彼の晩年の自伝 *Les Confessions* の本邦初の全訳が刊行された。『ルッソオ懺悔録』（前編・後編、石川戯庵譯、東京・大日本図書株式会社、大正元（一九一二）年九月九日）である。前編冒頭には上田敏、森鷗外の序、訳者例言、「目次に代ふる略年譜」、「訳者製図」地図五葉を配し、後編の本文終了後には「訳者補遺」としてルソー終焉までの略記、著作年表、関係書目一斑（仏語を中心に独・英語を含む六〇冊）、および島崎藤村の跋（明治四二（一九〇九）年三月「秀才文壇」掲載の再掲）が付されている。また同書は大正五（一九一六）年一二月刊の第九版から『増訂縮刷ルッソオ懺悔録　全』として、小型版一巻本になり、五〇頁にわたる註解、四〇頁にわたる総索引が追加されたほか、訳者補遺の後半に「舊友陰謀事件の眞相」として、ルソーに好意的な立場から迫害の経緯が大幅に追加され、初版の二三頁から六〇頁に増訂されている。さらにこの増訂縮刷版には奥付のあとに、「批評一斑」として、初版刊行当時の新聞雑誌の紹介・書評記事一八篇が収録されていて、反響の大きさを知ることができる（後述[1]）。

なお、大正四（一九一五）年六月には、対抗して生田長江・大杉栄訳の『ルッソオ懺悔録』（上・下、新潮社）が刊行され、訳者のネームヴァリューもあってか、これも版を重ねた[2]。定価も同じ三円である。ただし、こちらは巻頭にわずか三頁の解説があるだけで、石川訳のような懇切な注も一切ない。しかも下巻担当の大杉栄は名前を貸しただけらしい。石川訳が意を尽くそうとしてか、ややパラフレーズが多いのに対し、こちらは意識的に簡潔できびきびした文体をとっている。両者とも、やや古めかしいが今日でも通読に困難のない口語文である。石川訳の初版は、原文の難解な箇所にはかなりの誤訳があり、脱落も散見される。しかし、一年後の改訂第七版、増訂縮刷版、岩波文庫版と順次大幅に改稿されており、それぞれの版が別訳といってよいものになっている。

ルソーの他の自伝の初訳もこの時期に集中する。同じ大正四年九月に榎本秋村訳『瞑想録』（『孤独な散歩者の夢想』）、大正六年三月には同訳者による『断腸録』（『ルソー、ジャン＝ジャックを裁く――対話』）がすでに出ている。この二つは版を重ねなかったようだが、大正九年には新城和一訳『孤獨な散歩者の夢想』（新潮社）が刊行される。

このように大正初期にようやくルソーの自伝が読書界の注目を浴びるにいたるが、その嚆矢をきった石川戯庵訳が書誌的にきわめて充実したものであったことは幸運といわねばならない。ルソーの翻訳史はまず『社会契約論』からはじまる。言うまでもなくあらたな日本国家の構想をうちたてようとする自由民権運動の開始とともにすでに明治七（一八七四）年、中江兆民の「民約論草稿」（のちに『民約譯解』）によって口火を切られ、明治一六年の『仏国民約論覆義（全）』（原田潜訳述并覆義）によって終わる。『エミール』も明治一二年には最初の抄訳が出て、明治三〇－三五年にかけて三種の抄訳が出ており、これらはいずれも児童教育に重点が置かれ、前半部分の抄訳である。大正期に入ると、自由主義教育の高まりのなかで、大正二年に全訳に近い抄訳（三浦関造訳）が刊行され、大正一一年および一三年に二種類の全訳が出るにいたっている[3]。

石川戯庵訳の『懺悔録』は五年の歳月をかけ、「稿を二度改めて」（「訳者例言」）成ったもので、その刊行はまさにルソー生誕二〇〇年を期したものである。それが明治から大正に移る年にあたったのは奇しき偶然にとどまらない意味をもっている。『民約論』によって明治期の民権運動に大きな役割をはたしたルソーの生誕二〇〇年祭は、わが国でもかなり大規模におこなわれた。この年だけでルソーについて書かれた論説・記事のたぐいは四三点にのぼる[4]。誕生日の六月二八日には堺利彦（売文社社長）、高島米峯発起人による記念晩餐会が神田淡路町の料亭で開かれ、三宅雪嶺、内田魯庵、生田長江、荒畑寒村、大杉栄などを含む約四〇名の参加者を得た。控室には独・英・仏・日四ヶ国語の著書・訳書数十冊が陳列された。宴会後七時からの記念講演会（神田・キリスト教青年会館）では聴衆約五〇〇名を数えた。二年前の大逆事件以後、堺利彦がはじめて公衆の面前にあらわれるとあって、約二〇〇名の警官が会場をとりかこんだ。堺、大杉らはすでに社会主義の道を歩みだしており、この記念会は同時に民約論世代の終焉を告げるものであった。[5]

数ヶ月後の戯庵の訳書の出現は、ルソー受容が文学の世界に主軸を移すようになったこと、しかも明治末期から大正時代にかけての自然主義的自伝文学の開花に大きな力を及ぼしたことを示している。その意味で、この訳書が上田敏と森鷗外の序文と島崎藤村の跋文にはさまれていることは象徴的である。言うまでもなく、前者二人は明治文学における反自然主義の流れを代表する文学者であり、藤村は新時代の自然主義文学の旗手である。比喩的に言うなら、『懺悔録』はまさに耽美的反自然主義から自然主義的告白文学の隆盛への転換のかなめをなしているのである。石川戯庵自身、彼らの拠る雑誌『スバル』にイタリア世紀末耽美派のダヌンツィオの翻訳を連載することからその翻訳者としての経歴を開始した人である。[6] 戯庵は本名を石川弘という。[7] 翻訳に上田敏および鷗外の序文が掲載された経緯を資料からたどるとつぎのようになる。まず上田敏が鷗外に宛てた書簡（明治四五年七月二〇日）において、自分に序文をたのまれ、鷗外にも仲介の労をとる。

拝啓　盛夏の候益々御清榮奉賀候、扨てこの状持参の石川戯庵氏は嘗て一度拜顔の榮を得たる由に候がこれまでスバル其他にダンヌンチオの劇詩および小説を飜譯したる人に候、こゝ四五年間教職の傍らルッソオ懺悔録完譯をおもひたち、佛の原文より忠實に飜譯仕り候もの、今度書肆より發兌の運に相成り、小生に序文をもとめられ候まま拙文數葉起草の約を結び候、實は去年あたり與謝野寛氏より先生にも御序文をと願ひ置きし事と傳聞候がもし御差支なくば何になりと巻頭を飾る御文石川氏へ御授け被下度、過日來しきりに懇願され候が今回石川氏上京には自身拝趨親しく御願ひ申上べきよし、其の爲同氏を再び御紹介申上候、委細石川氏より御聞取り懇願の筋御差支なき限りに於て御許し被下度伏して奉願上候。匆々

七月二十日［明治四十五年］

上田敏拝[8]

これに対応して、鷗外の日記にはつぎの記述がある。「［明治四五年七月］二十六日（金）［……］石川戯庵、兒玉和三郎、朝野義之助、同寅四郎來訪す」。「［同］二十九日（月）、晴。暑。［……］石川戯庵に懺悔録の序を書きて與ふ[9]」。ちなみに、これはまさに明治天皇崩御の前日にあたる。翌日の日記はこうである。「三十日（火）、晴。薄き白雲。午前零時四十三分天皇崩ぜさせ給ふ。朝聖上皇后皇太后の御機嫌を伺ふ。夜雨點々下る。蒸暑。大正元年と稱することとなる」。

戯庵にはさぞやこの訪問が運命的なものとして記憶に刻まれたことだろう。

ところで、鷗外の日記を遡ると、彼に言及した箇所がもうひとつある。三年前のことである。「［明治四二年八月］三日（火）、陰。［……］夜與謝野寛、石井滿吉、平野久保、高村光太郎等來話す。和歌山高等女學校の教諭石川弘に初對面す[10]」。

前出の上田敏の書簡からもわかるように、戯庵石川弘は與謝野寛（および晶子）の知己である。このとき寛は和歌山旅行から帰京したばかりであり[11]、おそらく彼に同行して和歌山から上京しての来訪であろう。目的は言うまでもな

く同年九月から『スバル』に連載されることになるダヌンチオの「フランチェスカ物語」の掲載を鷗外に依頼することであったと思われる。戯庵の本名が石川弘であることを証すもう一つの（決定的な）資料は、『スバル』第四年（大正元年）一一月号巻末に掲載された平出修の所感文「ルッソオの懺悔録」の副題に「石川弘先生へ」とあることである[12]。

石川弘について、これ以外に調べえた些少のことを記しておく。『死の勝利』単行本冒頭には、「G. Hérelle の仏訳に、必要の限り伊文の原書を対校して作れり」とある。ところが雑誌『我等』（『明星』、『スバル』を引継いで大正三（一九一四）年に一〇号だけ出た文芸雑誌）第一号に綿抜瓢一郎なる人物[13]が峻烈な誤訳指摘記事を書き、同訳が仏訳からの重訳である英訳に拠っていることを論証する（『我等』大正三年一月、三月、四月号）。友人の与謝野寛・晶子や有島生馬が戯庵を援護するが、いずれも及び腰であり、この事件は少なからず翻訳者としての石川戯庵の名を傷つけたと思われる[14]。その後の戯庵の仕事は象徴主義作家レミ・ド・グルモンの『リュクサンブールの一夜』の翻訳『小説神人問答』（大正七年）があるだけで、一九〇七年頃から一九三〇年の岩波文庫版まで改訳を重ねた『懺悔録』こそが、彼自身にとっても、日本近代文学への貢献においても、最大の訳業だったといえる。私生活上はその間、和歌山高等女学校から新宮高等女学校に転勤[15]（おそらく定年による）退職後は大阪市天王寺区松ヶ鼻町に住んだ[16]。国会図書館の生没年がこちらの石川弘のものであれば（注（7）参照）、その二年後の昭和八（一九三三）年に五七歳で没したことになる。

『懺悔録』の全訳刊行がどのような反響をよんだか、明治期のルソー受容にどのような変化をもたらしたかを検討してみたい。まず、大正二年九月に刊行された戯庵訳『死の勝利』の巻末所載の『懺悔録』宣伝文によれば、一年にしてすでに「訂正第七版」が出ており、これを「大冊にして増版の頻りなる出版界稀有の現象」と自賛する。「西欧中世の全思想を転捩したる偉人ルッソオは大正時代の黎明に復活して此の懺悔録の翻訳となり読書界は有らゆる最高級の讃辞を雨下して此の「創造の人」と「永遠の書」とを歓迎せり。人生問題自我問題の洶沸する今日気運の然らしむべしと雖また本書の深き同情と理解との下に訳出せられたる功績を没すべからずや」（新漢字体に改変。傍点部は活字号数をあげて強調してある）。おおげさな物言いもさして誇大広告ではない。ここには「人生」と「自我」の問題が大正時代に高まるとの時代認識が正しく示されている。こうした時代の転換の認識は多くの書評にも共通するものである。「大正劈頭に於ける一大出版」（東京日日新聞、大正元年九月二七日）、「明治より大正に入りて、頑冥不霊凡庸飽く迄も瀰浸し、思慮も洞察も識見も真摯もなき俗物横行の折から［……］」（やまと新聞、大正元年一〇月一日）など。序文・跋文の「権威」の効果もきわめて大きかったことがうかがわれ、いくつかの評に引用・言及されている。上田敏の「天下の一大奇書」という表現はあちこちで使われている（「一大」という形容詞は上田敏自身がこの短い序文の中でほかにもこの翻訳を「明治文壇の一大事業」と評し、また本書を「一大長編の抒情詩」と形容しているが、多くの書評にうんざりするほど反復されるこの語句の多用はこの時代のジャーナリズム言説の紋切型をうかがわせるとともに、明治の終焉を迎えた高揚感の一端を伝えていよう）。また、これらの評においてもっとも多く用いられる語は「近代」、「近代的」、「近代文明」、そして「近代人」である。たとえば「政治、道徳、文芸、教育、凡そ近代の文明、近代の思想と云ふもの、何れとしてルツソオの感化を経ないものがあろうか［……］『自由に考える事』（藤村の跋文の言葉）の一大光明を注ぎ入れて、人間の文明に一大飛躍を与へた偉大なる力は実はルツソオの天才に帰すると云ふも敢えて過言ではなからう」（やまと新聞、同前）。それはむろんこの時代の流行語であると同時に時代意識のキーワードであるが、ルソーの自伝はその風潮にぴったりと当てはまり、また時代意識に推進力をあたえたといえる。「近代」という観念が、明治という時代の終焉と文学的自我意識の覚醒という両面に不可分に結びついたことを鮮やかにしるしづけたのが、大正元年の『懺悔録』出版だったのである。

ルソーの他の著作との比較を論じるものもある。「明治初年に於けるルツソオ思想が改新の血を湧かしたること幾ばくであつたろう。［……］其の民約論其のエミールに比して更に大いなるルツソオの著書は其の懺悔である。民約論とエミールには彼の意見を見る、意見には誤謬がある、この意見の所有者たるルツソオの人格には詐りはなかった。［……］民約論やエミールの学説は滅びてもルツソオの人格は滅びない」（東京朝日新聞、大正元年一〇月五日）。「ルツソオの民訳説は今日の法律学上では完膚ないまでに破壊されてしまひました。［……］只私は時々考へます。ルツソオは論理で殺されても、人間の心の上には決して死んで居るのぢやないんだと」（平出修『スバル』、前出）。戯庵の訳業にふれたものも多く、すべてその労と周到ぶりを賞賛している。「ことに訳文のすらすらと極めて解しよくなだらかによどみのない事と、文法の確かさを持つてゐる事［……］とは、この訳書の価値を更に重からしめる」（『帝国文学』、大正元年一一月号）。「訳文は透明な、撓みのある、どこまでも行き届いたものだ。氏のダヌンチオなどの翻訳に見えた絢爛な詞藻に比べると殆ど別手の感がある」（大阪毎日新聞、大正二年一月一六日）。

これらの書評のなかで、もっとも長文かつ興味深いのは、読売新聞（大正元年一二月一五日）に載った荘繁太郎の「生の力の欠乏「ルッソオ「懺悔録」石川戯庵訳評」」である。これが直接には上田敏の序文のつぎのような箇所に触発されていることは容易に推測できる。「ルソオを指して情の人といふのは素より當ってゐる。然し寧ろ創作の人といふ方がなほ適當であらう。新らしい感じ、新らしい道を拓いて進む創作力は、強く執ねく、禁め難く、行く所まで行き盡さねば止まらない、恰も水火の如き自然力の風がある。此創作力が性格の奥に潜んでゐて、殆ど二重人格ともいふ可き彼の性質を刺激し、或時は壮烈なる智力の活動を促して、理智の白光を前人の究め盡さなかつた所までも及ぼし、又或時はこれが反動として、何物にも抑へ難い感情の波に全人格を没して了ふ。此時創作力は情熱の熔爐中に在つて、沸騰し、泡起すること暫く、忽にしてまた清新の思想を發射する」。

荘繁太郎はつぎのように書いている。

——ルツソオの性情の根本基調はつねに進んでやまぬ力である。然しそれは水の流れのそれではない。若し「動く」ということに「創造」の意味の附加如何によって生と活とを区別し得るならば、彼の力は「生の力」ではなくして「活の力」である。内に「活の力」の焔ありて動く時には一切の生温い交渉を許さない。「全と無との中間にはさまるような物」は彼にとってただ倦怠の種であった。

——最もよく自我に生きる者にとって、世の一切は只煩雑と嫌悪とのみである。束縛なき自我の発展境、それが彼の憧憬の対象である。彼の自我は持って生まれた「創造の力」そのものにある。「動いてやまぬ力」そのものに在る。原始の自由純潔を讃美する彼の声は衷心より搾り出したものである。そこから解放されたる自由に対する憧憬に深い意味と力とが生ずる。

——彼には亦強い感覚欲があつた。知に先だって情が進むところに眼覚めたる官能の溌剌と鋭敏とが生まれる。

——萬有の中に決然たる自己の存在を認識する時、換言すれば自我の精力が内に向かって流れる時、其処に真の孤独が生まれなければならぬ。しかるにルツソオに於いてはこの孤独の影を認め難い、彼の充実せる生の力は絶ず外に向って流れた。彼の生涯は余りに多忙であった。懺悔録一篇、多くの共鳴を吾人の胸に強いながら、なおかつ一種の余裕を吾人に与うる所以は、畢竟内に向かって流れる生の力の欠乏からである。斯くの如くして彼には純粋の意味において内省に著しい欠乏がある。〔……〕（現代かな遣いに改めた。）

あまり明晰とはいえない論旨だが、すくなくとも刊行直後の手放しの礼賛書評ばかりのなかで、批判的観点を取り入れたのはこれ一つである。筆者が生からあえて切り分けた「活」の概念は「情」に対応しているらしい。より正確に言えば、一八世紀後半に始まる「情念のエネルギー」という主題系である。そしてルソーが「内に向かって流れる「生」の力」すなわち「内省」を欠いているというとき、おそらく荘繁太郎は近代のもつ危険性を直感していたと思われる。すなわち、「近代」の両義性とは、「つねに進んでやまぬ力」(前進する情念のエネルギー)と同時にそれが不断の「反省 réflexion」を伴うという点である。ルソーは自然人について語るとき「反省の状態は自然に反する状態であり、思索にふける人間は堕落した動物だ」(『不平等起源論』)と書いたが、エミールの教育においては反省の重要性を繰り返しのべている。なによりも著者自身を「人々とともに生きることをあまりせず、人々の偏見に染まる機会が少なく、人々と交わっているときに感じることについて反省する時間を多くもっている、孤独者」(第一篇)と言っている。さらに第四篇「サヴォワ助任司祭の信仰告白」中の「存在するとは感じることである。私たちの感性は、疑いもなく、知性に先行し、私たちは観念よりも先に感情をもったのだ」という有名な一句の草稿にはつぎの注が付されていて、感情と知性を和解させようと試みているのである。「ある点では、観念は感情であり、感情は観念である。[……]対象にとらえられた私たちが、反省によってはじめて私たちのことを考える場合、それが観念である。反対に、印象をうけて私たちの注意が刺激され、反省によってはじめて、注意をひき起こす対象のことを考える場合、それが感情である[17]」。

いずれにせよ大正初年に『懺悔録』を読んだ時点でルソーの危険性をかぎつけた筆者の予感は大正文学におけるルソー受容のありかた、正確に言えば「告白文学」から「私小説」にいたる流れとなって実現することになる。その危険な道を徹底して歩みぬいた作家こそ、島崎藤村であり、その頂点たる「日本一の懺悔録[18]」、『新生』にほかならない。前に長々と引用した箇所は、じつは藤村文学の特質とされるものに見事なまでに符合しているのである。

二　『懺悔録』と藤村の『新生』

島崎藤村は近代日本文学でルソーの『告白』の影響をもっとも大きく受けた作家であろう。彼がこの作品とドストエフスキーの『罪と罰』を英訳で読んだのは明治二七年二三歳の夏、もっとも尊敬していた友人北村透谷の自殺の直後のことである。この二作品は「懺悔」という主題をあつかった最初の長編小説『破戒』（明治三九年）の成立においてすでに決定的な役割をはたしている。[19] 戯庵訳の跋文に再録された小文は「ルウソオの『懺悔』中に見出したる自己」と題されており、藤村はこの出会いによって「今迄意識せずに居た自分といふものを引出されるやうな気がし」、「近代人の考へ方」をおぼろげに理解し、「直接に自然を観ることを教えられ、自分等の行くべき道が多少理解されたような気がした」のである。藤村のルソー発見は年齢的にも時代的にもきわだって早く、その後の彼の歩みはまさに彼なりに『告白』のルソーの中に見出した〈近代的自我〉なるものと〈自然〉なるものを作品化することだったといってよい。藤村はこの二千字たらずの小文中に「煩悶」という言葉を四度にわたって用い、ルソーの「煩悶」（二箇所）と自己の「煩悶」（二箇所）をあたかも鏡像のように提示している。正確にいえば藤村はみずからの煩悶をルソーに投影し、それをルソーの中に見出したと考えることで自己の「煩悶」に形をあたえようとしている。それはまさに「模倣」ということの定義にほかならない。むろんこの模倣は大きくいえば日本の近代文学（さらには近代芸術）がフランスを中心とした西洋近代文学・芸術の模倣から出発したことの一例にすぎない。この「煩悶」はいわゆるロマンティック・アゴニーを連想させるが、藤村の場合、明治末年に盛んに移入された世紀末耽美派の側面は完全に抜きとられている。

明治中期から大正にかけて成立を見た日本近代文学においてロマン主義と自然主義とが表裏の関係にあることは文学史の常識である。フランス文学においてデカダン、象徴主義から世紀末文学にいたる時期に対応するこの期間に日本の文学者たちは旺盛な翻訳の意欲によって、ヨーロッパ近代が百年かけて展開したものを一挙に受容した（それは少し前に明治国家が近代化をめざしてさまざまの政治経済面でなしたことの延長である）。まずリアルタイムに紹介された象徴主義から世紀末耽美派にいたる文学が、詩的言語とそれによってもたらされる情調表現に革新をもたらしたことはいうまでもないが、西洋文学の実質的な受容は明治末から大正期に全盛をほこる自然主義文学によってなされた。それは「近代人」たることが生き方と倫理に直結したからである。こうして、西洋文学の短期間の同時受容は、「偽装されたロマン主義」としての自然主義文学すなわち私小説という独特の文学形態を生み出した。近代小説のもつ虚構性が「真実」から遠いものとされ、主人公＝作者という図式が強固な信念となる。「私」の生の事実を「自然」に描くことこそが最大の「真実」を保証するというわけである。まさにルソーの『告白』冒頭の「私は自分の同胞たちに、一人の人間を、自然の真実のままに示したいと思う。そしてその人間というのは私である」という言葉はそのまま私小説のモットーであったといってよい。ルソーの自伝は、日本の近代文学において「告白小説」としての「私小説」を生み出したのである。それは時とともに「心境小説」と呼ばれる作家の身辺雑記にかぎりなく近づき、さらに一部の作家においては人間の醜悪さを直視するという目的で、小説を書くために自らの生を破滅に追いやってみせるという倒錯にたどりつく[20]。

いうまでもなく藤村の『新生』もこうした自然主義文学が生み出した三人称体告白小説の傑作である。ほとんどすべての登場人物は現実のモデルに対応し、現実の事件を題材にしている。物語は主人公が「人生の半ばに行き着いた」一九一二年にはじまる（作者は四一歳）。作家である主人公岸本は、最初の小説（現実には藤村の『破戒』）執筆に際して相次いで三人の娘を病死させ、さらに妻をも失ったばかりである。残された四人の幼子の養育を手伝っていた姪との間に当時は禁忌とされていた性のあやまちを犯し、彼女から妊娠を告げられたのち、その地獄の苦しみ（姪との関係は当時の社会および藤村の意識において、近親相姦ととらえられていたことを過小評価すべきではない）から逃れるために不義の子を養子に出させて、経済的援助を約束してから、友人にすすめられるまま単身フランスに出発し、三年間滞在する。しかし帰国後ふたたび復活した彼女との関係に苦しんだあげく、すべてを東京朝日新聞の連載小説（第一巻［一九一七年五月〜一〇月］、第二巻［一九一八年四月〜一〇月］）というかたちで告白することによって、罪の浄化と新たな生を獲得しようとする。

この小説の特異さは、現実の時間とエクリチュールの時間との二重の交錯にある。執筆にいたる決意が第二巻の終わり近くに書き込まれ、その後は事件の公開がもたらした家族関係と語り手の心理の変化が語られるという構成をとっている。それゆえ、序章からほぼ通時的に展開する懺悔の物語は、まさに日を追って近親者と世間に読みつがれていく。したがって物語行為と物語内容はここではリアルタイムな直接間接の反応を媒介として相互に干渉し合う事態が生じているといえるだろう。

「岸本の書き溜めて置いた懺悔の稿はポツポツ世間へ発表されて行った。岸本と節子との最初の関係は早や多くの人の知るところと成った。かねて自分の身に集まる嘲笑と非難とは岸本の期していたことで、それがまた彼の受くべき当然の応報であった」（第二巻、百十五）。

主人公は一貫して自分の作品を「懺悔」と呼ぶ（読者はそれをパラテクストとしての表題『新生』のもとに読むわけである）。しかしこの「懺悔」は、公表することによって、隠し通していたときの恥と罪の地獄の意識が逆に罪の浄化をもたらすという思想に支えられている。それはむろん西洋キリスト教における懺悔《コンフェッション》の根本をなす考え方でもあるが、藤村はそれを既成の制度のなかではなく、まず「内面」の問題として受容しているのである。主人公は、公表を承認した姪の節子の「でも、ほんとに力を頂きましたねえ」ということばに「不義の観念が一変した」と感じ、「それまで苦しみに苦しんだ罪と過ちとが反って罪と過ちとを救うほどの清浄で自然な力を感じさせた」と書く（同、百二十四）。さらに作者は節子に「私共はすでに勝利者の位置にあることを感じます」と語らせる。「新生」へと向かう意識の変化は、そのつど相手の節子の変貌によってうながされているように書かれている。しかし節子に対して知的な面での教師の役割を果たす岸本は、節子の変貌を一見さりげなく、しかししたたかに準備していたのである。その一つとして用いられるのが彼女に読ませるルソーの『懺悔録』である。彼女は岸本への手紙でこう書いている。「あの頂いたルウソオの懺悔録の中に、真の幸福は述べられるもので無い、唯感ぜられる、そして述べ得られないだけそれだけよく感ぜられるというところが御座いますね。[21] ほんとにそうでございますね」（第二巻、七十五）。さらに死の床についた彼女の母親に、娘との関係を打ち明ける手紙を渡そうとして病院を訪れた岸本は、看護する節子の戸棚に「ルウソオの「懺悔」の訳本なぞが読みさしの枝折の入ったまま」置いてあるのを見出す（同、百七）。これらの二つの箇所でルソーの自伝は一方で真の内面的幸福の価値を説くとともに、罪を告白するという二重の機能において用いられている。

もうひとつの「戦略」ともいうべきものは、エロイーズとアベラールの物語と事跡を節子に説いて聞かせることである。それは作品中でまことに周到な手順で提示されている。まず彼はフランス滞在中にみいだした事跡からこの二人の「奔放な情熱」に想像をめぐらせた青春時代を回想し、同宿の大学生からかつてアベラールがソルボンヌで教鞭を執っていたことを聞き、ロセッティ訳のヴィヨンの詩を読み直す（第一巻、七十五）。ついでペール・ラシェーズ墓地に寄添って眠る二人の寝像を見て「さすがにアムウルの国だ」と感想を漏らした友人の話を書きつける（同、八十八）。

帰国後、節子との会話の話題にのぼったとき、節子は岸本がフランスから新聞に送った記事を思い出す[22]。彼は「添い遂げられない人達は直ぐ破滅へ急いでしまう。ああいう二人のように長く持ちこたえて行くなんてことは容易じゃない」と言う（第二巻、七十）。そして、主人公が節子のことばに示唆されて前述した「罪の浄化」の観念をえたとき、彼は「あの僧侶と尼僧との伝説に関したものを見つけて置いてそれを彼女に読ました」ことを思い出す。岸本は「終生変ることの無かったというあの僧侶と尼僧とのような精神的な愛情が、東洋風に肉を卑しむ心から果して生れて来るものだろうかとも考えるように成った」（第二巻、百二十四）。これは奇妙な錯誤というべきである。「肉を卑しむ」思想は中国、インド、日本など、「東洋風」というより、むしろキリスト教のものである。この発想は精神的な愛を肉体の罪と結びつけ、それをあえて西洋に依拠するかたちで当時の日本社会の禁忌からの解放をめざそうという意志のしからしめたところであろう。いずれにせよこの言葉はキリスト教思想の理解よりも、三年余のフランス滞在の日常的経験（「アムウルの国」）にもとづいていると思われる。

もとよりアベラールとエロイーズの物語は二人の往復書簡によっている。また藤村が帰国の船上で愛読した[23]ルソーの『新エロイーズ』は、まさに愛による罪の浄化を主題とした書簡体恋愛小説である。『新生』の構成上のひとつの特色をなすものは、告白小説のなかに埋め込まれた書簡の機能である。まず作品の序章は、生の衰弱を訴え、仏教的無常感のなかに幻の美を見出す「中野の友人」（蒲原有明）からの手紙から開始される。明治末期に象徴派詩人として一世を風靡したあと、すでに詩壇からはなれていた友人の手紙が、それにつづく数々の死者の回想の引き金となり、「自分の身に襲い迫って来るような強い嵐」の待機へとたどりつく。この序章の構成は、その背後に明治文学の終焉からあらたな時代の文学の創造の自覚を表現していると読むこともできる。「新生」とは一人の人間のそれであると同時に、文学そのものの新生をも意味しているのである。

作品中にはいくつかの長文の手紙が引用されているが、作品に重要な転回をもたらす手紙には、通常の文体からはきわめて異様な印象をあたえる間接話法が用いられている。主人公が次兄(節子の父)に宛てた三通の手紙は各文が「〜と書いた」で区切られる。神戸から出航した船上で節子との関係を告白する手紙(第一巻、五十一)、懺悔を公表する決意を告げる手紙(第二巻、百十六)、節子の「位置」[24]をはっきりさせるため、節子自身に持参させて次兄に読み聞かせるという持って回った伝達法をとった手紙(同、百十七)。そして次兄と節子からの手紙もおなじように各文が「〜と書いてよこした」で区切られる。主人公の船上からの告白に対して、「お前はもうこのことを忘れてしまえ」という次兄からの返信(同、五十四)、そして節子から刻々の心境のありかたを告げる手紙は一通をのぞいてすべてこの形式をとっている(第一巻、四十四・四十五・五十五・六十二・七十六・百九、第二巻、七十四・八十七・九十一・百一・百十四・百二十一・百二十六)。

これらの事実は、物語ることのなかに埋め込まれた「書くこと」の意義をあざといまでに強調している。つまりこの「告白小説」はその内部にエクリチュールによる他者との対話を組み込むことで主観的な独白の「私小説」をまぬかれ、ルソーの『新エロイーズ』を思わせる恋愛小説となっているといってよい。

しかし、この近代最初の自伝的懺悔小説のひとつにとって、もうひとつ見過ごせない問題がある。それは節子のモデルとなった島崎こま子の存在である。平野謙流の素朴実在論はおくとして、たとえば渡辺廣士[25]のようにこの自伝的「小説」から徹底的に外部を排除し、純粋なテクストとして読み抜くこころみは、その稀有な達成にもかかわらず、自伝の公刊という社会的意味をかっこに入れることになる。しかしルソーが『告白』以降の自伝草稿をみずからの死後の出版に委ね、その刊行こそが近代の自伝文学のさまざまな問題を提起したことからも、自伝がその作品の外部と関わらざるをえないことは言うまでもない。まして『新生』のように、死後出版どころか、日々リアルタイムに公表されていく作品にとって、近親者を中心とする社会的外部の問題はけっして看過できない。ことにわれわれは、その核心に位置する姪の島崎こま子の生涯に関する梅本浩志の感動的な評伝『島崎こま子の「夜明け前」――エロス愛・狂・革命』[26]を手にしている。著者によれば「エロイーズがラジカル性においてアベラールを圧倒したように、こま子もその愛のラジカル性において、藤村を圧倒した」のである。自伝が字義通り「生の自己記述」auto-bio-graphie であるとするなら、こま子こそがみずからの「新生」を仕上げ、藤村文学を「共同制作」したのである。

（1）筆者の手元にあるのは大正八年第一三版、および大正一五年第一四版であり、毎年版を重ねている。
（2）筆者の手元にあるのは大正一〇年、第一四版。なお戯庵訳は昭和五（一九三〇）年に岩波文庫（上・中・下）に、生田・大杉訳は昭和七年に新潮文庫（上・下）に収録されるが、戦後になって新潮文庫版は、井上究一郎訳『告白録』（昭和三三（一九五八）年）に、岩波文庫版は、桑原武夫監訳『告白』（昭和四〇（一九六五）年）に置き換わる（いずれも上中下三冊）。
（3）木崎喜代治のきわめて緻密な「邦語文献目録」（『ルソー全集』別巻二、白水社）による。
（4）同前参照。
（5）松尾尊兊「明治末期のルソー」（『思想』四五六、一九六二年六月）参照。
（6）「脚本フランチェスカ物語」『スバル』第一年（明治四二（一九〇九）年）九月～一二月（四回）、「戯曲　ヨリオの娘」同誌第二年（明治四三年）一〇月、一二月、第三年（明治四四年）一月（三回）、「死の勝利」同誌第四年（明治四五年）六号～第五年（大正元年）五月（一二回）。『死の勝利』は単行本として、大正二（一九一三）年九月、大日本図書より刊行。
（7）国会図書館蔵書目録に石川戯庵＝石川弘（一八七六［明治九］・一一－一九三三［昭和八］・一〇・七）とあり、『懺悔録』、『死の勝利』、『小説神人問答』（グルモン）のほか、『新曲鉢の木』／石川戯庵（弘）、近森出来治（桂洋）（音楽社、明治四〇年一月）が登録されている。これは謡曲「鉢の木」を「ミュウジカル・エフェクト」をめざして作り直したもので、前半一〇頁が戯庵の文語文、後半一五頁が近森の楽譜（ひらがな歌詞付き）という構成から成る小冊子だが、奥付に著作者として「和歌山市尾崎町　石川弘」とあることから、国会図書館はこれによって同定したと推測される。ところで、石川弘で検索すると、この他にも五冊、いずれも東京・洛陽堂から『泰西名家の手紙』（明治四三（一九一〇）年）、『基督の青年訓』（明治四四年）、『家庭に於ける児童教育の理論及び実際』（ポール・ケーラスの翻訳、明治四五年）、『通俗孝子伝』（同年）、『田園生活』（大正三（一九一四）年）が登録され、それらの書誌情報の「個人著者標目」には「石川弘（一八七六–一九三三）→石川戯庵」と同定されている。しかしこの情報は疑わしい。『基督の青年訓』と『通俗孝子伝――学校家庭訓話』は国会図書館の近代デジタルライブラリーで全文参照できるが、その自序によると、かなり悲惨な生活を経験した人らしく、甲府から東京に出た後、家庭生活に破れ「三十余歳にして社会の落伍者となり」、京都鴨川に住む八〇歳の母の膝元に落魄の身を寄せた不孝者とある。後述するように、あきらかに和歌山高等女学校教諭の石川弘＝戯庵とは別人である。生没年は両者いずれのものか断定できないが、長年にわたる『懺悔録』（昭和五（一九三〇）年、最終的に岩波文庫に収録）その他の訳者の知名度および著作権法上の重要度から考えて、石川戯庵のものとするのが順当であろう。

（8）『定本上田敏全集』第一〇巻、教育出版センター、五二三頁。

（9）『鷗外全集』第三五巻、岩波書店、一九七五年、五六四頁。なお、この二つの資料の存在は、松木博「序を書く鷗外――石川戯庵訳『ルッソオ懺悔録』をめぐって」（酒井敏、原國人編『森鷗外論集　彼より始まる』、新典社、二〇〇四年）に教示を得た。松木氏は同論文の中で、これらの日付が七月であるにもかかわらず、両序文末尾の日付が「四十五年六月」となっている（上田敏の序ではさらに「ルッソオ生誕二百年祭」と付記）理由を、ルソーの誕生日に合わせるべく改変したものだと推定している。

（10）同前、四四九頁。

（11）『スバル』明治四二（一九〇九）年第九号（九月）、「消息」欄。

（12）平出修はリベラルな弁護士にして石川啄木などとともに『スバル』創刊者の一人。同誌の財政的支援をしながら、みずからも歌人、評論家、小説家として活躍。また一九一〇年の大逆事件の弁護をした。

（13）綿抜瓢一郎は、大正一一年一二月の芥川龍之介の「漱石山房の冬」の冒頭、一一月に芥川が漱石宅を訪問したときの先客として名前が出ている。「客の一人はO君である。O君は綿抜瓢一郎と云ふ筆名のある大学生であった」。芥川の記述が正しければ、誤訳指摘の八年後にまだ大学生だったということになる。

(14) 大正三年一月一七日付け平出修宛与謝野晶子書簡では「私などもじつは石川さんへ手紙は當分一寸かきにくい気がします」とあり、また二四日、平出修宛与謝野寛書簡では「有島氏の石川氏弁護論は「我等」へ載せ申候。但しあの誤訳指摘は大部分石川氏に弱点有之候」とある（与謝野寛・晶子書簡集成第一巻、八木書院、二〇〇二年、二三八、二四一頁）。有島の弁護論は十月鳥山の筆名で『我等』第二号に掲載されたが、綿抜は第三号・第四号に完膚なきまでの再批判を載せる。

(15) 和歌山高女校友会誌『ぽぷら』第三号（大正七（一九一八）年一二月）、第七号（大正一一（一九二二）年七月）に「消息」記事を寄稿している。

(16) 和歌山県教育委員会所蔵、和歌山高等女学校「学校一覧」昭和六年三月末現在の「旧職員」名簿。

(17) *Oeuvres complètes*, T.IV, Bibliothèque de la Pléiade, p.600, variante (a)（邦訳『ルソー全集』第七巻、三七一頁注三二）。しかしながら、ルソーの生涯において「反省」は両義的であることを止めなかった。この問題については、スタロバンスキー『活きた眼』所収の「ジャン＝ジャック・ルソーと反省の危険」が意を尽くしている。

(18) 渡辺廣士『島崎藤村を読み直す』、創樹社、一九九四年、一四六頁。

(19) 執筆開始直前に『罪と罰』を田山花袋から借りて再読しており、『破戒』はほぼ『罪と罰』の翻案に近いとされている。また周知の如く『破戒』において主人公丑松の尊敬する猪子蓮太郎の著作は『懺悔録』と題されており、それが丑松の「告白衝動」の動因となる。

(20) 中村光夫『風俗小説論』参照。

(21)『告白』第六巻、レ・シャルメットの幸福な生活を描く場面から（*Oeuvres complètes*, T.I, Bibliothèque de la Pléiade, p.236）。この引用は戯庵訳のとおりである（増補改訂全一巻本、三二七頁）。

(22) 現実には、『戦争と巴里』（『島崎藤村全集』第六巻、筑摩書房、三九六－三九七頁）所収の記事をさす。

(23)「海へ」、大正七（一九一八）年、第四章五および一〇参照。

（24）「位置」という語はこの作品にかぎって、十数度にわたって独特の用い方をされている。語り手の視線の向かう空間的な上下関係、登場人物の精神的な上下関係、そして主人公および節子対世間、主人公対節子の関係の変容を示すために用いられる。
（25）『島崎藤村を読み直す』、創樹社、一九九四年。
（26）社会評論社、二〇〇三年。こま子は『新生』刊行の数ヶ月後に、家族によって台湾の伯父（藤村の長兄）のもとに送られる（『新生』第二部にもふれられている）。翌年帰国後、さまざまな経緯を経て藤村と訣別、京都大学の学生寮の寮母として働くかたわら、昭和初年に激化する社会主義運動に参加、そこで知り合った年下の同志と結婚、長女をもうけたのち離婚し、貧困と闘病の生活を送るが、晩年は藤村の母の故郷妻籠で村の子供に書道を教えながら昭和五四年、八五歳で没するまで平穏な生活を送った。藤村との訣別後、一度も再会することはなかったが、四〇年をへて藤村の墓に詣でて花束を手向けた。

木下杢太郎とフランス文化

サロメの画をかいた人の国、「悪の華」を産んだ国、「地獄の扉」を制作しつつある國に
自分はなぜ生まれなかつたらう［……］（木下杢太郎「六月の夜」、明治四二年）

吉田　城

木下杢太郎、本名太田正雄（一八八五―一九四五）は、明治末期から第二次世界大戦終戦前夜にかけて、日本近代の発展とその矛盾を身をもって体験した一級の知識人であった。伊東市の商家に生まれ、若くして絵画、また文学を志したが家族の反対にあい、断念した。大学では医学の道を選択し、生涯医者として、教育者として、その職業を全うした。しかしながら医学と平行して、詩歌、小説、戯曲、絵画、美術史、考古学、文献学に広く手を伸ばし、そのいずれの分野でも特筆すべき成果をあげたのだった。外国語は高等学校時代に習得したドイツ語をはじめ、英語、フランス語、さらにスペイン語、ポルトガル語を修め、漢文の素養も持ち合わせていた。この意味では彼が師と仰ぐ森鷗

外と同じ膂力を示したのである。

皮膚科学という分野は大正昭和を通じて、医学のなかでも特別な地位を占めていた。太田正雄という本名は太田母斑という乳幼児の痣の名称に残っているが、基本的に皮膚学は「黴」の研究であり、細菌を動物実験などに適用する血清研究であった。その最たるものがハンセン病と梅毒（黴毒）である。ノルウェーの医者ハンセンがすでにライ菌を発見していたが、治療のための効能ある血清がまだ作られておらず、杢太郎は日本や東南アジアでその実地研究を続けていた。梅毒、丹毒なども皮膚を冒す病気であり、各国が薬剤の開発にしのぎを削っていた。医学研究は杢太郎に外国の学会への道を開き、それが念願の外国文化研究に大いに資するところとなった。

本論では広範囲に及ぶ杢太郎の知的活動にフランス文化がどのように関わったか、という問題を考察してみたい。まず最初に杢太郎の文学芸術上の貢献について、ごく簡単にまとめておくことにしよう。詩においては与謝野寛らとともに明治四〇年一〇月、九州に旅行したことをきっかけに、切支丹・伴天連文学に鋭い関心を示し、長崎や平戸でつぶさに観察したキリスト教文化、西洋文化の移入史を意識しながら数々の詩を作り、この分野で先鞭をつけた。

いかに、いかに、羅馬人《ろーまんびと》よ、
西班爾亜《えすぱにや》、義太利亜《いたりや》、さては
羅馬《ろうまん》はかに見つれ、
紅毛《こうもう》も愛でたたえたる
阿蘭陀のこの鏤版《ろうばん》の
この絵図のいずくにか在る、

汝《なれ》がいふ波羅葦増《ばらいそ》の国は。[1]

けれども白秋が優雅にまとめた詩集『邪宗門』の名声の陰に隠れて、杢太郎の南蛮詩は正当な評価を受けていないきらいがある。また、江戸情調や近代都会風景をうたった詩編は、「パンの会」らしい異国的なピトレスク趣味で独創性をもっている。

戯曲の代表作は「南蠻寺前」（一九〇九年）である。伊東マンショ[2]が隠れた主人公である。杢太郎は想像力を駆使して、室町末期から安土桃山にかけて京都（四条坊門）に建立された切支丹寺院を舞台に、夢幻的な宗教の魔力を描き出す。切支丹（吉利支丹）文学ないし研究は、白秋と杢太郎のあと、芥川龍之介の伴天連もの（「邪宗門」「奉教人の死」）、アーネスト・サトウ、新村出、さらには遠藤周作まで連綿と続くことになる。切支丹こそ、わが国における西洋文化との最初の出会いとその葛藤の証言なのだ。杢太郎は後年いっそう文献学的な方法で切支丹研究（シャビエル、ワリニャニ、遣欧使節）へと歩を進める。杢太郎の戯曲は「和泉屋染物店」など近代社会の危機を感じさせる逸品も多いが、多くは「詩劇」に近く、ホフマンスタールの影響が指摘されている。同時に洋楽や和楽、合唱の効果的使用など、独自の境地も開拓した。

絵画の分野では、杢太郎はとりわけ早くから素描の天分を発揮し、中国やインドシナ・ヨーロッパ諸国の遍歴旅行の際、つねに画帳を携行することを忘れなかった。とりわけ後半生に自然の花や庭の雑草を観察して描いた『百花譜』の見事な素描は、薬草学（本草学）への関心と共に、杢太郎の芸術的な趣味と技量を感じさせる。芸術批評の分野でも印象派の絵画を紹介し（ムーテルの『十九世紀仏蘭西絵画史』をドイツ語から翻訳）、ロダンやブールデルを高く評価し、またサロン評（院展など）の分野でも重要な足跡を残している。同時代の美術動向にも敏感で、キュビスムやジャポニスムについて多くを語った。

小説の分野では、後述する美食文学や医学小説という新境地を拓いたが、さほど成功を収めたわけではない。むしろ紀行文や随筆に彼の真骨頂が示された。中国、インドシナ、ヨーロッパなどに滞在中、研究教育や遺跡調査、文献渉猟の合間につづった書簡、日記や紀行文は、今日読んでも有益な示唆に満ちている。というのも、杢太郎がつねに日本文化とは何か、という鋭い問いを自らに課し続けていたからである。

木下杢太郎におけるフランス文化の受容は、時代別に三期に分けることができる。つまり、「フランス渡航以前」(大正一〇(一九二一)年まで)、「フランス滞在」(大正一一(一九二二)年から一三(一九二四)年まで)、「フランスから帰国後」(大正一三(一九二四)年以降)である。ただ、杢太郎の関心はしばしば西欧全般に及んでいて、フランス文化に関する事項のみを単独で抽出することは時として困難である。そこで、西洋文化一般の問題もある程度視野に収めながら考察を進めたい。

一　フランス芸術との出会い

杢太郎は若い時のフランスへの憧憬について、ある小説風随筆のなかで次のように語っている。

Mademoiselle Brune…elle était très charmante aujourd'hui, n'est-ce pas? …Sans doute. かう云う風に片言の仏蘭西語で語るといふことは、傍《はた》の人には氣障にも歯の浮くやうにも、感ぜられるだらうが、彼等青年にとっては、それ以上の喜びを内心に喚び起こさせるのであつた。現代仏蘭西の芸術的文化……無論彼等はぼんやりと想像してゐるのに過ぎなかつたが――それに對する崇拝は当時の――寧ろ病的の流行であつた。[3]

ではなぜフランスがこれほどまでに青年たちを熱狂させたのか。それはドイツ人が「暗く、智的（インテレクチュアル）で、哲学的である」のに対し、フランス人は「官能的人間（ジンリッヒメンシュ）」であるからという。「烈しいボードレールでも其詩章は美しい。ゾラにだつて詩的（ポエティカル）な所がある」[4]。杢太郎のフランス熱の源泉は意外なことにドイツ語で書かれたフランス絵画史の書物であった。

ムーテルの『十九世紀仏国絵画史』

杢太郎は明治四一年、東京帝国大学の学生であったとき、大学図書館でリヒヤルト・ムーテルの『十九世紀絵画史』[5]全三巻を読み、たちまちそのとりこになった。それはもっぱら著者の流麗な文章に魅惑されたためであったが、結果としてこの体験が杢太郎を芸術探求の道へと引き込むことになった。彼はついで同じ著者の『十九世紀仏国絵画史』[6]を読み、感激して、翻訳を試みさえした。大正二年に一部を『美術新報』に連載し、最終的に完全な翻訳は大正八（一九一九）年に刊行された。この書物は、ロココ末期から始まり、印象派の時代まで、ほぼ年代的にフランスの美術潮流を解説しているが、該博な美術史の知識をちりばめ、フランスにかぎらず古今東西の絵画を引き合いに出している点が特徴的だ。フランス絵画の源泉として重視するベラスケスに一章をもうけているほどである。

ムーテルの評論は、主観的な語り口ながら、印象派におけるジャポニスムの影響や光の表現について、独自の解釈を展開している。たとえば印象派絵画を自然の光のもとで描く「外光派」と人工灯の風景を描く「光彩主義《リュミニスム》」に分け、後者は近代文明のもたらしたガスや電気の照明による新しいスタイルであるとする。

商店の絢爛たる燈火が赤・金・銀の諸色をなして夜街に顫動し、あるひは鉄道の白煙の灯光のために火雲を現じ、あるひは煌々たる瓦斯の燈の漸くに蒼然たる夕靄を破り輝くころの街頭の不定なる情調、あるひは夜の庭園に日本の提灯が点り、おしゃれな少女たちの姿をゆらゆら瞬く赤い色調で包むといふやうな所である。［……］殊に好まれたのは晩餐時である。その時には美しい笠のランプは色模様ある卓布・碗・土瓶・水盤《カラッフェ》の上へかがやかなる光を投げるのである。[7]

この文体はまさに初期杢太郎のものと酷似している。ムーテルの文章はその絢爛たる形容詞と豊富な語彙によって、まだ見ぬヨーロッパの美術にあこがれた杢太郎の心を強くとらえたのだった。

都会情調、ボヘミアン的生活

杢太郎自身、最初に書いた詩「楂古聿《チョコレエト》」には印象派の影響が著しいと認めている。

真昼の光、煙突の、
屋根越え、わかき白楊を
夏のにほひに噎ばしむ。
そは支那店の七色の
玻璃《がらす》を通し、南洋の
土のかをりの楂古聿
くわつとたぎらす窓にして——

百合咲く国の温泉に
ゆあみしましし垣間見て
こがれさふらふ 鵠《はくてう》 の
君をしのぶと文つくる[8]

九州旅行の前年に書かれた詩で、明るい色彩、外光、近代的異国情調の漂う詩風である。[9]

明治四五（一九一二）年、『三田文学』に発表したエッセー風小説「河岸の夜」には、美を奉じる三人の青年が登場し、料理屋で歓談する。一人はきれいに髪を分けた背広の青年で、ホフマンスタールとゲオルゲの愛読者であり、二人目は制帽と黒い外套を身につけ、ムーテルの前掲書とゾラの評論集『わが憎悪』を所持し、かつてはミレー、今ではモリゾーばりの油絵を描いていた。三人目は鳥打ち帽をかぶり、浮世絵の愛好者だ。いわばこの三人はそれぞれ杢太郎の分身とも言える人物である。なかでも二人目のフランス美術愛好の青年は、注目に値する。

こうしたフランス美術、とりわけ印象派への傾倒は杢太郎初期の詩や評論に明瞭な痕跡を残している。明治末ごろ、杢太郎は「パンの会」の中心的人物として定期的な詩人の集まりを開催し、雑誌『明星』『方寸』『スバル』『屋上庭園』などにさかんに作品を掲載していた。[10] 本来第一詩集『食後の唄』（大正八年）よりも先に出版されるはずであったまぼろしの詩集「緑金暮春調」の絵画的・フランス的側面に注意を喚起しよう。

ゆるやかに、薄暮《くれがた》のほの白き大水盤に
さららめく、きららめく、暮春《ゆくはる》の 鬱 憂《めらんこりあ》 よ。
その律《しらべ》やや濁り、緑金の水沫《しぶき》かおれば、

今日もまたいと重くうち湿り、空気淀みぬ。[11]

表題の詩がホイスラー（一八三四－一九〇三）の好みであることは明白だ。ホイスラーは一八五五年からパリで絵の修行をはじめ、マネ、クールベ、日本の浮世絵などの影響を受け、のちロンドンに移り住んで制作した。一八六五年以降、「ノクターン」「ハーモニー」「ヴァリエーション」「シンフォニー」といった音楽的な題名に《黒と金のノクターン》とか《青と金のハーモニー》のように、色彩感を与えた風景画を得意とした。この点で、フランス印象派と相通じるものがある。[12]「緑金暮春調」の主題は、晩春に感じたメランコリー（鬱憂）の表現である。おぼろな色にあやどられた景色に、悲しい恋の感情がうたわれ、そこにはさまざまな音（デュエット、オーボエ、小唄）が介在する。そして西洋風の道具立て（大水盤、青銅彫刻、シテールの島）に取り巻かれている。ホイスラーが杢太郎を惹きつけた理由の一つは、フランス譲りの日本趣味にあると思われる。[13]

印象派からルノワールへ

最初は観念的あるいはプラトニックに印象派の絵画を愛した杢太郎が実際に印象派作品をまとめて見たのは、皮肉なことにフランスではなく、それに先立つアメリカ滞在の折りであった。大正一〇年五月、杢太郎は足かけ四年に及ぶ欧米留学に出発する。主たる目的はもちろん医学の研修であったが、旅行の機会を捉えては各地の美術館、博物館にこまめに足を運び、知見を広めた。最初の滞在地アメリカでは、シカゴ、ボストンなど多くの町でフランスの印象派絵画をまとめてみることができた。モネ、ルノワール、ピサロ、コロー、ミレーなど、アメリカは多くの蒐集を行なっていたからである。杢太郎はアメリカ全土でモネを一〇〇枚ぐらい見たと述べている。[14]アメリカ人による絵画はまったく評価していないが、例外はホイスラーとメアリー・カサットである。カサットについては「徹頭徹尾パリジエンヌで、米国生まれの女繪描きだとは少しも考へられない」と感心している。[15]

李太郎は南フランスを訪れたとき、ルノワールの明るい世界をはじめて理解したように思った。一九二三年一月一〇日、ニースから与謝野晶子に宛てた書簡のなかで、ヨーロッパで得た大きな成果として、マネからセザンヌにいたる印象派絵画を見たことをあげて、次のように言う。「あの緑色、あの海藍色、これは凡てさんざん並び立つ橄欖の大樹の葉の茂みの柔いふくらみが与へる光です。そしてその幹の海老茶色、地面の朗らかな紅さ、十二月にも生生とした草のみどり、坂路の石垣に布く大樹の陰の紫、さぼてん、灌木の叢。庭には薔薇が沢山栽培してありました。雨に黒ずんだ石膏の大きな裸体像(ルノワアルの絵に出る顔、からだ)の足もとには長い薔薇の枝がからみついてゐました」[16]。のちに自分の故郷である伊豆の風景について、それが一番美しいのが冬であり、「雑木山が真つ赤に燃え、海面は鮮碧、まことにルノワールの油絵のやうに華美で温純です」と称賛することになる。[17]

ロダンへの情熱、キュビスムへの警戒

李太郎は現代のフランス文学・芸術の潮流に敏感であった。留学以前すでにオーギュスト・ロダン(一八四〇－一九一七)の彫刻に注目し、評論を書いていた。[18] ロダンの名前が日本に伝わったのは、岡倉天心が一八九〇年東京美術学校で行なった「泰西美術史」の講義によってであるといわれるが、本格的には一九〇〇年にパリ万国博覧会にあわせてロダンがアルマ広場で開いた個展を、洋画家久米桂一郎が報告した頃から影響が明らかになった。[19] その後荻原守衛、高村光太郎がロダンの革新性に感嘆し、それを日本に紹介した。とりわけ一九一〇年『白樺』がロダン七〇歳を記念した特集号を組んだこと、一九一二年に「白樺」主宰のロダン展が開催されたこと、一九一六年に高村光太郎が『ロ

ダンの言葉』を翻訳したことは日本における口ダン普及に大きな意味をもった。
一九一〇年代においてロダンの芸術と人生が強く日本の芸術家と文学者（有島武郎、斎藤茂吉）に働きかけたことは、広く知られた事実である。それはこの彫刻家がもつ「個性」「力強さ」「生命感」といったものが西欧文化をようやく知り始めた青年たちの心を激しく揺さぶったからである。[20] 杢太郎が前述の『白樺』ロダン特集号に寄せた「寫眞版のRODINとその聯想」は、このような熱狂のひとつの証左となっている。「Auguste Rodin ―― ［……］藝術に關する新刊の書籍は、恰も伊太利亜から帰つた人がヱスキウスの山を説くやうに、この名を稱へないものとては鮮い」。渡航経験もなく、ロダンの実物を見たこともない彼は、リルケやジンメルの評言を援用しつつ、彫刻の写真版（とりわけ「地獄の扉」「考える人」）から得た印象を「熱情《パッション》」という言葉で表現する。この「熱情」の根底にあるのは、理想も目的もない、「自然」としての人間の精神活動なのだという。かつては神や霊が占めていた地位を、近代では「自然」が占めているからだ。では彫刻「考える人」はいったい何を考えているか。杢太郎によれば、この人物は静かな思索者ではなく、眼下に広がる「地獄の扉」の凄惨な闘い（「人生の紛糾、自然の争闘」）を「筋肉、神経で感ずる」思索者なのだという。
大正四年には、「ロダンは現代文化に於ける最大の葛藤、精神と物質の争ひを反映する」という哲学者ゲオルク・ジンメルの言葉を引いて、それはもっと楽観的に見れば「人間と自然との協力作業」を具現していると述べている。[21] ロダン亡き後は、杢太郎はブールデルへの好みを表明した。[22]
ロダン晩年の一九一〇年代、パリの美術界を騒がせていたのがキュビスムでありフォーヴィスムであり、また未来派やダダの運動であった。杢太郎はキュビスムには関心をそそられながらも一定の距離を置いていたようである。一九二二年、与謝野晶子宛公開書簡において、次のように述べているからである。「キユビズムは、小生はどうも同情が出來ませんが、その理論は知りたいと思つて本も買つてみました。多分讀む隙は無いでせう[23]」。彼の理解するところでは、印象派が感覚的であるのに対し、キュビスムは理知的であるという特徴をもつ。「歐州の藝術は、同時に存する自然科學精神から切り離すことが出來ないからでせう。印象派が味ひに接近した（Sensualisme）のに反對するのが近世のキユビスト的精神でせうが、要するに理知主義への叫びのやうです。（彼等は殊に生物學から多く影響せられてゐるやうです。そして繪畫はその思想に隷屬するのです[24]）」。

建築の分野においても、杢太郎はあまり進歩主義者ではなかった。一九二〇年代に近代建築の基礎を築いたル・コルビュジエに対して、「力学美（有用性）はいいが藝術性に欠ける」として、あまりにも装飾性を排除した建築（たとえば東京の永代橋）を評価しなかった[25]。ライトの設計した東京帝国ホテルについては、「エレガンスを欠く粗野な様式」と酷評した。

二　フランス文学の魅惑

近代都会風景

詩集「食後の歌」に含まれる「金粉酒」は、明治四三年に『三田文学』に掲載されたものである。ボードレール、ヴェルレーヌに霊感を得て、美酒を主題としている。

EAU-DE-VIE DE DANTZICK

黄金《こがね》浮く酒、
おお五月、五月、小酒盞《リケエルグラス》、
わが酒舗《バア》の彩色玻璃《ステンドグラス》、
街に降る雨の紫。

それは異国的な陶酔の極致を表現していた。また「両国」という詩編では「灘の美酒、菊正宗」を薄玻璃の杯すなわち洋酒のグラスに注ぎ（和洋折衷のイメージである）、詩編「該里酒《セリイ》」（パンの会が利用した料亭「鴻の巣」の主人に献辞がある）ではまさに酒のもたらす歓喜がうたわれる。ウイスキー、薄荷酒などへの偏愛は、杢太郎のみならず同時代の他の詩人にも見出せるが、大都会パリのボヘミアン的な詩人の生活への素朴な賛辞であった。

都会風俗をうたった軽やかな詩には、江戸情調と結びついたフランス風（たとえばヴェルレーヌ）の調子が読みとれる。とりわけ「町の小唄」という詩編群は、多く七五調で、パンの会で喇叭節[26]にあわせてうたわれた。小品「築地の渡し」はこんな具合である。

房州通いか、伊豆ゆきか。
笛が聞こえる、あの笛が
渡《わたし》わたれば佃島、
メトロポオルの燈《ひ》が見える。[27]

杢太郎が明治四二年、パンの会の北原白秋、長田秀雄といっしょに作った文芸誌『屋上庭園』（フランスから帰国したばかりの黒田清輝が表紙の絵を担当した）では、杢太郎はしだいに象徴的詩風を脱し、ますます印象主義的な詩風に接近している。それは「街頭風景」という詩群にまとめられるフランス（あるいはヨーロッパ）と日本の異文化融合ないし混淆の主題であり、その明るさはジャン・コクトーからの影響も指摘されている。たとえば詩編「六月の市街の情緒」の一節。

氷屋の扇風機いと重くまじめにうなり、
みるくせえきはがらがらと廻りくるめく……
その軒の……ほのかなる岐阜提灯のかげ、
目をやみて白き帛《きぬ》もて片目おほへる少女《をとめ》、
薄玻璃《うすばり》の口よりあいすくりいむを飲みゐたり。
その冷たさは六月のやはらかき銀河にや似し……。[28]

明るい光のもと、日本的な街角風景に西洋風のモダンなライフスタイルが点景されている。

『屋上庭園』二号に掲載された詩編「日本在留の欧羅巴人」においては、外国人が目にした日本の印象を凝縮している。[29]畳みかけるように列挙された江戸風物と近代都市風物が、奇妙な異国情調を醸し出している。

ああ東京に於ける年壮《わか》き欧羅巴人
日本《にっぽん》Mus'me, Geisha-girl, 夜の三味線、
Japanese Sake, 提灯、喜多川歌麿
日光、鳥居、Samurai, Yoshiwara-Oiran［……］

杢太郎は「日本に於ける外国趣味の歴史は、面白い美的影響を残してゐる」と語っている。(30)「西洋人の目で見られた日本趣味」に関心をもっていたからだ。いわば逆輸入されたジャポニスムの称揚である。パンの会以来の「見立て」の発想は、単純な西洋憧憬の感情というよりは、日常風景に時の異相（江戸文化）と空間の異相（パリ）を付与し、斬新な美を創造する実験であった。こうして杢太郎は「深川の裏通りにモネやボードレールを捜し」、街角に「ゾラの『傑作《ルウヴル》』にあるパリの風景」の「躍如たる描写」を追い求めた。(31)

杢太郎と白秋

明治四〇（一九〇七）年に九州で行なった南蛮文学探訪以来、杢太郎と白秋は互いに影響を与えあい、ひとつの異文化表現の様式を樹立していた。杢太郎は白秋の『邪宗門』を評して「暗示」suggestion の詩であると言い、その技法をフランスの印象派ないし点描派に帰していた。(32) 白秋と杢太郎の詩編には、上田敏の訳詩集『海潮音』にも看取できる独特の語彙およびイメージが横溢している。とりわけ外来語を日本語に表記する時、（1）発音をそのまま仮名またはカタカナで表記する（あんじゃべいいる、(33) めるくうる、ちゃるめら）。（2）音声上の漢字表記（瓦斯《がす》、玻璃《はり》（梵語で水晶、転じてガラス）、西班爾亜《えすぱにゃ》、波羅葦増《はらいそ》、格魯密母《くろおむ》色、樝古筆《ちょこれえと》、甲比丹《かぴたん》、伴天連《ばてれん》（パードレ）、伊智満《いるまん》（irmao パードレに叙階されない修道士）など）。（3）意味上の漢字表記（蠻紅花《さふらん》、鬱憂《めらんこりあ》、二部唱《づえっと》など）。これらはルビの効用を要す。（4）アルファベットそのものを使用（MOKKA《もか》、PROSCENIUM《ぷろせにやむ》）。森鷗外、夏目漱石、芥川にも共通する方法だ。異国情調を惹起するこうした語彙はどの程度まで読者の知的・感性的反応を引き起こしたのか。

野田宇太郎は「正雄は発明し、白秋は謳った」(34)と述べ、杢太郎に先陣の功を認めているが、杢太郎自身はのちにこの当時を振り返り、「我々の南蠻趣味は学問的でも、考証的でも、また純粋のものでもなく、専ら語彙の集積でした。

是は当時日本に紹介されたパルナシアンの詩、サムボリストの詩からも暗示を受けたわけです」（『明治晩年の南蠻文學』）と告白している。また同じ文章の中で、上田敏の『海潮音』や蒲原有明の『春鳥集』における江戸浮世絵趣味、印象派のおよぼした影響についても語っている。とすれば、南蛮文学ジャンルが、主題の上ではスペイン、ポルトガルの宣教時代をうたっているにもかかわらず、その表現形式にはフランスの影響が直接間接にあったということになる。[35]

無意志的記憶

杢太郎は、小説やエッセーにさまざまな考察や体験や夢想や思い出を盛り込んだが、一種のフラッシュバックのようなプルースト的「無意志的記憶」の例を再三書き記している。彼がプルーストを熟読した形跡はないが、フランスに長期滞在した一九二一年はプルーストの没年であり、フランスの文壇ではゴンクール賞作家の逝去として話題になったから、その作品を知らなかったと考えるのは不自然である。実際、大正一五（一九二六）年、ルネ・ボワレーヴの訃報に接し、その作品を丸善で買って読んだ時、この作家がプルーストに負うところが大きいという感想を漏らしている。[36]とはいえ、杢太郎はこの方法をかなり早い時期から実践している。明治四〇年『明星』三号に寄稿した「蒸気のにほひ」という作品のなかで、「僕」と称する語り手が日本橋小網町に絵を描きに行く。

　僕は例によつて、鼻謡を歌つたり、いろいろな切々の事を考へたりして畫をかいてゐた。其間にどうかすると近邊《きんぺん》が非常に靜かになつてくる。すると偶然、僕が九歳《こゝのつ》の時、親父に連れられて初めて東京へ來たときの心持が湧いた。さうなると屹度、何より先、色硝子の色合が朧げに頭に浮かぶのが例である。さうだ、之は料理屋の二階から往來の鐵道馬車を眺めたときの印象が殘つて居るのだろう。其時分は喇叭だつたが、其響――それから東京臭い匂ひ、こいつは幾くら経つても忘れられない。

これは感覚というより場所の同一性が幼少時の記憶を蘇らせている例である。しかしプルーストと類似した感覚によるレミニサンスのケースも存在する。[37] かつては画家を目指したことのある橘という主人公が、Y画伯の家の庭で経験するできごとだ。「それは丁度四月の空き地に名もなき一種の草の葉をむしつて、偶然鼻の先へもつていつた時の草の香ひが――もっと年の若かつた頃の夏の避暑地の海岸を思ひ出させ、また其時の貴い出来事を髣髴せしむるに似たものであつた」[38]。この時までにプルーストを読んでいたかどうかは疑わしいが、一九一三年に出版された「スワン家の方へ」の抜粋あるいはレビューを目にしていた可能性は否定できない。

フランス滞在後、大正一四（一九二五）年に刊行された「安土城記」になると、記憶の蘇り現象ははっきりとプルーストを意識して語られているようである。語り手（杢太郎自身）がヴェネツィアの図書館で文献調査に邁進する日々のことである。

舟がカナアル・グランデから支流に入つて、ジョワンネリの館の前を通る時、わたくしは今日もまた、昨日と同じく、一種名状すべからざる甘美の感情に襲はれたことを自覺した。昨日は久しく忘れた草の香の如く、その感情は豫告もせずに、突然とわたくしの心を打つた。今日はもはや意識している。意識して居ながら其突嗟の印象は毫も変らない。是れはわたくしの二十歳代の小網町の耽溺が回想せられるのに基因してゐるらしい。當時ゲエテが伊太利紀行を愛讀して、小網町の河岸、兜町の橋梁に、まだ見ぬヱネチアを想像したのであるが（無論もつと精確に言へば、それへ女性的江戸情調的分子が混入してゐたのである）。今は却つてその現物の都に在つて、香の如く消えたる昔日の感激を追想するのであつた。[39]（傍点は筆者による。）

場所の同一性による思い出の蘇生であるが、ここでは「一種名状すべからざる甘美の感情に襲われた」という一句に注目したい。プルーストが語る「紅茶とマドレーヌ」の奇跡とほとんど同一の表現であるのははたして偶然であろうか。

李太郎は結局自分でも認めていたように、フランス文学を系統的に、また方法論をもって読むことをせず、「到底蔗境《しゃきょう》に入るところまで行かなかった」[40]かもしれない。けれども、興味に任せ、日常的に多くの本を購入して読みあさった結果、随筆や小説のここかしこにフランス文学から学んだ観察眼や方法が自然に浸透していった。ちなみに李太郎の読書範囲は広く、象徴派の詩のほか、ゴーチエ、デュアメル、ポール・ジェラルディ、ロティ、キュレル、アナトール・フランス、テーヌ、クロード・ファレール、ポール・ブールジェ、レオン・ドーデ、ポール・モラン[41]、ジュール・ロマンなど多岐に及ぶ。アンドレ・マルローが『人間の条件』でゴンクール賞を取ったすぐ翌年には原書で読み、さらにエドモン・ジャルーの書評にまで目を通している[42]。また付言しておくべき事実として、リヨン滞在中（一九二一年）の李太郎がパリで知り合った詩人ノエル・ヌエットに依頼して、フランス文芸思潮の動向をまとめてもらい、それを翻訳して『サンデー毎日』に掲載したことがある[43]。

三　美食文学の開拓

木下李太郎のアメリカ・ヨーロッパ紀行については、書簡、日記、紀行文、随筆などによってほぼその全容をうかがい知ることができるが、ここではこれらを系統的に記述する紙幅はない。アメリカ、イギリスを経てパリに落ち着いた杢太郎にとって、フランス滞在は芸術や文学以外の面でも大きな精神的な糧となったようである。サン・シュルピス教会に近い広場のホテル・レカミエに居を定め、杢太郎は静かな散策と思索の生活に喜びを見出した。「わたくしはこのサン・シユルピスの境内を愛する。アナトオル・フランスの幼年時の回想記にこの境内はしばしば出て来る。［……］歴史長き都會に於ける靜かなる一つの小さい生活[44]」とはいえ、異国に来た好奇心の塊のようなこの少壮学者が孤独に暮らしていたわけではない。ソルボンヌでは「ルヲン教授の日本詩歌史を受講」したり、語学教師を雇って会話の訓練をしたり、ルーヴル美術館に通ったり、と日中は精力的に活動している。はては東洋学者アンリ・コルディエや美術史の大物テオドール・デュレを訪問するなど、貴重な体験をしている。都市パリは、コスモポリットになった杢太郎にとってまさに「意中の愛人[45]」となったのである。

ここでは従来あまり注目されたことのない杢太郎の「美食」への関心に光を当ててみよう。じっさい杢太郎は酒はたしなむ程度であったが食べることが好きで、それを文章で表すことに快楽を見出していた。昼食の献立を記録しておいたり[46]、皮膚科学会出席のためにアルザスに旅行すれば、フォアグラの美味について語ったりする。

> 学問、芸術は貴いに相違ないが、良い料理はさらにめでたい。［……］麺麭《ぱん》、肉羹《ポッタアジュ》の極めてまづいこの土地で、ライン河のトリユイト、手製《ア・ラ・メゾン》の脂肝《フォア・グラ》は驚異であった。フォワ・グラは家鴨に砒石又は酒精を飲ませて作ると云ふ。多くは之にトリユツフを入れる。トリユツフは豚を引いて捜させる。此地では萵苣《レッチュウ》のサラドの上に載せて出し、其外観極めて田舎びて居るが、多量に盛つてくれるのは何よりであつた[47]。

ボルドーに旅すれば、劇場前の「キャフェ・ド・ボルドオ」でとった昼食を感動をこめて書きとめている（「殊に苺、櫻実等の果実は巴里より遙かにいい。此地は名だたる醸造地である。が、侶伴なき一人旅では古酒の栄耀をしやうという氣も起こらなかった」）。[48]

そもそも李太郎は美食の道が芸術につながることを信じていた。アンドレ・ミシュランが発刊（初版一九〇〇年）した『ギッド・ミシュラン』も参照していたらしい。

近頃此都会の料理屋を品藻する二種の新版を手に入れた。その一つの方に関しては「フイガロ」の土曜日付録に紹介が出て居たが、芸術家は凡て美食家《グルメエ》であるといつたやうな文句が恐ろしく氣に入つた。巴里でも十法《フラン》以下の食事は頓と情けない。[49]

帰朝してからも、たとえばアヴニュー・マルソーのレストラン「ポテレ・シャボオ」や、サン・シュルピス広場近くの喫茶店での食事とお茶を懐かしく思い出している。[50] もちろんフランスの食を手放しで絶賛したわけではなく、水の味には注文をつけている。セーヴルの陶器博物館を訪れた帰りに寄ったカフェについてはこう言う。

サン・クルウの公園内の大きな喫茶店に憩ふに、トオストの麵麭は味こよなく、茶は上等の印度茶を用ゐて、それには申分がなかつたが、用水が明礬を含む悪水で、折角の茶が台なしである。仏人の茶をたしなむ流行は割合に日が浅いせいでもあるか、まだ水までを吟味するまでには至らないと見える。[51]

「口腹の小説」をめぐって

李太郎は世界各地で「食」に関心をもち続けた。この関心を、創作意欲に結びつけようとしたのは当然の成り行きであった。大正一四（一九二五）年四月、『改造』に発表した「口腹の小説」は美食を主題とした斬新な小説の企てである。[52] 登場するのは口腔の病気で入院している北村こと一人称の「僕」である。「ばあや」には詩人、劇作家、画家などと形容される、高等遊民的な人物だ。「僕」は子供時代からいろいろな夢を抱いてきたが、とくに美食と調理に関心をもち、かつてパリで「魯西亜舞踏」や「コメディー・フランセーズ」を観たあと食べたメニューを思い出す。

空想は盛んになつた。鶏子、鰕（えび）、牛、羊、又はトリユイト、脂肝《フォアグラ》、アスペルジュなどが、シスレエの繪の遠景の如く、デュビシイの曲の海波の如くに、頭の内に洶湧する。が、此音楽、この油彩を、わが臺所から創造する一事に想到すると、勇氣頓《とみ》に挫折せざるを得ぬのであつた。よしんばそれが出来たとしても、あのブルゴオニユなく、あのワインがない。でぼくは、ラリユウ、[53] ラペルウズ[54]所は棄てて、第二流のドルアンとか、[55] グリルルウム・メヂシスあたりの處で行かうといふことに極めて、心持ちが穏になつた。實際のところ其の方が僕にはより親しく、そしてそれが實は「我々の巴里」であつたのである。[56]

季節感の漂う自然や食材は思い出の中の東京とパリを結ぶ。仲間と端艇で川を散歩中に見つけた空き地の藤棚のことを思い出す。

その藤の葉、藤の豆を僕は巴里に於いてやや中心を離れた街區の一料理屋の果物に見出したのであつた。櫻の実、草苺は、夏の季節の好きな僕の心を快活にした。それは初期の印象派の繪を見ると同じやうな感情である。メロンは夏の終を思わせた。苺が唯タルトの上にのみ見られる時は、もはや秋風がしみじみと身に染みた。でも秋の雨、秋の風は、武蔵野の中の都會に於けるとは趣を異にした。それには、荒涼、悲痛の感じが伴はないで、これら季節にはいるといふ、楽しい豫感が附随してゐた。[57]

こうして「僕」はパリで味わった料理を自宅でなんとかして再現しようと思い、フランスで集めたメニューを取り出して、夢想にふける。その結果考えた晩餐メニューがフランス語で挿入されている。いわく、オードブル取り合わせ、燕巣のコンソメ、チキンクリームポタージュ、冷製源五郎鮒 Carpes Guëngoreaux[58] フランス風ソース、海老のテルミドール［クリームソースグラタン］、豚の背肉グリル、フランス風グリンピース、シャム風菓子、デザート、ワインはシャトー・イケム一九一一年、ロマネ一九一六年。そのうえ接客のため、インテリアも工夫して、鏡台を作らせて香水瓶を並べ、「きやしやな書架を作らせて、芥川龍之介の小説、ジエラルデイ又はマダム・ド・ノアイユの詩集でも置こうかなどといろいろ考へた[59]」。

この小品の後半は、東京で味わう料理と、パリの思い出が交錯し、すべて「食」の話題で占められている。「青木堂の二階」の西洋料理、いちご、ペッシュ・メルバ。いわば東京とパリの比較美食論に、季節風土論が混じり合う。はてはプレサレ羊肉を切り分けるシェフの手さばきの描写に及ぶ。しだいに空想が高まり、あたかもユイスマンスの『さかしま』のように、料理を演出する室内調度論へと話が進む。ただ一人登場する友人の「河本君」はプロレタリア主義信奉者で、「僕」のブルジョワ趣味を批判する。

小説は唐突に終わっているが、後記が付いており、後半を書く予定であったが『時事新報』で堀木克三が酷評したために筆を折ったと告白している。杢太郎としても、思い切り想像を働かせて実験した試みに満足できなかったのであろう。これ以降、美食に関する作品が書かれることはなかった[60]。ただし、最晩年の名随筆とされる「すかんぽ[61]」では、少年時代に食べた野原のすかんぽの酸っぱい味が、本草学的・医学的観察を交えつつも、数々の思い出をつなぐ触媒になっていて、これまた毛色の異なる味覚文学の境地をひらいている。

おわりに——医学的文学と仏印体験

最後に医者としての太田正雄がフランス文化をいかに吸収し、それを文学芸術への関心に結びつけたかを見ておきたい。そもそも杢太郎の創作には、皮膚科の医者として人物を眺める「表層観察」が認められる。奇妙な短篇「體格検査」[62]においては、高等専門学校の入学試験で男子の身体、とくに性病をチェックする医師の体験が仔細に描かれているし、短篇「小さい村の葬式」[63]では「皮膚の極めて美しい」肺病の青年岡田が登場する。また別の短篇「一度は通る道だ」une caricature[64]ではヒステリーと躁鬱症を患う「鋭治さん」について、「年は二七歳で中背である。脂肪質は少ない。髭は極めて薄い」といった医学的視線による描写がある。「北から南へ」[65]という変わった小説の主題は、ある村で起こった腹式呼吸法と神経症療法の話であり、これは医学小説とでも称すべきであろう。また、杢太郎の代表的小説の一つ「霊岸島の自殺」[66]においても、主人公「為さん」から見た「おしゅん」の姿はほとんど医学的な視線で捉えられている。

フランス文学を読むときも、病気の話題には敏感で、ヴォルテールの『カンディード』に描かれた梅毒の話を説明したこともある。主人公が恩師で大哲学者のパングロスに再会したとき、恩師はぼろぼろに病み衰えていた。というのも、パングロスは男爵夫人の侍女パケットからこの病をもらったからである。彼はこの毒について、コロンブスが新大陸から持ち帰ったチョコレートなどの代価であるから「世界最善のもの」であると言う。ヨーロッパの軍隊の三分の二はこれに罹っているが、日本などはまだ知らない、とヴォルテールは書いている。杢太郎は医者として人類に不幸をもたらした「黴毒」と「ライ病（ハンセン病）」の研究に多くの時間を費やしていた。

仏印での調査・研究

太田正雄は昭和五（一九三〇）年にはマニラで開催された国際癩委員会に出席した。翌年香港、マカオ、広東省を経て帰国し、東北帝大医学部付属病院長になる。昭和一二（一九三七）年には東京帝大医学部教授（皮膚科学講座）に転任するが、このころから彼は立場上、戦争の国策の中に少しずつ絡め取られていく。もちろん、温厚な良識派の杢太郎は純粋に学問的な目的で行動していると確信していた。しかし東南アジア進出をもくろんでいた日本政府は、昭和一六（一九四一）年彼を国際文化振興会を通じて仏領インドシナに交換教授として派遣し、現地の衛生状態や病院事情を調査させている。「仏印」Indochine française とは、フランスが一八八七年に東南アジアを統合して保護領・植民地化した一帯をさす[67]。

太田はこの旅行中フランス政府からレジオン・ドヌール勲章を授かっているが、同時に外出の機会を十二分に利用して、安南［ベトナム］の歴史や文化、カンボジアの仏教遺跡などを精力的に見て歩き、遺跡調査にも力を注いだ。国際的な視野をもった彼は、安南における言語教育の問題、古典文化保護の問題などにとりわけ鋭い関心を示した。杢太郎最晩年のフランス語圏におけるこのような調査・思索活動の足跡を端的に示しているのが、昭和一六年に発表した二つの論考「仏印の医事衛生」[68]と「仏印管見」[69]である。前者は安南の衛生事情から発してその歴史、言語を概説する。安南語は本来独立した言語であったが、長く中国の支配下にあって中国古典語の「浸潤」を受け、「複雑な抽象的思考」を表現できるようになった。一八七〇年代にフランスの支配圏に入りフランス語の影響を受けた。外国語は安南化され、独特の言語体系を作り出した。この時代、大学組織、教育組織はおおむねフランス式で統一されつつあった。教育制度問題は日本語における漢語の影響を考えるうえで杢太郎の関心を引いていた。

「仏印管見」のほうはさらに詳しく安南事情を解説する。興味深いのは、「フランスが安南に何を与えたか」という問題を杢太郎が正面から考察していることである。安南には話し言葉はあったが、書き言葉のほうは中国語から入ってきたので、それをまねて八世紀から一一世紀にかけて独自のチュウ・ノム（字喃）が作られた。安南は長いあいだ自国の文化伝統を重んじることがなかったが、フランス式教育が始まったことで、かえって国民的伝統を見直す契機が生じたと杢太郎は見る。このことは、大東亜文化圏の表向きの理想が、かえって東アジアの民族意識を高め、戦後のあいつぐ独立運動につながった事実と連動しているように思われる。フランスは河川・道路などのインフラストラクチャーの整備のほか、教育システムを整備し管理した。杢太郎が問題視しているのは、それがしばしば西洋人の助手を育成するだけに終わり、高度の国家指導層を養成しなかったことである。これこそ、西洋流の植民地経営の手法であったからである。フランス語教育を重視した結果、初等教育・中等教育において安南は漢字もチュウ・ノム（字喃）も失い、ローマ綴りによる人工的で複雑なコックグー[70]（国語）を使用することを余儀なくされ、自らの歴史と断ち切られてしまったのである。

杢太郎はフランスによる安南改造を見て、日本における国語教育や古典重視の持論をますます強固なものにしていく。彼はフランス滞在中すでに引用した与謝野晶子宛書簡で、次のように述べていた。「何といつても、我々の西洋に來たのは遲過ぎました。もつと若く、世間のことを顧みる必要のない學生としてここに來り、少なくとも四五年居なくては歐州文明を味はふことは出來ません。やつとわたくしも仏蘭西の近時の事が解りかけたのです。もはや此冬は仏蘭西を去らなければなりません。若し其起源にまで遡らうとするには（伊太利、羅甸、希臘）浅くとも古典の研究に指を染めなければなりません。［……］羅甸語一つ知らないで、それで仏蘭西の文化が解ると思ったら、それこそ大それた事です[71]」。大正一四（一九二五）年『明星』に発表した「古典復活礼賛[72]」においては、「道徳の源泉は読書にある」と言明し、アナトール・フランス、漱石、鷗外ら大作家はみな古典から滋養を得ていることを指摘して古典的伝統の保護復活をうたい、日本語における漢字制限、簡略字体への反感を示している。彼の安南体験は、フランス語の移植問題を通して、自国語の擁護問題へと最終的に展開したのである。杢太郎の広範囲にわたる知的活動・創作活動の背後には、つねに西洋文化と日本文化をいかに融合・並置して近代を構築するかという深い問題意識があった。

木下杢太郎書誌

『木下杢太郎全集』全二五巻、岩波書店。

『木下杢太郎日記』全五巻、岩波書店。

山川光子『小説木下杢太郎――秘められた友情』、鳥影社、二〇〇三年。

今橋映子『異都憧憬　日本人のパリ』、柏書房、一九九三年。

村松定孝編『幻想文学伝統と近代』、双文社出版、一九八九年。

澤柳大五郎『木下杢太郎記』、小沢書店、一九八七年。

新田義之『木下杢太郎』、小沢書店、一九八二年。

野田宇太郎『木下杢太郎の生涯と芸術』、平凡社、一九八〇年。

杉山二郎『木下杢太郎　ユマニテの系譜』、平凡社、一九七四年。

野田宇太郎『瓦斯燈文藝考』、東峰書院、一九六一年。

野田宇太郎『日本耽美派の誕生』、河出書房、一九五一年。

野田宇太郎『パンの会――近代文芸青春史』近代作家研究叢書、日本図書センター、一九四九年。

『藝林間歩』木下杢太郎追悼特輯、一九四六年四月。
『文藝』太田博士追悼号、一九四五年一二月。

(1)「波羅葦増」『天草組』、明治四〇（一九〇七）年。「新井白石の羅馬人シドチに問へる言葉になぞらう」との詞書きがある。
(2)天正遣欧使節の一人で、大友宗麟の姪孫。一五七〇？－一六一二。
(3)「新時代」『新小説』、大正五（一九一六）年七月、『全集』第六巻、三〇四頁。
(4)「公的展覧会の西洋画」『方寸』、明治四一（一九〇八）年、『全集』第七巻。
(5)Richard Muther, *Geschichte der Malerei im 19. Jahrhundert*, München, 1893-94.
(6)R. Muther, *Ein Jahrhundert französischer Malerei*, Berlin, 1901.
(7)『全集』第二〇巻、一八六－一八七頁。
(8)「秋風抄」『明星』、明治四〇（一九〇七）年八月。
(9)この詩は上田敏訳『海潮音』（一九〇五年）に収められたテオドル・オオバネル「白楊」と類似を示している。「落日の光にもゆる／白楊の聳やく並木、／谷隈になにか見る、／風そよぐ梢より」。
(10)パンの会の活動については野田宇太郎の研究（書誌参照）に譲る。
(11)同名の詩は『中央公論』に「暮春調」として掲載されたものである。
(12)明治四二年、杢太郎は『早稲田文学』に掲載された島村抱月の観念的な美術論を批判しながら、技法的、美的側面からホイスラーのこれらの絵に注目している（「地下一尺録」『昴』、明治四二（一九〇九）年二月）。同じ論考のなかで、ボードレールとマネ、ヴェルレーヌとロダン、ゾラとモリゾなど、文学と絵画の相互影響に言及しているのは興味深い。

(13) なかでもテムズ川を描いた風景画《バタシー橋》などは、北斎や広重による隅田川を主題にした錦絵の影響があると指摘されている。パンの会が活動場所として隅田川河畔を選んだのも、印象派やホイスラーのセーヌ、テムズへの愛着があった。隅田川文学は永井荷風、パンの会、芥川龍之介へと連綿として続く伝統を作り出したが、それは単に隅田川、あるいは大川に残る江戸情緒が若い文学者の懐古趣味をそそったからではない。むしろ、一種の逆輸入的ジャポニスムの美学から、伝統文化と舶来文化が混じり合う特殊な空間として意識されたからである。
(14) 「北米通信」『冬柏』、昭和五（一九三〇）年、『全集』第一四巻。
(15) 同前、第一四巻、一七一頁。
(16) 「羅馬へ」『全集』第一一巻、四〇八頁。
(17) 「伊豆伊東」『サンデー毎日』、昭和五（一九三〇）年、『全集』第一四巻、二一九頁。セザンヌについて、空気遠近法を主観的なものと評した一文もある。「船室」『我等』、大正三（一九一四）年、『全集』第六巻。
(18) 「寫眞版の RODIN とその聯想」『白樺』八号、『全集』第七巻。
(19) 久米桂一郎「仏国現代の美術（八）」『美術新報』第一巻第一三号、一九〇二年九月。
(20) 高階秀爾「『白樺』と近代美術」『日本近代の美意識』、一九九三年、青土社。鈴木貞美編『大正生命主義と現代』、一九九五年、河出書房新社。
(21) 「現代の芸術的認識」『太陽』、大正四（一九一五）年、『全集』第九巻。
(22) 「ロダン没後」『全集』第一二巻。
(23) 「巴里より」『全集』第一一巻、三九七頁。
(24) 同前、第一一巻、三九八頁。
(25) 『全集』第一四巻。ル・コルビュジエ批判は「隅田川の諸橋」（東京朝日新聞、昭和五（一九三〇）年）。
(26) 日露戦争に際して、「とことっとっと」というラッパの擬音を囃子にして流行した。
(27) 『昴』、明治四三（一九一〇）年二月。明治四四年の詩集『生の歓喜』には、さらに民衆的な、卑俗な詩がある（「鼻の孔をほじる人」「田圃道の放尿」)。
(28)「屋上庭園」、明治四二(一九〇九)年一〇月。
(29)モデルは「パンの会」に参加したドイツの青年フリッツ・ルンプだと言われる。
(30)「横濱及び異人館情調」『方寸』七巻、明治四三(一九一〇)年一月。
(31)「桐下亭随筆」『女性』(大正一五(一九二六)年)に発表。
(32)「其技巧は直ちに十九世紀後半の仏国印象画派、殊に新印象派(ネオインプレッショニスト)、即ち点彩画派(ポエンチリスト)の常套の手法を回想せしめるのである。[……]仏国の彼の派に於いて、其繪畫が思想でも、形式でも、理想でも、情熱でも、想像でも三次の物象の再現でもなくて、単に光線(エエテル)の振動、原色の配整であつたやうに、「邪宗門」も亦哲学でも系統的人生観でも、「悪の華」でも、現實暴露でもなくて、単に簡単なる心象(しんぞう)及び感情の複雑なる配列である」(「詩集「邪宗門」を評す」『昴』五号、明治四二(一九〇九)年五月、『全集』第七巻、一一五頁)。
(33)オランダ語でチューリップのこと。
(34)野田宇太郎『日本耽美派の誕生』、六四頁。
(35)「南蠻文学雑話」、大正一五(一九二六)年、『全集』第一三巻。
(36)「桐下亭随筆」『女性』、大正一五(一九二六)年(同前、第一三巻)に発表。杢太郎は昭和三(一九二八)年、読みあさる近刊書の中にプルーストの名前を数えている。「日本に於ける思想、運動の原動力のいつも外國から来るといふことを百も承知してゐる我々は、何かその波濤の原らしいものを捜つて見やうと思つて、近頃の近刊を漁つてみる。曰く、ヂユアメル、曰く、マルセル・プルスト、曰く、フランソワ・モオリヤツク、曰く、ポオル・ジエラルヂイ」(「二つの全集を中心に」『文藝春秋』、昭和三(一九二八)年九月、同前、第一三巻)。
(37)明治四五(一九一二)年に『三田文学』に発表された「河岸の夜」では、やはり小網町近くの河岸で、夜鍋焼きうどんや炒り豆の呼び声を聞いていると、少年時の芝居の印象などが浮かんでくる。『全集』第五巻、一九六頁。
(38)「新時代」『新小説』、大正五(一九一六)年七月、『全集』第六巻。

(39)「安土城記」『改造』、大正一四（一九二五）年一二月、『全集』第六巻、五一五頁。
(40)「旅」（一九二三年八月三日ハイデルベルクにて）『サンデー毎日』、大正一二（一九二三）年一一月二五日、『全集』第一二巻。
(41) 少なくとも『夜開く』『生ける仏陀』（『全集』第一五巻、二九八頁）は読んでいる。
(42)「春径独語」『冬柏』、昭和九（一九三四）年、『全集』第一五巻。ちなみに李太郎はこの小説をまったく評価していない。
(43)「一九二二年の仏国叙情詩壇」と題され、同誌一九二三年一月七日、同二一日号に分割連載された。その本文、およびこの件に関して残っているヌエットの太田宛書簡を見ると、ヌエットが李太郎の求めに応じて日本の詩歌愛好家のために書き下ろしたものであることがわかる。
(44)「サン・シュルピスの広場から」『サンデー毎日』一三号、『全集』第一一巻、三八〇－三八一頁。
(45)「續言はでもよきこと」『全集』第一二巻、一二一頁。パリへの愛は次の文章を見よ。「然しこの小路に交叉する Rue Jacob から先にゆくと、通りの情景がずつと変はつて、如何にも古風な静かな街になる。春の日が朗らかに、古く汚れた白壁に當たつて、その黄い弱い反射が空の緑に對照するのを見ると、まるで十八世紀の銅版畫の裡の風情である、ああ、巴里には江戸がある。是故に自分はこの都を愛する」（「リユウ・ド・セエヌ」大阪毎日新聞、大正一三（一九二四）年七月、同前、第一一巻、四三－四四頁）。
(46)「パリ近時」、一九二二年五月二四日、同前、第一二巻。
(47)「ストラスブウルからハイデルベルヒへ」、同前、第一二巻、三三－三四頁。
(48)「ボルドオ」、五月二七日、同前、第一二巻、七一－七二頁。
(49)「ブルタアニュ」『サンデー毎日』、大正一一（一九二二）年一二月、『全集』第一一巻、四〇〇－四〇一頁。
(50)「パリの点心舗」『スキート』、昭和四（一九二九）年、『全集』第一四巻。アメリカ方式の帝国ホテルについて、そのグリルルームで前菜、鱈、ミキスド・グリルと豌豆を注文したら、「其味索然」たるもの、と慨嘆している（「續言はでもよきこと」『全集』一二巻）。
(51)「セエヴル陶器館」『全集』第一二巻、五六－七頁。
(52)『全集』第六巻。

(53)マドレーヌ広場三番地にあった「最高級レストラン」(『ベデカー』一九〇四年版による)で、プルーストの行きつけの店。
(54)サン＝トーギュスタン河岸、五一番地。
(55)サン＝トーギュスタン街、オペラ通り北端、『ベデカー』によると「一般向き」。
(56)同前、四八八‐四八九頁。
(57)同前、四九一‐四九二頁。
(58)「燕巣のコンソメとクロェエズ河の鮒の料理とは、一八九六年十月の六日に仏蘭西の大統領がロシアのニコラス二世を饗応した時の料理にあやかる積もりだが、我厨房のカルプ・ゲンゴロオの成績に対しては危惧の念を抱かないわけには行かなかつた」(同前、四九九頁)。
(59)同前、五〇二頁。
(60)紀行文では、美食への関心を表明し続けた。タイ(シャム)料理について、興味深い一文がある(『全集』第一五巻、三〇六‐三〇七頁)。
(61)『文藝』、昭和二〇(一九四五)年、『全集』第一八巻。
(62)「體格檢査」『太陽』、大正三(一九一四)年、『全集』第五巻。
(63)『全集』第六巻所収。
(64)同前、第六巻所収。
(65)「北から南へ」『朱欒』、大正二(一九一三)年、『全集』第五巻。
(66)『三田文学』、大正三(一九一四)年、同前、第五巻。
(67)最初はコーチシナ(フランス領)、アンナン、トンキンの三地方、およびカンボジア、また九三年以降はラオスも含んだ。
(68)讀賣新聞、昭和一六(一九四一)年。
(69)『學士會月報』、昭和一六(一九四一)年。
(70)杢太郎によれば、コックグーの起源は、おそらく一五‐一六世紀頃のカトリック宣教師に始まるが、大成したのは一七世紀のアレクサンドル・ド・ローデである。ローデは一五九一年アヴィニョンに生まれ、イエズス会の宣教師として、最初は日本に来る予定であった。しかし幕府の禁教令で入国できず、安南に行き、そこで同僚が日本人相手にローマ綴りの宗門書で説教しているのを見て、思いついたという。「耶蘇会士アレクサンドル・ロオデ」（『全集』第一八巻）参照。

（71）「巴里より」、一九二二年八月一〇日（与謝野夫妻宛）、『全集』第一一巻。

（72）『全集』第一二巻。また『全集』二三巻、一九二二年一一月一七日和辻哲郎宛書簡、二七〇 - 二七一頁参照。

「反語的精神」の共振

——林達夫とジャンケレヴィッチ

近藤　秀樹

日仏文化交渉史という観点から林達夫（一八九六－一九八四）の仕事を見たとき、人は何を思い浮かべるであろうか。彼がひところ傾倒したアナトール・フランス。「中年の恋」の相手であったヴァレリー。彼の唯一の書き下ろし単著となった『ルソー』。山田吉彦（きだみのる）との共訳になる『ファーブル昆虫記』。フランス敗戦の報に接して書かれた「フランス文化の行方」……。林の仕事の百科全書的な多様性もあり、連想されるものは人さまざまであろうが、私には「みやびなる宴」（一九二〇／一九二七年）が忘れがたい。ヴァトー《ワトー》の絵の優美の根底に「運命の反語」を見て取り、これを道化の二重性と関わらせつつ、ヴェルレーヌ、ドビュッシーへと、フランスにおける「優雅」の系譜を駆け下ったこの「案内《チチェローネ》」は、いまだにその輝きを失わない。だが、ここでは敢えて、林が「反語」を論じたいまひとつのテクスト、「反語的精神」（一九四六年）を取り上げたい。そこには、林自身はめったに言及しないものの、彼に少なからぬ影響を及ぼしたひとりのフランス人哲学者の名前が刻まれている。すなわちヴラディミール・ジャンケレヴィッチ（一九〇三－一九八五）。

一　引用符なき引用――「反語的精神」

「反語的精神」は、林がある編集者――K君[1]――に宛てた書簡の体裁をとっている。この文章は、依頼された木下杢太郎追悼の原稿が書けないことの釈明によって始まるが、それに続く内容はさまざまである。大まかに整理すると、以下のようになるだろう。（1）木下杢太郎追悼／（2）戦争の分解的影響／（3）「新体制と哲学の動向」／（4）反語的精神／（5）天皇崇拝批判。これら諸部分が相互にどのようにつながるのかは、必ずしも明確ではない。しかも、スラッシュの該当部分をはじめとして、しばしば「K君――」という呼びかけが挿入され、そこで話題の微妙な転調がなされる。このような書き方は、林の他のテクストには見られないものだ。また、ヴァレリーやプルーストからの夥しい引用も、このテクストを複雑なものにしている。ここではひとまず（3）と（4）に焦点を絞ろう。

林は「反語的精神」で、戦前戦中の知識人の「思想闘争上の戦略戦術」の欠如を痛罵しているが、彼はこの批判との関連で、自分が（おそらく一九四〇年に法政大学で）行った講演「新体制と哲学の動向」を振り返りつつ、ソクラテスの「反語的順応主義」conformisme ironique について語っている。

ソクラテスの名前が出たついでに申しますが、彼も実はコンフォルミストとして公衆の面前に立ち現われていたのであります。あの仮借することなき真理の使徒が。――ある学者が彼の立場を、コンフォルミスム・イロニック（反語的順応主義）と呼んでいることに注意していただきたい。彼はイロニスト（反語家）にはちがいないが、しかしいつも大多数派であるふりをしている、大衆と一しょになって声を合わせて合唱《コーラス》をやっている、俗衆の先頭に立って何食わぬ顔で音頭さえとっている――しかしそうしながら、実は、あらゆる通念、正統、権威を瓦解させ、嘲弄していたのです。そのことを驢馬の頭をしてはいたが、勘だけはいやに鋭いソクラテスの敵であり告発者であった国家当局はよく見抜いていたのであります……。[2]（『林達夫著作集5』、一二頁）

これに先立つ箇所で林自身が述べているように、「ある学者」とは「ジャンケレウィッ《マ》チ《マ》」である。実際、ソクラテスについての林の記述は、ジャンケレヴィッチの『イロニーの精神』（*L'ironie*, 1936）から採られた〈引用符なき引用〉である。

だが、〈引用符なき引用〉は前記の箇所だけではない。高橋英夫をはじめ多くの評家が[3]「反語的精神」の核心部分、否、林がその批評の基本姿勢を開陳した部分として引用する次の箇所は、その大半がジャンケレヴィッチの『イロニーの精神』からの引用をいわば切り貼りしたものなのである。

私は自分の場合は語りたくありません。ただ言い得るのは、いつの場合にも私にとっては反語《イロニー》が私の思想と行動との法則であり、同時に生態だったということです。反語はいうまでもなく一種の自己表明の方法であります。それはいわば自己を伝達することなしに、自己を伝達する。隠れながら顕われる、顕われながら隠れる。キェルケゴールの言うように、反語家は悪人の風をした善人であるかも知れない、偽善者が、善人に見られたがる悪人であるように。それは一つの、また無限の「ふり」である。――こう書いて、今、ひょっと思い出したからちょっとあなたに息抜きを与えるために、マルセル・プルーストの『囚われのおんな』の中の一節を記させていただきましょう。ある人が、ムッシュ・ド・シャルリュスに「Nはあんなふりをしているが、ほんとうにそうなのか」と尋ねると、彼はすかさず答えました。「彼がそうだったら、あんなふりはしなかっただろう。」

自由を愛する精神にとって、反語ほど魅力のあるものが又とありましょうか。何が自由だといって、敵対者の演技を演ずること、一つのことを欲しながら、それと正反対のことをなしうるほど自由なことはない。自由なる反語家は柔軟に屈伸し、しかも抵抗的に頑として自らを持ち耐える。真剣さのもつ融通の利かぬ硬直に陥らず、さりとて臆病な順応主義の示す軟弱さにも堕さない。（同前、一六－一七頁）[4]

途中で「息抜き」と称してプルーストを引用して見せたのは、いかにも林らしい言葉の身振りだが、実はこれもジャンケレヴィッチからの孫引きである。彼はここで、「ふりをすること」に関して、プルーストを引用する「ふり」をしてみせているわけだ[5]。これに続く段落も含めて、林が自らの〈反語的精神〉について語った部分はすべて、『イロニーの精神』をほとんど剽窃に近い形で下敷きにしたものである。「自分の場合は語りたくありません」と前置きして林が明かした「私の思想と行動との法則」は、引用の継ぎはぎでできていたわけである。これは何を意味しているのだろうか。それ自体反語的な、何か底意地の悪い仕掛けを、ここに読み取るべきなのか。あるいは、ジャンケレヴィッチの思想が、それほど深く林のなかに食い込んでいたということか。あるいは、久米博が述べたように、林が早々と間テクスト性を実践していたということなのか[6]。──だが、先を急ぐまい。林が『イロニーの精神』をどのように読み、そこから何を採ったかを、まずは明らかにする必要がある。

実は、林がジャンケレヴィッチを引用符なしで引用するのは、これが最初ではない。ベルクソンの死に際して書かれた「ベルグソン的苦行」（一九四一年）の第一節「方法論なき方法」は、ベルクソン哲学の特徴として「思惟が思惟方法と、あるいは探求が『探求の理論』と全く融合している」ことを指摘したものだが、この文章は最初と最後の数行を除くと、ジャンケレヴィッチの「ベルクソニスム序説」(一九二八年)[7]の冒頭箇所そのものである。途中でベルクソンの「意識と生命」が引用されているが、これも「序説」の原注が参照を促している箇所であり、林の創見にかかるものではない。渡辺一民は、林の「アミエルと革命」(一九三五年)がティボーデのアミエル論の剽窃にほかならないことを指摘し、そこで行われている換骨奪胎を林のマルクス主義からの離別と結びつけて解釈しているが、[8]アミエル論に限らず、〈引用符なき引用〉は林において常態化していた可能性がある。「いわゆる剽窃」(一九三三年)において、林は剽窃に「文化継承の手段」という社会的効用のあることを指摘しているが、彼自身がこの種の剽窃を実践していたわけである。[9]

だが、ここで「ベルグソン的苦行」に寄り道をしたのは、林がどのような関心からジャンケレヴィッチに接近したかを示すためでもあった。座談集『世界は舞台』によれば、林が最初に読んだジャンケレヴィッチの著作は「ベルクソニスム序説」であった。[10]おそらく林は、ベルクソン関連の文献を渉猟していてこの哲学者の名を知ったのであろう。一九三四年から法政大学でフランス哲学と宗教学を講じていた林にとって、ベルクソンの『道徳と宗教の二源泉』は、デュルケムやレヴィ=ブリュールの著作とともに必読書であったはずだ。ちなみに、「ベルグソン的苦行」第二節の「回心」conversionという言葉を、ジャンケレヴィッチは『二源泉』を論じた際に用いている。[11]もちろん、林がベルクソン『笑』の翻訳者であることも、彼のジャンケレヴィッチへの接近と無関係ではあるまい。もとより「笑い」と「反語」は密接に連関する主題であり、林が『イロニーの精神』を手にとった時期は、[12]彼が『笑』の翻訳を上梓した時期とほぼ重なる。ベルクソンに関連して芽生えたジャンケレヴィッチへの関心が、やがて「笑い」や「反語」という問題の系へと接続されていった可能性は十分にある。

同時に、林が『イロニーの精神』を手にとったのは、思想言論に対する統制弾圧が日増しに強まってゆく時代でもあった。たとえば『笑』が刊行された一九三八年には、林も参加していた「唯物論研究会」が解散に追い込まれ、主要メンバーは検挙されている。国家総動員法が帝国議会を通過したのもこの年であった。また、林が当時岩波書店で『思想』の編集者をつとめていたことも、彼を「思想闘争上の戦略戦術」の考慮へと向かわせたであろう。

この点で興味深いのは「討議について」(一九三五年)である。ここで林は「理性の言葉」と「命令の言葉」との相違を論じ、前者によって後者に立ち向かうことの愚かさを強調している。「命令の言葉」とは、人を行動へと否応なしに駆り立てる、いわば呪術の言葉である。ガリレオが教会に敗れたように、「理性の言葉」は「命令の言葉」に抗しえない。「ソクラテス的討論者を鍛え上げるならば、現代において彼等を待っている運命は、アテナイでソクラテスが受けた運命と同じであろう」。かといって、「ソフィスト的技術者」ばかりを養成するわけにもゆくまい。こうして林は、ディアレクティークとソフィスティークの二者択一を退けつつ、「我らこのディレンマをいかに切り抜けるべきであるか」という問いでこの文章を締めくくる。この時点ですでに林は、「猪突や直進の一本調子の攻撃」(「反語的精神」)とは異なる戦術を模索し始めていたのである。[13] 同時に、この文章の結びならぬ結びは、彼がいまだ模索の途上にあったことを告げてもいる。林が『イロニーの精神』を手にした最初の動機が何であったにせよ、ソクラテスの「反語的順応主義」がこの問題の系に接続されていったであろうことは、ほぼ確実である。『イロニーの精神』を通過することで、林のなかのソクラテスは「討論者」から「思想謀略家」へと変貌するのである。

二　庭と迷宮《ラビリント》——「反語」の周辺

以上を踏まえるとき、「反語的精神」における〈引用符なき引用〉の背後で、ある種の磁場が作用しているのが見えてくるであろう。林が引用した箇所は、『イロニーの精神』の第二章「イロニーのさまざまな顔。偽装について』、ついで第三章「イロニーの罠」に集中している。一方、基礎論とも言うべき第一章「反語とは意識である」からの引用はない[14]。こうした関心の偏りは、原著への林の書き込みの多寡によっても確認されるが、この傾向＝磁場は、明らかに、林を反語に向かわせた問題意識をその極としている。すなわち、抵抗の戦術をいかに練り上げるか、その戦術が内包する陥穽をいかに回避するか。

もちろん、林の反語への関心は持続的なものであって、この時代に突如として生じたのではない。「みやびなる宴」がその証左である。彼の反語的姿勢をジャンケレヴィッチの一方的な影響の下に置くことは不当であろう。だが、偽装、反転、緩叙法（沈黙、暗示）など、『イロニーの精神』で繰り広げられる眩いばかりの反語の形態学は、林に少なからぬ刺激と手がかりとを与えたに違いない。かくして反語の戦術は、一九三〇年代末から四〇年代初頭にかけて書かれた林のテクストに、さまざまなかたちをとって現われることになる。

たとえば、庭や園芸をめぐる一連の文章――「作庭記」（一九三九年）、「植物園」（一九三九年）、「鶏を飼う」（一九四〇年）、「拉芬陀《ラヴェンダー》」（一九四二年）――が、林が鵠沼の家に作ったイギリス式庭園とともに、時代への彼の抵抗のひとつであったことは、多くの人が指摘している。それは一種の「闕語法《レチサンス》」であり、「口を緘した思想運動」であった。たとえば「拉芬陀《ラヴェンダー》」は、シェイクスピアの『冬の夜ばなし』に見える hot lavender なる言葉をめぐる小品であり、時代の刻印を何ら帯びていないかに思われる。だが、初出の日付を見るなら、この文章が座談会「近代の超克」とほぼ時を同じくすることがわかるだろう。ここでは痕跡のないことが痕跡なのである[15]。そしてこの小さな文章を最後に、林は数年間にわたる完全な沈黙期に入る。「この侮辱的な受動性、この無力は、猛烈に弁護するよりも、告発に対して侮辱的なのだ」（*L'ironie*, p.86［121］）。あるいは林の庭作りはジャンケレヴィッチと無関係に為され得たかもしれない。だが『イロニーの精神』は、少なくとも、庭を作り垣根をめぐらせることの反語的な意味を、林に明確に意識させる役割は果たしたのではないか。

こうして沈黙の垣根に閉ざされた庭の中で、林の関心は心理の迷宮とでも言うべきものに向けられてゆく。「歴史の暮方」（一九四〇年）、「風俗の混乱」（一九四〇年）、「現代社会の表情」（一九四〇年）には、民衆の〈心理的ジグザグ〉、〈精神的ジグザグ〉への関心がはっきりとうかがわれる。とりわけ「現代社会の表情」では、政治家が民衆の心理の複雑さを心得ておらず、表面と裏底との相違を考慮していないことが指摘され、「表情の政治学《ポリティーク》」、「見かけの注釈学」なるものの必要が主張されている。

——かくしてむずかしく言えば、外観は必ずしも実在そのものではなく、場合によってはそのものが示現しているものとは他のものだという定式が成り立ち得るわけである。

けれども他のものだとは言っても、それはやはり何物かではあるのだからして、そこで外観の注釈学とでもいうか、つまり見かけや見せかけのものを解釈する術というものが必要になってくるのだ。（『林達夫著作集5』、一九七一一九八頁）[16]

これも『イロニーの精神』からの〈引用符なき引用〉である。偽装や反転を用いる反語が、表面と裏底との二重性に立脚し、「見かけの注釈学」と結びつくのは当然であろう。ちなみに林の「現代社会の表情」は、「見かけの注釈学」という観相学を要請しながら、それ自体が時代の兆候を捉える観相学となっている。「ベルクソニスム序説」を下敷きとした林の「ベルグソン的苦行」が、対象と方法との一体化に注目していたことが思い出される。[17]

だが、「表情の政治学」の不在は、林自身の戦術の困難をも告げている。言うまでもなく、「諷語法」や「口を緘した思想運動」が有効であるためには、沈黙や偽装に託したメッセージが解読されねばならない。つまり、人々が「表情の政治学」や「見かけの注釈学」を心得ていることは、反語の戦略が有効であるためのいわば前提条件なのだ。だが、「我々の政治学は大人の心理学にさえなっていない。社会学にさえなっていない」(「歴史の暮方」)。結局、鶴見俊輔も述べているように、林のメッセージは「彼のまわり数人にしか伝わらなかったとも言える」[18]。もとより「イロニーは結局のところ、必然的にある社会層(milieu social)にむかって語られるものである。もしそのような社会層がないとしたら、イロニーがひそかに隠し立てしていること自体が、意味を失ってしまうだろう」(*L'ironie*, p.32 [56-57])。ジャンケレヴィッチのこの言葉の隣に、林の次の言葉を置いてみよう。「私はこの頃自分の書くものに急に『私』的な調子の出てきたことに気がついている。以前にはあれほど注意して避けていた『私事』や『心境』めいた事ばっかり語っているようだ。何故だろう。社会関係を見失ってしまったからだ。私の所属していると思って、あてにしていた集団が失くなってしまったからだ」(「歴史の暮方」『林達夫著作集5』、一五四頁)。

三　反語家の孤独——古代支那の刺客

あてにしていた集団を失うとき、反語は有効な戦術たりえなくなる。沈黙は沈黙のままに、閉ざされた庭は閉ざされたままに終わる。「言葉は無力だった。だが、沈黙も無力だった」[19]。もはや連帯は不可能である。孤独な反語家が〈古代支那の刺客〉への道を歩み出すとすれば、この瞬間であろう。「私は識っている、骨の髄までの反戦主義者、反軍国主義者の中に、心中深く期するところのある古代支那の刺客のように、今を時めく軍国主義の身辺近く身を挺して、虎視眈々としてその隙を窺っていたもののあったことを」(「反語的精神」)。だが、この戦術は林も言うように「絶望の戦術」である。それは「権力なき知性と団結なき闘志が絶体絶命の境地に追い込まれた瞬間、無意識に発揮する狡智と謀略との哀れむべき最期のあがき」（同前）にすぎない。

この困難は、いまひとつの困難——心理的陥穽と結びつく。偽装をこととする者は、自らの方位を定める照合系を見失うことで、しばしば二重スパイの悲喜劇に陥る。

反語家の真の危険は、外部からスキャンダル呼ばわりされて立場を悪くするというような点にあるのではなく、むしろ内部において一種の心理的陥穽におちこむことが往々にしてあるということです。反語家は時とするとジキル博士とハイド氏とのようなものである。彼の仮面が第二の性質となり、それがあまりに「彼の役割の皮膚」の中に穿入しすぎて、その第一と第二の性質の間を往復しているうちに、どっちがよりほんものであるかがわからなくなってしまう。もっと卑俗な譬えを持ち出せば——反語家はあの諜報者やプロヴォカトールに幾分似ているとも言えましょう。あんまり熱心に自分の役目を演じすぎると、一体自分は軍国主義に味方しているのか、それとも革命的勢力に協力しているのかわからなくなる……。（「反語的精神」『林達夫著作集5』、一七頁）[20]

この心理的陥穽はすでに「現代社会の表情」で〈心理的ジグザグ〉との関連において論じられたものだが、それがここでは反語家自身を待ち受ける陥穽として現われるのである。渡辺一民が周到な調査に基づいて推測するように、林自身が〈古代支那の刺客〉として「仮面が第一の皮膚に穿入する」恐怖を味わったかどうか、それが戦時中林が東方社なる団体で活動したことと関係していたかどうかは、私には何とも言えない。[21] ただ、私にとって興味深いのは、林の「反語的精神」、とりわけ反語的順応主義についての記述が、その隠された出典を明らかにされぬまま、のちに藤田省三らにより偽装転向の理論として批判的に検討されたことである。[22] ジャンケレヴィッチの文章は、林を介して、引用符なき引用のまま、戦後の日本の思想史に微妙な痕跡を残したのだった。

四　フォークロアとユーモア――「反語」の戦後

鶴見俊輔と海老坂武は、戦後、林の語り口が変化したこと、いわば目線が下がったことを口々に指摘している[23]。この変化は、林が次第にフォークロアの世界に向かっていったことと無関係ではない。「フォークロアとはつまり指導者の立場からの知見ではなくして、政治される側の一般大衆の受身的立場からの知見だというほどの意味です」(「病める現代人」、一九五八年)。

だが、この方向転換は、以前からの林の問題意識の延長線上で為されたものである。一般大衆の世界への視線は、呪術や宗教に対する林の持続的な関心と密接な関係を持っている。反語的精神は偽装を用いて「命令の言葉」の裏をかくものであったが、「命令の言葉」とは呪術の言葉であり、その背後には呪術的世界が広がっている。林にとって反語に思いを凝らすことは、呪術や宗教と対峙することと別のことではなかったはずだ[24]。

戦前の林は、このような呪術的世界を、レヴィ＝ブリュール[25]を援用しながら「心理的遺制」として批判するのが常であり、「反語的精神」でも天皇制と絡めてこの問題が取り上げられている。この点で注目すべきは、桑原武夫が「反語的精神」に関連して、戦前の日本に反語の文化が育たなかった理由を天皇制のうちに見ていることである[26]。これが正しいとするなら、反語の戦術の挫折は、日本が旧態然たる呪術的世界であることにその原因があることになろう。一方、博覧強記の極みとも言うべきジャンケレヴィッチの『イロニーの精神』は、西洋におけるイロニーの文化の圧倒的な幅と厚みを、林に思い知らせたにちがいない。林がジャンケレヴィッチを引き写すようにして「反語的精神」を書いたのは、ひとつには、そもそも彼の周囲に反語的な戦略戦術の源泉や素材を求めることが――少なくとも当時の林には——難しかったからではなかろうか。

だが、戦後の林にとって庶民の呪術的世界は、もはや端的に克服されるべき「遺制」ではなかった。実際、林は、「新聞について」（一九五三年）では、文学の根源に言語の呪術性を見ているし、「上品な笑い　健康な笑い」（一九五八年）では、柳田國男による笑いの研究『日本の笑い』を批判しながら、柳田が避けて通った庶民の下品な笑いの世界を活き活きと描き出している。否、すでに「現代社会の表情」が、それこそ反語的な筆致で、こと順応主義に関しては民衆の知恵が知識人に勝ると述べているのである。実は民衆こそ、知識人のあずかり知らぬところで、暗示や沈黙を以って語り、権力とそれなりの折り合いをつけてきたのではないか。とすれば「反語的精神」も、それが真に有効なものとなるためには、この民衆の世界のなかで鍛え直され、民衆の智恵と一体とならねばならないだろう。

このような林の思想の歩みを、ジャンケレヴィッチのそれと比べてみよう。占領時代、ユダヤ人でありロシアからの移民の子であるという二重の理由で教職を奪われたジャンケレヴィッチは、南仏に逃れ、レジスタンス活動に身を投じた（義兄ジャン・カスーはレジスタンス活動の指導者のひとりであった）。彼は身分証明書を偽造し、架空の出版社の社員を名乗り、カフェの奥部屋で哲学を講じ続けた。この困難な時代に、彼は、かつて『イロニーの精神』で論じた問題——偽装、照合系、見かけと本質との複雑な関係——について、あらためて考え抜くことになったであろう。この時期に書かれた諸論考は、やがて大著『徳論』*Traité des vertus*（一九四九年）に結実することになる。[27] だが、ここでとりわけ興味深いのは、ジャンケレヴィッチが戦後しだいにイロニーからユーモアに重点を移していったことである。「重点を移した」と言うのは、すでに『イロニーの精神』初版の末尾で、イロニーの陥穽を免れる方途としてユーモアが論じられているからである。この微妙な移行を『イロニーの精神』の二度にわたる改訂（一九五〇、一九六四年）のうちに跡付ける作業はここでは断念せねばならないが、やがてジャンケレヴィッチは、イロニーを「強者の武器」

と見なしてその「閉鎖性」を批判し、ユーモア、とりわけユダヤのユーモアを、イロニーの閉鎖性を突破するものとして評価するに至る。そして、イロニーとユーモアを実体として分離することを拒みながらも、ベルクソンの『道徳と宗教の二源泉』を援用して、両者を「閉じたもの」と「開いたもの」の関係にあるものとして把握するのである。(28)

ここで林の読者は、林がベルクソン『笑い』の改訳版に附した解説「ベルクソン以降」(一九七六年)を思い出すであろう。林はベルクソンの『笑い』の文化的背景を指摘し、同書で論じられている笑いは比較的狭い社会で成立するものであって、そこには「ラブレー的哄笑」、すなわち民衆文化の笑い、カーニヴァルの笑いが欠けていると断じる。その上で、彼もまた『道徳と宗教の二源泉』を援用して、「閉じた笑い」に対する「開いた笑い」を考えるなら、ベルクソン哲学の枠内でもうひとつの『笑い』を書くことができると主張するのである。

ここで問題になっているのは、もはや「影響」ではない。ベルクソンを起点として日仏で生じた、一種の共振作用――あるいは交感《コレスポンダンス》――とでもいうべきものである。もちろん、「開いたもの」といっても、「ユーモア」と「ラブレー的哄笑」との間には少なからぬ隔たりがあるであろう。それにしても「反語=イロニー」の二人の思想家が、戦後ベルクソンを手がかりに、それぞれ「閉じたもの」からの離脱を模索したことは、私にはまことに意味深く思われる。

おわりに

私はここで、「反語的精神」における〈引用符なき引用〉を起点として、林のジャンケレヴィッチとの出会い、影響、共振について語ってきた。このことは、「反語=イロニー」をめぐる林とジャンケレヴィッチの関係がさまざまな水準を含んでいることを示している。たとえば、林のテクストに含まれる〈引用符なき引用〉は、それだけを取り上げるなら、西洋文化の受容の仕方としてはいささか表層的にも見えよう。しかし、もし林による受容が表層的なものにとどまっていたなら、林とジャンケレヴィッチの歩みの平行性は生じなかったのではないか。ベルクソン哲学や反語についての林の理解は、ジャンケレヴィッチとの間に共振を生じるに足る深さを持っていたのである。

だが、共振は同じ響きを必ずしも意味しない。発音体の独自性は、それに固有の倍音によって共振を彩るはずである。事実、〈引用符なき引用〉は、その夥しい継ぎ目によって、林を反語に向かわせた問題意識や、林が置かれていた時代の状況を示してもいる。この問題意識と状況――発音体の独自性――を、林がさまざまな植物を植えた庭の土壌にたとえることもできよう。この庭にひっそりと移し植えられた『イロニーの精神』の苗木が、異国の地で自らにふさわしい花を咲かせたかどうかは、私には判定しがたい。戦後の林がいよいよ寡黙になっていったこと、呪術や宗教についてのまとまった著述がなされずじまいだったことは、庭師の苦労を告げているようでもある。だが、この花は、あるときは抵抗の戦術として、あるときは偽装転向の理論として、またあるときは批評精神の精髄として、多くの人々を鼓舞し、刺激し、反省と思索へと誘ってきた。その由来を知られぬまま、もっぱら庭師の名と結びつけられて。こうして「反語的精神」の共振は、日仏文化交渉史の知られざる一頁を織りなしているのである。

（1）「反語的精神」で「あなた（K君）のお訳しになったポール・ヴァレリーのある文章」として引かれているのは、河盛好蔵訳「ペタン元帥への答辞」である。

（2）『イロニーの精神』の対応箇所は以下の通り。［ ］は邦訳（久米博訳、ちくま学芸文庫、一九九七年）の該当箇所だが、林が用いた初版と邦訳の底本である第三版とでは様々な異同があるため、訳文は必要に応じて改めた。「イロニストの方は大多数の人たちに調子を合わせていて（en faisant chorus avec la multitude）、捕まる危険を冒すことはほとんどない。彼のイロニーは全員の合意の枠外に食み出ることはなく、多数派を自称する。イロニーはもはや例外ではなく平凡さを相手にするのだが、それは「ふり」なのだ」（Jankélévitch : *L'ironie*, Felix Alcan, 1936, p.69［154-155］）。「その点を見誤ることのなかったアテナイのパリサイ人たちは、このイロニーの隠密行動を、ソクラテスの術策のうちに見破っていた。いかに愚かとは言え、メレトス、アニュトス、リュコンらは、一人の偉大な演技者が彼らを軽蔑しているのをわかっていた」（ibid.,p.69［155-156］）。

（3）高橋英夫『わが林達夫』、小沢書店、一九九八年、二四－二五頁。渡辺一民『林達夫とその時代』、岩波書店、一九八八年、一九二－一九三頁。桑原武夫『林達夫著作集2』「解説」、平凡社、一九七一年、三二〇頁。

（4）「イロニーとは、自己表現の或る仕方である。イロニーは、のちに見るように、通じさせることなく通じさせる」（Jankélévitch: *L'ironie*, p.32［56］）。「キェルケゴールも言うように、偽善者が自分を善人に見せかけようとする悪人であるとすれば、イロニストはむしろ自分を悪人にみせかける善人であろう」（ibid., p.45［118-119］）。「某（N...）は〝それらしい〟が、やはり本当にそうなんだろうか、と訊かれたド・シャルリュス氏に、マルセル・プルーストはこう答えさせている。「全然違うよ……。もし彼がそうなら、あんなにはっきり、それらしいそぶりは見せないはずだ」」（ibid., p.47［102］）。「意識にとって最大級の自由とは、反対者の演技を演じることであり、（敵の見解に立つことであり、）あることを望みながらわざとその反対のことをすることができることであり、どんな状況にあっても「反対のものによって」（per contrarium）行動することである」（ibid., p.45［94］）。「柔軟であると同時に耐久力のあるイロニーは、撓むけれど頑強に抵抗する。それはまじめさの頑固な剛直さと、臆病な順応主義の柔軟さとの中間である」（ibid., p.55［141］）。

（5）「「とんでもない」と男爵は、苦々しげな皮肉、いらいらしたような独断的な皮肉を交えて叫んだ、「あなたの言うのはでたらめで、ばかげた見当違いの話ですよ。何もご存知ない人たちには、スキーこそまさにそれに見える！　ところがもし本当にそうだとしたら、彼はそんなにそれらしくないはずなんだ」」（プルースト『囚われの女』鈴木道彦訳、集英社、一九九九年、一五一頁）。ジャンケレヴィッチの引用では「スキー」は「某（N...）」に置き換えられているが、林はこれをイニシャルと誤解したのであろう。

（6）久米博「テクストとしての林達夫」『現代思想』「特集　林達夫と現代日本の思想」、一九八四年八月号。

（7）Jankélévitch : Prolégomènes au bergsonisme, in *Revue de métaphysique et de morale*, 4, 1928.「序説」はのちに彼のベルクソン論の第一章となった。Jankélévitch : *Henri Bergson*, PUF, 1931/59, p.5（『アンリ・ベルクソン』阿部一智・桑田禮彰訳、新評論、一九八八年、一三頁）。

（8）渡辺、前掲書、八九－九七頁。

（9）もちろんこのことは、アミエル論についての渡辺の解釈を無効にするものではない。また、〈引用符なき引用〉は林に限らず、この時代に広く行われた「西洋文化を摂取する方途」のひとつと見るべきかもしれない（小林秀雄のドストエフスキー論等）。しかし、ここでは林のテクストを、そのような方途の一例としてではなく、ジャンケレヴィッチの林への影響を探る手がかりとして扱う。

（10）山口昌男編『林達夫座談集　世界は舞台』、岩波書店、一九八六年、八七頁。

（11）Jankélévitch : Les deux sources de la morale et de la religion d'après Henri Bergson, in *Revue de métaphysique et de morale*, 38, 1, 1933. ジャンケレヴィッチ『アンリ・ベルクソン』第五章も参照。

（12）林の蔵書を収めた林文庫（明治大学中央図書館）にある Jankélévitch : *L'ironie* の最後のページには、"31 Juillet 1938" という書き込みがある。なお、当時岩波書店では『イロニーの精神』を林の訳で刊行することを企画したが、一冊の単行本としては分量が不足するという理由で実現しなかった。以下を参照。山口昌男編『世界は舞台　林達夫座談集』、八八、一二五頁。

（13）このことは、林のレトリックへの関心を方向付けたであろう。林は自分がレトリックに関心を持ったのは「デカルトのポリティーク」（一九三九年）を書いた時であり、ここでのポリティークはレトリックを意味すると述べている（『思想のドラマトゥルギー』、平凡社ライブラリー、一九九三年、四二五頁）。もとより「反語」は、ジャンケレヴィッチが詳細に論じているように、交錯配語法や闕語法など、レトリックの技法と深い関係を持つ。

（14）ここに掲げた各章のタイトルは初版のもの。邦訳が底本とした第三版のそれとは異なる。

（15）「拉芬陀《ラヴェンダー》」については、以下も参照。鶴見俊輔「解説」（『林達夫著作集5』）。なお、「拉芬陀《ラヴェンダー》」には、「フォークロア」という言葉が一度だけ出てくるが、これは林がこの言葉を用いた最も早い例ではあるまいか。

(16)「見かけが実在でないことは言うまでもない。にもかかわらず、見かけには相対的に真実なものが存し、実在を帯びている。もっと厳密に言えば、見かけはそれが告知している以外のものなのである。だが……以外のものといえども、何ものかではある。だからこそ、見かけについての解釈学(herméneutique)が、神をかたどった像を解釈する技術が存在するのであり、だからこそ、プラトンやプロティノスは像の中に糧となるイデアを見いだすことができたのであった」(*L'ironie*, pp.42-43 [72-73])。

(17)「対象と方法との合致」は、「方法をいかに語るか」という問題と結び付いて、その後の林の仕事を貫くモティーフのひとつとなった。「主知主義概論」(一九三八年)、「精神史」(一九六九年)等を参照。

(18)『林達夫著作集5』「解説」、三五四頁。この数人のうちに花田清輝が含まれていたかどうか。花田は「奴隷の言葉」(『アヴァンギャルド藝術論』)で林の「反語的精神」に言及している。「女の論理」「天体図」(『復興期の精神』)も参照。

(19)海老坂武「林達夫の抵抗と躊躇」『雑種文化のアイディンティティ』、みすず書房、一九八六年。

(20)「イロニーの仮面は、その第二の天性となる。そしてその第二の天性は、イロニーの外見の皮膚にすっかり入り込んでしまっている。イロニーはその第一と第二の天性の間を往復しているうちに、どちらがより本物なのか決められなくなってしまう」(*L'ironie*, p.111 [213-214])。「イロニストは、かの扇動スパイ(provocateurs)に似ている。この扇動者は少し熱心に自分の役割を果たしてしまったために、自分が警察に協力しているのか、それとも革命家たちに協力しているのか、自分でもわからなくなってしまう。彼は二股をかけているために、「照合系」(système de référence)を見失って、皆を欺くことになるのである」(ibid., p.111 [212-213])。

(21)渡辺、前掲書、一七一-一八四頁。東方社は陸軍参謀本部との密接な関係のもとに、対外宣伝用のグラフ誌『FRONT』を制作していた。林は一九四一年に社会理事に就任、四三年には理事長に選ばれている。東方社については、多川精一『戦争のグラフィズム』(平凡社ライブラリー、二〇〇〇年)、および『焼跡のグラフィズム』(平凡社新書、二〇〇五年)を参照。

(22)藤田省三「昭和二十年、二十七年を中心とする転向の状況」思想の科学研究会編『共同研究　転向』下巻、平凡社、一九六二年。なお、これへの批判として、高畑通敏「『転向』研究から市民運動までの間の林達夫像」『林達夫著作集付録　研究ノート3』、平凡社、一九七一年。

(23) 鶴見、前掲書、三四五頁。海老坂、前掲書、一三頁。
(24)「現代社会の表情」の第一節は一種の宗教批判である。また、『イロニーの精神』からの〈引用符なき引用〉は「邪教問答」(一九四七年)にも見られる。反語を呪術や宗教の問題と連動させたのは林独自の姿勢で、ジャンケレヴィッチには見られないものではないか。なお、林は、小田切秀雄宛書簡(一九四七年一〇月一八日付)で、「目下約束した仕事」として『宗教について』『呪術の世界』などを挙げている。『林達夫著作集　別巻Ⅰ　書簡』、平凡社、一九八七年、一七三頁。
(25) ファーブル『昆虫記』を林と共訳した山田吉彦は、レヴィ＝ブリュール『未開社会の思惟』(*Les fonctions mentales dans les sociétés inférieures*. 1910)の翻訳者であった(小沢書店、一九三五年)。
(26)『林達夫著作集2』「解説」、三三二頁。
(27) 合田正人『ジャンケレヴィッチ　境界のラプソディー』(みすず書房、二〇〇三年)を参照。
(28) ジャンケレヴィッチ『仕事と日々・夢想と夜々』仲沢紀雄訳、みすず書房、一九八二年、第一八章。イロニーからユーモアへのジャンケレヴィッチの移行については、合田、同前、一八四‐一八八頁を参照。また、拙論「月の光のイロニー　ジャンケレヴィッチのフォーレ論とイロニー論」(『文芸学研究』第九号、文芸学研究会、二〇〇五年)も参照。

本論では、林達夫の文章は、原則として『林達夫著作集』(平凡社、一九七一‐一九七二年)から引用した。

fenêtre 1

淫らな告白――日仏翻訳事情の一断面

大浦　康介

小説作品のタイトルの翻訳には、ときに翻訳する側の言語習慣や文学伝統、さらには異文化受容の態度の一端がうかがわれて興味ぶかい。

日本におけるフランス小説（そしておそらくは西洋小説一般）のタイトルの翻訳スタイルは、大きく意訳型から直訳型、そして音声転写（「非訳」）型へと変わってきたといっていいのではないかと思われる。たとえば明治の翻訳家黒岩涙香が、英語からの重訳ながら、ヴィクトル・ユゴーの *Les Misérables* を『噫無情』（明治三五－三六年）と、またアレクサンドル・デュマの *Le Comte de Monte-Cristo* を『巌窟王』（明治三八年）として訳出したことは有名だが、これらは今日『レ・ミゼラブル』、『モンテ＝クリスト伯』と訳されるのが常である。ちなみに前者は明治期、さまざまな翻案や作品へのコメントにおいて『悲惨』、『哀史』、『懺悔』、『あはれ浮世』などとも訳された。この種の訳題には、いまだ戯作趣味から脱しきれていない独特の物語感覚が看取される。

直訳で事足りるということは、それを意味的に補う異文化情報・外国語情報が日常的に得られるようになったということでもある。そう考えると、原作品のタイトルをそのままカタカナ表記する音声転写型への移行もある程度は納得されるというものだ（もっともこれは『シティ・オヴ・グラス』、『ダイング・アニマル』など、英語の作品の場合がほとんどだが）。この変化はもちろん小説などより歌や映画の訳題において顕著である。その一方で、Jポップスはもちろん、日本小説のタイトルじたいが部分的にあるいは丸ごと西洋語で綴られるという事態も発生している（『ベッドタイム・アイズ』、『スティル・ライフ』、『インディヴィジュアル・プロジェクション』等々）。しかも日本の日常への外国語の混入はあくまで断片的かつ表面的である。日本文化のこのなんという節操のなさ、あるいは柔軟さ。事態は反省の暇を与えないほど急速に動いているというのが実情だろう。

日本小説の仏訳タイトルの場合はどうだろうか。この場合も意訳型から直訳型へという大きな流れは否めないものの、全体としては意訳型の比重が大きいように感じられる。また当然ながら音声転写型はほとんど見られない（漱石の『坊ちゃん』の仏訳題は *Botchan* だが、これなどは例外である）。意訳をせざるをえない言語的事情があるのもたしかである。しかし理由はそれだけではないようだ。フランス人はやはり〈意味〉を求めるのである。そして〈意味〉は容易に肥大化する。

たとえば川端康成の『千羽鶴』は *Mille grues*（文字どおり「千羽の鶴」）とは訳されていない。〈Grue〉は俗に「売春婦」を意味する言葉でもあるからだ。訳題は *Nuée d'oiseaux blancs*（「白い鳥の群れ」藤森文吉、A・ゲルヌ訳、一九六〇年）。しかしなぜ〈nuée〉なのか。もともと大きな雲、ひいては雲や霞のような漠然とした広がりを指すこの詩語と、「白い」という形容詞の使用から見えてくるのは、川端文学についてのひとつの解釈、すなわち淡いヴェールに包まれた人物たちの世界と、純粋さと死のイメージにほかならない。つまりこの訳題は作品観ひいては作家観の反映と考えられるのである。

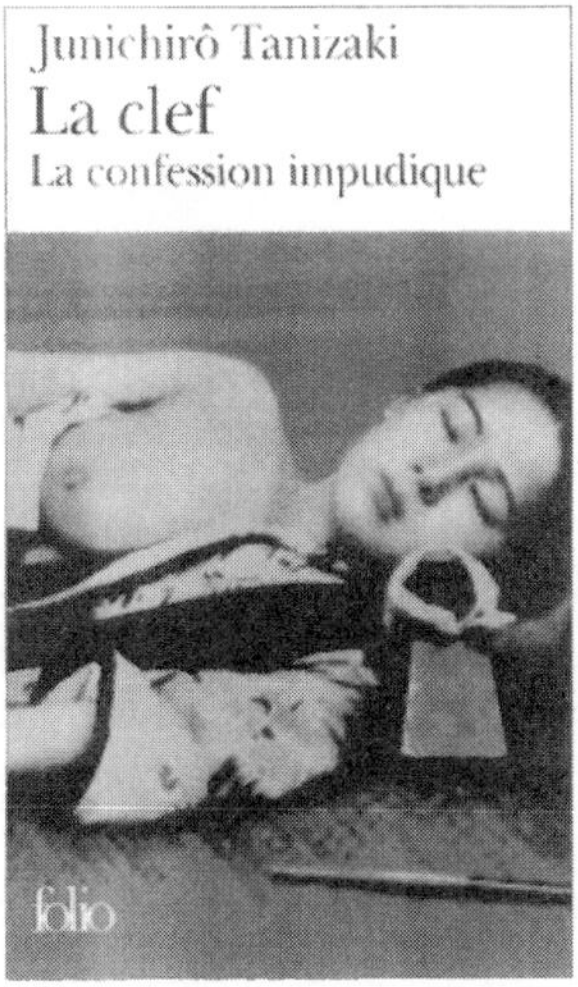

谷崎潤一郎『鍵／淫らな告白』（ガリマール社、フォリオ文庫）

こうした解釈の「犠牲」となったのは、おそらく川端以上に谷崎潤一郎である。谷崎の『蓼喰ふ蟲』のタイトルはもちろん直訳してもフランス語では体をなさない。*Le Goût des orties*（『刺草《いらくさ》の味』）がその訳である（S・レニョー＝ガティエ、安斎和雄訳、一九五九年）。とげ、痛み、苦みを強調した訳だ。谷崎にはまた*Deux Amours cruelles*（『二つの残酷な愛』）と題された本がある（キク・ヤマタ訳、一九五六年）。ところがこれに対応する谷崎作品はない。これはこの本に収録された*L'Histoire de Shunkin*（『春琴抄』）と*Ashikari*（『葦刈』）の二作品に付けられた総合タイトルなのである。「残酷な」というところが目を惹く。

さらに露骨なのは『鍵』の仏訳題である。これは初訳では*La Confession impudique*（『淫らな告白』）と訳された（G・ルノンドー訳、一九六三年）。好色文学にありがちな、「いかにも」と思わせるタイトルだ。ちなみに英訳は*The Key*（一九六〇年）

である。この仏訳タイトルは、ガリマール社のプレイアッド版の作品集第二巻に収められた新訳（A・バイヤール＝サカイ訳、一九九八年）では *La Clef*（文字どおり「鍵」）と改められた。ところがである。この新訳が同じガリマール社のフォリオ文庫から出版されるさい、なんと旧訳題が再登場し、さも副題のごとく添えられる次第となった。しかも扇情的な、異国趣味の、小説の中身とはおよそ無関係な写真付きである（図参照）。

この文庫版が出たのは一九世紀ではない。二〇〇三年である。グローバリズムのなか、商品としての「エキゾチズム」はしっかりと生きつづけているようである。

Ⅱ　受容と創造

岩野泡鳴とフランス象徴詩

北村　卓

明治末から大正初めにかけて、ヴェルレーヌは上田敏や蒲原有明などの象徴派のみならず自然主義の作家からも一定の評価を得ていたにもかかわらず、ボードレールは、耽美派の永井荷風や谷崎潤一郎らの文学的思想形成において重要な役割を果たす一方で、一般に自然主義の側からは、相変わらず「悪魔主義」のレッテルを貼られ、批判すべき対象である耽美派の一つの記号として流通していた。こうした状況の中、自然主義を代表する作家の一人ともされる岩野泡鳴（明治六－大正九年（一八七三－一九二〇））は、当初、ヴェルレーヌに熱烈な賛辞を捧げる一方でボードレールにはありきたりの否定的な価値しか認めていなかったのであるが、独自の自然主義的表象主義理論を展開していく過程で、積極的な評価へと大きく転換を遂げる。自然主義の作家の中では特筆すべき存在といえよう。しかしながら、その独特のスキャンダラスな言動もあずかって、これまで泡鳴の思想は正当に評価されてきたとは言い難い。また泡鳴は、西洋の文学思潮を実に幅広く渉猟し、独自の理論の中に同化させていくのだが、その本格的な受容研究もいまだなされていない現状にある。本論では、泡鳴におけるフランス象徴詩受容の展開を明らかにするとともに、それによって、泡鳴の思想および思想形成の一端を照射したい。

一　明治期から大正期にかけてのボードレールとヴェルレーヌの受容

矢野峰人の指摘によれば、ボードレールと『悪の花』の名が初めて日本人の目に触れたのは、明治二三（一八九〇）年、森鷗外が訳し『しがらみ草紙』に掲載したオシップ・シュービン作の「埋木」*Die Geschichte eines Genies*（第七回二）ということになっている。(1) もちろん、翻訳である以上、ここにボードレールを紹介するという鷗外の明白な意図を認めることは困難であろう。しかしながら、その後、夏目漱石と並んで自然主義の興盛から一歩身を引き、ボードレールの最初の本格的な紹介者である上田敏（柳村）とともに、ボードレールに心酔する永井荷風を支援し、耽美派の誕生にも大きく寄与することになる鷗外の足跡を思い起こせば、偶然とはいえ、ある意味で象徴的な出来事であったと言えるかもしれない。

さてこの後、明治二〇年代後半から三〇年代末までは、もっぱら上田敏によって、ボードレールやヴェルレーヌをはじめ、数々のフランス語圏の象徴詩が初めて原典から翻訳されるとともに、本格的な紹介がなされることになる。当時の西欧においても、ボードレールといえば「病的」「悪魔的」「デカダンス」といった皮相的な紋切り型の理解が一般的であったが、ようやくこの頃、ボードレールを文学史の中に正当に位置付けようとする動きが出てくる。すなわち、ボードレールを世紀末ヨーロッパ芸術の基調となっていった象徴派の祖とみなし、ボードレールからヴェルレーヌ、さらには高踏派をへてマラルメへと至る系譜の確立である。上田敏はいち早くこうした動向を捉え、それを紹介しようとしたのである。たとえば明治三一年七月、『帝国文学』に掲載した「仏蘭西詩壇の新声」において、敏はロマン主義や高踏派をしのいで詩壇の新勢力となった象徴主義の中心的存在としてボードレールとヴェルレーヌの名を挙げている。

［……］ボドレエルの鬼才は近世の文学史上特筆すべき価値あり。彼が幽聳奇抜なる詩才は其狂なるが故に棄つべきにあらず。ヱルレエヌが縹緲たる夢寐の調も其怪になるが為に貶す可きにあらざるなり。彼らの勢力は彼の「ロマンティック」詩社を破りて文壇の覇を称せし「パルナッシヤン」詩社がそれをも今や圧倒せむとす。此流を汲みて仏蘭西詩壇の新声を刱めむとする者を名けて「サムボリスト」Symbolistes といひ又「ヱル、リブリスト」Vers-libristes と称す。[2]

上田敏にとっての象徴主義とは「幽趣微韻」という語に凝縮されるだろう。敏は、まさに「幽趣微韻」（明治三〇年五月）と題した文章において、ヴェルレーヌの『詩法』、ボードレールの散文詩「異邦人」の一節を引きながら、「共に近代詩人の思想を代表せるものにして、其神経の多感なるを證し、自然人生の美に於て、幽婉微妙なる細緻の趣を掬まむとする熱意を示せるものなり」[3]と述べている。上田敏は、ボードレールの有する根源的な力、あらゆる秩序を転覆しうる可能性を認めつつも、それを西欧の思潮にならって文学史という歴史的・科学的な進化論的価値観の中に固定し、この「幽趣微韻」の語のもとに収斂させたともいえる。ただし、上田敏がフランスの象徴詩人の中で最も高い評価を与えたのは、ヴェルレーヌである。一方、以下の引用にも認められる通り、ボードレールに対する敏の評価は、ヴェルレーヌに対するそれとは明らかにニュアンスが異なる。

ボドレエル（一八二一―一八六七）は近代の思潮が生みし薄倖の鬼才なり。其題材既に健全ならざるに、詩風また妖艶奇峭の態を盡して怯懦なる讀者の堪ゆる所ならねば、「デカダン」詩社の開祖として一種の評論家には蛇蝎視せらるゝも故無きにあらざれども、鋭敏の情感を以て、幽趣微韻のくまぐまを味ひ盡したる其天才は到底否定せらるべきものにあらず。彼の詩は永く詩人の友、技巧の模範となり、又後世の史家をして十九世紀後半期文化の状況を察せしむる恰當の史料たるを得べし。[4]

当時としてはいたし方ないとはいえ、「「デカダン」詩社の開祖として一種の評論家には蛇蝎視せらるゝも故無きにあらざれども」という一節からも推察されるように、その評価には歯切れの悪さが見て取れるのである。

上田敏のボードレール紹介には、もちろん西欧における芸術思潮の新たな情報を伝えるという明確な意図があったのだが、明治末、日本における自然主義の隆盛のさなかにあって、芸術至上主義とも取れる彼の主張は、当然のことながら反自然主義的な刻印を帯びざるをえない。そして敏自身も、先達の鷗外とともに意識的に反自然主義の旗幟を鮮明にすることになるのである。

さて、ヴェルレーヌについては、田山花袋自身がその英訳版の詩集を購入し、後にそれを蒲原有明に贈ったという事実からも、[5]自然主義者の間でも一定の評価を得ていたことが分かる。一方、ボードレール観についていえば、一般的にその情報は英訳文献と上田敏等による紹介文であった。例えば田山花袋は『美文作法』（明治三九年）第弐編「美文の本領」において、敏の翻訳を長々と引用し、それに依拠しながらも、その論の意図は無視して、象徴派とボードレールを不健全きわまりないものとしてさんざん揶揄し、後者については、「悲哀を食物にする」「厭世家」とまで言い切っている。

此人達の特色は丁度醸しかけて腐敗した酒のやうなもので、［……］。この詩風の祖を為したボオドレールなどと言ふ人は〔……〕極端な厭世家で〔……〕遂々悲哀を食物にして、年は四十五六で死んで了った。⑥

この花袋の言に代表されるように、自然主義の作家の間では、ボードレールは「病的」「悪魔的」「退廃的」あるいは「芸術至上主義的」「人工的」という否定的なレッテルのもとに捉えられていたのである。こうした中にあって、ボードレールをやはり悪魔的、退廃的としながらも、それを積極的に肯定し、自らの思想の中に取り込んでいこうとする岩野泡鳴の姿勢は、他の自然主義の作家とは明らかに一線を画しているといえるだろう。

二　『神秘的半獣主義』まで

ここで、フランス象徴主義の受容の問題に入る前に、泡鳴の生涯と作品の概略について述べておきたい。

岩野泡鳴（本名美衛）は明治六（一八七三）年一月に兵庫県淡路島の洲本に生まれる。氏族の家系であった。二一年に家族とともに上京。明治学院その後専修学校で経済学を学び、またこのころから詩作を始める。二四年には、押川方義を頼って東北学院に赴き、そこで厳しい文学的修練を自らに課す。二七年に帰京。劇作などを発表する。翌二八年、竹腰幸と結婚。三二年に肺結核の養生のためもあって、滋賀県大津に移住する。三四年には第一詩集『露じも』を自費出版（生涯に五つの詩集を刊行）。翌年帰京すると、父の経営する下宿屋に住み、三六年、相馬御風らと雑誌『白百合』を創刊し、詩作を中心として活発な創作活動を行う。また三九年、『神秘的半獣主義』、四一年、評論集『新自然主義』を出版するなど、批評活動にも健筆を奮い、四二年には「耽溺」を発表して、小説家としての位置も確立する。この年、一攫千金を夢見て蟹缶詰事業に乗り出し、北海道、樺太にまで赴くが失敗する。こうした経験および私生活、とりわけ女性関係をもとに、いわゆる五部作（『放浪』『断橋』『憑き物』『発展』『毒薬女』）が構想され、死に至るまで書き続けられることになる。さらに大正二（一九一三）年、アーサー・シモンズの『表象派の文学運動』を翻訳、出版。後の世代に大きな影響を与える。その後も、数多くの小説を執筆するとともに、『近代生活の解剖』『悪魔主義の思想と文芸』『新体詩の作法』（いずれも大正四年）を刊行するなど、批評の分野でも旺盛な活動を行う。その晩年には、雑誌『新日本主義』（大正五年）を創刊、日本主義思想の普及に努めるかたわら、小説における「描写」の問題について独自の「一元描写論」を展開した。大正九年五月、四八歳にて病没。

泡鳴の短くも多産な生涯において、大きな転換点の一つは、明治三九年六月に書き下ろされた『神秘的半獣主義』である。ここにおいて、泡鳴の思想が、晦渋で不統一な印象が否めない不完全な形ではあるが、エネルギッシュに語られており、以後の泡鳴の方向性を決定づけるものとなった。彼のいう「神秘的半獣主義」を敢えて要約するなら、以下のようになるであろう。

われわれの存在は盲目的で、道徳的には無目的である。そして刹那刹那に変転する表象として生きている。この表象はまた生への意志でもある。新たな表象は、現瞬間の表象たる自己の悲痛を喰らいながら無限に変転を繰り返しているのである。ここにおいて、精神と物質を対立させる二元論は意味をなさない。現象即実在、自然即心霊となる。また、宗教的な救済や解脱などは一切無い。

このような観点に立って、メーテルリンク、エマソン、スウェーデンボルグの神秘思想を批判、検討しながら自説を展開する。そしてこの「神秘的半獣主義」は、恋愛論から国家論そして文芸論にまで及ぶ。

文学と芸術とは、最も個人的、最も刹那的のものであって、刻々盲転する表象的神秘界を出来るだけ偉大に、また出来るだけ深遠に活現したものでなければならない。［……］

神秘界の表象には、今まで云つて来たので分る通り目的はない、従つて主義や寓意やのあるべき筈もない。天才は自分の飼ばとする悲痛の活動を直写するものである。自然即心霊だから、僕の表象的刹那観は即ち写実主義である。［……］

戦争や恋愛の場合には、まだ非我なる物を見とめる余裕があつたが、文芸は全く一刹那一存在の自食的表象である。(7)

こうした世界観、芸術観は、その後さらに発展していくが、その基本的な枠組みについては、大きく変わることはない。

さて『神秘的半獣主義』において、考察の対象となっている西欧の作家は、メーテルリンク、エマソン、スウェーデンボルグの三人に絞られており、いずれも乗り越えられるべき不十分な旧来の表象主義者として捉えられている。またショーペンハウアーが繰り返し援用され、泡鳴の一つの出発点となっていることが分かる。しかしながら、ボードレールはもちろんのこと、フランス象徴派の作家や詩人に対する言及はまったく見られない。フランスの象徴主義に対する泡鳴の関心は、この『神秘的半獣主義』において泡鳴が自らの思想的枠組みを確立した後に、急激な高まりを見せることになるのである。

三　フランス象徴主義の導入

「神秘的半獣主義」から出発した泡鳴が、さらにその思想を明確にするのは、明治四一（一九〇八）年一〇月刊行の

『新自然主義』においてである。この書物の「はしがき」に「この著は明治三九年から四一年九月に至る間に於て僕が新聞雑誌等に出した論文を集めたもので、かの「半獣主義」の続篇と見てもいい。ただ前著から神秘的な口述は取り去つてしまひたいのであることだけを断つて置く」とあることからも分かるように、『神秘的半獣主義』の直後から執筆された論考の集成であり、「半獣主義」からそのロマン主義的・神秘的な要素を拭い去った「自然主義的表象主義」すなわち「新自然主義」への脱却が試みられている。

伴悦も指摘するように、[8] 当時の泡鳴の文学的立脚点は、先行する蒲原有明の象徴詩と、花袋、藤村、天渓、抱月らの自然主義のはざまにあって、両者を超克することにあった。その試みこそが「自然主義的表象主義」に他ならない。そのためには、フランスの自然主義はいうまでもなく、まずフランス象徴主義の潮流を正確に把握しなければならない。その必要性から書かれたのが、『新自然主義』の冒頭に配された「日本古代思想より近代の表象主義を論ず」であり、その次に置かれた「仏蘭西の表象詩派」であった。前者は、明治四〇年四月から六月にかけて「早稲田文学」に、後者は同年七月から一〇月にかけて「新小説」に掲載されている。

「日本古代思想より近代の表象主義を論ず」では、タイトルに続けて、「Prends l'Eloquence et tords lui son cou !（美辞学を捉へて、その頸を締めよ！）――Paul Verlaine」というエピグラフが挿入されている。タイトルからも明らかなように、泡鳴が依拠するのは、日本古代思想であり、この点が泡鳴の独特な理論を特徴づけるものとなっている。日本古代思想こそが、弱体化した西欧文学やそれを無批判に導入する日本の文学者たちとは異なり、泡鳴が自然主義的表象主義者たることを可能ならしめるものなのである。さらにこのとき、いかに泡鳴がヴェルレーヌに対して強い関心を抱いていたのかも同時に推察される。その本文で、ヴェルレーヌは次のように捉えられている。

仏蘭西表象派の詩人パウルヹルレインが、諸方を漂泊し、罪を犯して囚徒となり、また貧困のうちに死の床に苦吟しながらも、なほ且生をこひねがつたのは、其主義と性情の上から、決して未練ではなかつた。[9]

ヴェルレーヌはこうして泡鳴の先達と見なされるのだが、彼に対する評価は、とりわけ『古事記』における日本の古代思想への評価に重ね合わせられる。

僕等の祖先は、渠の様に鋭敏な頭脳と感覚とを以つて働かなかつたかも知れないが、生を愛する念は、非常なエネルギイを以つて、活躍して居たのである。〔……〕『生む』『生れる』といふことはどこまでも祖先の観念にはつき纏つて居て、之と反対に、死または廃滅といふ念はなかつたかの様に見える。〔……〕僕等の祖先は実に熱烈な生慾を持つて居た。この生慾を最も強く代表したものが、大和民族の首長となつたのである。[10]

ヴェルレーヌと日本の古代思想を繋ぐ地点は「生への欲望」、泡鳴自身の言葉によれば「非常なエネルギイ」に他ならない。こうした捉え方は、上田敏の「幽趣微韻」とはまったく異なる位相にある。また、この観点に立つとき、ヴェルレーヌ以前の神秘思想やロマン主義が体現していた象徴的な世界認識は、きわめて不十分であり、否定されるべきものとなる。

旧思想の表象主義（僕は今日までシムボルを表象として来た。フォルステルング（表現）と混同して居るといふ注意を二三の論者から受けたが、僕の刹那主義から云へば、後者を別つ必要がなくなるのである）は、矢張り、この架空の絶対をわざわざ拵らへ出して、自然の人間に対照さすところから出発して居る。古代の神秘的哲学者等を初めとして、スヰデンボルグもさうだし、エマソンもさうだ。すべて人間に映ずる有限の事物は絶対無限の或物を表象して居ると仮想さすのだ。[11]

またこの箇所では、泡鳴のいう「表象」の意味が明かされていて興味深い。泡鳴にとっては、肉霊合致の刹那のうちに生起するものこそが、すなわち「表象」なのである。泡鳴が終生《symbol/symbole》の訳語として「表象」にこだわった理由はここに存する。[12]

そして泡鳴は、フランスの文学潮流を次のように要約する。

仏蘭西には、当時、写実主義——云ひ換へれば、自然主義——が盛んであつて、前世紀の百科学者等が理論ばかりで万事を解釈しようとした様に、今度は科学を以つて人生を解剖しようとした。〔……〕表象派はこれの反動であつたところが、かの根拠のない唯理派に対するには、根拠のないロマンチク主義でもよかつたが、この手答へある科学派に対しては、また手答へのある主義を持たせなければならない。ヹルレインやマラルメは、乃ち心的科学を含んで居る、或はそれに同化して居る、表象詩を以つてしようとしたのである。詩を以つて哲理的サイコロジイの体現と見為した。[13]

泡鳴によれば、ヹルレインやマラルメの象徴主義は自然主義を「心的科学」として内部に取り込みつつ、それを乗り越えたところに成立する。これこそが「自然主義的表象主義」なのである。それに対して、メーテルリンクやユイスマンスなどは、「表象専門家」として斥けられてしまうことになる。

さて「仏蘭西の表象詩派」では、「Le suggérer, voilà rêve.（暗示するは乃ち夢なり）——Stéphane Mallarmé」のエピグラフが添えられ、主としてヴェルレーヌとマラルメが、フランス語原文と泡鳴自身による訳がともに引用され、詳しく論じられている。この頃より泡鳴が本格的にフランス語に取り組み始めたことが分かる。しかしながら、その論点はといえば先の「日本古代思想より近代の表象主義を論ず」とほとんど同じであるといってよい。ヴェルレーヌとマラルメ、とりわけヴェルレーヌが称揚され、ボードレールの理解は、以下に引くように、紋切り型にとどまっている。

ヱルレインは人生を愛慕することが非常に熱烈な詩人であつた。彼は悪魔派の驍将ボードレイルの名声を受け継いで、豊富で敏感な詩才を発揮した。後者は如何に奇峭であつても、不徳や慾情に対して、まだ出家的偏見があつて、放縦のうちにも、こと更に一種の宗教的神壇を架して居た。[14]

しかしながら同時にボードレールを「表象派に官能的要素を吹き入れた」[15]としている点にも留意しておきたい。

さて、このようにフランス象徴詩を自らの自然主義的表象主義に取り込んでいく過程でアーサー・シモンズが問題となるのは、当時としては当然の成り行きといえるだろう。実際この二つの論考において、シモンズおよびその著書『文学に於ける表象詩派の運動』はたびたび言及されている。そしてこの書は五年後に『表象派の文学運動』と題し、泡鳴自身によって翻訳されることになるのである。

四　『表象派の文学運動』から小説へ

大正二（一九一三）年に上梓された『表象派の文学運動』の原本は、Arthur Symons, *The Symbolist Movement in Literature* (London, William Heinemann, 1899) およびその改訂版（一九〇八年）である。この翻訳が、そのおびただしい誤訳にもかかわらず、後の世代の文学者に大きな刺激と示唆を与えたことはつとに有名であるが、それについては後に触れることにして、ここでは泡鳴の思想的文脈の中でこの書を捉えてみたい。

冒頭に置かれた「訳者の序」の末尾において泡鳴は、「翻訳の如きは、僕は敢ていふが、文芸家のやるとしては第四流、第五流の仕事である。が、それをやつたのは、金が欲しかつたのと、今一つは表象派なる物を一応実際に世人に分らせたいからである」[16]としてその動機を語っているが、むしろ泡鳴がこの書の翻訳を試みたのは、これまで見てきた通り、何よりもまず自らの思想の形成にとって必然的な結果であったと考えるべきであろう。数々の文献を参照し、慣れないフランス語引用の翻訳については大杉栄に教えを請い、さらには独自の索引を付して用語の解説をするなど、この翻訳には実に膨大なエネルギーが注がれているのである。

またこの書物の扉には、タイトルとともに「アサ　シモンズ著／岩野泡鳴著」とあり、ここからも泡鳴がこの書物を単なる翻訳書ではなく、自分の思想をも盛り込んだ著書と見なしていたことが見てとれる。こうした姿勢は全編に顕著であるが、とりわけ「訳者の序」では、フランス象徴派およびシモンズの欠点を列挙するとともに、日本の文壇に対する不満が述べられ、さらにこれまでの泡鳴の主張が繰り返されている。

仏蘭西表象派の詩をわが国に初めて翻訳若しくは模倣（初めはさういうより他の賛辞は与へられなかつた）したのは、上田敏氏と蒲原有明氏とである。それから僕の詩に至つて、少くとも、日本人的な特色を表象詩に与へたが、僕は仏蘭西表象派が空想的な音楽や理想の宗教に去勢せられた傾向あるを看破し、この点に飽き足らない故を以つて、別に渠等でも、その一生命なる生の幻影、乃ち、寧ろ生その物の肉霊合致相といつた方がいゝ、物を、もツと確実に発想実現出来るとして、僕の刹那主義から来たる自然主義的表象詩を主張し、僕はこれを応用して人生の生観的発想を行ひ、また小説の方に出て行つた。が、わが小説界では、まだ表象派的な態度を採つてゐるものは、外に殆どないのである。[17]

ここで、注目すべきは、泡鳴が自然主義的表象詩から小説へと移行したと書いている点である。さらにこの「序」では、田山花袋の平面描写への批判と同時に、島崎藤村や谷崎潤一郎も槍玉に挙げられている。ここからも、当時、泡鳴の意識が小説に向けられており、自らの自然主義的表象主義を小説の分野で実現しようとしていたことが窺い知れる。実際、泡鳴が詩から小説へと本格的に転じたとされるのは、明治四二年二月『新小説』に掲載した「耽溺」であり、これは『新自然主義』が刊行された四ヶ月後のことである。また、『表象派の文学運動』の翻訳に従事していたのは、北海道・樺太旅行を経ていわゆる五部作の執筆に本格的に取り組んでいる最中のことなのである。またちょうどその頃、明治四四年二月には、泡鳴独自の一元描写論の本格的な論考「現代小説の描写法」が「文章世界」に発表されている。こうして詩から小説、特に小説の描写に泡鳴の関心が移行するにつれ、今度はボードレールが大きな位置を占めることになるのである。

五　ボードレールと「描写」の問題

ボードレールに対する泡鳴の評価は、『悪魔主義の思想と文芸』（大正四（一九一五）年）において鮮明となる。この書は、その「はしがき」に列挙された三〇点を超える参考文献が明らかにするように、Symons, Nordau, Sturm, Huneker といった当時日本で入手しえた文献の多くを渉猟して書かれている。ここで泡鳴はボードレールの思想を「悪魔主義」と捉えつつも、「膚浅な常識、通俗な感情、並に平凡な俗美の技巧に対する勝利の凱歌」として積極的に称揚するとともに、「ボドレルのこの主義は、思想としては旧世界の生活を一新して、所謂「近代性」発展の道を開拓」したとも述べており、当時としてはかなり正当な評価を下している。[18]

もちろん、この論考の目的は、第一にボードレールを悪魔主義の「本尊」とし、その源流をポーにたどり、またボードレール以後の流れを捉えようとするところにある。ここでもボードレールの悪魔主義は、相変わらずヴェルレーヌやマラルメによって到達される自然主義的表象主義の先駆的試みであるとされている。しかしながら、こうした泡鳴の論を生み出す契機となっているのは、小説における「描写」の問題なのである。このときボードレールおよびその悪魔主義は、旧来の文学を打破する革命的な装置として新たな照明を当てられることになる。その短い「はしがき」の後半部には次のような一節が読める。

ところが、わが文界並に思想界は依然として旧套を脱せず、思想と生活とを区別したり、自然主義を物質的平面描写に限つたり、快楽主義と単純な技巧の問題に堕落させたりするものばかりが多い。この時に当り、ここに僕が悪魔主義の紹介並に批評を発表するのは、矢ツ張り、一種の勝利であるやうな気分を得た。[19]

こうした意識は、「現代将来の小説的発想を一新すべき僕の描写論」（大正七年）を経て大正八年三月「新潮」に発表した論文「一元描写論の実際証明——一元描写論に対する批難を駁撃して併て現代諸家の描写を批評す」においてさらに先鋭化する。「小説界のボドレル」と題されたその第一章で、泡鳴は自らを「小説界のボドレル」、すなわちフランスならびに世界の詩に革命をもたらしたボードレールとして位置づけるにいたるのである。

外国並にわが国の文壇に於ける物質的自然主義時代と自然主義以前とは作の材料を取り扱ふ態度の真面目と不真面目の相違こそあれ、その態度の表面的であつたのは孰れも同じだ。云ひ換へれば、田山氏等の物質的自然主義はあらゆる旧時代を真面目に代表しただけだ。従つて、その自然主義時代も小説界に於けるボドレル以前であつた。[20]

このように泡鳴は、自身をボードレールに仮託して、田山花袋らの自然主義者たちを物事の表面をなぞることしかしない旧時代の「物質的自然主義」として斥けると同時に、「内部的自然主義」に基づいた「一元描写論」を展開していく。そしてその理論を自らの小説作品（とりわけ泡鳴『五部作』）において実践していこうと試みるのである。これと並行して、フランスの象徴主義から多くを吸収して形成された泡鳴の自然主義的表象主義／新自然主義／内部的自然主義は、一方で日本の古代思想と結びつき、「日本主義」へと拡がりを見せるが、彼の突然の死によって遮られることになる。

六　泡鳴と『表象派の文学運動』の影響

泡鳴の奔放な生き方が、同時代の文学者や読者に一種の驚嘆にも似た賛美と顰蹙をもたらしたことは事実であるが、その著作や思想が幅広く受け入れられたとはとうてい言い難い。しかしながら、泡鳴のとてつもなく巨大なエネルギーは、近代日本の地下に脈々と流れ、時に迸り出ることになる。とりわけ、一人称単数の〈I〉が「僕」、一人称複数の〈we〉が「僕等」とされ、直截な文体で熱くエネルギッシュに書かれた『表象派の文学運動』は、誤訳だらけという非難を受けつつも、その語り自体のあり方によって、従来の文学の枠を打ち破るインパクトを後の世代に与えた。

その主たる理由の第一は、「訳者の序」および「例言」にも明らかなように、翻訳にあたって泡鳴がきわめて意識的に、原文の語法と発想をできる限り損なわず再現しようと試みたからであり、第二に、そこに泡鳴の思想が渾然と溶け込んでいたからである。後に河上徹太郎が、その書への耽溺を「当時他の如何なるものにも慊らなかった私にとって、丁度渴望してゐた言葉の世界がここに與へられたからなのであつた。在来の書が結局現実だけをなぞつてゐるだけであるのに対し、此の書は現実の急所を見事に突きあてて之を独自の世界に表現してゐるのであつた[21]」としているのは、まさにその点である。

さらに河上は同稿で、「当時私の交友は、唯小林秀雄、中原中也の二人に限られてゐた。三人は専ら此の書の語彙を以て会話した」[22]と記している。これに『表象派の文学運動』がたしかに富永太郎や小林秀雄に衝撃を与えたという大岡昇平の証言[23]を重ね合わせれば、これらの若き文学者たちの間で、いかにこの書物が新たな文学を切り拓くバイブルとして熱心に読まれていたかは想像に難くない。事実、泡鳴および『表象派の文学運動』への評価は、富永や中原の書簡の中にも登場する。小林秀雄が泡鳴について語ったものは見あたらないが、吉田凞生も指摘するように、『表象派の文学運動』が小林のランボー論に何らかの影響を与えたことは大いに考えられるのである。[24] 泡鳴の仕事が、日本における近代詩の成立さらにはフランス象徴詩の受容において、決定的ともいえる役割を果たしたことは否定できないだろう。

泡鳴の思想は、物議を醸した数々の言動や難解な語彙、表現のせいもあって、いまだなお多くの誤解と偏見にさらされている。しかしながら、実存主義的ともいえる徹底した生への欲望、官能の充足、絶対的価値に対する断固とした拒否から出発して、近代日本の成立期に詩や小説を独自に開拓していこうとした姿勢は、現代において再びその輝きを取り戻す可能性を十分に秘めている。

（1）矢野峰人「日本に於けるボードレール（一）」『日本比較文学会会報』第七号、一九五六年一〇月。
（2）「仏蘭西詩壇の新声」明治三一（一八九八）年七月、『定本上田敏全集』第三巻、教育出版センター、一九七八年、二六一頁。

(3) 同前、第三巻、八一頁。
(4)「仏蘭西文学の研究」明治三〇(一八九七)年八月、同前、第三巻、一九四頁。
(5) 鎌倉芳信『岩野泡鳴研究』、有精堂、一九九四年、五八頁。
(6)『定本花袋全集』第二六巻、臨川書店、一九九五年、二七-二八頁。
(7)『岩野泡鳴全集』第九巻、臨川書店、一九九五年、四七-四八頁。
(8)「解説解題」、同前、第九巻、四七二頁。
(9) 同前、第九巻、一〇七頁。
(10) 同前、第九巻、一〇七-一〇八頁。
(11) 同前、第九巻、一一〇頁。
(12)『表象派の文学運動』の索引中、[表象]の項目には、「二はカライルなどの云ふ外と内、物と心との符合における表象。シモンズもこの第二の意味を出ないのだが、別に僕等が刹那主義で云ふ肉霊合致の表象がある」と記されている。なおSymbolに対する訳語の歴史的経緯に関しては、矢野峰人「象徴主義移入の歴史」(『増補改訂版　比較文学――考察と資料』、南雲堂、一九七八年)に詳しい。
(13) 前掲書、第九巻、一一四頁。
(14) 同前、第九巻、一二五頁。
(15) 同前、第九巻、一二八頁。
(16) 同前、第一四巻、一九九六年、二九二頁。
(17) 同前、第一四巻、二八四-二八五頁。
(18) 同前、第一〇巻、一九九六年、一五五頁。
(19) 同前、第一〇巻、一五五頁。
(20) 同前、第一一巻、一九九六年、三二七-三二八頁。

(21) 河上徹太郎「岩野泡鳴」(『思想の秋』、一九三四年一一月)所収。
(22) 同前。
(23) 大岡昇平『富永太郎—書簡を通して見た生涯と作品』、一九七四年。
(24)『岩野泡鳴全集』別巻、臨川書店、一九九七年、五〇二‐五〇三頁。

近代詩の移入から創造へ

宇佐美　斉

はじめに

日本近代におけるフランス詩受容の特異性の一つとして、ある特定の詩人や流派への偏愛、すなわち文学史の正系からの逸脱が指摘される。ラシーヌに代表される古典派や、ロンサールを筆頭とするプレイヤード派、あるいはロマン派の大家たち（ラマルチーヌ、ユゴー、ヴィニー、ミュッセら）よりも、ボードレール、ヴェルレーヌ、ランボー等のいわゆる象徴派詩人が、圧倒的に突出して受容されて来た。

事の経緯に従って、このような特異性とそれによってもたらされた独自な創造性とを、二、三の代表的な事例を取り上げて考察してみたい。まず日本におけるフランス詩の起点をどこに求めるかという問題であるが、いま仮に、矢田部良吉の手になる英訳からの重訳「シャール、ドレアン氏　春の詩」を収める『新体詩抄』の刊行年、一八八二（明治一五）年とするならば、すでに一二〇年を超える歴史を有することになる。しかしフランス詩が不充分ながらも一応系統的に原語から直接日本語に移植されるようになったのは、一九〇五（明治三八）年のことであった。そこで今からちょうど一〇〇年前のこの記念すべき年を起点とする、ボードレールの日本への上陸から論をおこしてみたい。

一　ひとつの受容史

ボードレールの作品が、日本の一般読者の目の前に部分的ながら具体的な姿をとって提示されるようになったのは、上田敏が『海潮音』（本郷書院）に『悪の花』*Les Fleurs du Mal*[1]から五篇を訳出して収めた一九〇五（明治三八）年一〇月のことであった。「信天翁《おきのたいふ》」L'Albatros「薄暮《くれがた》の曲《きょく》」Harmonie du soir「破鐘《やれがね》」La Cloche fêlée「人《ひと》と海《うみ》」L'Homme et la Mer「梟《ふくろふ》」Les Hiboux が、これに該当する。このうち「薄暮の曲」と「梟」の二篇は初出不明であり、あるいは未発表の訳稿を直接収めたものかとも思われるが、残りの三篇は、『明星』の明治三八年七月号から九月号にかけて発表されたものである。

『海潮音』には二九詩人の五七篇が収められており、ボードレールの五篇はエミール・ヴェラーレンの六篇、ロバート・ブラウニングの五篇とならんでもっとも多い。フランス近代詩にかぎっていえば、ルコント・ド・リール、ジョゼ＝マリア・ド・エレディア、ポール・ヴェルレーヌ、アンリ・ド・レニエの各三篇、それにヴィクトル・ユゴーのわずか一篇にくらべて、格別の扱いであることがわかるだろう。

上田敏によるボードレールの翻訳は、日本と中国の古典詩歌によって培われた繊細な言語感覚と、ヨーロッパ近代の新しい詩風・趣味・感覚との、ほとんど希有ともいうべき出会いと調和の上に成り立っている。この点については彼自身が、「海潮音序」の末尾で以下のように翻訳の心得を語っている。

「訳述の法に就ては訳者自ら語るを好まず。只訳詩の覚悟に関して、ロセツテイが伊太利古詩翻訳の序に述べたると同一の見を持したりと告白す。異邦の詩文の美を移植せむとする者は、既に成語に富みたる自国詩文の技巧の為め、清新の趣味を犠牲にする事あるべからず。而も彼所謂逐語訳は必らずしも忠実訳にあらず。されば「東行西行雲眇々。二月三月日遅々」を「とざまにゆき、かうざまに、くもはるばる、きさらぎ、やよひ、ひうらうら」と訓み給ひけむ神託もさることながら、大江朝綱が二条の家に物張の尼が「月によつて長安百尺の楼に上る」と詠じたる例に従ひたる所多し」。

いささか衒学的なきらいのある翻訳論であるが、要するに日本語の修辞や技巧に溺れて原文の趣や味わいを損なうことなく、しかも窮屈な逐語訳からも逃れて可能なかぎり自在に原詩文の心を移すことに専念した、と言うのである。神託云々は、ある人の夢枕に現れた天神（菅原道真）が自らの漢詩二行の訓読法を教えたという故事に、また物張の尼云々は、月見の宴で人々が白楽天の一句を「月ハ長安ノ百尺ノ楼ニ上レリ」と朗詠したのを、故大江朝綱に仕えていた下女が、前記のように訂正したという話によっている。ともに『今昔物語』がその出典である。

実際にボードレールの韻文詩五篇の訳を見れば、なるほどこの翻訳の心構えは見事にその所定の目標を達成していると言っていいだろう。とりわけ日本語の詩として朗誦に耐え得る絶妙な音楽性と、そして詩語の成熟と気品はまさに比類がなく、翻訳詩とは思われないほどの出来映えである。しかし問題はそれほど単純ではない。この過度のこなれ具合と自家薬籠中ぶりが、はたしてボードレールのテクストにどこまで忠実であり得たかとなると、話は微妙に異なってくる。「薄暮の曲」の第一連を例にとって考えてみよう。

Voici venir les temps où vibrant sur sa tige
Chaque fleur s'évapore ainsi qu'un encensoir ;
Les sons et les parfums tournent dans l'air du soir
Valse mélancolique et langoureux vertige!
時《とき》こそ今《いま》は水枝《みづえ》さす、こぬれに花《はな》の顫《ふる》ふころ。
花《はな》は薫《くん》じて追風《おひかぜ》に、不断《ふだん》の香《かう》の爐《ろ》に似《に》たり。
匂《ひおひ》も音《おと》も夕空《ゆふぞら》に、とうとうたらり、とうたらり、
ワルツの舞《まひ》の哀《あは》れさよ、疲《つか》れ倦《う》みたる眩暈《くるめき》よ。

この訳詩の真価は、視覚と聴覚の双方による鑑賞、つまり黙読と朗誦のいずれにも耐え得るというところにあるだろう。ルビを活用することによって漢語・字音語と和語との間の調和をはかり、あるいは文字の意味と音と形態との間に交響を生み、流れるような七五のリズム[2]にのせた半諧音と畳音の効果によって、物憂くも華麗な音楽を作り出している。天神の神託や物張の尼の教えが充分に活かされていると思われる所以である。

けれども問題は、以上のような長所が逆にいくつかの不都合を生む原因にもなっていることである。例えば「水枝さす」は「みずみずしい若枝のさし出た」を意味する美しい和語であるが、これに相当することばは原詩にはなく、上田敏の補った埋め草ないし装飾のことばである。これによって修飾される「こぬれ」は、言うまでもなく樹木の梢を意味するから、この訳詩の読者は灌木ないし喬木に咲く花をただちに思い浮かべるだろう。しかしこのところ原詩では tige すなわち花の茎が指示されているのみであって、その花を支える草木の形状には一切ふれていないのである

から、当然この花はユリやキンセンカのような可憐なものからリラやマロニエ、あるいは梅や桜のような花木にいたるまでを自由に連想することを許すのであり、いわば花の精のようなものとして私たちの前に立ち現れるのである。従ってこの装飾過多は、うっかりすると誤訳にも通じかねないだろう。

これと同じことは、例えば直訳に近い形なら「花々はつり香炉のように燻《くゆ》り立つ」とでもすべきところを、「花は薫じて追風に、不断の香の爐に似たり」としているところなどについても、指摘し得るだろう。語調を整えるために原文には相当句が見当たらない「追風」を補った点はともかくとしても、カトリックの祭儀で用いる「つり香炉」encensoir を上田敏のように敷衍して訳すと、宗教的な荘厳の気配がすっぽりと抜け落ちてしまうことは、やはり見過ごすことができない。なぜならこの気配は、第二連、第三連で繰り返される「仮祭壇」reposoir や最終連末尾に現れる「聖体顕示台」ostensoir とあいまって、この詩のライトモチーフをなしていると言っても過言ではないからである。これら三つの宗教用語は、いずれも末尾に soir（夕べ）という同音の語彙を含んでおり、しかも十全に脚韻を踏んでいるのである。

特に功罪とりまぜて上田敏の面目躍如たるところは、直訳なら「音と香りは夕べの空を巡る」となるべきはずの一句を、「匂も音も夕空に、とうとうたらり、とうたらり」と訳しているところである。「巡る」ないし「まわる」の意味を持つ動詞 tourner を、能の「翁」の冒頭や江戸長唄「三番叟」などに見える語義未詳のことばで置き換えているわけであるが、ここにもリズムや口調など音楽性を重視する上田敏の姿勢がはっきりと現れている。いわばこれはほとんどボードレールによる「変奏」であって、すでに「翻訳」の域を多分に逸脱していると言わなければならないだろう。

前記のような翻訳ぶりと作品の選択からうかがわれる上田敏のボードレール理解は、近代人の感覚の肥大を憂愁と倦怠のフィルターを通して、一種の霊妙な音楽として実現した詩人、ということになるだろう。『海潮音』には、ヴェラーレンとユゴーがボードレールに寄せた短い評言とならべて、訳者自身による数行の詩人紹介が付せられているが、その中で実に六度にわたって繰り返される「悲哀」ということばは、この意味で重要である。いわく、「現代の悲哀はボドレエルの詩に異常の発展を遂げたり。人或は一見して云はむ、これ僅に悲哀の名を変じて欝悶と改めしのみと、而も再考して終に其全く変質したるを暁《さと》らむ。ボドレエルは悲哀に誇れり。即ち之を詩章の龍蓋帳中に据ゑて、黒衣聖母の観あらしめ、絢爛なること絵画の如き幻想と、整美なること彫塑に似たる夢思とを恣にして之に生動の気を与ふ。是に於てか、宛もこれ絶美なる獅身女頭獣なり。悲哀を愛するの甚しきは、いづれの先人をも凌ぎ、常に悲哀の詩趣を讃して、彼は自ら「悲哀の煉金道士」と號せり」。上田敏がここで「悲哀」と訳している原語は douleur であって、このことばは普通「(肉体的ないし精神的)苦痛」を意味する。おそらく『悪の花』の一篇「苦悩の錬金術」Alchimie de la douleur を意識した評言であろうが、これを「悲哀」と訳してしまったのでは、ボードレールの苦痛淫楽症やイロニーの感覚は抜け落ちてしまい、下手をすると口当たりのいい感傷としてのみ受け取られる危険がある。

さてこれに対して、永井荷風が一九一三(大正二)年四月に籾山書店から刊行した訳詩集『珊瑚集』は、当時の読者に『海潮音』のそれとはかなり趣きの異なったボードレール像を伝えている。この初版本には、フランスの近代詩人ばかり一三人の訳詩三八篇に加えて、短篇小説や戯曲の翻訳を含めて主としてフランス文学についての紹介やエッセーが収められている。訳詩の部分は頁数でいって全体の三分の二にも充たないが、しかしその中でボードレールにはアンリ・ド・レニエの一〇篇に次いで、そしてポール・ヴェルレーヌと並んで七篇が配分されている。のちに版を重ね出版社を変える過程で、さらに二名の詩人の三篇が付け加えられて計四一篇に達するが、ボードレールに関してはこの配分と作品の選択は変わらない。それらは、「死のよろこび」Le Mort joyeux「憂悶」Spleen (Quand le ciel bas et lourd...)「暗黒」Obsession「仇敵」L'Ennemi「秋の歌」Chant d'automne「腐肉」Une Charogne「月の悲しみ」Tristesses de la lune であるが、一見して明らかなようにこの選び方には荷風の好みが相当につよく影響しているだろう。

この訳詩集の冒頭に付したわずか二頁の序文において、荷風は表題の意味と選詩の基準について、おおよそ次のように述べている。この詩選集は、かつて幕府の御禁制であったイタリア渡りの珊瑚珠や印度更紗のように、世に無益なる代物であり、世間に認められることは難しいだろう。人に見せるというよりも、自分ひとりのコレクションとして選んだが、訳者にとってはどの一粒も珍しい珠玉である、云々。

謙遜と自負の入り交じったこの序文からも察せられるように、荷風はフランス近代詩を日本に移入するなどという気負いとはほとんど無縁であった。この点では、鷗外を中心とする新声社の『於母影』や上田敏の『海潮音』が、基本的には啓蒙的な文化人の立場を堅持していたのとは、かなり対照的であった。そこには個人的な享受と鑑賞が、ある程度はそのまま普遍につながり得るという自らの滞米滞欧体験に根ざした自信が、なんらかの形で作用していただろう。青年期にアメリカに三年以上、フランスに一〇ヶ月にわたって滞在した経験を持つ荷風は、その成果としてすでに明治四一年に『あめりか物語』を、そしてその翌年には『ふらんす物語』を上梓していた。日本社会に風通しの悪さを感じながらも、ヨーロッパの文物へと自由に心を通わせることのできるコスモポリットとしての余裕が感じられるのである。

したがって荷風によるボードレールの紹介は、その外見とは裏腹に、決して趣味性のまさった恣意には陥っていない。むしろかなり正確なボードレール像がここには提示されていると言っていい。例えば死体愛（ネクロフィリー）をも隠さない「死」のテーマへの深い親愛、あるいは「憂鬱」が「理想」を呼び、「理想」が「憂鬱」を倍加させるダイナミックな二重人（ホモ・ドゥプレックス）の美学、さらにまた秋や落日など凋落の一瞬に集中した意識を注ぐデカダンスの詩学、こういったものは少なくとも『海潮音』からは窺い知ることのできないものであった。要するに詩集の中枢にある「悪＝病」の主題を、きちんと見据えた上での作品の選択と翻訳であったと言えるのである。

Dans une terre grasse et pleine d'escargots
Je veux creuser moi-même une fosse profonde,
Où je puisse à loisir étaler mes vieux os
Et dormir dans l'oubli comme un requin dans l'onde.

　蝸牛《かたつむり》 匍《は》ひまはる粘《ねば》りて湿《しめ》りし土《つち》の上《うえ》に、
底《そこ》いと深《ふか》き穴《あな》をうがたん。泰然《たいぜん》として、
われ其処《そこ》に老《お》いさらぼひし骨《ほね》を横《よこた》へ、
水底《みなそこ》に鱶《ふか》の沈《しづ》む如忘却《ごとわすれ》の淵《ふち》に眠《ねむ》るべう。

「死のよろこび」（荷風は「陽気な死者」Le Mort joyeux をこう噛み砕いて訳す）冒頭の四行であるが、ここにも荷風の翻訳の基本姿勢ははっきりとあらわれている。まず第一に、原文の統語法に比較的忠実であること、第二に、しいて日本の古語や雅語に救いを求めず、おおむね日常的で平易な語彙を用いていること、そして第三に、七五や五七のリズムに必ずしもこだわらず、そのために無用な装飾や埋め草のことばをほとんど必要としなかったこと、などが挙げられよう。律動に関して言えば、五音と七音を基調としながらも、「粘りて湿りし土の上に」「鱶の沈む如」のように、字余りをもいとわずに原文のメッセージを素直に伝達することに意を用いている。例外的な誤訳（例えば第三連で呼び掛けのことばであるはずの「腐敗《ふはい》の子《こ》」fils de la pourriture と「放蕩《ほうたう》の哲学者《てつがくしゃ》」philosophes viveurs を「よろこべる無頼《ぶらい》の死人《しにん》」un mort libre et joyeux の同格としているところなど）を除けば、荷風によるボードレールの翻訳は原文に忠実で親しみやすく、しかも日本語の詩としての品位と風格をそなえたものと言っていいだろう。

上田敏と永井荷風の後を受けて日本におけるボードレールの移入と受容が本格化するのは、大正の末年、すなわち一九二〇年代に入ってからである。詩人生前唯一の刊行詩集である『悪の花』の翻訳紹介に関して言えば、馬場睦夫、矢野文夫、村上菊一郎、太宰徹雄、佐藤朔、山内義雄、堀口大學、齋藤磯雄、金子光晴、鈴木信太郎、福永武彦らの努力が積み重ねられて来ており、さらに近年では安藤元雄の全訳、阿部良雄の個人訳全集、多田道太郎ほか京都大学人文科学研究所グループによる全訳と注釈の試みへと、引き継がれている。また詩人生前未刊行の散文詩集『パリの憂鬱』に関して言えば、馬場睦夫、高橋広江、村上菊一郎、福永武彦、秋山晴夫、齋藤磯雄、鈴木信太郎（阿部良雄と共訳）、菅野昭正、そして前記個人訳全集の阿部良雄の仕事が続いている。

このように途絶えることなく積み重ねられて来た移入紹介の努力によって、ボードレールは日本の近代文学の中に広く深く浸透して行ったのであり、このことは、西洋近代の文物から多大な影響をこうむって来た明治以降の日本文学にあっても、きわめて異例のことと言わなければならないのである。この点については、例えば谷崎潤一郎、芥川龍之介、太宰治などの小説家や、萩原朔太郎、大手拓次などの詩人が、具体的にどのようにボードレールを咀嚼し、自らの文学の血肉として活かしたかを検討しなければならないだろう。

二　咀嚼から創造へ

さてボードレールやランボーの受容[3]が本格化した一九二〇年代から一九三〇年代にかけて、すなわち大正末年から昭和初年代にかけての時代に改めて焦点を絞ってみたい。この時代の日本近代詩を眺めわたしたときに、まず最初に気づかされるのは、詩の言語がかつてないほど加速度的に、ナショナルなものからの脱却を志向しはじめたことだろう。「ナショナルなもの」といったのは、漢詩文を咀嚼しながら千数百年にわたって、大和言葉と和製漢語の練成につとめてきた、長い詩歌の伝統を指してのことである。新体詩の成立から四〇年、上田敏や永井荷風による西洋近代詩の輸入紹介から一〇数年、日本の近代詩はまさに大きな転換点にさしかかっていた。

具体的には、口語自由詩と散文詩への傾斜が、もはや藤村や有明の文語定形律への後戻りを不可能と観念させるほど、顕著になってきていたことを考えてみればよい。そしてこのことは、ヨーロッパに源を発するアヴァンギャルド芸術のうねりが、世界同時多発性の様相をつよく帯びる結果を招いていたこととも、決して無関係ではない。未来派やダダイズムが、ときにメッセージの取り違えや誤解をともなってではあれ、わずかの時差で日本にも上陸し、モダニズムの尖端を行く人々につよく意識されるようになったのは、まさにこの時期のことであった。指標としていくつかの詩集と訳詩集を示すにとどめるが、『ダダイスト新吉の詩』と『こがね虫』が大正一二年、『春と修羅』が大正一三年、そして『月下の一群』が大正一四年に刊行されている。

富永太郎がフランス近代詩を貪欲に吸収しようとしたのは、旧制二高在学中の大正一〇年から東京代々木富ヶ谷の自宅で夭折する大正一四年までの、わずか数ヶ年に過ぎなかった。けれどもこの数ヶ年は、その類いまれな集中と密度の高さに加えて、前記の転換点ともぴたりと重なりあうことによって、きわめて重要な意味をもつものであった。富永が遺した「詩帖1」には、たとえばランボーの長篇詩「酔いどれ船」の原詩第一連が写しとられているが、興味深いことにおのおのの詩行には音節の区切りを示す一二の短い下線が施されている。富永がフランス詩を単に頭脳的にではなく、肉声をともなって全身的に咀嚼したことを、なまなましく伝える資料と言っていい。大正一三年から一四年にかけて使用されたと思われる手帖であるから、その間に京都で富永からフランス近代詩の存在を教えられた中原中也が、これを見た可能性はきわめて高い。あるいは富永は、これを音読しながらフランス詩の音数律の法則を実地に教育してみせたかも知れないのである。

やはり富永が遺した二冊の「フランス詩ノート」からも、富永のフランス詩への情熱がありありと伝わってくる。ネルヴァル、ボードレール、ヴェルレーヌ、マラルメ、ランボー、コルビエール、ラフォルグなど、フランス近代詩の要所要所をおさえた、いかにも豊潤な原詩の抜き書き帖である。のびやかなペン字の筆の運びからは、フランス詩を衒学的にではなく、あくまでも自身の嗜好に忠実に選り分け、これをみずからの感覚器官で充分に賞味しつくしたうえで胃袋におさめるひとの、快楽にみちた歓びの歌声が聞こえてくるかのようである。[4]

ところで、富永と京都で知り合った中原中也は、その富永を追うかのようにして大正一四年春に上京する。そこで彼は富永とともに『山繭』の同人であった小林秀雄を知ることになるのであるが、この三人をつなぐ強力な磁場がフランス詩という触媒によって成立していたことに、深い興味を覚えずにはいられない。富永の早すぎる死によって三者の関係自体はほんのつかの間で終焉するのであるが、その短い時間に発生した電磁波が日本の近代詩におよぼした影響には、おそらくはかり知れないものがあるのである。

ここではまず、「秋」の形象を連鎖とする三者の結びつきについて、フランス詩を補助線として援用しながら考えてみたい。周知のように『山繭』創刊号に載った富永の詩二篇のうちの一篇は、「秋の悲歎」と題する散文詩である。大正一三年一〇月に京都で書かれたこの詩篇の表題が、マラルメの傑作「秋の歎き」を、意識的にか無意識的にかは定かではないが、かなり直接的に反映したものであることは誰の目にも明らかだろう。拙訳によって冒頭の一部を引用する。

Depuis que Maria m'a quitté pour aller dans une autre étoile —laquelle, Orion, Altaïr, et toi, verte Vénus? —j'ai toujours chéri la solitude. Que de longues journées j'ai passées seul avec mon chat. Par seul, j'entends sans un être matériel et mon chat est un compagnon mystique, un esprit. Je puis donc dire que j'ai passé de longues journées seul avec mon chat et, seul, avec un des derniers auteurs de la décadence latine ; car depuis que la blanche créature n'est plus, étrangement et singulièrement j'ai aimé tout ce qui se résumait en ce mot : chute. Ainsi, dans l'année, ma saison favorite, ce sont les derniers jours alanguis de l'été, qui précèdent immédiatement l'automne, et, dans la journée, l'heure où je me promène est quand le soleil se repose avant de s'évanouir, avec des rayons de cuivre jaune sur les murs gris et de cuivre rouge sur les carreaux.

マリアが私の許を去って他の星へ行ってからというもの——それはどの星だろう、オリオンかアルタイルか、それともお前、緑の金星《ウエヌス》なのか？——私はいつも孤独を慈しんできた。どんなに多くの長い日々を、私はただひとり自分の猫と過ごしたことだろう。ただひとり、と言ったのは、物質的な存在を伴わないで、という意味であって、私の猫は神秘的な伴侶であり、精霊なのだ。だから私は、長い日々を、私の猫と共にただひとり、そしてまた、ただひとり、ラテン頽廃期の最後の作家のひとりと共に、過ごしてきたと言っていい。というのも、あの白い女の子がいなくなってからというもの、なぜか奇妙にも、私は凋落という言葉に要約される一切のものを愛するようになったからだ。こうして一年のうち私が愛する季節は、秋にま近い夏の終りのものうい日々であり、また一日のうち私が散歩する時刻は、太陽が滅ぶまえに灰色の壁のうえには真鍮の色、窓ガラスのうえにはあかがね色の光を落して休むときである。

ロマン派から世紀末デカダンスにいたるまで、フランス近代詩はおびただしい数の「秋と夕暮れの詩」を量産してきた。けれどもボードレールの衣鉢を継いだマラルメほどに、独創性と思想的な奥行きの深さで、そうしたイメージを印象深く刻みつけた詩人はいないだろう。そこには単なる感傷に流されることのない、硬質で重厚な手ざわりが感じられるのだ。そしてそれはそっくりそのまま、富永の散文詩がいささか唐突に日本の近代詩に移植しようと試みたものであった。「秋の悲歎」の冒頭のみを引用する。

私は透明な秋の薄暮の中に堕ちる。戦慄は去つた。道路のあらゆる直線が甦る。あれらのこんもりとした貪婪な樹々さへも闇を招いてはゐない。

私はたゞ微かに煙を挙げる私のパイプによつてのみ生きる。あの、ほつそりとした白陶土製のかの女の頸に、私は千の静かな接吻をも惜しみはしない。今はあの銅《あかがね》色の空を蓋ふ公孫樹の葉の、光沢のない非道な存在をも赦さう。オールドローズのおかつぱさんは埃も立てずに土塀に沿つて行くのだが、もうそんな後姿も要りはしない。風よ、街上に光るあの白痰を掻き乱してくれるな。

富永はこの詩稿を友人の小林秀雄に郵送するに際して、なぜかマラルメには言及せず、「は、あランボオばりだな、と言つてもいゝ。とにかく日本流行の〈情調派〉でないといふレツテルをつけてくれたら本望だ。出来不出来は問わず」と書き添えている。富永のこうした硬質で密度の高い詩語へは、小林のランボーの訳業がやがて呼応することになる。富永も「フランス詩ノート1」に抜き書きしているランボーの『地獄の季節』最終章「別れ」の冒頭（この一節の原文が小林から富永の許へと届いたのは、中原が六歳年上の富永と貪欲に対峙する日々を送っていた頃だった。前述のように富永はそれを、大きな紙に書いて壁に貼り、毎日眺めていると、小林に返信している）を、小林は以下のように訳している。

初出は昭和五年二月一日付で第一書房から刊行された雑誌『文学』の第五号。小林はこの翻訳を単行本化しあるいは文庫本化するにあたって以後数度にわたって推敲の手を加えているが、ここではあえて初出形を示す。

L'automne déjà! —Mais pourquoi regretter un éternel soleil, si nous sommes engagés à la découverte de la clarté divine, —loin des gens qui meurent sur les saisons.

L'automne. Notre barque élevée dans les brumes immobiles tourne vers le port de la misère, la cité énorme au ciel taché de feu et de boue. Ah! les haillons pourris, le pain trempé de pluie, l'ivresse, les mille amours qui m'ont crucifié!

もう秋か。——それにしても何故永遠の太陽を惜むのか、俺達はきよらかな光の発見に心ざす身ではないか、——季節の上に死滅す人々からは遠く離れて。

秋だ。俺達の舟は、不動の霧の裡に纜《ともずな》を解き、悲惨の港を目指して、焔と泥とに汚され空を負ふ巨大な街を目指して、舳先をまはす。あゝ、腐れた襤褸よ、雨にうたれたパンよ、泥酔よ、俺を磔刑にした幾千の愛欲よ。

ランボーが別れを告げるのは、季節の推移に従って恍惚の死を遂げる世間一般の人々に対してであり、彼が求めるのは時間の永続（「永遠の太陽」）ではなく、むしろそのような時間性を超越した「聖なる光明」の発見であった。マラルメの固執した秋が、近代の時間が内包する凋落へのさけがたい予兆であったとするならば、ランボーのそれは近代の時間そのものをはげしく拒絶して、時間そのものから超出してゆこうとする試みであったといえよう。小林はこのランボーの時間意識にほんのいっとき自身を重ね合わせたのち、やがてみずからの「成熟」を得るためにランボーに別れを告げるのである。

ところで中原中也は、この「秋」の時間をどのように迎えいれようとしたのだろうか。大正一四年秋に制作した戯詩「秋の愁嘆」で、みずからを道化に仕立てあげることで、富永と小林の「秋」に対するみずからの特異な位相を鮮明にしようとしたのだった。

あゝ、秋が来た
眼に琺瑯《はふらう》の涙沁《し》む。
あゝ、秋が来た
胸に舞踏の終らぬうちに
もうまた秋が、おぢやつたおぢやつた。
野辺を　野辺を　畑を　町を
人達を蹂躙《じうりん》に秋がおぢやつた。

この詩を中原が書いたとき富永は死の床に横たわっており、小林はまた中原の愛人長谷川泰子との間にのっぴきのならない恋愛関係が生じて悶えていた。このような時点でピエロよろしくおどけた身ぶりで秋を迎える中原の姿勢は、まじかに迫った試練（泰子との別れ、愛息の死、そしてみずからの病と死）をするどく予感して、苦渋のうちにそれを静かに迎えてやり過ごそうとするかのようだ。「寒冷紗」を着こなしてやって来る「悪魔の伯父さん」である「秋」とは、ひとが運命としか名づけようのない不条理ではないのか。ここにはそのような詩人の深い洞察と諦観とが、黒いユーモアとなって形象化されているように思われてならないのである。

おわりに

ここで注目しておきたいことは、三人の詩精神がともに富永のいわゆる「日本流行の〈情調派〉」とははっきりと異なった方向を、ボードレールやランボーを初めとするフランス近代詩から学んだものを通して、つよく打ち出そうとしている点である。「情調派」とは、例えば三木露風とその一派をさすとも考えられるのであるが、興味深いのはそのグループもまた彼らのいわゆるフランス「象徴派」の影響を、自らつよく意識していたことである。彼らが理解するフランス「象徴詩」とは、例えばヴェルレーヌの衣鉢を継ぐ世紀末の抒情詩人たちであった。上田敏の訳したヴェルレーヌの「落葉」や、永井荷風の『珊瑚集』に収められたアルベール・サマンやアンリ・ド・レニエの「秋と夕暮」の詩が、彼らの文語自由詩型による「清純な」抒情として模倣再生産された。荷風が露風の第二詩集『廃園』(明治四二年)を評して、「誰よりも最もよくヴエルレーヌの面影を伝えたりと云ふも過賞にあらず」と述べていることは、このことを端的に言い表わしているだろう。(5)

ここには、同じフランス近代詩に触発されながら、まったく異なった詩的世界へと導かれた日本近代の詩精神の多様性が見てとれるだろう。一方が和歌や俳諧を生んだ日本の文化的土壌とも相まって当時の詩壇から一時的にもてはやされ、他方がそこからの脱出を目指して、硬質な言語と批評精神に支えられた新しい抒情の模索へと船出したことを見届けて、ひとまず本論を閉じることにしよう。

（1）ボードレールの詩集 *Les Fleurs du Mal* を『悪の花』と表記することについて。一九〇三（明治三六）年一月発行の『明星』誌上に上田敏口述として掲載された「佛蘭西近代の詩歌」なる論考には、「『悪の花』を作つたボオドレエル」との記述が見える。また一九〇九（明治四二）年の『スバル』第七号に掲載された永井荷風訳「仇敵」「秋の歌」の二篇には、〈『悪の花』より〉の総題が付されていた。周知のように敏荷風ともにまもなく「花」を「華」に改めるのであるが、この事実は些細なことのようでいて、実は日本におけるフランス詩受容の問題を考える上においてもまことに興味深い。ボードレールがこの表題にこめた豊かで多義的な意味合いは、明らかに悪と病との両義性のうえに成り立っていることを考えあわせるならば、この問題は看過しがたいのである。その意味でこの詩集の初版冒頭のテオフィル・ゴーチエへの献辞に見られる「これらの病める花々」ces fleurs maladives を捧げるとのことばは意味深長だろう。擬古典主義の光暈を引きずる「華」という漢字よりは、原語の素直な置き換えであると同時に日常的で卑近な単語でもある「花」こそが、よりふさわしいと考えるのが年来の私見である。

（2）上田敏は原詩の一二音節詩句《アレクサンドラン》を二重七五の荘重体で訳出した。中原中也はこの訳詩を本歌取りして、「時こそ今は……」（『山羊の歌』所収）を創作したが、彼はこの荘重体を文語口語混交の跛行のリズムに転調した。

（3）ボードレールと並んで日本の近代文学に大きな影響を与えたフランスの近代詩人はランボーである。ほぼ一〇〇年におよぶ日本におけるランボーの紹介と受容の歴史をここで通観することは不可能なので、戦前すなわち一九四五年以前に重点をおいて、ごく簡略に要点のみを記しておきたい。起点はやはり、上田敏と永井荷風に求めなければならない。荷風は一九〇九年四月発行の『新文林』に、初期韻文詩の「そぞろあるき」Sensation を訳載したが、これはやがて一九一三年に訳詩集『珊瑚集』に収録される。上田敏によるランボーの翻訳も数は少ないがほぼこれと同じころになされた。生前に発表されたものは一篇のみで、一九〇九年五月発表の『女子文壇』に載った「虱とるひと」Les Chercheuses de poux がそれである。この訳詩は一九二〇年に出版された遺稿詩集『牧羊神』には収録されておらず、単行本としては一九二三年になって初めて、玄文社刊行の『上田敏詩集』に「牧羊神補遺」の一篇として収められた。「牧羊神補遺」にはもう一篇ランボーの訳詩が入れられており、後続の若い詩精神に大きな影響を与えた。「酔ひどれ船」Le Bateau ivre であるが、これはいずれも未完のままに残された四種の未定稿を竹友藻風がアレンジして、さらに欠如の部分（特に第一五連）を補訳して成ったものである。明治末期に始ったランボー紹介の動きは、大正年間に入ってにわかに活発になる。岩野泡鳴が、ランボーに一章を割いたアーサー・シモンズの名著 *The Symbolist Movement in Literature*（一八九九年）を、『表象派の文学運動』と題して新潮社から上梓したのは、一九一三年であった。この翻訳が富永太郎、小林秀雄、河上徹太郎、中原中也らにつよいインパクトを与えたことは周知の事実である。夭折の詩人三富朽葉が、パテルヌ・ベリションのランボー伝に依拠しつつ、「ランボオの生ひたち」と題する紹介文を『三田文学』に発表したのも同じ年だった。『三富朽葉全集』第一巻「詩集篇」（一九七八年、牧神社）には、ランボーの訳詩二篇、「わがさすらひ」Ma Bohême と「SENSATION」が収録されている。柳澤健はのちに外交官になった詩人であるが、青年期に本邦初訳の「酔ひどれの舟」Le Bateau ivre を発表したことで記憶に価する。一九一四年二月発行の詩誌『未来』（主宰は三木露風）に載ったもので、同年一二月刊行の柳澤の詩集『果樹園』にも収録された。このほか大正年間でその名を逸することのできない人々は、一九二二年刊行の『有明詩集』に「母音」Voyelles を訳載した蒲原有明、随筆集『信天翁の眼玉』（同年、白水社）においてランボーの生涯と作品を軽妙に紹介した辰野隆、一九二四年に春陽堂から刊行された訳詩集『近代佛蘭西詩抄』に、「虱を捜す女」Les Chercheuses de poux「少年時」Enfance「花」Fleurs の三篇を訳載した鈴木信太郎などである。なお日本におけるランボーの第二期は、大正末から第二次世界大戦にいたる約二〇年間であり、真の受容はこの時期に始ったといっていい。富永太郎、小林秀雄、中原中也という大きな名前が挙げられるが、この三人についてはすでに多くのことが語られているので、ここでは詳述はしない。

（4）富永太郎が大正一二年に丸善や三才社などの洋書輸入店に書籍を注文した際の心覚えのリストが、神奈川近代文学館に所蔵されている。本論で挙げた詩人たちのほかに富永は、メーテルランク、グールモン、アポリネール、マリネッティ、ジャムなどにも食指をのばしていて、さらにモーリス・バレスの『象徴主義論』やルネ・ギルの『言語考』（これにはマラルメの序文が付けられている）にいたるまで、まことに多彩なフランス書の表題がならんでいて、その読書欲の旺盛さとフランス詩への情熱には舌をまかずにはいられない。

（5）ヴェルレーヌの受容については、別途論じられるべきである。上田敏、永井荷風の訳は明治末年から大正年間にかけて、かなり人口に膾炙していた。また川路柳虹や竹友藻風の訳詩集もよく読まれた。中原中也の年長の友人である河上徹太郎も早くからヴェルレーヌに取り組んでいたし、堀口大學や鈴木信太郎の訳業も逸することができない。ただし戦後にかぎって見ると、ボードレールやランボーにくらべてヴェルレーヌは多分に冷遇視されて来たと言わなければならない。

九鬼周造の押韻論とフランス文学

小山 俊輔

九鬼周造は、ハイデガーに『言葉をめぐる対話』という著作まで書かせるほど強い印象を与えた個性的な哲学者でありながら、晩年は日本詩押韻論の構築という、一見無意味としか思えない作業に打ち込んだ。その間にある奇妙な断絶を正当に評価するには、フランス文学を参照することが必要なのではないか。本論は、その視点から、九鬼の押韻論を再評価するための試みである。

一 遊民

一九二五（大正一四）年、〈S・K生〉と名乗る匿名の歌人の作品が、第二次『明星』四月号のの巻頭を突然飾る。編集後記には、おそらく鉄幹の筆であろうが、「茅野君の通信が伯林から、S・K君の短歌がパリから届いた。巴里をこんなに多く歌った例は、短歌にも詩にもないことである」と特筆されている。

第二次『明星』は、上質紙の大判冊子で、毎号巻頭にはフランスの有名な画家たちのカラー口絵が掲げられ、現在見ても、豪華な総合芸術雑誌の風格を備えている。このような雑誌が、日本全国の定期購読者によって支えられていたことに驚きを禁じ得ないが、九鬼周造の最初の短歌は、そのような雑誌に投稿され、画期的な成果として大歓迎を受けて巻頭特集として扱われたのである。

酔ひ痴れて更けし酒場に眠れるも青き瞳の君ゆゑとせん
ひと夜寝て女役者の肌にふれ巴里の秋の薔薇の香を嗅ぐ
さくら咲き恋に人死ぬ国なりとふるとさをしも語りつるかな

〈S・K生〉という、いかにも世を忍ぶかのような筆名は、けっして彼の正体を隠すには役立たなかったに違いない。匿名にしなければならないような人物が、パリから大量の短歌を投稿すれば、一部の読者には、薄々その正体の見当がついたはずである。作者は正直に自分のイニシャルを明かしているのだ。

「アメリカ全権公使の九鬼隆一の四男、周造の誉れが高かったが、長男の一造の未亡人縫子を押しつけられ、日本を出奔したままヨーロッパから帰らず、僕は父からその話を聞かされていたが、未だに彼との出会いの機はなかった。三田の九鬼藩士、星崎隆一は綾部藩の家老の九鬼の養子となって福沢諭吉の弟子となったが、その駿馬ぶりに父は見惚れていたようだが、その息子、周造は隆一の子とも、またその親友岡倉天心の子ともいわれ、僕の周造への憧れは一通りではなかった。[……]今帰国しなければ、ヨーロッパ文明とともに彼も廃れてしまうんじゃないだろうか。「その夕日のきらめきは、よほど強靱な眼力でなければ、盲いてしまうんじゃないでしょうか。」僕はその仲小路の言葉に目が眩むようであった」（小島威彦『百年目に開けた玉手箱』、創樹社）[1]。

第二次『明星』にあって、イニシャルで連載記事を載せたのは、〈M・R〉のみであり、これは雑誌の肝煎り役であった鷗外、森林太郎に他ならない。周造に自らを鷗外に擬する気持があったかどうかは分からないが、彼は、日本の読者に自分の正体がばれることは十分承知していたと思われる。承知の上で、パリを散策し、酒場に出入りし、娼婦と寝る歌を投稿しているのだ。これは東京帝大の哲学徒の間で伝説となった人物による、アカデミズム廃業宣言と言ってもよい。だが、あくまでも匿名による宣言である。自分を知る者にだけ通じて、世間一般には秘められていることになる。しかも自分以上にヨーロッパに通暁する人間はいないと宣伝しながらの廃業宣言だ。

もちろん哲学者が歌を詠むことが珍しいわけではない。西田幾多郎が優れた短歌を残し、田辺元が島木赤彦と親交があり、自身もアララギ派の歌人といえるほど短歌に打ち込んだことは周知である。同世代の三木清も、短歌を詠んでいる。しかし彼らは求道的な哲学者としての心境を、短歌で詠嘆したのであって、異郷での酒や女への耽溺を詠んだのではない。しかも未だ哲学論文の発表もない段階で、こういう短歌を発表することには、ある意図が感じられる。

同じ企みは、名著とされている『「いき」の構造』にも見て取れる。禅や密教ではなく、やくざものや売春婦の生活倫理をことごとしく採り上げ、精緻な分析を施すことは、アカデミズムの本流を行く気がないこと、しかしその実力は十分に備えていることを見せつけていることになる。もっともパリで書かれた「いきの本質」は、原稿のまま日本に持ち帰られ、帝大講師の余技として発表されることになるのだが。

こうした二重性は、ベンヤミンが指摘する「遊民」の特徴である二重性、市場からはみ出しながら、その場所から市場を観察する境界上の存在という定義に見事に合致する。九鬼はパリという遊民たちの首都に、悠々と身を任せているのだ。そして日本の知識人の世界が、自分をどのように買おうとするか瀬踏みをしているように見える。

ヨーロッパに渡った九鬼が、最初新カント派の指導者リッケルトのもとで学び、その思想に飽きたらずにパリに移ったことは定説になっている。メーヌ・ド・ビランからラヴェッソン、ギュイヨ、ブートルー、そしてベルクソンにいたるフランス・スピリチュアリスムの流れに、彼が関心を持ったことと、突如短歌を詠み発表するようになったことの間に、直接関係があるかどうかは、何とも言えないが、ある意味で普遍的な進化論のようなフランス思想が、新カント派の価値哲学に閉塞感を感じていた彼の転身を促したことは間違いないだろう。それとともに、ドイツ時代から休暇をニースに過ごしに来ていた九鬼にとって、パリという都市が、非合理な生をそのままに生きられる、アジールともいうべき特別な魅力を持った場所だったことも疑いない。

九鬼が瀬踏みしている日本の知識人の市場を、端的に「大正教養主義」と呼んでもいいだろう。大正教養主義というと、その求道的性格が念頭に浮かぶが、自然な生活倫理や価値観が失なわれたアノミー状態にあるからこそ、求道的にならざるをえないわけで、求道的姿勢と遊民的態度は裏腹のものだと言うこともできる。明治以降の文明開化、富国強兵の国策に、付いて行き損ねた若者たちが遊民として漂流する姿を漱石は描いたが、その国策が一応の達成を見て、目標が見失われ、国民全体にアノミーが生じたと言えようか。

それは詩の世界においても言えることで、新体詩から泣菫、有明、白秋、露風と受け継がれた、和歌の雅語や歌風を取り込んだ詩の改革運動が、生活の崩壊感覚を支離滅裂とも言える自爆的な言語で表現した萩原朔太郎によって一蹴されてしまったのは、同じアノミー到来の徴だった。しかしその時代の詩の主流は、口語自由詩運動の領袖であった川路柳虹から村野四郎に向かう流れで、朔太郎や光太郎は傍流にすぎないという証言がある。(2) それは大正時代が、民本主義の時代であったのと同じことだろう。口語自由詩の自由にしても、民本主義にしても、民衆のナショナリズムがアノミーを組織化する原理として高揚してくれば、吹いたら飛んでしまう存在にすぎなかった。

新体詩運動の口火を切った森鷗外が、その晩年に与謝野夫妻を起用して、第二次『明星』を興したのは、自分が始めた詩の改革に一通りのけりを付ける、あるいはなしくずしの口語詩への解体という事態にあらたな展望を見いだすことを狙ってのことだったと考えられる。第二次『明星』は、一方で鉄幹の「日本語論」を連載し、古典叢書を発行し「源氏」などの古典研究にいそしむとともに、他方フランスを中心とした西欧の最新芸術事情を日本に紹介し続けた。そして九鬼周造は、間違いなくそのホープとして迎えられたのである。

一九二五年、同じ年の九月に再び「巴里小曲」という短歌集を寄稿、これも大きく扱われる。また同年の一二月、こんどは「巴里の窓」と称して六編の詩を寄稿するが、第二次『明星』は、この号で巻頭に初めて堀口大學を迎えている。そして九鬼は巻頭こそ譲ったものの、大活字でページ上部に木版画風のカット絵をあしらう点では、まったく堀口と同じ扱いを受けている。そして翌年の一月に「巴里心景」として五編、一〇月に「巴里の寝言」として八編を掲載、このページの体裁は、与謝野晶子の作品と同じである。そして翌二七年の四月号に「破片」と題する五編の詩集を掲載して、彼の詩人としての履歴は一旦終わりを告げる。その間一貫して、九鬼周造は次代のホープ扱い、つまり鷗外、鉄幹、晶子を継ぐものとして期待され続けていることに間違いがない。そして九鬼は必ずそのことを知っていたのである。

およそ二年の間の活動の間に、短歌から口語自由詩へ転身しただけではなく、詩人としても九鬼は作風の変化を見せている。短歌では、主として故郷を離れた異郷で暮らすものの自由と喪失感を詠嘆して見せた九鬼は、詩を書き始めることによって、コスモポリットとしての自分の位置を定めようとしているように見える。「巴里の窓」で日本やロシアからパリに来た人々の対話を描き、ハイネの墓で自殺したドイツ人青年に思いをはせている。面白いのは、「俺はときどき反吐を吐く」というリフレインを持つ「反吐」という詩で、これをサルトルを家庭教師に雇ってフランス語を学んだ人物が書いたのが、何ともおかしい。格別『嘔吐』と典拠の関係があるわけではないだろうが、九鬼は帰国直前のポンティニー講演で「シジフォスは幸せだったに違いない」と語るなど、戦後のフランス実存主義のキーワードを、二〇年ほど早く発明してしまっている。

特に大きな変化が見られるのが、「巴里の寝言」で、「自問」「孤独」「黄色い顔」など、パリでコスモポリット＝遊民として生きることへの不安や違和感が語られるような詩が多くなる。ここからペンネームが「小森鹿三」に変わっていることも、何か彼の心境の変化を表しているのだろう。そしてその変化を日本の読者に伝えるつもりがあったに違いない。「小森鹿三」という筆名が、〈S・K生〉というそれまでのペンネームと合致するものであることは確かだが、「小森」が「森」（＝鷗外）の小型を意味すると考えるのは邪推だろうか。最後の「破片」については、収められる詩のタイトルが、「負号量」「偶然性」「弁証法的方法」「純粋持続」であることからわかるように、自分なりの哲学を確立しつつある九鬼の思想と切り離せない内容になっている。この中で、「負号量」「偶然性」には、ルーズな形であるが押韻が試みられている。哲学者としての成熟と、押韻論が関係しているのは注目される。

パリという場所で一旦リセットされた九鬼の哲学的思考が、再構築されていく現場が詩に記録されているので、たとえば「純粋持続」というベルクソン風の題を頂いた詩の中に、ベルクソンとは異質な「火花」などの言葉があることに着目し、九鬼独自の哲学が成立していく過程を見ようとする研究がすでに存在する。[3]

しかし九鬼哲学を研究するための資料としてではなく、独立した詩作品として見ると、めざましい価値を持つとは言い難い。堀口大學並に期待された新進詩人だったことには間違いないのだが、『月下の一群』以外の堀口大學の業績が、文学史上特記されるとは言い難いように、九鬼の詩も凡庸なものに見える。しかし、そういえば、当時の詩壇の主流だったとされる川路柳虹にしても、たいして作品は残っていないのであって、「傍流」の朔太郎や光太郎に、逆に異様な脅力があったと言うべきである。第二次『明星』に掲載された詩を読んでいけば、光太郎が「米久の晩餐」や「雨にうたるるカテドラル」で、群を抜いた豪腕を発揮していることがよくわかる。第二次『明星』に旋頭歌を寄稿したことがある芥川が残している詩にしても、まったく九鬼と似たり寄ったりの代物にすぎないので、口語自由詩が、どうしても身辺雑記の行分け散文になってしまいがちなことを示している。

九鬼の詩が今から見て稚拙な印象を拭えないとすれば、それはパリにいて手前勝手に思索に耽っているという作者の像を抜きにして、詩が読めないからである。つまり作品として自立する度合いが低く見える。新体詩は、和歌から雅語、漢詩から難解語を取り込みながら、言葉としての複雑さを追求してきた。その努力は泣菫、有明らの日本的な象徴詩にそれなりの達成を見たが、朔太郎が、露風を槍玉に挙げ、自己感情に基づかない言葉遊びにすぎないとして批判したことから、断絶が生じることになる。それまでは作品の自立は、言葉としての含蓄の深さ、構成の微妙さ、繊細さにかかっていた。それからは、言葉が意識の中を探索して、ある「あたり」のようなものを掴み出すことがポイントとなる。おそらくそのような新しい詩法は、西欧的教養が染みついた九鬼にはひ弱いものに見えたのである。体験を詠嘆する和歌や俳句という伝統を引き継ぎ、身辺雑記になりがちな口語長詩から、いかに作者の像を薄めて作品としての自立性を高めるかが、課題として自覚されたと思われる。

九鬼はパリを去ってハイデガーに師事するようになってからは、詩を発表しなくなる。一旦廃業しかけた哲学に、再び真剣に取り組む意欲をハイデガーによってかき立てられたとも言えようし、詩人としての自分に見切りをつけたとも言えよう。

おそらく九鬼には、日本に帰らないという選択肢もあったはずである。親友天野貞祐の懇望と、ポンティニー講演を読んだ西田幾多郎の（天野に読まされたか）高い評価もあって、京都帝大講師に就任するが、母の出身が京の祇園であるという「偶然」もなければ、果たして彼は帰国しただろうか。そして彼が日本に戻って翌年に発表したのが、「押韻について」であった。押韻論は、九年に渉り西欧に滞在し、ベルクソンやハイデガーのもとで研鑽を積み、やっと帰国した九鬼の日本への手みやげであった。

二　『文学概論』

日本詩に押韻をという発想は、古くは山田美妙が明治二三年、『国民の友』に連載した『日本韻文論』で主張し、たちまち葬り去られている。文壇に対して鬱勃たる野心を持つ美妙が、佐々木信綱の『長歌改良論』を受けて一大構想をぶちあげたものの、内田魯庵からは「それは〈押韻者〉の言いぐさであって〈詩人〉の言ではない」、石橋忍月からは「目が二つ、口が一つで、手足が二本ずつあれば人間なのか」と手痛い反論を食らい、最終的に森鷗外が、日本語の特性上美妙の説く「節奏音調」は成立しえないことを論証して決着が付いてしまう。論争にけりを付けた形の鷗外だが、彼自身バイロンの「マンフレッド」を平仄を踏んだ漢詩に訳したりしているように、西洋詩の定型に関しては十分意識的であった。彼が論争に介入したのも、美妙や忍月の攻撃性が高まったのに頭を抱えて仲裁を買って出たようなところがあり、彼が新体詩の現状にけっして満足していなかったことは、『うた日記』の試みや、『明星』への関与などに見て取れる。『明星』は、俳句・短歌を「短詩」、新体詩を「長詩」と呼び、同じ詩歌のサブジャンルと見なしていた。そこから出た白秋が、俳句・短歌・長詩などオールマイティに書きうる最後の詩人となったことも当然の成り行きで、彼より後になると定型詩歌の書き手と、口語自由詩の書き手ははっきりと別れてしまう。

九鬼周造の押韻論が、美妙や、後の「マチネ・ポエティック」と異なるところは、「西洋には脚韻があるから、見習おう」「こういう試みも面白いのではないか」というレベルではなく、彼の文学理論から、そしてその背景となっている偶然論、つまり存在論から直接導かれているところである。九鬼は脚韻が西洋詩の特性ではないことを、周到に論証し、脚韻の起源がむしろ東洋にあること、『万葉集』に脚韻らしきものがあることなどを論拠にあげている。彼にとって押韻は、文学言語の普遍的現象なのである。日本近代詩が、かえってそれを忘れているという理屈なのだ。

京都帝大の講義ノートである『文学概論』が、九鬼の文学論をもっとも完成された形で残している。そこから押韻論にいたるまでの論理をたどってみよう。

『文学概論』はいきなり「無」に関する考察から始まる。そして「無」を、「欠性的無」「積極的無」「消極的無」に分類して、話を進めていく。九鬼が文学についての考察を深めたのは、ハイデガーと対話していた時期であったことを考慮する必要がある。

ハイデガーにおいて人間は、既成の存在了解のもとに道具的連関の世界を生きている。その世界に流れる時間は、非本来的な時間である。ところがその存在了解が相対的なものにすぎないことが鮮明となり、不安が募るとき、人間は自らの死を先駆的に覚悟し、あらたな存在企投を遂行しうる。そのとき人間は、現存在として本来的な時間を生きることになる。九鬼が文学論の冒頭で無の分析を行っていることは、道具的連関の世界の日常言語に対して、あらたな存在企投の遂行としての文学言語を対立させていると考えて間違いないだろう。

最初の「欠性的無」では、なかなか文学の話にならず、色彩論が延々と論じられ、おそらく当時の学生は困惑したものと思われる。九鬼の主張は、ゲーテが「色のない状態」である白もしくは黒も色彩の一種であると言っているとおり、無もあるのだと言うことである。カントの「負号量」もそうだが（既にパリ時代にこの題の詩を書いていることに注意する必要がある）、「無」も現実的存在として立派に存在している。

次の「積極的無」では、狂気や夢など心像の自由な形成物が、現実的存在ではないが、可能的なものとして分析される。同じ京都帝大教授だった厨川白村が、すでに文学理論とフロイトの精神分析について日本に紹介していたが、ここでもフロイトの学説の概括的な紹介があって、注目される。

そして最後の「消極的無」では、「丸い四角」「ルート・マイナス1」のような、可能的存在でもありえない空虚な対象があげられる。それらは不可能な存在であるが、積極的な意味を持っている。作品の中で辻褄が合わなくても、欠落や矛盾があっても、いっこうにかまわないと九鬼は論じていく。

そして結論として、「芸術にとっては何らかの対象であることが本質的なこと」であり、「消極的無も芸術にあっては有として存在している。さきに存在の表現がそれ自身のうちに目的を持っているのが芸術であると言った。また文学とは存在が言語によって表現されることそれ自身であると言った。その場合の〈存在〉といううちには、積極的無のみならず消極的無も含まれている。絶対的な意味で無というようなものはない」という断言がおかれる。

これをあからさまにいうと、男がある朝目覚めて虫になっていてもいっこうにかまわないし（カフカ）、ポン・ヌフの上で猫の頭の形の露が揺れていても（ブルトン）、歌うダニ、人間オーケストラである木の幹人間、血を吐きながら自分の名前を署名する雄鶏（ルーセル）が登場しても何の問題もないということである。九鬼の文学論は、リアリズムや自然主義を根底的に否定している。ましてや「実感したことしか書かない」という私小説など、笑い飛ばされてしまう。書けば何でもありなのだ。これは当時としてはきわめて斬新な文学論である。しかし九鬼の射程はそこにとどまらない可能性がある。

「白色は黒色と共通の実体を見いだすような絶対的な夜」。この文は、九鬼の「欠性的無」の議論のなかにあってもよい文である。しかし実はこれはモーリス・ブランショの『謎の男トマ』の一節だ。九鬼とブランショは、確かに同時代にあって、フランス文学とハイデガー哲学という教養を共有しているのである。作者が消滅した言語が存在の明るみの中で輝く「文学空間」について語るブランショと、「文学とは存在が言語によって表現されることそれ自身」と語る九鬼は、実に近い場所にいるのではないか。当時の通常の理解では、文学とは作者の思想や感情の表現というのが妥当な線だろう。ところが九鬼は、はっきりと「存在が表現されること」と述べている。九鬼は「作者の死」の理論を先取りしているとも見なすことができる。

九鬼の文学論の一見して奇妙なところは、よりどころとなる作品も作者も持たないところである。戦後やはりフランス象徴詩に打ち込んだ田辺元は、マラルメやヴァレリーを相手にしたが、「私の思想が既にこういう先人の作品に具体化している」という論じ方である。つまりは作者や作品が「だし」になるのだ。よく読まれた土居光知の『文学序説』でも、基準となる英文学なり国文学なりの作品がある。ところが九鬼の文学論には、そうした基準が存在しない。いわば非人称の想像力の巨大な海のようなものが超時間的・超空間的に広がっていて、そこに波頭が立って時間や空間を生じしめている。その限りない青海波の波頭の頂を見れば、文学作品なのである（九鬼は「青海波」という、世界の永劫回帰を説いた随筆を書いている）。そう言う次第で歌舞伎『縮屋新助』と古代ギリシア悲劇『オイディプス』と国木田独歩の短編『運命論者』が仲良く並んでみたり、プルーストと芭蕉が腕を組んで歩いていたりする珍奇な光景が繰り広げられる。「日本詩の押韻」になると、さらにすさまじく、語学の天才ならでは、古今東西の引用が機関銃の弾丸のように繰り出されることになる。

歴史や価値や地域性をまったく無視して、現存在の普遍的な行為として文学が採り上げられ、存在様態の視点から分析されているのが、九鬼の文学論の独自性である。存在が現存在において自己表現したものが文学であるとしたら、それは「人間が消去され、言語自らが語る空間」である文学空間と、ほとんど同じものと言ってよい。

現存在が、先験的覚悟性において先駆的に未来を先取りしながら、過去を反復として受け入れ、その緊張関係の瞬間を現在として生きる。現存在が存在の生起する場であり、その生起が言語という現実態を採るならば、言語も未来に身を乗り出すことによって、かえって過去を反復として受け入れる現在の緊張を生きることになる。その反復が微少なレベルで実現して押韻となるという理屈が成り立つだろう。だがそれだけでは、そうでもありうるという理屈にすぎない。実例をあげて、語り手のない言語の問題を考えてみよう。

作品を構成する言葉だけを考えて小説作品を書いた九鬼の同時代人に、レーモン・ルーセルがいる。彼は『どうやって私はある種の本を書いたか』という書物で、自らの創作法を書き残した。たとえば『アフリカの印象』の中のコント「黒人たちのあいだで」は、〈Les lettres du blanc sur les bandes du vieux billard〉「古びた撞球台のクッションに沿って記された白墨の文字」で始まり、〈Les lettres du blanc sur les bandes du vieux pillard〉「年老いたかっぱらいの徒党に関する白人の手紙」で終わる。彼はほとんどそっくりな二つの単語を選び、そのあと、それに、まったく同じいくつかの単語、二つの違った意味にとられた単語を付け加え、二つのまったく同一な文章を得る。そしてその間を、少しずつ字や音がずれていく文や、でっち上げの挿話でつないでいく。そうすると一編のコントができあがる。

これこそ、発話されたという自らの過去を反復されるものとして受け入れ、自らの無意味さを先駆的に覚悟し、次の文へと自らを投企していく言語の姿である。現存在という場で存在が言葉として生起し、そこに本来的時間が流れる。しかも九鬼においては本来的時間は回帰するものである。レーモンの試みと九鬼の押韻は奇妙に似ている。フーコーは表現の背後に作者などのオリジナルを想定させる論理を「類似」、「始まりも終わりもなくどちら向きにも踏破し得るような系列、いかなる序列にも従わず、わずかな差異からわずかな差異へと広がっていく系列」の論理を「相似」と呼んでいる（『それはパイプではない』）。

もうおわかりだろうが、九鬼の押韻論は、本来こうしたポスト・モダンの発想として展開されるべきものだったのだ。ただルーセルは、体験や意味を作品に持ち込まないために工夫しているのに対して、九鬼は体験の表現をいかに非人称化するかを考えているという違いがある。

三　押韻論

朔太郎以降の口語自由詩は、詩人の自己感情に関する「類似」の論理で展開していた。それに対して九鬼は、「相似」の原理で展開する詩歌を対置したのである。なぜその必要があったのか。

詩人の自己感情に詩の原点をおく発想からは、言語表現が詩であるかないかは心情の特異性に大きく依存せざるをえない。たとえば朔太郎が『詩の原理』のなかで、詩を「ハイマートへの憧れ」と定義するとき、詩は心持ちや気質の問題になって言語の問題はすっ飛んでしまう。もちろんその後で朔太郎は、韻文や散文について縷々と論じ、日本語の口語自由詩では定型が成立しないことを立派に論証しているのだが、芥川が「自分は詩人か」と朔太郎にしつこく尋ねて、否定的返事をもらって落ち込んだというのは、詩人であることが彼らのあいだで「人間」の問題であったことを示すエピソードである。朔太郎は詩の地位が低いことを嘆いたが、詩人は変人であって、のけ者であって、役立たずであるというイメージは、彼自身に原因の一端があると言えなくもない。

この挿話に対して、ドガがマラルメに、「アイデアはあるんだが、詩が書けない」とぼやいたら、「詩はアイデアではなく言葉で書くんだ」とマラルメが答えたというエピソードを持ってくれば、九鬼の位置がはっきりする。

九鬼にとって詩歌は現存在としての人間の普遍的な行為である。一部特定の人間だけが書けるようなものでは具合が悪い。一部特定の人間だけが、あらたな存在企投ができて、大部分の人が既成の存在了解の中で眠り込んだままというような事態は、あってはならないし、ありえない。俳句や短歌は、定型があることによって大衆に浸透し、盛んに創作され続けている。同じようにそれだけでは単調すぎる音数律にプラスアルファした定型を作り上げることによって、長詩は万人のものになるのではないか。詩が万人のものでなければならぬという信念がなければ、『新万葉集』にあのように長大な評釈（「芸術と生活の融合」）を書いたりしないだろう。ハイデガーの哲学を根底から学んで帰国した九鬼が、日本への手みやげとして「押韻論」を持参したのは、そのような理由ではなかったか。

九鬼の確信の背後には、おそらく当時のフランスの文学状況もあったに違いない。アポリネールが第一次世界大戦直後に発表した「新精神と詩人たち」では、前衛的な冒険精神と並んで、良識、批評精神、感情の抑制など古典主義の精神の継承が謳われ、「いつの時代にも、フランス人が自らに課してきた力強い知的規律」が称揚される。そして「詩についていえば、韻を踏んだ作詞法がその唯一の法則である」と断定されている。このあらたな古典主義は、ブラジヤックが残した「古典主義は永遠の革命である」という言葉に象徴される。

ベルクソンに心酔したT・E・ヒュームもまた、しきりに古典主義精神を唱えている。そのイマジズムの作風は、まったく前衛的なのだが、反近代、反ヒューマニズムの思想を古典主義と呼んでいるらしい。

当然そういう意味での古典主義の、両大戦間における領袖はシャルル・モラスということになるが、モラスは伝統を「過去のしがらみ」ではなく、現在を能動的に創造する力ととらえた。祖国はなぜ貴いのか。それは祖国を選べないからである。みんな、偶然ある共同体の成員として生まれてくる。よってそれは自然と必然の営みの結果なのである。そして個人の誕生という「偶然」を、必然へと統合・包摂していく働きが伝統である。こうしたモラスの論理は、国家論をはずすと、九鬼の偶然論とかなり類似している。九鬼がモラスの影響を受けたというよりは、フランス・スピリチュアリスムのなかにある普遍的進化論、あるいは今でいう自己組織化に似た進化論思想が、両者に共通に受け継がれたものと見なした方がよいように思える。福田和也は、モラスに失望したブランショが、代わりにハイデガー哲学を自らに接ぎ木したのだといっている[④]。

九鬼が滞在していたあいだのフランスは、こういう無秩序を定型へと組織化することを重視する新古典主義的な空気の中にあったので、シュルレアリスムなどばかりを考えると、時代を見誤る可能性がある。この風土が九鬼の押韻論の背中を押していたことは間違いないだろう。さらに第二次『明星』が目指した、日本の伝統と西洋の前衛芸術の融合という理想も、共通する傾向を示していることは見逃せない。

だがさらに九鬼を押韻論へと押しやった契機が、九鬼の理論に内在しているように思える。『文学概論』での「無」や「偶然」をめぐる抽象的な文学談義と、具体的な作詩法としての押韻論とのあいだには、あきらかに断絶がある。ここに見られるのと同じような断絶について語った『ロートレアモンの体験』をブランショが書くのは、九鬼の死とほぼ同じ頃である。

ブランショの見る「マルドロール」は「変身」にとりつかれている。「変身」とはとりあえず現在の自己の否定であり、究極の歌を目指すマルドロールは、次々と自己否定を繰り返す過酷なイロニーの運動に身を任せる。その結果、彼の歌は歌ならざるもの、文学の他在に逢着する。あらゆる作品を否定して、至りつくところは、作者のいない文学そのもの、つまり文学ならざるものということになる。「第六の歌」でマルドロールは、文学ならざるものから脱出するために、小説を書こうとする。しかしそれは、小説の中でももっとも俗悪な大衆小説のパロディでしかない。『マルドロールの歌』の挫折をふまえた『ポエジー』では、ロートレアモンはとんだ「新古典主義者ぶり」（これはブランショの言葉ではないが）を発揮する。バルザックやサンドは節度を守らないからだめだ、詩人より大学教授の書く文の方が好ましい、詩は万人によって書かれねばならない。こうした言辞の中にブランショは、「至高性」が最悪の通俗性に転じる事態を見る。マラルメが夢見たような、作者を持たない純粋な言葉の輝きは、誰が書くのでも構わない通俗文学という現実態へと帰着するのだ。

植物学者志望から、外交官志望へ、哲学者へ、遊民へ、歌人へ、詩人へ、再び哲学者へと「変身」を繰り返した九鬼の前に出現したのは、「青海波」のごとき存在の大海である。ここでは人間主体は、存在の生起する「現存在」という場であり、その場で存在が言語に自らを表現する。全ての作品と作者は固有性を剥奪され、大海に波立つ存在の波頭として一つのものにすぎない。

ここでロートレアモンと同じ転倒が起こる。作者なき文学は、俗謡のパロディという現実態へ帰着するのである。ロートレアモンと違い小説が選ばれなかったのは、俗謡こそ、祇園出身の母を持つ九鬼周造の原郷だったからである。「小唄のレコード」という随筆で、九鬼は京都を訪れた林芙美子らと、小唄のレコードを聴いて涕泣する話を書いている（ちなみに林の京都旅行記にこの逸話は出てこない。辛気くさかったのだろう）。

一九四〇年、九鬼の学生時代からの親友であった岩下壮一が病死する。その死に際して九鬼がしたためた押韻詩は、上手下手を通り越して不気味ですらある。

静かに逝けり
神山復生病院長
霊は天に帰り

地に充つる哀弔
つめたき手の念珠
気息なき胸の十字架
目は閉ぢて開かず
声は聞くに由なきか

[……]

夜もすがら泣けり
まだわかき看護婦長
裾野に冬の日照り
今朝かなし富士山頂

（「噫岩下壮一君」）

この詩を読んで読者が感じるのは、この詩の作者もすでに死んでいるということではないだろうか。岩下に遅れること半年で、九鬼も癌性腹膜炎で死亡する。おそらく半年前には、何らかの自覚症状があったはずだ。しかし「作者」は、その遙か前から確実に死んでいたのだ。

九鬼の死後四ヶ月を経て『文芸論』が出版され、決定版「日本語の押韻」とその理論に基づく実作が公表される。それは、「偶然」のことながら、ルーセルの『私はいかにしてある種の本を書いたか』の出版に関わるたくらみに似ている。両者とも、みずからの創造のメカニズムを明かしたときには死んでいた。

最後に、九鬼の押韻詩は、ほとんどがフランスでの生活へのノスタルジーをテーマにしている。このことは、押韻詩の実作が、何もかも振り捨ててフランスの遊民生活に帰りたいという激越な思いを非人称化し、切り離すために自らに課した残酷な修練であったことを示している。「作者の死」は、九鬼にとって、理論的主張にとどまらず、内面の死の修練だった。その激しさは、フランスこそが、九鬼にとっての「原始偶然」の場であったことを示している。

結び

九鬼の文学理論は、本来ブランショに匹敵して、ポスト・モダンに至る射程を持っていた。押韻論も、その文脈で理解すべきものである。フーコーがいくらレーモン・ルーセルを褒め称えても、ルーセルのような小説を現代の小説家が目指すことはありえない。だからといって、フーコーのルーセル論は無意味だという人はいないが、九鬼の押韻論が無意味だと思う人はおおぜいいるだろう。それは九鬼の論が実作の技法論と見えることにも原因があるだろうが、フーコーのルーセル論が彼の全体の業績の中で評価されているように、押韻論も思想として評価されるべきである。

それとともに注目すべきは、フーコーがルーセルの文学体験を狂気と結びつけているのと対照的に、九鬼は「相似」の論理を詩歌の定型と結びつけようとしたことである。いわば狂気を常態化しようとしたのだ。九鬼周造という比類なく理性的な日本人哲学者に潜んでいた狂気を、これから問題にすべきだろう。

（1）竹田篤司『物語「京都学派」』、中公叢書、二〇〇一年、一四五頁より再引用。
（2）「大正期の詩歌」『座談会・明治大正文学史』、岩波書店。
（3）大野敬一郎「九鬼周造における詩と哲学」『思想』、岩波書店、昭和五五（一九八〇）年二月。
（4）福田和也『奇妙な廃墟』、国書刊行会、一九八九年、一三〇頁。なお、この時期の政治と文学の問題については、深沢民司『フランスにおけるファシズムの形成』（岩波書店、一九九九年）、および David Carol, French Literary Fascism. (Princeton U.P., 1995) を参照した。

創造的フランス
――竹内勝太郎のヴァレリー

森本　淳生

異文化受容に誤解はつきものである。とりわけ、摂取しはじめて間もない段階においてはなおさらであろう。しかし、異文化への強烈な憧憬と関心は、ときに誤読と誤訳をも超えて対象との本質的な遭遇を可能にしてきたようにも思われる。大正から昭和初期にかけてのフランス文学受容を考えるさいに強く感じられることは、こうした直観的把握のはらむ創造性ではないだろうか。

ここでとりあげる竹内勝太郎（一八九四－一九三五）は、今日あまりかえりみられることのない詩人である。しかし、小林秀雄はじめ近代日本の文学者に大きな影響を与えた詩人＝批評家ポール・ヴァレリーの受容にさいして、勝太郎は大きな役割を果たしており、それはまた日本におけるフランス文学摂取のきわめて創造的な事例のひとつでもあった。本論では、勝太郎の詩と詩論の変遷を概観しながら、彼にとってヴァレリーがいかなる意味をもっていたのかを考え、あわせて日本のヴァレリー受容のなかに勝太郎を位置づけることで、異文化受容のもつ創造的な一面を明らかにしたい[1]。

中学二年で退学した勝太郎は、正規の学問的訓練をほとんど受けていない。彼の学識も創作もほとんどが独学である。フランス語も京都市私立基督教青年会夜学校（ＹＭＣＡ）に一九一五年四月から一八年二月まで通ったのが学校で学んだすべてであるらしい。この間、一六年二月七日には、ボードレール五篇を訳したと勝太郎は日記に書いているが（年譜、四九三）[2]、やがて新聞記者として身を立てるようになってからも、こうしたかたちでフランス語の独習をつづけ、そのことで一定の読解力を得たと想像される。二三年には、落合太郎のフランス民法の講義を聞きに京大へ聴講生として通ったが、二八年七月に出発した留学先のフランスで、勝太郎にヴァレリーの存在を教えたのが落合門下の河盛好蔵であった（年譜、五一〇）。この翌年三月までの短い留学のあいだに、勝太郎はヴァレリーの著書のほとんどを購入し、多くを吸収して帰国した。文学のみならず、美術・演劇・音楽にわたるパリでの見聞は、帰国後、『現代フランスの四つの顔』（三〇年一一月）や『西欧芸術風物記　京都＝パリ』（三五年九月）として発表された。

一　静的な万物照応――『室内』まで

若き勝太郎が試訳したボードレールの『悪の花』諸編のうち、現在『全集』に収録されて残っているものが「万物照応」（勝太郎は「照応」としている）と「信天翁《あほうどり》」の二つである点は、彼自身の詩業を考えるうえで象徴的であるようにみえる。言うまでもなく、「万物照応」は、世界と人間との照応を示唆しつつ、ついで香・色・音のあいだの共感覚的な交感を歌うものであり、「信天翁」では詩の世界から世俗へと失墜した詩人の悲喜劇が描かれている。若き勝太郎の詩を読むとき、彼が前者のうちに自然と人間の調和的な一体感を見ていたことはまちがいないし、またボードレールにとってはきわめてアイロニカルな「信天翁」の世界は、現実世界における詩的理想への渇望を語るものとして捉えられていたように思われる。

詩人として出発するにあたり、勝太郎が三木露風に師事したことは広く知られている。露風の勝太郎宛書簡のうち現存の最初のものは一九一三年五月一四日付けで、[3] 勝太郎一八歳の時である。彼は、叙景と抒情が表現のなかに端正にとけあっている露風の詩の影響下に、一九年あたりまでとどまるが、二二年、露風が妻とともに受洗すると、彼からはっきりと離れる決意をかためている。

富士正晴のいう「公の処女詩集」（年譜、五〇八）である『室内』が完成した直後の二八年一月一〇日、勝太郎は振り返って、「最初感情の激情時代から、ついで、清澄平明の時代へ入って来ている。今度は再び激越の時代に転じるだろう。然しそれは前のそれとは決して同じではない。一度清澄の心境を通り越して来たそれだ」と日記に書いた（年譜、五〇八）。実際、一九‐二〇年頃を境に詩風は変化し、露風的な端正な叙情表現にかわって、「激越」な調子が散見されるようになる。『室内』所収の詩で言えば、「冬の想い」（一七四‐一七五）が特徴的で、この詩篇では、亡き母と暖炉のわきで微笑みあう部屋の外で繰りひろげられる、渇望・憂鬱・難破・叫喚・騒擾がイメージ豊かに描かれている。[4]

しかし、こうした激情や擾乱を歌う傾向は、日記に書かれたとおり、やがて自然と人間との調和的な一体性を描くものへと変化していく。勝太郎は、雪崩のように「砕け散れ、砕け散れ、／神の御前に／かたくなの我が惑い心」と書き（「序曲」、一六五）、新しい春を前に、山巓の雪の夕映えを見て、「抛げ捨てよ抛げ捨てよ、爾《おまえ》の情念《おもい》」を、と歌う（「夕陽の光りに」、一六〇）。こうした迷いを去った心には、世界はあまねく光に満ち、「私」の存在も含めて、すべては明らかなものとなる。二一年二月の日付をもつ「光りの献詞」は次のように終わっている。「さりながら、今こそ見よ、／光りは消えず、闇も失せず、／闇と光りとの飛び去った／「無明」の存在全体が、隅から隅まで／赫耀として燃え立ち、焔となり／大千世界が唯単に、光り輝く／永劫不滅の大光明と現ずるのを」（一六八）。

ここではあらゆる二項対立が無意味となるだろう。闇は光であり、死は生である。仏教はその後も勝太郎の最大の関心事でありつづけるが、ここでも仏語が詩にちりばめられ、世界と人とを毘盧遮那仏（大日如来）の法身《ほっしん》とみなす華厳経的世界が、かなり直截的に表現されている。あらゆるものは一つなのであり、一つのものの多様な反映が個物なのである。「木々の手紙」（二四年六月二八日）には、覚醒した「私」が「自然」との一体性をはっきりと自覚する様子が歌われている。「わが生活は高く揚げられ／私の旧い感情は洗い流された、／私は朝を呼吸し、自然を呼吸し、私の木々そのものを呼吸する、／私は林のなかにとけこみ／小鳥達は私のからだの上にとまって囀る、／之れ等は皆一つのものだ」（一五〇）。

勝太郎は超越的な存在に対する畏怖をつねに持ちつづけていたように思われる。万物の根源はくりかえし「宇宙の意志」といった言葉で語られ（一四八、一六二、一七〇）、詩的には、比良の純白の山巓（「荘厳心」）、「一切を蔵《つつ》む無限の愛の蒼空《あおぞら》」（「夕陽の光りに」）、空と水とのあわいの曇りなく澄んだ湖面（「湖心」）といった清冽な自然として形象化される。それは、個別的存在としての人間を圧倒し、絶対的存在のもつ冷徹さで詩人を峻拒するが、他方では創造と生成の原理そのものでもある。人はこの超越に内包されているのであり、自らの個別的存在を捨て死ぬことによって、この超越に還帰し、そこから新たな創造を可能にするのだ。[5] このような仏教的また西田哲学的な思惟が、フランス文学とならんで、勝太郎の詩の源泉のひとつであったことは、西洋受容の問題を考えるさいに見落としてはならない点であろう。

しかし、こうした一即多の華厳経的思想からすれば、勝太郎の歌う「死」は結局のところ圧倒的な創造性がはらむ相対的な否定性にすぎない。『室内』の時期までの詩的世界観は、ひとことで言えば、「静的な万物照応《コレスポンダンス》」と呼ぶことができる。アリストテレス以来の「天体の調和」、宇宙のなか星辰間に鳴り響く音楽を勝太郎はくり返し歌うのである（「歓喜の贈与者」、「星空の銀杏樹」、「星空に献ぐる頌歌」）。星々はたがいに感応しあい、その調和は本質的には乱されることがない。こうした静的な照応がはっきりと理解されるのが「草の葉の上に」の一節である。「天《そら》は地《つち》の影か、／地《つち》は天《そら》のうつる相《すがた》か、／相共に照らし合う之れは二連の鏡」。こうした天と地の照応をマクロコスモスとすれば、それは葉の上の露というミクロコスモスのうちにくまなく反映される。「草の葉の上に／巨大なる光りの露は輝き、／露の上には碧く、美しく、／宝石のように磨かれた／ささやかな一粒の空」（一五四‐一五五）。ボードレールは「人と海」のなかで、海を人の鏡と歌っていた。この詩は上田敏が『海潮音』で訳しており、勝太郎の頭にもあったであろう。(6)しかし、人と海の深奥の秘密や両者の格闘や殺戮を語る『悪の花』の詩人に比して、『室内』の勝太郎ははるかに静的な照応にとどまっている。まさしくこうした調和こそ、『明日』以降の勝太郎がヴァレリーとともに打ち破ろうとしたものなのである。

二　飛散する金剛石《ディアマン》――「贋造の空」と「海辺の墓地」

一九三一年一一月に刊行された『明日』には、二八年一月一八日から三一年三月三日までの詩が収められている。実生活の上で見ると、『室内』から『明日』にいたる間には、フランス留学や妻の死といった大きな出来事が起こっていた。

『明日』を読み進めていくときまず気がつくのは、ある種の現実感覚が前景化してきていることである。調和的な照応の一部としての詩人ではなく、個別的な自律性をもった主体が現れてくるのであり、自然との一体性よりも、自己の存在の確実性が焦点となる。『室内』が出来上がる前後の二七年十二月十九日に勝太郎は自然の見方が変化したと日記に書き、「ことさらの自然との自他同一を排する。それは理屈となるゆえ。自分みずからをうたって、それが直ちに自然でなくてはならぬ」（年譜、五〇八）とするが、これは今述べたような変化と対応しているように思われる。『明日』でもっとも旧い時期に属する「冬の友達」は、一方で自然と「私」との一体を歌っているが、自己のはっきりとした感覚を確認しようとしてもいる（九六－九七）。勝太郎の詩に「行為」のテーマが現れるのは、こうした流れにおいてである。

実際、渡仏直後の二八年一一月に書かれた「蜜」、「鵞鳥」、「餌」などで歌われているのは、餌を集める働く雀であり、「帰って、明日の仕事を考えよう」とする詩人であり、「労働蜂《はたらきばち》」や砂浜を歩く「新しく目ざめた私」である。蜜蜂の「私」は「海からやって来た［……］海の子」であり、自分の「持ち物は悉く／海へ返し」、ただ「よく見る眼、／よく聞く耳、／よく感ずる心をもっている」。「私」はこうして海のなかで全てを捨てて甦り、豊かになって「蜜」（すなわち詩）を「街」へと持ち帰る（八九－九一）。歩行が強調されているように、ここで前景化するのは詩人の創造的な「行為」なのである。[7]

帰国後の代表作である「贋造の空」（二九年五月二八日）はこうした詩篇のあとにおかれると、やや唐突な印象を与える。表現はきわめて難解だが、ひとつの解釈を試みてみよう。詩の冒頭にはまず飛散・分裂のテーマが現れる。「童子の心を唆かす無限に青い蜻蛉の眼、／空には空を打ちくだく力がある」。蜻蛉の眼は複眼であり、青空はいわば無数の鏡にひび割れ、子供の心を惑わすように無限に像を反射しあう。「私」はこうした空を「空色の飛行船」に乗って昇る。日没。私の欲望は「無数の毛細管」を通して皮膚全体に行き渡り、そこから「夜の肉体《からだ》」と交感しあう。この交感は、「神経」である「松の葉」の先端を通じて行われる。（おそらく）松の葉の尖端が私の肉体を突き、「微温《なまぬる》い血潮」を滴らせ、この接触によって私の「美しい夢」を織る。しかし、私の毛細管は無数であり、葉もまた数多い。こうして生じる多くの接触は「私の心」を「無限に分裂」させ、「闇の奥底」で「激情」を「爆発」させるのである。「贋造の空」の描く世界には、超越的存在（神、仏）が不在である。月は隠れ闇夜となり、水の精も山の神も小動物に堕している。〈絶対〉は消滅し（「空の空なる黄金は永久にかくされた」）、輝く星も「贋造の金貨」の破片にすぎない。〈絶対〉を喪失した私の心は、飛行船もろともに「難破」するのである。世界は無数に分裂する――

無言の空、欺瞞の空、
巨大な蜻蛉の複眼、幾万の眼の集合体
絶対にして純一無雑、火の流れ、
空の空なる黄金は永久にかくされた、
今見る空は贋造の金貨、
粉微塵《こなごな》に打ちくだくとも
その一つ一つの破片《かけら》が光りを包む無数の眼　（七七）

ここで示されているものは、いわばサンボリスムの極限であるように思われる。勝太郎は、若年以来翻訳して親しんできたボードレールの万物照応《コレスポンダンス》の詩想を、無数の断片へと粉砕し、たがいに反射しあう微粒子の世界へと変換している。それはいうなれば「飛散する金剛石《ディアマン》」なのである。勝太郎は詩論のなかでヴァレリーの「海辺の墓地」にたびたび言及しているが、以上のようなイメージからただちに想起されるのは（勝太郎は引用していないが）次のような一節ではないだろうか。

そう！　錯乱に陥りやすい大いなる海よ、
［斑点の］豹の毛皮、太陽の幻惑の
千々にきらめく光で穿たれたマントよ、
自分の紺碧の肉に酔いしれ、
静寂にもひとしい騒乱のなかで、
自身の輝く尾を咬んでいる絶対の水蛇《ヒドラ》よ、

風がおこる！……生きようと思わねば！　（第一三三－一三九行）[8]

野間宏は『全集』第一巻の解説で、「贋造の空」をマラルメの「海の微風」とほとんどかわるところがないものとして捉えている（四六三－四六四）。野間は、マラルメの詩的世界を現実から到達しえない絶対世界とし、勝太郎はこのマラルメ的世界からヴァレリーの「海辺の墓地」を経ることによって、現実のただ中に立ち戻ったのだと論じる。例えば「思いがけなく繭を這い出た黄金の蛾は、／新しい現実の上に蹣跚《よろめ》き、よろめき……」（五三）と終わる「山繭」（三二年六月）は、勝太郎による「現実」の発見を証するものだという（四七四－四七五）。実際、「贋造の空」を収めた『明日』にはマラルメの影響が顕著である。フランス滞在中の詩篇である「白鳥」は、そのものずばりマラルメ的テーマであり[9]、「私は一瞬のうちに／一生を経験してしまった、／なんと今日の日の長いこと！」（八六）は「海の微風」の有名な冒頭句を思わせる。「明日」の「あらゆる世界は一冊の書物のなかにある」（八一）も同様であり、その難破や出帆のテーマは、他の詩篇と同じく（例えば「処女航海」）、「海の微風」と結びつけることが可能だろう。[10]

しかし、一八六〇年代のマラルメが理想への出発を語りながらも、その到達不可能性を思ってかぎりなく倦怠のなかに退行していくのに対して、〈歩行〉のテーマをはじめとして勝太郎の詩は〈明日〉をより肯定的に語っている。そもそもすでに詩人の創造行為自体を詩の内容としていた勝太郎が、「贋造の空」において、野間の言うように（四六四）、絶対の世界としての天空の光景をただたんに造型しようとしただけだとは、とても考えられない。野間の議論は、結局、政治的現実を到達点とする段階論であり、非現実的なマラルメ的絶対世界は、ヴァレリー＝勝太郎的現実世界へと展開するのだが、それすらも十分ではなく、たとえばエリュアールのように万人のための客観的現実に到達しなければならないということになる。[11] しかし、こうしたマルクス主義的視点は、野間の読解を単純化してしまったように思われる。

実際、「贋造の空」はたんにマラルメの影響下に書かれた詩篇ではない。引用した「海辺の墓地」の一節からも推察されるとおり、「贋造の空」にはヴァレリーの影がつきまとう。たしかに、空にきらめく贋造の金貨というイメージは、海の無数のきらめきといった生き生きとした印象を与えないが、この点にかんして勝太郎が「海辺の墓地」から大きな示唆を受けたことは間違いないだろう。そもそも「贋造」というイメージの出所は、「海辺の墓地」の「太陽の幻惑」idoles du soleil という表現かもしれないのである。[12] また「水蛇《ヒドラ》」は当然、後年の「水蛇」につながっていく。ヴァレリーの影響はずっと持続するのである。

とはいえ、勝太郎自身は、「贋造の空」によって「ヌイイ（パリ郊外）滞在中からつづいていたヴァレリの影響から今度は脱し得たと意気さかん」だった（年譜、五一一）。なぜなら、この時期の勝太郎は、「海辺の墓地」を、華厳経の一即多の世界に比すことのできる完璧な世界と解釈していたからである（「ヴレリーについて」、三〇‐三一年頃）。[13] このモナドロジー的な世界[14]は、つねに創造しつづける宇宙そのものである。『現代仏蘭西の四つの顔』によれば、ヴァレリーは「愈々明らかにして愈々難解であり、愈々神秘である」宇宙それ自身であり（三、三〇二）、「海の微風」のマラルメが「形成された世界の変化し、崩れゆき、やがて忘却のうちに死滅してゆく法則《レエグル》を求め」る「言語学者」であるのに対し、「海辺の墓地」のヴァレリーは「現実の世界の生み出され、創成される原理《プリンシップ》を知ろうとする」「幾何学者」である（三四〇）。前節で見た万物照応《コレスポンダンス》と同じく、ここでは死は生であり、生成と消滅は同じものなのである。勝太郎によれば、ヴァレリーが歌ったものは創造と死滅が同一であるような世界の原理であった（三四七）。

「贋造の空」の前後の勝太郎が越えようとしたのは、このように理解されたヴァレリーではなかったか。「ヴレリー論断片」は、「海辺の墓地」の「余りに完璧に美し過ぎる」「不動の世界」は「絶対の動の精神に依って打ち破られねばならない」と述べ、このことはヴァレリーにも予感されていたと指摘して「海辺の墓地」最終連（「風は起れり！……生きることを試みざるべからず！」）を引用しているが（三、二一八–二一九）、このために必要なことは次の二つである。まずすでに見たように、詩人としての創造行為の自覚にいたること。そして調和的な静的照応の世界を破砕して、それを「絶対無」にまで還元すること。なぜなら、詩の表現の対象としてなんらかの内容が実在しているわけではないので、詩人はまずあらゆるものを相対化し、否定しなければならないからである。そのとき現れるのが、互いに反映しあう無数の「複眼」の世界である。そこには何ものも実在しない。勝太郎が「贋造の空」でヴァレリーの影響を抜け出たと感じたとすれば、それは「海辺の墓地」に彼が見出した完璧な照応世界を破砕するほどに否定を徹底させえたと感じられたからではないか。三〇年一〇月二五日の日付をもつ「言葉と蜘蛛」には、複眼の世界を言葉と結びつけて次のように書かれている。「言葉は己れ自身の世界をうつすより他に何等の余地はない。それは締めきられ、閉じこめられた一つの世界を構成する。／詩はこの締め切られた世界を打破り、言葉のからだを以て言葉自身の力を言葉のからだの上に解放する処の踊である」（三、一七三）。ここには否定の徹底を通して行われる詩的創造の行為（「踊り」）が語られている。

「贋造の空」もまた、踊りではないにせよ、詩的創造を形象化する試みであった。夜の空、台風の眼のような無風地帯に飛行船をおく「私」は、夜明けとともに現れる太陽の「銅《あかがね》」の光を「水晶体」である「私の肉体《からだ》」で屈折させ、「草生《くさぶ》の上に虹色の花をまき散らす」（七八）。太陽が金でなく銅であるのは、超越的存在の否定が徹底されているからである。その虚偽の光を詩人のプリズムが屈折し放射することこそ、詩人の創造行為にほかならない。勝太郎はやがて、「私は雋鋭《せんえい》な海の分光器《プリズム》、／海は私を通して世界に反映《うつ》り働きかけ、／私の肉体から放射する無限の色調《いろあい》」（「海の誘惑」、六三）と歌うことだろう。

三　詩人を襲う創作力――「黒豹」、「水蛇」、「虎」

しかし、勝太郎の詩の展開はこれで終わったわけではない。ヴァレリーとの格闘にもまだ続きがある。勝太郎は否定を徹底することで世界を絶対無へと還元し、そこから詩的行為を生成させようとしてきたが、焦点はしだいに詩人の主体的な行為から絶対無それ自体の暴力的な存在へと移行していくのである。かつて語られた宇宙の生成と解体が、どこか予定調和的な穏やかさを持っていたのに対し、晩年の勝太郎は超越的存在の暴力性を前景化させていくように見える。[15]こうした転換が感じられるのは、一九三二年八月二一日の日付をもつ「あらし」以降である。

「凄まじい渦巻は暴風《あらし》となって襲来する、雨は空と地を蔽い、涯なき洪水は／恐るべき大氾濫、逆巻く水はあらゆるものを押し流し、覆滅し、埋没し……」（五〇）。しかし、「あらし」は過渡的な印象を与える。[16]というのも、ここでは暴力的な襲来が語られつつも、嵐のあとに現れる晴天が〈絶対〉と〈再生〉の世界として担保されているからである。これに対して「黒豹」は超越的存在の暴力性を端的に形象化した。暴力から安全に守られているような領域はもはや存在しない。「あいつの前足に押さえされた美しい雉子のように／人間の文化は弄ばれ、亡んでゆくのか」（四七）。こうして、「汎ゆるものを貪り喰らう絶対不可避の〔……〕野獣」である鬣狗《ハイエナ》や、「屋根の棟高く安逸に寝そべる私の上に、／しなやかに弾力があり、／足音もなく歩いてゆく虎」が歌われることになる（三七‐三九）。

これは詩論の変化とも対応している。三三年八月三一日の日記には「自分が詩を作るのではなく、詩が自分に飛びつき襲いかかって来るのだと云うことがこの「虎」なぞでは実にはっきりした」と書かれている（年譜、五二〇）。勝太郎はこの虎について野間に次のように話したらしい。「務め先の高い建築物の上で椅子を持ち出して青い空をみながら休んでいると、青いむんむんする暑さを含んだ空が何か弾力ある跳躍を自分の肌に加えながら、自分の精神のなかから一つの強力な力を引き出そうとしているのに気附いた[17]」。勝太郎はこうした力を「リトム」rythmeとして理論化している。「詩の創作に当って詩人が言葉を把握すると云う、その言葉の把握より遙に前に、彼はリトムの出現を迎えなければならぬと云うことは詩人以外に人の容易に会得される処ではない。それはこの事が概念的分別的智に属さず、実に行為的智そのものであるからである。〔……〕詩人である以上彼は何よりも先きにこのリトムから逆に襲いかかられなければならぬ。然も詩人がリトムに襲いかかられるのと、彼がリトムを掴むのとは同時である。そして彼がリトムを掴むや否やこのリトムからリトム自体に依って言葉が生み出されて来る（否、詩人がリトムを真実に把握するのはこのリトムの生み出す言葉に於いて把握するのである）」（「詩論」、三、四六‐四七）。

ここで勝太郎はふたたびヴァレリーと遭遇する。ヴァレリーは「「海辺の墓地」について」というエセーのなかで、この詩篇がはじめ空虚な十音綴詩句のリズムにとり憑かれたことで生まれたと述べているからである[18]。勝太郎は「ヴァレリーの歴史的方法と形式」（三三年七月九日）のなかでこれに注目し、この十音綴詩句は空虚な鋳型的形式ではないとして次のように述べている。「そこに十音綴と云う言葉があったので偶然に彼は之を掴んだのである。ヴレリーの意味するのはこの十音綴を生み出す原始の力、その原動力が明かな働きを以て自分の内部精神に現れたことを示したのである。／原動力とは何か？ それは生命の根源から湧き上って来る生きる力そのもの、或は創作する働きそのものである」（一九一）。きわめて興味深いのは、絶対無の自己限定という西田的な議論と連関して展開される勝太郎の無意識的な「創作力」の理論（四七 - 四八）が、ヴァレリーの詩論と接続されることである。年代的な順から言えば、ヴァレリーのテクストが超越的な「リトム」を着想させたというよりは、西田哲学に親しんでいた勝太郎が[19]、こうした観点からヴァレリーを読んだということだろう。いずれにせよ、田辺元の『ヴァレリイの芸術哲学』とあわせて、京都学派的枠組みによるヴァレリー理解は東京の受容の文脈ではあまり前景化しない[20]。

ヴァレリーの磁場はなお作用しつづけていたのだ。「黒豹」は「海辺の墓地」の「豹の皮」peau de panthère と遠く共振しているだろうし、詩篇「水蛇」（三三年六月三日）は、引用にあった「水蛇」hydre を源泉としているだろう。それだけではない。「水蛇」冒頭の「蛇のからだが夢みがちに旋転する、／吐き出す息吹きの生温《なまぬる》さ、湿っぽさ、／仄暗い微風《そよかぜ》は柔軟な眠りを揺り、／ひと色に塗りつぶされた緑の疲れ、／燦然《きらびやか》なからだの囚われが長々ともの憂い」（四二）は、『若きパルク』の「蛇よ、全身に愛撫を受ける生き生きとしたうねりよ、／こんなにも身近な焦燥、こんなにも重い憂鬱よ」（第七八 - 七九行）や「ねばねばした細身の黒い蛇体」（第八四行）といった表現を思わせる。眠りと女（「女の肉体を匂わす」）と蛇というテーマ系は『パルク』と通底するものなのである。

しかし、勝太郎の「水蛇」は「海辺の墓地」の「自身の輝く尾を咬んでいる絶対の水蛇《ヒドラ》」よりも暴力的で荒々しい。すでに二月に「黒豹」を書いていた勝太郎にとって、ヴァレリー的な水蛇の世界はより激越化され、その乗り越えが模索される。勝太郎は三月二八日の日記で、西田と対話し不満を感じたこと、『丘の上の対話』第八 - 九部を書き西田とヴァレリーを「どうやら一歩ぬけ出た」と感じたこと、もはや禅書だけにしか驚かぬこと、また五月二八日には「水蛇」に自信をもったことを記しているが（年譜、五一九）、こうした感想はヴァレリーからの離脱しようとする努力と関係があったはずである。

実際、暴力と叡智、生成と解体を象徴する二匹の蛇は、静的なイメージではなく、すべてを粉砕する暴力そのものとして形象化されている。こうした暴力的な超越的存在こそ、すべての創造の原理なのである。「爛酔する蛇の輪は互いに重なり合い、／物凄い響きと共に同じ方角に走る渦巻、／この二重の歯車はあらゆる人間の生命を／ギリギリと喰い込み、粉々に圧しつぶして、／不断に流れてゆく、無限の血潮、／脳漿の泥、砕け散る骨々。∥涯なく空しく輪転する二重の歯車、／無限の速度が静止となる今、／輝く熱風は秩序ある虚無の呼吸を通わせ、／隈なく澄む玻璃の水盤を押し上げる、／人間の暴力と智慧とはここにのた打って／二匹の水蛇はじりじりと互いに相手の尾を呑み合う」（四五）。

四　創造的フランス——ヴァレリー受容における勝太郎の位置

竹内勝太郎はヴァレリー受容のメイン・ストリームではない。中心となるのは当然、小林秀雄、河上徹太郎、中島健蔵など東京の文学者たちである。彼らとくらべたとき、勝太郎の受容のあり方はどのように特徴づけられるだろうか。

例えば、小林秀雄は一九三二年五月の日付をもつテクストのなかで、ヴァレリーの詩は「一向面白く思はれなかった」が、その批評は、当時小林が抱いていた批評概念を「粉砕」し「理論の齎す眩暈」をはじめて教えてくれたと回想している。[21]東京の文脈では、ヴァレリーの詩は鈴木信太郎のようにアカデミスムの枠内で読まれる他は、文壇的にはあまり影響力を持たなかった。ヴァレリーはなによりも批評家であり、詩が問題になる場合でも、いわゆる純粋詩論の流れのなかで取りあげられたにすぎない。[22]小林らが惹かれたものは、「正確の極限」をめざして「瑞々しい生彩」を放つというヴァレリーの批評言語だったのであり、そのような批評的言説に身をけずるヴァレリーの知性の宿命性であった。

彼らにとってヴァレリーはほとんど「自意識」の同義語である。二六―二七年に発表された小林の「人生斫断家アルチュル・ランボオ」や「『悪の華』一面」にせよ、『白痴群』創刊号（二九年四月）に掲載された河上の「ヴェルレーヌの愛国詩」にせよ、ヴァレリーはあらゆるものを対象化する「虚無」としての自意識と結びつけられている。彼らによれば、あらゆる芸術家はこの「虚無」、すなわち批評性を獲得しなければならないが、創造行為はその先にあるのであり、彼らの議論において、ヴァレリーは創造性とほとんど交錯せず、批評の側に閉じ込められてしまうのである。これは、テスト氏を「全く不毛な一理想状態」とし、「純化の頂点」にたったヴァレリーが、まさにそのために詩人として沈黙せざるをえなくなったと論じる中島健蔵[23]などにもそのままあてはまる。

勝太郎の場合、創造にあたって否定を徹底化させる必要性を考えていたことはすでに見たとおりだが、おそらくそれを仏教的な文脈で発想したため、「自意識」の問題は前景化しなかった。ヴァレリーも、こうした否定的契機に還元されるのではなく、稀有な創造者として捉えられている。なによりも、「海辺の墓地」をはじめとするヴァレリーの詩作品に対し、鈴木信太郎のような学問的スタンスではなく、あくまで理論的自覚をもった実作者としての立場から絶えざる関心を払っていたのは、おそらく当時の日本で勝太郎ひとりだったのではないだろうか。じつは勝太郎が示すヴァレリーの訳には、ときにかなり初歩的な誤訳もみうけられる。その意味では鈴木信太郎の訳業とは比ぶべくもない。しかし、こうした誤読をこえて、対象のうちに自己の共有しうる問いを見いだす直観的な力が勝太郎にはあった。これはある程度、小林をはじめとするフランス文学を受容した当時の青年たち一般に言えることだが、ヴァレリーとの関係にかぎって言えば、創造行為を探る省察としてヴァレリーの批評を読み、それを自己の詩作と詩論に接続させていった点で、勝太郎は小林や河上に対してきわめてユニークな位置にいると言えよう。

一九三五年六月、勝太郎は黒部渓谷で滑落死する。彼は、日本におけるフランス＝西欧の没落を目の当たりにしなかった。ヴァレリーはやがて、ある論者にとってはフランスの衰頽の象徴にすらなるだろう。[24] しかし、西洋の黎明を説く一九三〇年の認識は、勝太郎の死まで変わらなかったと思われる。勝太郎は夜明けを歌ったヴァレリーの「曙光」を引きつつ、次のように書いていた。「文明を焼きつくそうとするモロッホの神の黒い災禍の煙で、一時深い夜に閉ざされた 西洋《オクシダンタル》 の空にもやがて精神の黎明が帰って来た。その黎明のなかの限りなく美しい神話の目覚め。――それは間もなく太陽の出現、文明の正午の到達を予示する力強い希望の輝きである」（三、三四九）。彼にとってヴァレリーは創造的フランスの象徴だったのである。

彼が切り開こうとした新しい文学のありようは、戦後、富士正晴や野間宏という彼の年若い「友人」たち――実際は弟子だが、勝太郎はこう呼ぶことに固執した――に引き継がれていく。とりわけ戦後すぐに発表された野間の話題作「暗い絵」の冒頭には、ブリューゲルの絵から主人公がうけた印象が叙述されているが、その凝縮された文体の力には勝太郎の影響が感じられる。[25] もちろん、すべてを勝太郎の創造に帰することはできない。しかし、彼のフランスとの創造的なかかわりが、戦後文学へとつながっていったことだけは確かであろう。

（1）日本におけるヴァレリー受容についての論考はあまり多くない。清水徹「日本におけるポール・ヴァレリーの受容について——小林秀雄とそのグループを中心にして」（『文学』第一巻第四号、一九九〇年）が最重要の基本文献である。この他に、藤沢全「井上靖におけるヴァレリーの詩論受容——若き日の文業を視座として」（『国際関係研究国際文化編』第二〇巻第二号、日本大学国際関係学部国際関係研究所、一九九九年）や、Kevin M. Doak, "Paul Valéry, Japan, and 'Overcoming Modernity'."（*Poetica*, 56-57, Eikoh Institute of Culture and Education, 2001）がある。日本から見たフランス文化受容史にかんしては、とりあえず渡辺一民『フランスの誘惑——近代日本精神史試論』（岩波書店、一九九五年）を参照のこと。竹内勝太郎に関しては、古いところでは、『竹内勝太郎全集』（全三巻、思潮社、一九六七－一九六八年）などに収められた富士正晴、野間宏、竹之内静雄のテクスト、最近のものでは高橋隆の一連の論考がある（「パリの竹内勝太郎——ポール・ヴァレリーへの勧誘」（『亜細亜大学教養部紀要』第三二号、一九八五年）、「竹内勝太郎における「照応」理論の問題」（『亜細亜大学教養部紀要』第四三号、一九九一年）、「竹内勝太郎年譜考」（大正五－六年分、『東と西　東西思想文化比較試論』第一五－一七号、亜細亜大学言語文化研究所、一九九七－一九九九年））。

（2）以下、『竹内勝太郎全集』からの引用は、巻数と頁数のみを示す。年譜と詩は第一巻、詩論とヴァレリー論は第三巻に所収されている。誤解の恐れがないかぎり、巻数は省略する。また、ルビは適宜選択し、原典にあるもの以外にも、ルビをふった箇所がある。

（3）富士正晴『竹内勝太郎の形成——手紙を読む』、未來社、一九七七年。

（4）「悠然と出帆《ふなで》する諾威《ノルウェイ》捕鯨船は／今宵月明の波の上に航路を見失うであろう」、「古き墓場を／老い疲れたる狼の／餌に餓えたる如く逍遥《さまよ》う人」などの表現に注目されたい。『室内』に取られなかった詩篇では、一九二〇年の「夜鳥の群れ」（二三三－二三五）や「嬰児虐殺　色情狂の歌」（三三一－三三四）が挙げられる。前者では、貪欲・淫蕩・権力の三羽の怪鳥《けちょう》が深い夜の空で叫び、後者では、恋人を失った男がその娘の嬰児のうちに彼女を見て、嬰児を食べてしまう。

（5）「海の瞳」（一四八－一四九）を参照。こうして勝太郎はくり返し「創造」や「成長」を歌うことになる（「成長」、「歓喜の贈与者」）。日の出（「曙讃歌」、「海の瞳」）や春（「夕陽の光りに」、「早春の頌」）、また咲きいづる水草の花（「水草を愛す」）や成長する「一本の苦悩の木」（「白昼は澄む」）といったイメージも、こうした創造のテーマの変奏と考えられるだろう。

（6）『上田敏全訳詩集』山内義雄・矢野峰人編、岩波文庫、四三‐四四頁。実際、「海の誘惑」には「海は私の顔、私の鏡」とある（六三）。

（7）『明日』に見られるこうした変化は、実はすでに『室内』でもかいま見られたものである（「畑の散歩」、「巷は眠る」、「海蟹の歌」など）。

（8）Paul Valéry, *Œuvres*, éd. Jean Hytier, Gallimard, 《Bibliothèque de la Pléiade》, t. I, 1987, p. 151.

（9）マラルメのソネ（《Le vierge, le vivace et le bel aujourd'hui.....》）が「白鳥」と題されて上田敏によって訳されている。前掲書、三一〇‐三一一頁。

（10）すぐ後で見るように、勝太郎自身、『現代仏蘭西の四つの顔』で「海の微風」に言及している。

（11）「詩に於けるドラマツルギー」、「たたかいの詩」などを参照のこと（『野間宏全集』第一四巻、筑摩書房、一九七〇年）。

（12）この他にも「静寂にもひとしい騒乱」というイメージなども、勝太郎の詩にくりかえし現れる（三九、五一）。一例を挙げるなら、「響きに満ちた朝の平和、／輝やかしい青草原の沈黙《しじま》」（八五）。もっとも、沈黙の音楽はフランス滞在以前（つまりヴァレリーを知る以前）の詩にも現れる（「雪は降りつむ」）ので、単純な影響関係ではなく、共振関係とでも言うべきであろう。他方でまた、「贋造の空」にはランボーの *Le Bateau ivre*（「酔いどれ船」）の影響も見られる。「限りなき夜の空に電磁性の渦巻は／漏斗型の穴をあけた」という表現は、ランボーの「私は壁のように赤く染まった空に風穴をあけていた／［……］／私はさらに走りつづけた、三日月模様の電光に染まって／［……］／その頃、七月は、燃える漏斗をそなえた群青色の空を／棍棒の乱打でくずおれさせていた」（第七四‐八〇行）という詩句の変奏であろう。勝太郎とも親交があった柳沢健は、一九一四年に露風の主催する『未来』に *Le Beteau ivre* の翻訳「酔ひどれの舟」を発表している。勝太郎は当然これを知っていたはずである（宇佐美齊「韻文詩翻訳の二つの可能性――上田敏と柳沢健による LE BATEAU IVRE 翻訳の試み――」（『人文学報』第七二号、京都大学人文科学研究所、一九九三年）を参照。ランボーの翻訳も同論文によった）。

（13）「ポール・ヴレリーの詩が表現する世界は以上のような仏教の思想と全然無関係なものではない」、「私は直言する、ヴレリーの詩の世界は華厳の世界であると」（三、二一五）。

(14) 勝太郎はモナドロジーにも関心を示している（三、四〇三）。
(15) この観点から言えば、晩年の詩業への転換点は、すくなくとも実作の上で見るかぎり、野間宏の言う「山繭」でも、竹之内静雄が言うように（三、六六六）一年以上の沈黙をへて書かれた「紅鶴」でもないように思われる。
(16) とはいえ、「あらし」は、飛行船やエンジン、モーターといった機械文明が織り込まれている点で大変興味深い。「贋造の空」にも飛行船は登場したし、「犂」にはモーターが登場し（五七‐五八）、「夜降る雪」は無電を歌う（五五）。一般的な勝太郎のイメージには、こうした現代文明への視線は含まれていないが、こうした「モダニスト」的側面も注目に価する。
(17) 野間宏「虎の斑」、前掲書、一三三‐一三四頁。
(18) 《Au sujet du *Cimetière marin*》. *Œuvres, op. cit.*, t. I, p. 1503.
(19) 年譜によれば勝太郎は、一九二一年三月に『善の研究』を読み、二六年には西田の「場所」の議論に共感している。書簡のやりとりもあり、面識もあった（富士、前掲書参照）。
(20) ただし、あとで見る河上徹太郎の「ヴェルレーヌの愛国詩」はヴァレリーを批判するために西田の「自覚」を持ち出している（『河上徹太郎全集』第一巻、勁草書房、一九六九年、二四二頁）。
(21) 「ヴァレリイの事」『新訂小林秀雄全集』第二巻、新潮社、一九七八年、三〇四頁。
(22) 一九二八年九月のアンリ・ブレモンの翻訳以来、『詩と詩論』がくり返し純粋詩問題を取りあげている。ちなみに若き井上靖の卒業論文の題目は「ヴァレリーの「純粋詩論」」であった。
(23) 『懐疑と象徴』、作品社、一九三四年、四〇、四九頁。
(24) 高橋広江『ヴァレリイの世界』、生活社、一九四三年。
(25) たとえば、すでに指摘したように、ランボーの「酔いどれ船」に由来する「贋造の空」の「限りなき夜の空に電磁性の渦巻は／漏斗型の穴をあけた」という表現は、おそらく発想のひとつの源泉となったはずである。「草もなく木もなく実りもなく吹きすさぶ雪風が荒涼として吹きすぎる。はるか高い丘の辺りは雲にかくれた黒い日に焦げ、暗く輝く地平線をつけた大地のところどころに黒い漏斗形の穴がぽつりぽつりと空いている」（「暗い絵」『野間宏全集』第一巻、筑摩書房、一九六九年、三頁）。周知のように、この無数の「穴」は、見たくなくとも凝視せざるをえない主人公の解決のつかぬ問題を示しており、作品の中心モチーフである。ブリューゲルの実作に対応するような作品がなかなか見あたらないことを考えると、もちろんモチーフの展開のさせ方は異なるが、少なくとも着想を得たのが「贋造の空」であることは十分考えられるように思われる。野間はまた、最終的には決別するとはいえ、ヴァレリーを深く研究した作家でもあった（「ヴァレリーの『シャルム』について」『野間宏全集』第一四巻所収）。

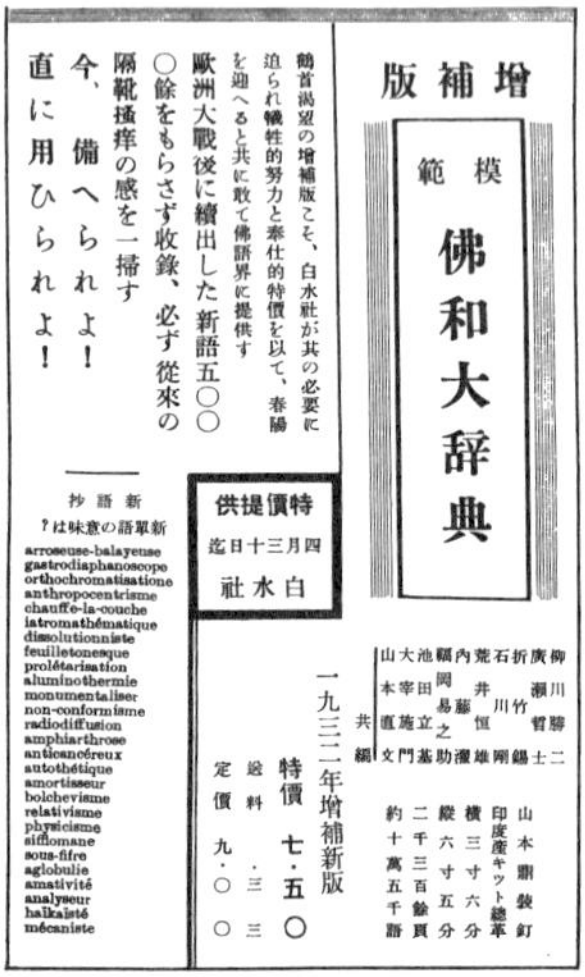

『模範仏和大辞典』増補版の広告（『ふらんす』、1932 年 4 月）

中原中也の使った仏和辞典

宇佐美 斉

中原中也は、昭和八年から一二年にいたる晩年の数年間に、実に三冊ものランボーの韻文詩の翻訳を出版している。さらにこのほかにも、ヴィヨンからネルヴァル、ボードレール、マラルメ、ラフォルグ等を経て、ほぼ同時代のノアイユ夫人にいたるまで、フランス詩の勘所を見事に押さえた翻訳の仕事を残している。これらすべての訳業は、このたび完結した角川書店版『新編中原中也全集』第三巻「翻訳」（本文篇、解題篇の二分冊）に収められている。

ところで、アテネ・フランセや東京外国語学校専修科仏語に通って語学の修得に励んだとはいえ、いわゆる帝大出の小林秀雄や河上徹太郎のような正規の学歴を持たない中原中也に、これほどの訳業を可能ならしめたものは何だったのだろうか。もちろん詩人としての鋭敏な言語感覚と天性の勘には、語学力の不足を補って余りあるものがあったであろう。しかしその前に、辞書や事典の類いに助けられたのであろうことは疑いない。そこで中原が使用した（あるいは使用したと推定される）フランス語の辞書について考えてみたい。前記新全集第三巻の解題篇には、使用辞書一覧として以下の五点が挙げられている。

①『模範仏和大辞典』（柳川勝二、広瀬哲士、折竹錫、荒井恒男、石川剛、内藤濯、福岡易之助、池田立基、太宰施門、山本直文共編）、白水社、大正一〇年初版。
②『コンサイス仏和辞典』（丸山順太郎編）、三省堂、昭和一二年初版。
③ *Dictionnaire de la langue française de É. Littré*, par A. Beaujean, Hachette, Paris, 1900.
④ *Vocabulaire par l'image de la langue française*, par A. Pinloche, Larousse, Paris, 1923.
⑤ *Le Petit Larousse illustré*, Larousse, Paris, 1924.

このうち③は、一九世紀フランスの文士たちが愛用したエミール・リトレの大辞典をボージャンが一巻に縮約してアシェット社から出版したもの。④と⑤は、いずれもラルース社から出た図解入りの小辞典で、道具や機械等の物の名、あるいは建築用語、植物や動物等の名前の理解を助ける便宜となっただろう。仏和辞典二種のうち②は、中原中也が亡くなった年に初版が出たばかりであるから、詩人は実際にはほんの少し覗いた程度に過ぎなかっただろう。

したがって中原がもっとも恩恵をこうむったのは①の『模範仏和大辞典』である。白水社の創業者福岡易之助（彼は編者にも名を連ねている）が心血を注いで大正一〇年に完成させたもので、この辞典は関東大震災をくぐり抜けて、多くの版を重ねた。表向きはどこにも名前は明記されていないが、若き日の岸田国士が編集に協力したことも知られている。東京都港区芝公園の三康図書館が所蔵する四つの刊本により、その売れ行きを窺ってみる。大正一五年、復興版一五版、昭和四年、復興版二六版、昭和七年、改版増補二九版、昭和九年、改版増補三二版。昭和九年といえば、中原が集中してランボーの翻訳に打ち込んでいたころである。このころすでに三二版を数えていたということは、この種の出版物としてはベストセラーと言って差し支えないはずである。なお筆者の手元にあるのは、大正一三年四月一七日付で刊行された復興版で、奥付に版数の指示はない。復興版というのは、おそらく震災によりすべてが灰燼に帰した後で、新たに版を興して刊行したとの意であろう。

総頁数二一七六、見出し語数は推計で約五万語、現行の学習用中辞典と比べてもさほど遜色がない。冒頭に、当時東京帝国大学文学部教授であったエミール・エックによる編者宛公開書簡が、フランス語原文のまま麗々しく掲げられている。この辞典の完成を祝し、その出来栄を確信して推奨するとの言葉である。この後、編者による序言が二頁にわたって続く。中にこんな基本方針が語られている。「本辞典に蒐輯した語の分類法は主として Larousse 辞典に則ることにしたが、熟語・成句・文例等に至つては現代の最も進歩した各種の辞典を渉猟して専ら其の長所を収録することに努めた。また一方に於いては、公教宣教師 E. Raguet 氏が其の苦心の余に成る『仏和会話大辞典』の自由なる使用権を特に好意をもつて我々に与へられた為めに、語句の整理吟味の上に於いて教へられる所が頗る多かつた。我々はここで同氏の大きな恩恵を深く感謝する」。

参考までに、中原中也の『ランボオ詩集』（野田書房、昭和一二年）の中から、明らかに『模範仏和大辞典』から語義を借用したと思われる語彙を、ほんの少しだけ紹介しておこう。フランス語の原語、『模範仏和大辞典』の語義・語釈に従った中原訳の順に掲げる。括弧内は筆者の注釈である。

vitrail 焼絵玻璃《やきゑがらす》（今なら「彩色ガラス」あるいは「ステンドグラス」とでもすべきところ。）
crieur 東西屋（勅令などを告げ回る役人をさすことばで、もちろん「東西屋」すなわち「チンドン屋」ではない。）
voile 面帕《かつぎ》（今なら「ヴェール」、「うすぎぬ」とすべきところ。この訳語は小林秀雄もそのまま使用している。）
lilas 紫丁香花《むらさきはしどい》（今なら「リラ」もしくは「ライラック」とすべきところ。）

この辞典の初版が出て以後八〇有余年、フランス本国においてはもちろんのこと、日本においても、フランス語学は格段の進歩を遂げている。この世界は実に日進月歩のようである。現行の仏和辞典と比較してこの辞典の不備をあげつらえばきりのないことになるだろう。おおむね語義語釈の列挙に終始して、語法の説明や用例にとぼしいのは、辞書としてはやはり致命的である。若き日の中原中也の文学的盟友であり喧嘩相手でもあった大岡昇平は、後年しばしば「悪名高き模範仏和大辞典」という言葉を口にしたが、しかし考えてみればこの辞典があったおかげで、小林秀雄も中原中也もあれだけの翻訳をなし得たことだけは間違いがない。その点でも、当時としては望み得る最高の仏和辞典であったと言って差し支えないのではあるまいか。

Ⅲ　虫と花のジャポニスム

フランスから来た「日本」
――『蜻蛉集』挿絵について

高階　絵里加

一八八五年春、パリに一冊の詞華集が花開いた。日本の和歌八八首をフランス語に翻訳し、集めた詩集である。題名を *Poèmes de la Libellule*『蜻蛉集』という。[1] 大判のグラフ雑誌ほどのサイズで、表紙と裏表紙は型押しした薄藍色の厚紙、本文は上質の局紙を使っている。訳者は西園寺公望と詩人ジュディット・ゴーチエ（一八四五－一九一七）。八〇〇余部刷られたというこの詩集は、序論、目次なども含め全頁挿絵入りの豪華なものだ。当時パリに留学中であった画家、山本芳翠の手になる挿絵である。[2]

手元にある一冊は、綴じに多少のゆるみは見られるものの、一世紀以上の星霜を経ていてもいたみはほとんどない。頁をめくってみる。丁寧につくられた本である。ソフトカバーの瀟洒な外観、頁ごとに変化に富む絵と詩の組み合わせ、表紙から目次まであらゆる所にかろやかに飛び交う蜻蛉たち……洗練された色合わせの花束のような詩集だ。出版当時の記事は「まれに見る比類なき」「真に芸術的な本」、「これ以上の想像力を駆使した、これ以上に独創的な本

図1　『蜻蛉集』表紙

図2　『蜻蛉集』扉絵

を生み出すことができようとは思われない」と賞賛する。では『蜻蛉集』はいったいなぜ、西欧の人々にとって魅力的だったのだろうか。

日本の和歌の魅力、そしてフランス語の典雅な五行詩の美しさは言うまでもない。が、その他にも理由は三つほど挙げられる。

まず、『蜻蛉集』が当時のフランスのめざす装飾美術の一つの実践例と考えられたこと。二点目は、挿絵の自然描写と造形表現が典型的な「日本風」であったこと。そして最後に、『蜻蛉集』にみられる絵と文字の見事な調和がきわめて新鮮に感じられたことである。

一　「装飾芸術」としての『蜻蛉集』

『蜻蛉集』の挿絵画家、山本芳翠（一八五〇－一九〇六）は、明治期に活躍した洋画家である。美濃国に生まれ、京都で日本画の研鑽を積み、次いで一八七八年パリ万博を機にフランスに渡り、一八八七年の帰国まで九年余りの留学生活を送った。本来

図３　『蜻蛉集』「伊勢」（多色刷り）

図４　『蜻蛉集』雪景「TOMONORI」（単色刷り）

は西洋画研究のための留学だったが、フランスではその日本画の才能が求められ、ゴンクール、ロベール・ド・モンテスキウ、ジュディット・ゴーチエといった日本美術に関心の高い人々と知り合って、日本風の装飾画を描いたり、水彩画をフランス人に教えたり、和風主題の作品を集めた個展を開いたりもしている。[3]

『蜻蛉集』の大きな特徴は、これが和歌の紹介にとどまることなく、繊細なデザイン感覚と最新の印刷技術を組み合わせた一個の芸術品としてつくられたことにある。竹の間から一匹の蜻蛉が飛んでくる表紙に始まり（図1参照）、色紙の角にとまる蜻蛉の羽を短冊に見立てた機知に富む扉絵（図2参照）、和歌色紙風の華やかな多色刷り頁（図3参照）、すばやく手馴れた筆致で雪景や鴉を表す単色刷りの頁など（図4、6参照）、のびやかなデッサンと華やかで上品な色彩が眼に快い。「この『蜻蛉集』は実のところ山本により色と形のつけられた一種の絵本という以外のなにものでもない」[4]、「ジュディット・ゴーチエの本の挿絵は、本物の傑作といえる」と評された所以だろう。

当時、浮世絵や工芸品などの日本美術は、すでに愛好家の間ではよく知られていた。『蜻蛉集』の日本画風の挿絵を見た人々は、彼らの知っていた日本の絵画を思い浮かべたのだろう、江戸時代の作品のような軽妙なデッサン、また「巧妙で装飾的な筆遣い」「驚くべき美と簡潔の装飾性」と、優れた装飾感覚が注目された。ところがこの異国の美術への関心は、西洋の美術関係者たち自身にかかわる問題でもあった。

一八六〇年代から世紀末にかけてのジャポニスムの流行は、当時の工芸品生産の振興運動と深くかかわっている。[5]特に一八八〇年代には、産業芸術衰退の危機感から、パリおよびフランス各地に国立の装飾芸術学校が組織された。「装飾芸術」は一八七〇年代頃、それまでの「産業芸術」に代わってフランスで使われはじめた新しい言葉であるという。[6]「産業芸術」には機械的大量生産のニュアンスが伴うが、「装飾芸術」は逆にこれを否定するような独特の美的概念を含んでいた。一八八二年に政府主導で設立された装飾芸術中央連合のスローガンは「用と美の融合」だった。このような流れの中で、一点ものの絵画や彫刻ではなく、実用性も兼ね備えた複製品である本、なかでも装飾的要素の強い挿絵本が高い芸術性を獲得しうることを、『蜻蛉集』は示してみせたといえる。

『蜻蛉集』の版元ジロ社の経営者シャルル・ジロは、当時の色彩印刷の第一人者である。挿絵本や雑誌やポスターなどに手広く活躍し、日本美術の熱心な愛好家でもあった。[7]『蜻蛉集』では、多色刷り印刷の素晴らしい効果と変化に富む色調を実現したジロの創意が賞賛された。ジロは雑誌『藝術の日本』の挿絵も手がけたが、これも「霊感によって操られる芸術家の指と同じ柔軟性によって制作されたこの複製図版こそ、機械的な方法が芸術とは相容れない敵同士であるという観念を打ち破った証明に他ならないのである[8]」と高く評価された。この「機械的な方法」と「芸術」の融合こそ、当時のフランスが目指していた装飾芸術の方向に他ならない。『蜻蛉集』の版元ジロは、その最も期待されていた実践者の一人だったのである。

一八八〇－九〇年代の唯美主義的な装飾芸術振興運動を支えていたのは、ゴンクールやモンテスキウら日本趣味を標榜する人々だった。[9]一八八九年のパリ万博審査報告によれば、フランスのガラス工芸の優秀性は「詩的な感覚」「文学性の想起」「象徴主義の活用」などにあるという。装飾芸術に求められていた前述のような芸術性は、すでに『蜻蛉集』に見出すことができる。当時最新の印刷技術と結びついて生まれた『蜻蛉集』は、フランスで切に求められていた装飾と芸術の融合の、一つの見事な実例と思われたはずだ。[10]

さて、この詩集には多数の蜻蛉が登場する。その大きさもポーズも色々で、画家は変化をつけるためにかなり工夫している。ところが、一見すると一匹一匹異なるように見える蜻蛉は、すべて形が違うわけではない。例えば表紙に登場する蜻蛉は、単色刷り頁の蜻蛉の群れの右端の一匹と同一であり、さらに探してみると、同じ「型」の蜻蛉を二度使用している例が七回ある。が、離れた頁に置くなどその配置はきわめて巧みで、ちょっと見にはそれとわからない。このような「型」の使用は、日本美術では珍しくない。芳翠のやり方は、光琳の《燕子花図屛風》にも見られるような日本のデザインの伝統的手法なのである。

尾形光琳は、ルイ・ゴンスが著書『日本美術』の中で、その装飾性を高く評価した画家である。当時のゴンス自身が眼にすることのできた光琳作品は主に蒔絵下絵や版本などであり、[11]ゴンスのいう「装飾性」とは、工芸品や挿絵本への応用可能性と同義であると考えてよい。日本美術の「装飾性」に眼を留めた人々は、そこにフランス産業装飾芸術のあるべき姿を重ね合わせていた。ゴンクールも、ジャポニスムが西洋の視覚にもたらした革命として「新しい色彩」、「詩情ある奇想」とともに「新しい装飾のシステム」を挙げている。[12]一八八八年に創刊される『藝術の日本』が日本の工芸図案の挿絵に力を入れたのは、フランスの産業芸術家たちにデザインのお手本を提供するためだった。

フランスの印刷技術の粋を尽くした、芸術性の香り高い『蜻蛉集』は、たしかに「装飾芸術」の理想的な実践とみえたに違いない。

二　自然観と造形美

西洋美術の伝統では、絵画の中心モティーフは人間だった。風景や花や小動物も描かれてはいたが、たいていは物語の背景としてあらわれるか、寓意的な意味合いを伴っている。これに対して日本の絵画や工芸品は、山水や花鳥などの自然を主に描いてきた。『蜻蛉集』挿絵も、主題は自然であり、人物のいる多色刷り五葉以外の頁はすべて、風景、草木、鳥虫などの自然モティーフで埋められている。また「梅に鶯」「滝に楓」「富士に芦雁」など、その取り合わせも伝統的かつ典型的な日本風といえる。題名が「蜻蛉の詩」であり、ジュディットの献辞がこの本を香り高い花束にたとえ、序文が『古今集』仮名序からの抜粋であることは、この詩集全体に流れる通奏低音が「自然」であることをよく示している。評者の一人ビュルティは、「日本の詩人は、自らの魂の有様を表すのに、絶えず自然のイメージを借りる」と、『蜻蛉集』にみられる日本文学と自然の結びつきを強調した。ジュディットは芳翠の絵筆を借りて、和歌にうたわれる日本の花鳥風月を視覚化したのである。

二人の共同制作は、『蜻蛉集』が初めてではない。二年ほど前の一八八三年の夏、画家は詩人の求めに応じてブルターニュの海岸沿いにあるその別荘に滞在し、庭園の離れに壁画を描いた。油彩画で部屋の三方に描かれたこの装飾画は「竹に雀」、「梅に鳥」、「雪松に鶴」、すなわち松竹梅で季節を表す東洋風の主題だった。松竹梅は「歳寒三友」といわれ、東洋では冬の寒さも一緒に耐える友情の象徴であり、画家は招待してくれた詩人への感謝の気持ちを、この取り合わせに込めている。また、芳翠が水彩で植物を描いた上にジュディットが友人宛の短い手紙を記したカードも残されており、二人の息の合った共同制作振りがうかがえる。ジュディットは、植物や鳥虫のデッサンに絶妙な色彩感覚とバランスの取れた装飾性を発揮する芳翠の腕前を知り、数年前から出版の計画をあたためていた和歌翻訳詩集の挿絵を依頼することに決めたのだろう。[13]

昆虫や爬虫類や鳥類などの小動物は、花や草木とともに日本独特の主題と考えられていた。一八五四年出版のレオン・ド・ロニーによる日本語学習用小冊子の挿絵は蜻蛉、蝙蝠、月、蔦などだ。テオフィル・ゴーチエは一八六〇年代に眼にした日本の挿絵について、鳥、魚、爬虫類、昆虫などがあまりにも生き生きした筆致で描かれているのでどんなヨーロッパの画家もこれ以上に描くことはできないであろう、と述べている。当時一〇代の多感な少女であったはずのジュディットも、父親の蔵書をめくりつつ、「虫と鳥の国ニッポン」を想像してみたのではないだろうか。

虫や鳥や花に心を寄せて、身近に親しく愛でる日本人の自然観。それが日本の文学や美術の源泉であることに、ジャポニストたちは着目した。[14] 一九世紀後半、欧米の日本研究者の多くが日本人の自然に対する愛情に驚き、日本美術に見られる自然描写の細やかさと表現力に眼を留めている。

日本人は自然に対して他のどの民族よりも共感を抱いており、それは日本の芸術に顕著に表れている。［……］このような自然への共感と理解は欧米の人々も見習うべきである。[15]

日本美術を知る者は、そこに多くの虫の主題を見出し、日本人が虫を嫌うどころか好むことを知って驚くだろう。ヨーロッパ人にとって虫の鳴き声はうるさいだけだが、日本人は明らかに異なる音楽的趣味をもっている。彼らは時には蛙の鳴き声にさえうっとりとして、それを誉めるのだ。[16]

たしかなことは、日本人が、そして日本人のみが、花や葉をえがきだすのに一つの様式を持っているということだ――この様式は、われわれにおいては人体表現のためにしかないような様式である。〔……〕日本人は疑いなく鳥や虫や魚や爬虫類の描写に抜きん出て優れている。海老を一匹描いてもミケランジェロのデッサンのような崇高さがある。[17]

『蜻蛉集』の図柄は、日本美術の自然描写の伝統をふまえた上で、「蜻蛉」、「竹」、「月に鴉」などそのいくつかの典型をわかりやすく表現している。典型を描くのは、おそらく一見そう見えるほどたやすいことではない。それがここでヨーロッパの人々にとっていかにも日本らしく感じられる自然表現になっているのは、芳翠がジュディットの求める挿絵のイメージを実現できる理解力と表現力の持ち主だったからだ。

ジュディットは、のちに著書『日本』のなかで、漆器や陶器、屏風や衝立などの日本の工芸品を紹介しながら、それらの品々に蟹や貝、雀や鶴、月や雲、昆虫や蝶などを、宝探しのように一つ一つ見つけてゆく楽しみを語っている。[18] 芳翠が装飾画を描いた部屋で、「ヤマモトが花をつけてくれた木の下で、とても居心地よく暮らしています」と友人モンテスキウへの手紙にしたためていた詩人にとっては、花や木のある風景のなかに鳥や蜻蛉が飛び交う『蜻蛉集』もまた、その中で想像力を羽ばたかせて遊ぶ庭のようなものだったのかもしれない。

『蜻蛉集』はその自然主題だけでなく、描法や構図も「日本風」だった。すでに一八六〇年代から、異国へのエキゾティックな関心とは別に、日本美術の造形上の新しさは注目されていた。一八七八年のパリ万博に際してエルネスト・シェノーは、ヨーロッパの人々は日本美術の構図の思いがけなさ、形態の巧妙さ、色彩の豊かさ、絵画的効果の独創性、そしてそのような成果を得るために用いられる絵画的手段の簡潔さを賛美してやむことがなかった、と述べ

図５　『蜻蛉集』蝙蝠「KOMATI」
（単色刷り）

図６　『蜻蛉集』月に鴉「SADAIE」
（単色刷り）

ている。

ルネッサンス以来西洋の伝統では、三次元の世界を二次元の平面にあたかも現実に存在するかのように描き出すことが絵画の目的であり、遠近法や陰影法はそのために発達してきた。絵画空間はひとつの独立した別世界なので、描かれるモティーフは画面の中で完結しなければならない。四〇〇年以上もの間続いたこの基本原理に、一九世紀半ば、大きな変化がおとずれる。モティーフの簡略化や断片化や自由な配置、非対称構図、平面的な色彩描写などが、新しい造形原理としてあらわれてくるのである。マネやドガのように人物を画面の縁で切り取ったり、モネのように風景の一部分だけを描いたりする以前にはなかったやり方に日本美術が大きな刺激を与えたことは、これまでにも様々なジャポニスム研究の中で指摘されてきた。

芳翠の『蜻蛉集』挿絵にみられるのも、前述のような造形原理である。蝙蝠や鷲や竹の葉の省略描法（図５参照）、シルエットだけで表した鴉（図６参照）、すべてその一部分だけが画面に見える松、竹、梅、柳などの木々、江戸絵画にあるよ

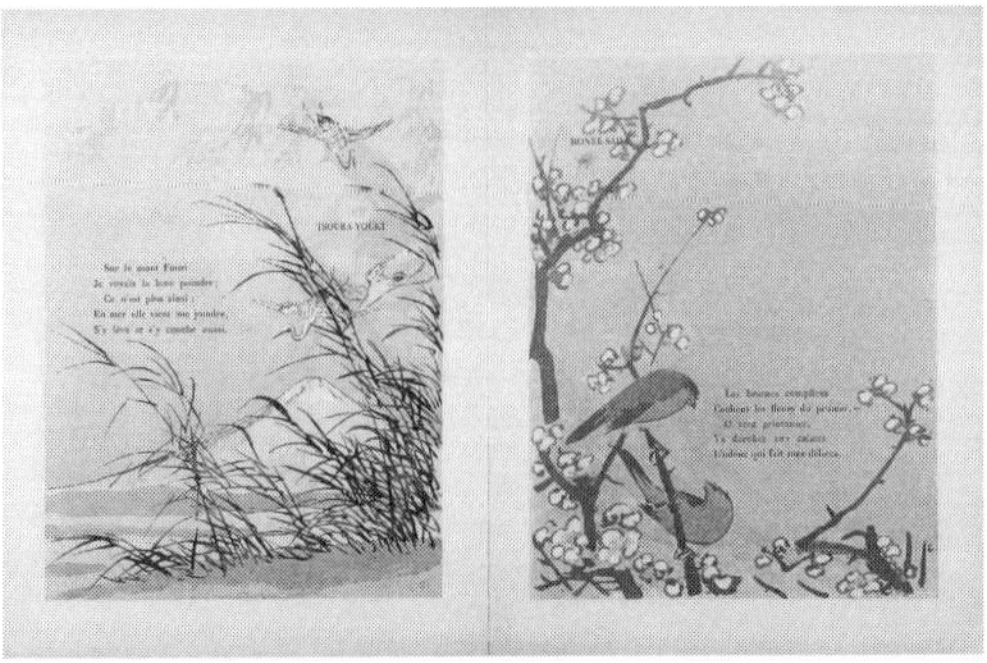

図9 『蜻蛉集』梅に鶯「MONNE-SADA」と芦に雁「TSURA-YOUKI」（単色刷り）

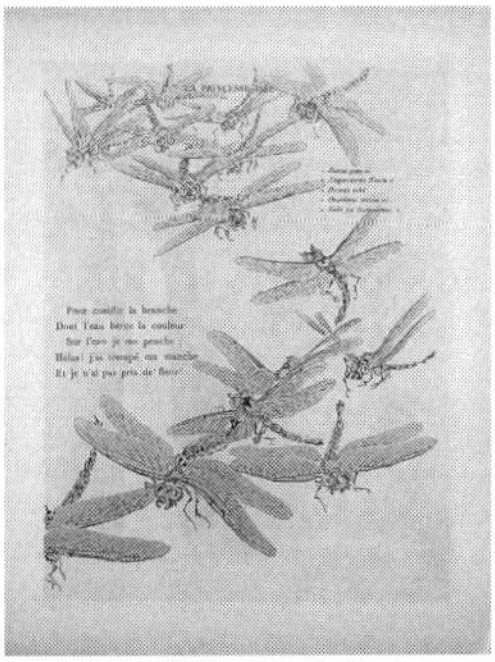

図7 『蜻蛉集』蜻蛉「LA PRINCESSE ISSE」（単色刷り）

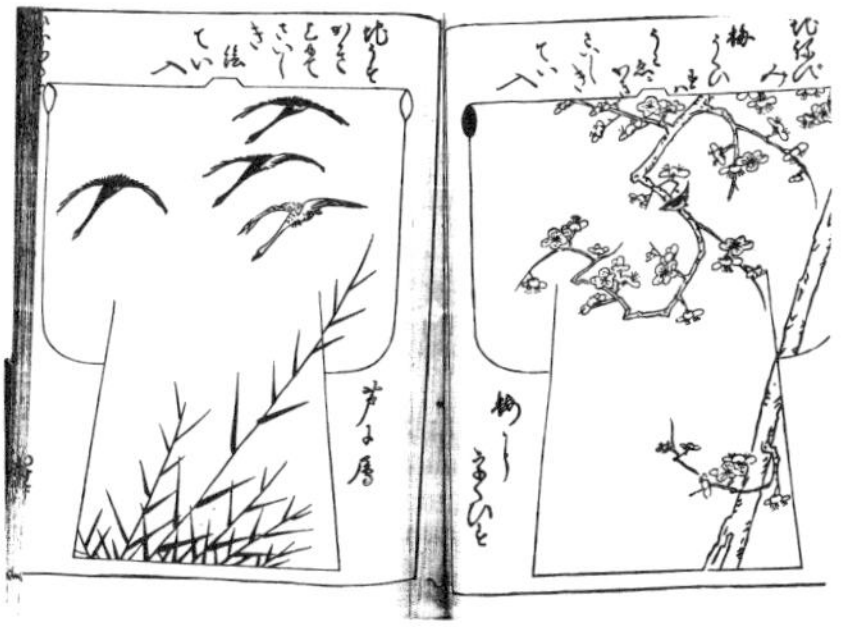

図10 『友禅ひいながた』（1687年）より

図8 『當世模様 委細ひながた』（1705年）より

うな単一モティーフの集積によるリズミカルな構図（図7参照）、広重の『名所江戸百景』のように近景と遠景のみを描き中景は省略する空間構成、特定の人物を示す型としてのポーズ（蝉丸などの多色刷り頁の人物は、伝統的な歌仙像のポーズをとっている）、複数頁にまたがる時間表現（こちらに飛んでくる表紙の蜻蛉が頁をめくると色紙にとまっている）、蜻蛉の羽を短冊に見立てる遊び心。こういった効果は、日本の絵画や版本ではごくふつうに行われてきた手法だが、西欧にとってはどれも新しい視覚上の表現法だった。

芳翠には具体的に参照したお手本があったのだろうか。特定の作品を名指すのは意外に難しい。あえて探してみるならば、その図柄は例えば「小袖文様雛形」と呼ばれる着物の装飾図案に近い。「雛形」は「ひいなかた」とも書き、『諸国御ひいなかた』『源氏雛形』など江戸期に一七〇種類以上も出版された衣装のためのデザイン下絵集である。主題は「梅に鶯」「芦に雁」「波に千鳥」などのポピュラーなものから多少変わったものまで多様だが、柄の配置では、片身から裾にかけて大きく弧を描くように模様を配し、身ごろの中心部分は模様を入れずにあけておくパターンが多くみられる。この部分は実際の着物では帯によって隠されることになるが、デザインとしては中心部に余白のある軽妙瀟洒なものとなる。構図の中央部に余白をとることの多い『蜻蛉集』挿絵は雛形模様のいくつかとよく似ている（図7-10参照）が、帯ならぬ五行詩があとから加わることを想定してつくる挿絵は、それ自体で完結する絵ではなく、他の要素が加味されるデザインである点で、雛形模様と共通するのである。

前述のように芳翠の挿絵には、伝統的な日本の自然主題や取り合わせ、余白の効果、省略描法など、一九世紀後半のヨーロッパで典型的な「日本風」と考えられていたやり方が見出せる。洋画を志す前、芳翠は四条派、文人画派、浮世絵派の修行を十分に積んでいた。「日本風」に描けるのは当然であろう。が、パリにいた芳翠にとって、日本画は自分の好みや気分の赴くままに描くものではなく、必ず日本趣味のフランス人たちの注文に応じて描くものだった。芳翠は身につけた膨大な日本の伝統絵画のレパートリーの中から、「雪景」「滝に楓」「松に蝙蝠」などの画題を当意即妙に引き出してみせている。ということは、逆に言えば芳翠の挿絵は、ジュディットと当時のパリの教養人たちの考えていた日本美術のイメージを反映していることになる。それまでの約六年間のフランス滞在の間に、芳翠は「ヨーロッパの考える日本美術」を半ば自然に学びとり、詩人の要請にこたえてそれを積極的に表現した。ここにみられるのは、日本人画家によるいわば「ジャポニスムの学習とその発信」ともいうべき現象だろう。「正統な日本の画家」、「三、四年も前からパリの住人でありながら、ヤマモトは日本の伝統に忠実であり続けている」と言われた芳翠は、日本の伝統に忠実であったというよりは、ヨーロッパの人々がそうあって欲しいと思うような「日本の伝統」に忠実だったのかもしれない[19]。

けれども、『蜻蛉集』を手にした人々は、決して「日本風」の主題や構図だけに心を動かされたのではない。それにも増してこの詩集で斬新だったのは、フランス語になった詩と挿絵との絶妙な響き合いだった。

三　詩と絵の出会い

「花咲く詩行を描いたのが画家であるのか、それとも絵を描いたのか詩人なのか、わからないほどである」。「この詩と絵画との結びつきほど楽しいものはない」。『蜻蛉集』に対して新聞や雑誌に掲載された書評のどれもが、例外なく挿絵と詩の調和の妙に感嘆の声をあげた[20]。西洋の出版の歴史上ほぼつねに別領域にあった絵と文字とが、この詞華集ではいとも優雅に一体となっている。ダヌンツィオの「詩を装飾し、ほとんどかき抱いているともいえる挿絵」という言葉がそれを端的に表すように、風景の中で詩行が歌い、詩と絵は相互に浸透しあう。

フランス語の訳詩は、各頁すべて異なる位置に置かれている。それも規則性のない、完全に自由な置き方である。芳翠が直感に従って配置したのだろう。五行詩はいつも構図中心部の余白に置かれているわけではない。頁の上下左右にかなり偏っていることもある。その結果、本来詩を入れるべき余白が空白のまま残されてしまう頁も多い（図5、図9右参照）。が、デザインとしてのバランスはよくとれている。またこれだけの余白がありながら、わざわざ絵と文字とを重ねたりもしている。特に歌人の名前は花や葉や枝の間に隠れている場合も少なくなく、よく探さないと見落としてしまうほどだ。さらには五行詩の行頭を不規則にずらすようなこともしばしばあり、西洋の詩集であれば

図11　『蜻蛉集』業平（多色刷り）

印刷ミスとも思われかねないような微妙なデザイン上の調整が随所に行われている。このようなレイアウトはどれも西洋の挿絵の伝統からいえば規則を外れているが、そのためにかえって詩行そのものが自然の一部になって自由に飛び回り、歌っているような印象を与えるのである。

絵画における絵と言葉についてフーコーが言うように、「一五世紀以来二〇世紀に至るまで、西欧絵画を支配してきた」「第一の原理」である造形表象と言語的対象指示との分離の結果、「二つのシステムは交叉することも融合することもあり得ない[21]」ままできた。活版印刷術の発明以来、西洋の挿絵本では、伝統的に文字（活字）と絵（版画）とは別領域に属するものだった。活字によって伝達される文学の思想と、エッチング等の版画芸術とはあくまで別々のジャンルに属していて、絵は絵、文字は文字で別の頁、それぞれの決まった枠の中におさめられ、一枚に同居して互いを引き立てあうこともなかった。一方、日本の印刷整版は一枚の版木の中に絵と文字をあわせて収容するため、文字と図像をともに彫り出す。文字と絵との相性がよく、重ねたり散らしたりと文字の配置も思いのままになる。『蜻蛉集』でも、たとえば業平の「見ずもせず……」の和歌では、最後の四文字「くらさむ」だけが画面の右下にぽんと離れて書かれている（図11参照）。このような性質のために、日本における書き文字は、絵草子、料紙装飾、和歌色紙や蒔絵などのなかで、散らし書き、重ね書き、分かち書き、乱れ書き、墨の濃淡、線の太細、字体の変化、行頭不揃い、行間の不統一、隠された文字などによる多種多様なデザイン性を獲得してきた。また、和歌の文字を蔦の葉や藤の花房の形に似せた《蔦の細道図屏風》や《松藤蒔絵櫛箱》、和歌中の「橋」という文字を抜きその代わり実際の橋のモティーフを置く《舟橋蒔絵硯箱》などにみられるように、絵と文字はしばしば交換可能であり、その境界はあいまいである。

このような東西の相違が、もともと表意文字である漢字と表音文字であるアルファベットの差に基づくことは言うまでもない。が、両者の表現手段の違いもまた重要だろう。西洋では文字を書くときはペン、絵を描くときには絵筆と、その手段も使い分けてきた。一方日本や中国では絵も文字も筆で描くため、両者を分けずに一つの世界を創ることができる。一九世紀の日本美術愛好家たちも、このことには気付いていた。[22]

一般に西洋で美的デザインの試みとして絵と文字が近づくのは、一九世紀になってからのことである。[23] アール・ヌーヴォーの時代、『ユーゲント』や『ルヴュ・ブランシュ』等の雑誌の表紙、ギマールによるメトロの入り口の装飾などにみられるように、文字が造形的に使われるようになる。とりわけカラーリトグラフの発達により大きな飛躍を遂げたジャンルにポスターがあるが、このポスターも最初は活字が別に組み込まれていた。絵と文字を一つのデザインとして画面にレイアウトする試みが意識的にみられるのは、シェレやロートレックのポスターが普及し始める一九世紀末頃からだろう。なかでもロートレックは日本の伝統を意識していたはずである。

またゴッホは一八八七年頃、広重の『名所江戸百景』から《亀戸梅屋敷》と《大はしあたけの夕立》を油絵で模写し、二点とも画面の周囲にもとの浮世絵にはない「新吉原……」等の漢字を、見よう見まねでコピーして付けている。「日本美術を研究すればひとりでに、もっとずっと陽気でずっと幸福になるように思える」[24]と弟のテオに熱っぽく語るゴッホにとって、絵と文字とが調和のとれた世界をつくる日本美術は、異国にあるはずのユートピアの象徴だったのだろうか。

絵と文字の大胆なデザインの試みを行った『蜻蛉集』は、その後の詩集や美術書のレイアウトにとって、大きな啓

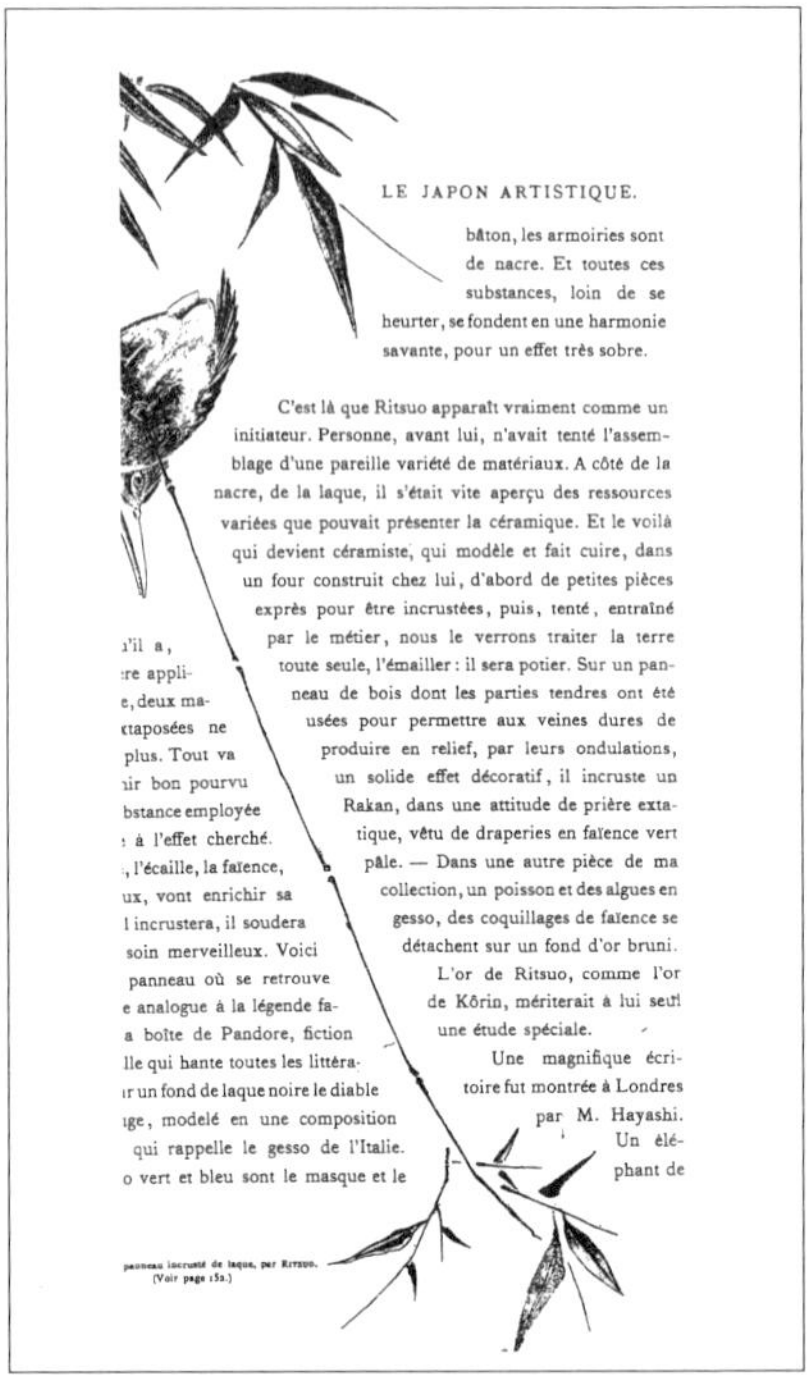

LE JAPON ARTISTIQUE.

bâton, les armoiries sont de nacre. Et toutes ces substances, loin de se heurter, se fondent en une harmonie savante, pour un effet très sobre.

C'est là que Ritsuo apparaît vraiment comme un initiateur. Personne, avant lui, n'avait tenté l'assemblage d'une pareille variété de matériaux. A côté de la nacre, de la laque, il s'était vite aperçu des ressources variées que pouvait présenter la céramique. Et le voilà qui devient céramiste, qui modèle et fait cuire, dans un four construit chez lui, d'abord de petites pièces exprès pour être incrustées, puis, tenté, entraîné par le métier, nous le verrons traiter la terre toute seule, l'émailler : il sera potier. Sur un panneau de bois dont les parties tendres ont été usées pour permettre aux veines dures de produire en relief, par leurs ondulations, un solide effet décoratif, il incruste un Rakan, dans une attitude de prière extatique, vêtu de draperies en faïence vert pâle. — Dans une autre pièce de ma collection, un poisson et des algues en gesso, des coquillages de faïence se détachent sur un fond d'or bruni.

L'or de Ritsuo, comme l'or de Kôrin, mériterait à lui seul une étude spéciale.

Une magnifique écritoire fut montrée à Londres par M. Hayashi. Un éléphant de

ı'il a,
ɛre appli-
e, deux ma-
ctaposées ne
plus. Tout va
ıir bon pourvu
bstance employée
: à l'effet cherché.
, l'écaille, la faïence,
ux, vont enrichir sa
l incrustera, il soudera
soin merveilleux. Voici
panneau où se retrouve
e analogue à la légende fa-
a boîte de Pandore, fiction
lle qui hante toutes les littéra-
ır un fond de laque noire le diable
ıge, modelé en une composition
qui rappelle le gesso de l'Italie.
o vert et bleu sont le masque et le

panneau incrusté de laque, par Ritsuo.
(Voir page 152.)

図12　『藝術の日本』*Le Japon artistique*, n.12, avril 1889 より

発と刺激になったに違いない。例えば一八八八年から三年間毎月発行された美術雑誌『藝術の日本』は、ほぼ全頁挿絵入り、その挿絵は日本の版本や浮世絵や図案の一部を本文のいたる所に奔放に散りばめている。これは一八八三年刊のゴンス著『日本美術』の挿絵と比べてみても、格段に多様で変化と遊び心に富むレイアウトである。ここに『蜻蛉集』の影響がなかったとはまず考えられない。

『藝術の日本』の挿絵の多くは、活字が印刷される範囲である内枠をこえて頁の上下左右に自由に伸びている。枝垂れ柳の枝や天に舞い上がる煙など、頁の縁の外にまで広がってゆくかのようなモティーフもある。ある頁は笹竹の細長い枝が頁を端から端まで斜めに横切り、その両側に本文が真二つに分かれている（図12参照）。そしてこれら自在に配置された図版の残りのスペースに、本文があとから挿入されたような印象さえ受ける。

このような思い切った効果はジャポニスム研究でも注目されているが、ビングの試みに先行する例はないといわれてきた[25]。けれどもビングはもちろん『蜻蛉集』という前例を知っていただろう。そして仏文と日本のデッサンをいかに造形的にバランスよく、しかも新鮮なやり方で組み合わせるかを考えるにあたって、大いに参考とした可能性が高い。『藝術の日本』の挿絵は、当時のヨーロッパにおける装飾図案の模範になるような日本美術の使い方の実践例だっ

た。そのヒントをビングはおそらく、『蜻蛉集』からも得ていると思われる。

『蜻蛉集』は「限られた人数の愛好者たちのためのきわめて独創的な小冊子」だった。凝った挿絵にこれも技巧を凝らした歌を添える趣向、質の良い紙と最新の多色刷り技術を駆使する贅を尽くしたつくり方、詩の内容と絵の主題との微妙な結びつき、さらには少量出版でおもに知人に配られたというその流通形態まで、『蜻蛉集』は江戸の「摺物集」を思わせる。摺物とは、個人的な贈り物や宣伝用の趣味的な私費出版版画をいう。多色刷りで観賞用であり、趣味人が純粋に風雅を楽しむものである。普通の浮世絵のように一般大衆向けに営利を目的としないので、採算は度外視して最高の技術と材料と手間をかけた豪奢なものがつくられた。その多くは俳諧や狂歌に趣味をつなげる裕福な武人や町人たちの手になり、慶祝を表す句や狂歌などに絵を添えている。したがって、画面に占める文字の割合が多いことが摺物の特徴である。

一九世紀フランスでも、美しく稀少な摺物は愛好家たちの垂涎の的だった。ゴンスは『日本美術』の中で「スリモノ」を「それは趣味人たちの間で優雅さや機知、詩的感情や創意工夫を互いに競うものである。［……］スリモノは想像しうる最も素晴らしい版画である。［……］これらの版は非常に稀少なので、［……］ごくわずかなもの以外にはヨーロッパには伝わっていない[26]」と賛美し、巻末のカラー図版には窪俊満や岳亭による摺物を多数選んで載せた。ビュルティは、「ジュディット・ゴーチエ夫人は［……］この『蜻蛉集』を、ちょうど茶人仲間たちが当時流行の画家に挿絵を描かせ、それを版画にしてわずかな部数の色刷り版を発行したという本を思わせるような姿で、われわれに呈示してみせている」と述べるが、ここで摺物を合本にした摺物集が思い浮かべられていることはあきらかだろう。

摺物は「定期的な集まりの思い出として芸術家仲間の間で大切に保存される[27]」とゴンスもいうように、仲間うちの記念品的な性格が強い。それは気心の知れた芸術家同士の共同制作の賜物であり、歌をつくる人と絵を描く人の交流が最終的に作品の形をとったものといえる。世紀末ヨーロッパでは様々な芸術家共同体の夢、そして芸術の諸ジャンルがひとつになる総合芸術の夢が頻繁に語られる。音楽と詩と絵画的イメージを統合したワグナーの舞台に熱狂したジュディットもまた、日本の摺物に示唆を得て、画家と詩人の「共同制作の夢」をかなえたのである。

ジュディットは日本の国の名称について、著書『日本』の中で以下のように述べる。「この国はその形状ゆえに、はじめは蜻蛉の島すなわち秋津島と呼ばれていた。じっさい高みから見ると、その輪郭はすらりとした胴体と広げた長い羽を持つ昆虫をいささか思わせる[28]」。日本の国の紹介を秋津島すなわち蜻蛉の国である、との記述から始めることは当時でも珍しくはなかっただろう。ところがジュディットは、同じ本のもう少し先の方で、ふたたび日本と蜻蛉を、今度はもっと詩的な連想によって結び付ける。「けれども、この蜻蛉の羽よりもあやうくはかない魅力を持つこれらのとらえがたい詩の数々を、いったいどのようにしてフランス語にすればよいのでしょう?[29]」

薄くもろい昆虫の羽は、詩人にとって異国の文芸の象徴だった。わずかでも注意深さを欠いた指が触れれば、それはたちまちにしてちぎれ、美しさを失ってしまう。壊れやすい虫の羽そのもののような日本の詩（歌）を他国の言葉に移し変えることの困難さを、詩人は誰よりもよく知っていた。けれども、彩り豊かな挿絵を詩の背景にするという卓抜なアイディアによって、『蜻蛉集』は絵画と文学の織りなす新しい美の形を手に入れた。西洋の美意識を経て衣替えした蜻蛉の羽、フランスから来た「日本」、それが『蜻蛉集』である。その表紙、縦横に走る網目模様が不規則な四角形や三角形をつくる型押しの厚紙――それはまさに、拡大した蜻蛉の羽そのものなのだから。

一八八〇年代半ばのパリ、すでに日本美術はかなり知られていた。絵と文字を一つの版で摺る浮世絵や文字を装飾的に使う蒔絵などの工芸品も、数多く紹介されていた。このような中で『蜻蛉集』は、文字と絵の融合を過去の日本美術の中に鑑賞するものとしてではなく、フランスの最新の印刷技術を駆使した同時代の創造として実践した。それは、日本の詩歌への好奇心と憧れから生まれ、世紀末フランスにおける文字とイメージの関係に新しい可能性を広げる役割を果たした。『蜻蛉集』が示してみせたのは、それを手にしたヨーロッパの人々自身の問題であった。

では、『蜻蛉集』は、フランスの詩集には影響を与えなかったのだろうか。

最後に、おもに挿絵について考えてきたこれまでとは逆に、『蜻蛉集』の挿絵がすべて消え去り、詩の部分だけが各頁に残ったと想像してみよう。五行詩と歌人名は頁のあらゆる場所に気紛れに置かれ、詞書や和歌のローマ字表記が加わるときには活字の大きさを変えるなど、文字の形と配置は当時の印刷されたフランス詩にはありえないような破格な割付けになっている。このように、活字を単に意味内容の表音記号としてではなく、造形モティーフとして頁においてゆくやり方としては、二〇世紀に入ってアポリネールが試みる「カリグラム」がよく知られている。が、『蜻蛉集』の詩行のレイアウトはむしろ、一八九七年に発表されたマラルメの『骰子一擲』を思わせる。

数種類の活字を使い、単語や文節を不規則に頁にちりばめる『骰子一擲』には、どこかに『蜻蛉集』の美意識がこだましている。もちろんマラルメの詩から受ける印象は『蜻蛉集』とは正反対といってよいほどであり、理知的で厳格なヨーロッパ精神がきわめて意図的に演出しようとした不規則性であることは、一見して感じられる。けれども、それゆえいっそう、そこには何か異質な形式への憧れのようなものが垣間見えはしないだろうか。

ジュディット・ゴーチエとは友人であったマラルメは、『蜻蛉集』を手にしたことがあったのではないだろうか。『蜻蛉集』の中を自由に飛び回り歌う詩行に、フランスの詩人は新しい詩の形のあり方を見たのではないだろうか。そうであったとすれば、一九世紀末、日本とフランスの「象徴の森」は、たしかに呼応したのである。

（1）*Poèmes de la Libellule, par Judith Gautier, illustés par Yamamoto*, Gillot, Paris, 1885. 本論の分析には京都大学人文科学研究所所蔵本を用いた。『蜻蛉集』に関する先行研究には高橋邦太郎「『蜻蛉集』考」（『共立女子大学紀要』第一二号、一九六六年）がある。また筆者は著書『異界の海』において、『蜻蛉集』の出版と当時の批評に関するいくつかの資料を紹介した（高階絵里加『異界の海――芳翠・清輝・天心における西洋』、三好企画、二〇〇〇年、二六七－二七五頁）。本論で用いる当時の新聞評はこの時収集したもので、註のない引用はすべてここから引いた。

（2）『蜻蛉集』に頁数はない。表紙の次に白紙の見返し一頁分をはさんで扉絵、献辞一頁分、序文五頁分、本文である和歌八八首の仏語訳が計一〇一頁分続き、最後に目次七頁分、裏表紙となる。多色刷りの単独頁が扉絵を入れて八葉あり、残りは単色刷りである。

（3）山本芳翠に関しては、長尾一平編『山本芳翠』（非売品、一九四〇年（復刻版、一九八二年））、青木茂編『画集・山本芳翠の世界』（郷土出版社、一九九一年）、古川秀昭・青木茂編『山本芳翠の世界』展カタログ（朝日新聞社、一九九三年）他を参照。ジュディットと山本芳翠の関係については、高階秀爾「詩人の娘・詩人の妻　ジューディット・ゴーティエ」（『世紀末の美神たち』、青土社、一九九七年）、および高階絵里加、前掲書の「第一章　パリ時代の山本芳翠」および「第二章　フランスの詩人たち」の各章を参照。

（4）画柄八種（蜻蛉、竹（笹）、松に蝙蝠、富士に芦雁、滝に楓、梅に鶯、雪景、月に鴉）。

（5）天野知香『装飾／芸術』（ブリュッケ、二〇〇一年）、松村恵理『壁紙のジャポニスム』（思文閣出版、二〇〇二年）など。

（6）天野、同前、七一－七八頁。

（7）木々康子『林忠正とその時代　世紀末のパリと日本美術』、筑摩書房、一九八七年、八三頁。ジロ編集の『パリ・イリュストレ』一八八四年年末号には、芳翠による《一八八五年カレンダー》の色刷り口絵が載っている（高階絵里加、前傾書、［口絵1］、七九－八〇頁）。

（8）サミュエル・ビング「序論」小林利延訳、『藝術の日本』ビング編、ジャポネズリー研究学会協力、大島・瀬木・芳賀・池上翻訳・監修、美術公論社、一九八一年、一八頁。

（9）天野、前掲書、七四－七五頁。

(10) 技法的には『蜻蛉集』挿絵は多色刷り石版（挿絵部分）と活版印刷（横文字部分）の併用。リトグラフ（石版画）は一八世紀末に発明され、後には重く高価な石版よりも軽く薄く安価な亜鉛版（ジンク版）が普及した。『蜻蛉集』挿絵もジンク版によるものだろう。
(11) 玉蟲敏子『生きつづける光琳』、吉川弘文館、二〇〇四年、四五-四七、五一頁。
(12) Edmond et Jules de Goncourt, *Jounal, mémoires de la vie littéraire II, 1866-1886*, Flammarion, Paris, 1956 ;《Bouquins》1989, p.1065.
(13) 高階絵里加、前掲書「第一章　パリ時代の山本芳翠」を参照。
(14) 馬渕明子「ジャポニスムと自然主義」『ジャポニスム』、ブリュッケ、一九九七年。
(15) James Jackson Jarves, *A Glimpse at the Art of Japan*, New York, 1876 (Japanese Art and Japonisme, volume 1, Ganesha Publishing Edition Synapse, 1999, pp.35; 104.)
(16) Marcus B. Huish, *Japan and Its Art*, London, 1889 (Japanese Art and Japonisme, volume 4, Ganesha Publishing Edition Synapse, 1999, p.142.)
(17) Edmond de Goncourt, *La maison d'un artiste*, Paris, 1881. réédité par L'échelle de Jacob, Dijon, 2003, tome 1, pp.216 ; 222.
(18) Judith Gautier, *Le Japon*, Paris, 1912, pp. 44-49.
(19) 芳翠個展へのエドモン・ルノワールの批評（一八八五年五月一二日）。高階絵里加、前掲書、二六〇頁。
(20) 同前、二六八、二七〇、二七二、二七四頁。
(21) ミシェル・フーコー『これはパイプではない』豊崎・清水訳、哲学書房、一九八六年、四七-四八頁。
(22) Louis Gonse, *L'Art Japonais*, 2vols, Paris, A.Quintin, 1883, p.195. テオドール・デュレ「日本の版画」舟木力英訳、前掲書『藝術の日本』、九〇頁。サミュエル・ビング「歴史における絵画の起源［I］」松男国彦訳、同前『藝術の日本』、一七五頁。
(23) この場合、「偉大なる例外」ウィリアム・ブレイクは除かなければならない。
(24) 一八八八年の手紙。邦訳は『ジャポニスム展』カタログ、一九八八年、三九二頁。

（25）大島清次「「藝術の日本」解題」、前掲書『藝術の日本』、五〇八頁。
（26）Gonse, *op.cit.*, p.348；349-350.
（27）*Ibid.*, p.349.
（28）J. Gautier, *op.cit.*, p.19.
（29）J. Gautier, *ibid.*, p.74.

本論は、平成一六年度稲盛財団研究助成金および平成一七年度科学研究費補助金による研究成果の一部である。

『蜻蛉集』における実りと萌芽
——和歌とフランス詩の接点

吉川　順子

Je t'offre ces fleurs
De tes îles bien-aimées.
Sous nos ciels en pleurs,
Reconnais-tu leurs couleurs
Et leurs âmes parfumées ?　J. G.

あなたの愛する島国の、これらの花を捧げます。
涙にくれたこの空の下で、この色と香り立つこの心とに、
あなたは気付いてくれるでしょうか。　ジュディット・ゴーチエ

図１　『蜻蛉集』冒頭の献辞

『蜻蛉集』[1]の冒頭には、「MITSOUDA KOMIOSI」なる人物に宛てた献辞として、ジュディット自身の作によるこの五行詩が添えられている（図1）。本作品にそこはかとなく艶を与えているこの一編の詩を贈られた「三田光妙寺（＝光妙寺三郎）」とは、明治三年から七年間、パリに留学していた官僚であった。同時期にパリに学び、『蜻蛉集』の翻訳に携わった西園寺公望を介して二人は知り合ったとされるが、『蜻蛉集』出版前に帰国していた西園寺に対し、書記官となった光妙寺が再び滞仏していたことから、作品の完成に向かう段階で、光妙寺本人が手助けをしたことも想像されている[2]。ジュディットは後の『日本』[3]と題したエッセイのなかで、光妙寺から茶道のお手前を教わる約束をしたこと、けれども彼は急な事情で帰国して以来再び戻ることはなく、約束が果たされないまま亡き人となってしまったことを、かつての会話を回想しながら記している。また、ジュディットは彼の写真を大切に飾っていたとも伝えられている。しかし、二人の詳しい関係はもはやわれわれの知り得ぬところとなり、光妙寺への思いを僅かに残すばかりの、この献辞である。

ここにある「あなたの愛する島国の花」とは、後に続く八八首の「和歌」を指すものと考えられるだろう。タイトルページに記されたように、『蜻蛉集』は、西園寺が原歌をフランス語の散文に下訳したものを、ジュディットが和歌に倣って三一音節からなる五行詩、つまりこの献辞と同じ形の韻文に訳し直した「和歌翻訳集」である。いずれの歌も、五・七・五・七・七の音節数を保っているのみでなく、フランス詩の伝統である脚韻までが踏まれ、美しい東西の詩の融合が試みられている。

『蜻蛉集』研究の第一人者である高橋邦太郎は、本作品を「海外における日本文学研究の初期において、看過し難い一つの実り」[4]とし、それまで殆ど顧みられることのなかった本文につき、そのほぼ全ての原歌を明らかにするという功績を残した。[5]この精緻な調査は、西園寺そしてジュディットがどのように歌を選び、またそこにはどういった傾向が認められるのかという、『蜻蛉集』の本文研究に確かな礎を与えるものとなった。しかしながら、一九世紀後半の西欧諸国において、日本文化を論じた書物が次々に出版されていくなか、『蜻蛉集』の読者層は極めて限定的であり、以後の日本文学研究においても十分な注目を寄せられたとは言い難い。そうした本作品が、日本文学研究の歴史にもたらした「実り」とは、一体どのようなものであったとされるのだろうか。日本とフランスの文化交渉において、本作品にいかなる意味が与えられ得るかを考察するため、まずは日本文学がフランスで紹介されていった経緯を振り返ることから始めてみたい。

一　フランスにもたらされた大和の言の葉

日仏文化交渉の幕開けは、わが国の鎖国状態が徐々に解かれた一八五〇年代にあるとされる。勿論、一六世紀後半にはキリスト教宣教師が渡来し、日本からも使節が派遣されていたほか、鎖国政策が布かれてからも、出島での貿易に携わる者が持ち帰った情報はフランスまで届いていた。だが、日本とフランスとの積極的な交流の開始は、やはりわが国の門戸が漸く開放される一九世紀半ばを待たねばならない。既に開国以前からフランス艦が通商を求めて琉球を訪れていたが、公的には、他の西欧諸国に続き日仏通商条約が締結された一八五八年以後、本格的に日本の文物が海を渡っていく。

当時の渡欧手段は専ら海上交通により、二ヶ月近い長旅が必至であったにもかかわらず、一度外国への扉が開かれると、使節団や留学生の派遣が頻繁に行われるようになった。なかでも日本の印象を西洋人の記憶に深く植えつけることになったのが、万国博覧会への参加である。日本人が初めて会場に姿を現したのは、福沢諭吉を含む遣欧使節団が一八六二年に開かれたロンドン万博の開会式を訪れた時のことであった。日本側の目的は主として視察にあったが、イギリス公使オルコックの収集品が多数公開され、日本の工芸美術は既に注目を集めていた。また何よりも、羽織袴姿の集団が会場に現れたこと自体が、当時の西洋人にとっては印象深い出来事であったようである。

ジュディットの父テオフィル・ゴーチエは『モニター・ユニヴェルセル』紙の記者としてロンドンを訪れ、これにジュディットら家族も随行していた。ある時、街の上品な装身具店で、ジュディットらは二人の日本人に遭遇する。僅かに会話も交わしたこの「サムライ」との出会いがいかに極東への関心を駆り立てたか、ジュディットはこれを「極東との初めての出会い」として、後の自伝で語っている。「私にとって何という運命的な出会い、忘れがたい光景だったことでしょう。驚くべき世界がそっくりと現れ、(私を夢中にさせることになるものを前にするといつも感じる)ある直感のようなものによって、その全体が垣間見え、その独特な美しさを知らされたのです」[6]。このように遥か極東の島国に魅了されたのは、勿論ジュディットに限ったことではない。五年後、日本が初参加を果たしたパリ万博では、漆器、陶磁器を始め、浮世絵、書画等の日本の美術工芸品が展示され、西洋における東洋趣味を十分に刺激することになる。

一九世紀後半の西洋における日本文化受容は、こうした民間への幅広い浸透が始まったことに加え、学術研究としての日本学が確立され、辞書の編纂や語学教育における発展が顕著であったことも着目される。フランスでその先鞭を着けた人物としては、レオン・ド・ロニーがまず挙げられるだろう。ロニーは一八五〇年代後半から辞書や文法書の類を多く著し、六三年にパリの東洋語専門学校で日本語教育を開始、六八年には新たに設置された日本語講座の初代教授に着任するなど、先駆者としての積極的な活動を行っていた。

このように一八六〇年代のフランスは、主として語学研究における目覚しい発展を見たが、日本が明治期に入り、七〇年代にもなると、研究者の関心は広く文学領域へと向けられていく。日本文学の翻訳では、既にオーストリアのフィッツマイエルやイギリスのディキンスらによって逸早い試みが行われていた。特に和歌については、後者による一八六六年の英訳『百人一首』(7)が、西洋における最初の翻訳とされている。軍医として日本に滞在した経験を持つディキンスは、その序文で、衣川長秋の『百人一首峯梯』を参照した旨を述べているが、実際、歌人の紹介や語句の解説に始まり、日本語の発音や漢字の説明までが付された詳細な内容を持つものである。冒頭に韻文訳がまとめられ、「補遺」として原歌のローマ字転記と逐語訳、そしてかな書きが載せられている。韻文訳の存在は後の『蜻蛉集』を思わせるが、殆どが四、六、八行詩であり、未だ五行に訳されたものは数首に止まっていた。

これに続いてフランスで初めて刊行された和歌翻訳集が、一八七一年のロニーの『詩歌撰葉』(8)である。万葉集と百人一首を中心に、文学史的側面や歌の技法の概説をも含んでいる。ロニーは当然、ディキンスの翻訳を意識していた。だが、「簡潔であると同時に入り組んだ文体」を持つ和歌をヨーロッパ言語に翻訳するということは、「努力、そして手管すら」必要とするものと判断したロニーは、ディキンスのような韻文訳は行わず、原歌のかな書き、ローマ字転記、そして逐語訳を掲載するという体裁を選んだ。

ところで、このような和歌翻訳における原歌のかな書きやローマ字転記には、おそらく二重の意味が含まれていた。それはまずロニー自身も説明しているように、日本語学者や学生に向けたもの、つまり学術的な目的である。しかしながら、例えば後に出版されるハーンの『日本の抒情詩』やルボーの『もののあわれ』など一般読者を対象とした書物でも、こうした「日本の文字」「日本の音」が意識的に引用されている。視覚、聴覚を刺激する要素は、時として歌自体よりも強い印象を与える。ハーンは「日本詩歌一瞥」と題した記事の中で、「中国人と日本人は共に彼ら独自の絵のような文字に当然感銘を受けていた」(9)とし、『詩歌撰葉』に収められている蘭学者、松木弘安の歌を引いている。「うすゞみでかくたまづさとみるかなくもるかすみにかへるかりがね」。霞の中を飛び去る雁の連なりを墨文字と見た日本人同様、あるいはそれ以上に、西洋人にとって「かな書き」は鑑賞の重要な要素だったのだろう。

この後、一八七三年にパリで初めて開かれた国際東洋学者会議によって、フランスにおける日本文学の浸透に更なる拍車が掛けられる。この会議では他ならぬロニーが組織の中心にいたことから、中国学などに比べ遅れを取っていた日本学がとりわけ重視された。その会議録は、岩倉使節団として滞仏していた今村和郎による万葉歌の仏訳のほか、先のフィッツマイエルが「三夕の歌」の解説を行った模様を伝えている。この時期には、民話や江戸時代の小説等の翻訳も出版され始めた。しかしながら、『詩歌撰葉』を編んだロニーが「日本文学全般にまたがる特徴を鑑賞し得る断片」(10)を最初に出版すべきと考えたように、フランスにおける日本文学受容においてまず重要な位置にあったのは和歌であったと言えよう（今日に続く俳句への注目が高まるのは二〇世紀に入ってからである）。和歌の「簡潔さ」は、西洋人にとって散文的な思考の柵を逃れた新しい詩形であった。けれども、とロニーは『もみじの葉』と題されたエッセイ集で述べている、「[ウタは]短いだけでは不十分なのである。他にも見せなければならない技がある、それはおそらくヨーロッパのパルナソスを信望する者たちの気に召さないものではないだろう(11)」。

二　東洋の短詩とフランスの文学的土壌

一八七〇年代以降のフランスにおける日本文学研究は、こうしたシンポジウムを通して着実な歩みを見せ、七八年に再びパリで開催された万博を契機として日本への注目度は更に増した。新聞雑誌でも日本文学が紹介されるようになり、通史的な概説書も出始める。こうして『蜻蛉集』成立の基盤は着実に形成されていくのだが、しかしその著者であるジュディット自身は研究に直接携わった人物ではなかった。研究によって報告される情報に拠りつつも、客観的な文化理解を目指すだけではない作家や詩人らは、いかに独自の見地に立って極東に関心を寄せ、それを作品の発想源にしてきたのか。この点を顧みることで、ジュディットによる和歌翻訳集の実現が日本文学研究における一事象としてだけでなく、創作側の関心をも受け継いだ、もう一つの「実り」でもあったことが垣間見られる。

前節で述べたように、日本が文物の流入や人の往来を通して、言わば現実味を持ってフランス社会で受け入れられるようになるのは一九世紀半ばに差し掛かってからである。これは文学作品での扱われ方にも顕著に現れている。一七、八世紀のフランス文学における東洋のテーマを論じたマルチノは、一九世紀以前に日本を取り上げた作品は、イエズス会士によるものか、少なくとも彼らから直接的に着想を得て書かれたものであるとしている[12]。日本は中国と混同され、多かれ少なかれ「便利な変装」として用いられただけであった。こういった状態は一九世紀初頭でも未だ変わらなかった。

こうしたなか、作品を構成する一モチーフとして新たに日本を取り上げ始めたのが、ジュディットの父テオフィル・ゴーチエである。一八二九年にネルヴァルからユゴーに紹介され、翌年に処女詩集を出版、以来、多岐のジャンルに亘る創作と新聞の文化欄執筆を中心に幅広い活動を始める。なかでも、スペインからエジプトを経て中東へと広がる東洋世界への憧憬は、彼のあらゆる創作活動に現れ続ける主題であり、そうした眼差しの先に極東の国々が存在していた。中国学者らとの交流もあったゴーチエは、早くから作品に中国的モチーフを登場させているが、日本が視野に含められるのもそう遅れてのことではない。例えば、三〇年代前半に書かれた詩で、日本の漆器や壺などが「数多くの役に立たない物、けれども目を惹きつける物」の一つとして引き合いに出されたり、白い磁器に差された紺青色から静脈の透き通った女性の白肌を想起し、東洋的な美が称賛されたりしている。

しかしながら、ゴーチエのこうした着眼が、六〇年代に始まる日本学の確立にも先立ち、日本という響きを美的効果として作品に導入した先駆例として意味を持つものであったとしても、それは渡来した「物」から着想を得るに止まり、日本の歴史や文学に触れ、それを基に作品を書くには至らなかった。これに対し、一八世紀からその思想体系に関心が寄せられていた中国については、既に二〇年代から翻訳も進められ、中国文学に対する当時の作家らの興味も早くに現れている。ゴーチエも一八四六年に翻訳作品に案を得たとされる短編「水上の楼閣」を発表している。そしてとりわけ興味深いのが、当時の詩人らによって中国の詩形を模倣する試みが行われていたことである。例えば、中国美術に関心が深かったユゴーの、「中国の壺、愛しいイ・ハン・ツェイへ」と題された詩の一部は次の如くである。

Vierge du pays du thé / Dans ton beau rêve enchanté
Le ciel est une cité / Dont la Chine est la banlieue.(13)

近代フランス文学における極東について論じたシュワーツが、「ユゴーが中国の詩形を知らずにこうした四行詩で七音節を採用したとは考えにくい」と述べているように(14)、整えられた音節数と脚韻は、読み上げると正に中国詩の響きを放ってはいないだろうか。あるいはまた、ジュディットは父テオフィルの中国詩への関心について次のように振り返っている。「私の父は非常にこれら中国の詩の翻訳に興味を持ち、何度か韻文に直したりもしていました。残念ながら下書きしかしなかったので、おそらくいずれも残ってはいないでしょう。私の記憶にあるのは『貞節な妻』と題された作品の末の二句のみです、

Avant d'être ainsi liée, / Que ne vous ai-je connu !

韻律は中国語の原文のように七音節からなるものでした」[15]。「これら中国の詩の翻訳」というのは、一八六七年に出版された他ならぬジュディットの処女作品『白玉詩書』[16]のことである。早くから父の詩を学び、調査の補助もしてきたジュディットだが、その東洋への関心も多くが父からきっかけを与えられたものであった。とりわけ、ゴーチエが娘達のために雇い入れた中国人語学教師ティン・トゥン・リンとの交流は、彼の詩人の才も手伝ってこの翻訳詩集の成立に大きく寄与した。ジュディットらは、リシュリュー通りにある図書館の写本室に足繁く通い、詩集を渉猟した。そして出来たのが『白玉詩書』である。これは中国詩の「意訳」であり、後に『蜻蛉集』で披露するような、韻律まで踏襲されたものではない。だが、父は娘の作品に大いに関心を示し、この例のようにもとの詩形に書き換える試みを見せたのだろう。まるで、後の『蜻蛉集』へ導きを与えるかのように。

しかしながら、こうした東洋の短詩に対する関心は、むしろ当時の共通項であったとも言える。ゴーチエやポプランも作品のなかで、「四行詩にぎっしり凝縮された詩」や、「定められた形式の中で常に同じ主題の様々な詩」を詠む中国の詩人を取り上げているし、同じような詩形の模倣が、ルイ・ブーイエやシャルル・クロといった当時少なからずゴーチエの影響を受けた高踏派詩人においても試みられていた。このような当時の文学的土壌は、日本文学研究の

発展に加え、『蜻蛉集』の成立を十分に用意するものとなったに違いない。ジュディットは、一八七五年の小説『簒奪者』で初めて日本を題材とした作品を書き、その一〇年後、西園寺の協力を得て日本物の二作目『蜻蛉集』を編纂する。ここで、ジュディットは再び東洋の韻文の翻訳に取り組むと同時に、先人達が中国の詩で行った試みを、初めて自ら和歌に当てはめてみるのである。

三　花を植えるジュディットの手

日本の異名から名付けられたという『蜻蛉集』の「蜻蛉」は、軽やかな羽根を持った夢幻的、そして時に怪奇な「西洋のトンボ[17]」とは異なり、大きな複眼、翅の紋様、触覚までが細かく描かれた、自然のままの、後に花や蝶と共にアール・ヌーヴォーのモチーフとなる「ヤマトの蜻蛉」に他ならない。この蜻蛉を始め日本的な挿絵で彩られ、所々に歌のくずし書きも見られる本作品は、貫之や伊勢から香川景樹に至る歌人の歌を収めた、疑いようのない「和歌翻訳集」である。しかしながら、原歌への忠実さの問題が指摘されると、忽ちにして翻訳としての『蜻蛉集』の評価は揺らぐ。こうした論点は『白玉詩書』出版の際にも浮上したもので、ジュディット自身、「翻訳」と名打つことに躊躇したという経緯がある。だが、ユゴーやヴェルレーヌなど当時の作家らの評価は肯定的で、「古典的な中国から最近の高踏派の興隆、そして初期ロマン派の大きな主題である抒情性をも忘れることなく、実に様々な起源をもつ影響とイメージとを混合させた[18]」という点に創意を認めるものが少なくなかった。つまり、先にも述べた通り研究者ではなかったジュディットの試みは、正確な翻訳よりも、感覚の理解や詩形の模倣を主眼とした、自由なものであったと見るべきではないかということである。『蜻蛉集』で、ジュディットは言わば新しい歌集の編者としてより創作的な編集を行い、三十一文字《みそひともじ》ならぬ三一音節の短詩の彫琢に手を尽くしている。それは、原歌との相違を超えた、新しい詩のようにさえ思われるのである。

『蜻蛉集』が『百人一首』等の和歌翻訳と異なる点は、一詞華集として成立させるような積極的な編纂方針があらゆる側面に感じられるところである。一つには挿絵と歌の配置の効果が挙げられよう。淡い色調の挿絵が印刷されたページに、ジュディットによる韻文訳だけが一編ずつ作者名と共に掲載されている。既存の和歌翻訳で見られた原歌のローマ字転記はなく、数首についてのかな書きも、もはや学術的な意図というよりは、挿絵に溶け込んだ草書体のより絵画的なものとして表されている[19]。だが、本作品はジャポニスム的装飾に頼るばかりではない。概して、見た目に潔い五行詩が、入れ替わる八種の画柄の挿絵中に組み込まれているのみであって、読者は翻訳というフィルターを介さずに五行詩そのものの鑑賞へと導かれるようである。

またこうした外観に加え、選歌方法にも独自の方向性が窺える。収録歌の八割以上が、『古今集』から『新古今集』までの八代集より採られている[20]。これは、序文として紀貫之による「仮名序」の抄訳が置かれたこととも関連しているだろう。和歌の起源や詠歌の心を謳った本邦初の歌論とされるこの「仮名序」は、人の心を「種」に、歌を「葉」に準えて歌の真髄を流麗に説いた、この上ない和歌への手引きとなる。『蜻蛉集』についてのある記事は、「これらの「ウタ」は、木の間で歌う小鳥たちのように、梅の花や、松の緑の葉や、細長い竹の尖った葉のかげに隠れている。また別の所では、冷たい雪景色や滝煙の中に、かろうじて「ウタ」が読み取れる[21]」と評しているが、森羅万象に人間と同等の心を認め、自然に託ちて歌を詠んできた日本人のこうした文学観が、まさに西洋の読者を引きつけたようである。「仮名序」にはまた、帝への最高敬意が表されており、殿上を中心に和歌文化が称揚された日本の古の宮廷社会を髣髴とさせる。『蜻蛉集』の選歌の射程が「仮名序」をもって始まる勅撰集に絞られた背景には、当然西園寺という人物の存在が見え隠れし、世々の帝の命によって精選された、より正統な秀歌を集めようとした意識が感じられる。これは、百人一首を始め、庶民に広く知られた歌を取り上げたロニーや、虫の歌、七夕伝説の歌あるいは子守唄や民謡を集めたハーンらの志向とは異なるものである。

ところが、このように勅撰集から多数の歌を採取した一方で、その出典を指示するものはなく、構成面でも歌集の慣例を大幅に逸脱している。なかでも、その骨格である「部立て」の概念が無視されているのは聊か驚きである。『古今集』によって原型を与えられた部立てでは、四季の部と恋の部が大きな比重を占める。また、季節の移り変わりや恋の様相の変化が滑らかに描かれるよう、歌の配列には細心の配慮が尽くされた。勅撰集で最も重視された「流れ」の意識。これが、『蜻蛉集』では消滅してしまっているのである。

だが、『蜻蛉集』の選歌に主題的なまとまりが全く欠如している訳ではない。ここでもやはり四季の歌と恋の歌が多い。そのなかでも、四季の歌に着目してみると、「春」への、そして、とりわけ「花」という主題への明らかな偏重が認められるからである。夏の歌、冬の歌も僅かながら収録されている。だが、三首ある夏の歌のうちの一つは、「花の色に染めし袂の惜しければ衣かへうき今日にもある哉」という更衣を主題にした、春の名残を匂わせる歌である。また、冬の歌は多くが、「冬ながら空より花の散りくるは雲のあなたは春にやあるらん」のように雪を花に見立てた歌である。つまり、内容的に春との何らかの繋がりを想起させるものが選ばれているのである。「春の花」と双璧する「秋の紅葉」でさえ僅か三首に止まる。それなのに、この「春の花」の歌の多さと、そこに収斂していくような選歌方法には、一体どのような意味が込められているのだろうか。

「仮名序」の書き出しで紀貫之はこう言う。「和歌は、人の心を種として、万の言の葉とぞなれりける」。この有名な一節を、『蜻蛉集』は次のように訳している。

La poésie ayant germé dans le cœur de l'homme, en rameaux et en fleurs nombreuses elle s'est épanouie.
詩は人の心に芽生え、多くの枝に花に咲き開いた。

西洋で度々翻訳が試みられた「仮名序」であるが、「種」の部分を直訳するか、根や地などと意訳するかで意見が分かれることはあっても、「言の葉」の意味が損なわれたことは少ない。ところが『蜻蛉集』は、これを「枝」と「花」とに大きく置き換えている。むしろ紀淑望による「真名序」の「その根を心地に託け、その花を詞林に発くものなり」との表現に近い。同様なことが、「仮名序」の末尾にも見られる。「たとひ、時移り事去り、楽しび哀しびゆきかふとも、この歌の文字あるをや」という部分を、「時が流れ、多くのものが失われても、詩は再び花を咲かせるであろう」と訳している。つまり、冒頭に引いた献辞以来、「詩」を「花」に例える手法が繰り返されているのである。

『蜻蛉集』におけるこうした「春」や「花」というモチーフの反復は、しかしながら、決して甘美さだけを追求した濃厚なものではない。むしろ、ひっそりとこの集の旋律をなしている。和歌における花は、待ち焦がれられ、咲いてはやがて散り去り、そして再び追い求められるものである。この理想化されたトポスを内包する日本のイメージが、こうした独自の編纂方法によって強調されているのではないだろうか。維新後の西洋化された「新しい日本」を嘆き、古の日本を探したジュディットの高踏派的な志向はまた、「今の世の中、色につき、人の心、花になりにけるより、あだなる歌はかなき言のみ」が出て来ることを憂い、「その初めを思へば、かゝるべくなむあらぬ」と諭した貫之の言葉にも重なっている。

四　異国に咲いた和歌の花々、そして萌芽

「全てが古いお伽話のように終わる。何でもない、だが完成されたものだ。一輪の花に過ぎない、けれどもただ一つの手だけが摘み得たものである」[22]と、日本を題材にしたジュディットの後の作品『恋の姫君』についてグールモンは評している。概して、ジュディットにおける極東は美化されている。それは『蜻蛉集』についても同様で、和歌を下書きとしながら、和歌集の枠組みにはとらわれない独自の編纂方法が取られている。こうした自立性に鑑みると、もはや原歌への忠実さといった問題とは別の次元に、この作品の意味を求めるべきであるように思われる。もとより容易ではない和歌翻訳で、ジュディットは更に短詩型の模倣を試みたのである。それは、父のゴーチエらも関心を寄せたこの試みこそが、『蜻蛉集』の意としたところだったからではないだろうか。

既に述べたように、『蜻蛉集』の翻訳過程には、西園寺による散文訳とジュディットによる韻文訳という二つの段階がある。このような過程を経ることにより、原歌との相違が生じるのは避け難い。あるいは複数の読み方が可能なことも少なくない和歌について、正確な訳文というものを提示すること自体がしばしば困難である。こうしたなか西園寺は、歌内部における思考の発展や転換に従いながら、努めて簡潔な散文訳を提供している。だがやはり、それぞれの言語における語の奥行きは異なるものであるうえ、とりわけこうした韻文訳を念頭に置いた翻訳では包括しきれない部分がある。

それは一つに歌枕などの前提的知識である。例えば、「白河の関」が都を離れていよいよ僻地に入る境であったと知られていなければ、「都をば霞とともに立ちしかど秋風ぞ吹く白河の関」と能因法師の心を止めた所以を思い知る

のは難しい。掛詞や枕詞も同じことである。また、特に翻訳上の難点であったと思われるのが、助詞や助動詞によって表された意味合いの伝達である。一例として、『後拾遺集』の民部卿長家「もろともにながめし人もわれもなき宿には月やひとりすむらん」という歌の西園寺訳を取り上げてみたい。

Dans cette demeure d'où nous avons ensemble contemplé la lune, la lune seule revient aujourd'hui.
私達が一緒に月を眺めたこの住まいに、今は月だけがやって来る。

原歌では、愛人が亡くなったことによって自分も通わなくなり、二重の喪失感に覆われている宿に、今は月だけが冴え渡っているのだろうかと、目の前にない光景を想像してみる様子が助動詞「らん」によって表されている。これに対し西園寺訳では、決定的な不在を突き付ける「なし」という語が省略されたほか、末尾の助動詞が訳されないことによって詠み手の心がさ迷う空間的な隔たりが消滅し、印象はずっと平板なものに、つまり「月がひとりすむ」という事実だけを提示するものとなっている。一つの事実に対する詠み手の距離のとり方が表れた助動詞などの文要素の翻訳が困難な結果、訳文は原歌の趣からかけ離れた単純な事実の表明となってしまうのである。

しかしながら、こうした翻訳上の難点が、『蜻蛉集』の訳文を常に消極的なものにしている訳ではない。この西園寺訳を、ジュディットは次のような五行詩に昇華させる。

Dans cette demeure / D'où, tous deux, nous aimions voir / La lune le soir, / Hélas ! de l'astre, à cette heure, / Le rayon seul rode et pleure !
私達二人共、夜に月を眺めるのが好きだったこの住まいに、ああ、この時間に、星の光だけが彷徨い、涙を流している。

和歌に倣った音節数、語の選択、脚韻といった要素が互いに作用し合い、新たな音楽性を生み出しているのは言うまでもない。ここで着目したいのは、散文訳によって失われた抑揚を補うように、感嘆表現が加えられていることである。実際、hélas! や ô! といった感嘆詞(符)はジュディット訳に頻出する。また、「おおありあけの月よ」Ô lune mourante、「おお春の風よ」Ô vent printanier といった誇張的な呼びかけも多く、『蜻蛉集』の本文は概して原歌よりも声高である。ルボーの『もののあわれ』の冒頭で、久松潜一は「語源的に、「あわれ」は悲哀を意味するのではなく、むしろ「おお Oh」と、苦しみの時もまた喜びの時も、そう言わしめる衝動を意味する」[23]と解説しているが、その意味では、こうして加えられた感嘆表現も、訳文が取り得る一つの形であったのかもしれない。

韻文化で語数が限定されることによって、多くの場合、訳文は原歌よりも端的な言い回しになる。例えば、推量やためらいなどの意は、直接疑問に訳されることにより、原歌の持つ陰影を失う。その一方で、フランス語の訳文では、文法的理由から原歌では省略されている主語や目的語を示さなければならず、「我」と「君」という関係性が顕在化してくる。こうして、ジュディット訳における表現は自ずと直接的に、また語りかけや問いかけといった、原歌とは異なる強い喚起性を持つようになるのである。

簡潔さと韻律、その他翻訳にまつわる様々な事情が折り重なってできたこの新しい短詩の文体は、例えば、ジュディットとも親交のあったマラルメが書き続けていた、後に『折りふしの詩句』としてまとめられる四行詩を思わせる。

Ô Japonaise narquoise / Cache parmi ce lever /

De lune or ou bleu turquoise / Ton rire qui sait rêver.(24)

手紙の宛名書きとして、あるいは「扇」などの上にしたためて贈られたというこうした短詩は、まさに一種の私信としての役割も果たしていた和歌と同様である。このマラルメの四行詩を始め、一九世紀末から二〇世紀にかけてのフランスで見られる短詩型への影響として俳句の受容が指摘されているが、こうした系譜は、ユゴーやゴーチエの中国詩における「戯れ」に遡り、その延長上の『蜻蛉集』を一つの結実とした、フランス詩と極東の短詩との更に大きな文学的交流として考察され得るはずである。

初めに引用した献辞は、八八首の和歌を訳し終えた後に書かれたものだろうか。『蜻蛉集』を読み終えたとき、終わりの歌と献辞とが、秘かに呼応し合っているのに気付く。「きみならで誰にか見せむ梅花色をも香をもしる人ぞしる」。

A toi je l'adresse / Cette branche aux tendres fleurs : / Seul qui sait l'ivresse / Des parfums et des couleurs / En mérite la caresse.

あなたに送ります、この淡い花々の一枝を。この香りと色とに酔いしれることのできる者だけが、この愛を受けるにふさわしいのです。

この終わりの歌と、献辞、つまりジュディットの自作による五行詩との呼応は、『蜻蛉集』において、翻訳から創作へと流れる意味深い接点を示している。光妙寺に宛てた「恋文」と想像されてきたこの献辞は、世紀末のフランス詩に『蜻蛉集』が残し得た新しい「萌芽」でもあったのではないだろうか。

（1）Judith Gautier, *Poèmes de la libellule*, traduits du japonais d'après la version littérale de M. Saionzi, illustrés par Yamamoto, Gillot, 1885.『蜻蛉集』からの引用は全てこれによる。
（2）立命館大学編『西園寺公望傳』（岩波書店、一九九〇－一九九七年）、佐々木康之「西園寺文庫蔵『蜻蛉集』について」（『図書館だより』四二号、一九八八年、一－二頁）等を参照。
（3）Judith Gautier, *Le Japon*（*Merveilleuses histoires*）, Les Arts graphiques, 1912, pp.59-63.
（4）高橋邦太郎「『蜻蛉集』考」『共立女子大学紀要』第一二号、一九六六年、三七四頁。
（5）『蜻蛉集』巻末には西園寺訳が掲載されているが、原歌そのものについての記述は一切ない。高橋邦太郎の前掲書で八一首、また高階絵里加『異界の海、芳翠・清輝・天心における西洋』（三好企画、二〇〇〇年、七二頁）で一首の原歌が明らかにされている。未だ突き止められていない六首のうち、八四番目の歌は、『新後拾遺和歌集』巻第一五恋歌五の従三位忠兼「真葛原露のなさけもとどまらずうらみし中は秋風ぞ吹く」かと思われる。
（6）Judith Gautier, *Le Second rang du collier*, Juven, 1903, p.134.
（7）Frederick Victor Dickins, *Hyak Nin Is'shiu*, London, Smith Elder & Co, 1866.
（8）Léon de Rosny, *Si-ka-zen-yo, Anthologie japonaise*, Maisonneuve et Cie, 1871.
（9）Rafcadio Hearn,《A peep at Japanese Poetry》, May 27 1883, in *Essays in European and Oriental Literature*, Ayer Company Publishers, 1923, p.337.
（10）Léon de Rosny, *op. cit.*, p.IV.

（11）Léon de Rosny, *Feuilles de momidzi*, Paris, Ernest Leroux, 1902, p.260.

（12）Pierre Martino, *L'Orient dans la littérature française aux XVIIe et XVIIIe siècle*, Hachette, 1906, p.108.

（13）Victor Hugo, *Toute la lyre*, t. II, Albin Michel, 1935, p.205. 訳は「茶の国の乙女よ、お前の幸せな夢では、天が都で、中国が里にある」。

（14）William Leonard Schwartz, *The Imaginative interpretation of the far east in modern french literature 1800-1925*, Librairie ancienne Honoré Champion, 1927, p.26.

（15）Judith Gautier, *op. cit.*, p.205. これは、張籍の「節婦吟」の末句「恨不相逢未嫁時」である。訳は、「このように結婚してしまう前に、どうしてあなたに出会わなかったのでしょう」。ジュディットによる意訳は次の通り。《Que ne t'ai-je connu avant d'être mariée !》

（16）Judith Gautier, *Le Livre de jade*, Alphonse Lemerre, 1867.『白玉詩書』との訳は、表紙に記されたものによる。

（17）例えば、ゴーチエは小説『スピリット』で、精霊の軽やかさの表現に「トンボの羽の軽いひと触れ」を引き合いに出す。また、彼も台本作家を務めたロマン派バレエでは、妖精の衣装にトンボやチョウのような羽が付けられていた。丹尾安典「ヨーロッパへ飛んでいった蜻蛉」（『芸術新潮』、昭和六三（一九八八）年、五六頁）によれば、トンボは欧米で不吉な虫とされていたようだが、まさにそのことはこうした美しい精霊も本来は怪物の一種であったことを思い出させる。

（18）Yvan Daniel,《*Le Livre de Jade*, un rêve de Judith Gautier》in *Le Livre de Jade*, Édition d'Yvan Daniel, Imprimerie nationale, 2004, p.9.

（19）厳密に言えば、原歌のローマ字転記およびかな書きは七首にのみ付されている。これらには、見開きの状態で歌が印刷された通常のページと、歌が草書体で書かれた単独刷りの挿絵ページが並置されている。その挿絵にある文字を明らかにするように、ローマ字転記が五行詩と共に載せられている。

（20）その他、『寛平御時后宮歌合』『金塊和歌集』『俊成卿女集』の歌が若干見られる。また、『小倉百人一首』の歌も一七首含まれており、八代集と共に参照されたものと思われる。これらの古歌の間に織り込まれた加藤千蔭や松平定信、香川景樹ら近世歌人の歌は、西園寺自身の愛誦歌だったものだろうか。

（21）Ph. B [urty], 'Poèmes de la libellule', *La République Française*, vendredi 22 mai 1885, p.3.　高階絵里加、前掲書、二七〇頁参照。

（22）Remy de Gourmont, *Judith Gautier*, Bibliothèque internationale d'édition, 1904, p.12.

（23）Jacques Roubaud, *Mono no aware*, Gallimard, 1970, p.7.

（24）Stéphane Mallarmé, *Vers de circonstance*, Gallimard, 1996, p.96.

高島北海の日本再発見
——フランス滞在がもたらしたもの

鵜飼　敦子

はじめに

日本とフランスの文化交渉史を語る上で、高島北海（一八五〇－一九三一）は看過できない存在である。一八八五（明治一八）年から三年間、農商務省の技術官吏としてフランス北東部の街ナンシーの森林高等学校に派遣された人物である。

高島は幼い頃から父親の手ほどきを受けて南宗画に親しんでいた。また内務省地理局、農商務省山林局の技術官吏として日本のみならずヨーロッパの山林調査をしながら、山岳の素描などの画作を続けていた。一八八二（明治一五）年の第一回内国絵画共進会への出品をはじめ、一八九〇（明治二三）年および一八九五（明治二八）年の日本美術協会展に出品し、官吏引退後一九〇二（明治三五）年には上京して画壇に入るほどの実力があった。

フランス留学中、高島は日本から携えてきた筆を用いて、実際に画を描いてみせていた。そのような実演を伴った作品は「即興性」「偶然性」という新しい芸術のありようを当時の美術評論家および芸術家に示したといえる。芸術的才能のみならず、高島の、西洋の社会生活に容易に溶けこむ柔軟で進取の気性に富んだ姿勢に加え、本来の目的である植物学研究の能力も高く評価されていたことは、ナンシーの当時の芸術誌や植物学の会報からうかがい知ることができる。

この滞在の間に、北海がナンシーの芸術家たちと交友があったことはすでに知られている。しかし北海が彼らにもたらした影響について、その射程はいまだ明らかにされていない。日本において、高島の人物像がある程度明らかになると、ナンシーへの留学という史実を中心に、アール・ヌーヴォーとの関係が大きくとりあげられた。高島のアール・ヌーヴォー運動への関与についての論は、大きくふたつに分かれる。両者の因果関係に否定的なフランスを中心とする研究者と、関与に肯定的な日本側の研究者の意見である。日本美術の影響は認めても、それが高島北海という人物に直接関わっているとは思えないという消極的な見解が前者である。それは、影響関係の判断材料となる、決定的証拠を欠くことに起因している。海を渡った浮世絵がそのまま作品の意匠として使われたという、目に見える劇的な事実がない。それだけに、たとえ表層ではなく、もっと深い次元で「影響関係」というものがあったとしても、証拠を提示することがきわめて難しい。高島とナンシー派芸術との関係は、あくまでも推測の域をでないというのが現状なのである。(1)

日仏の芸術論者の間で論じられてきたのは、これまでのところ、常に一方向であった。高島がフランスの美術界にどのような影響を与えたのかという議論である。芸術に「影響関係」と呼べるものが存在するのであれば、それは双方向であってもおかしくはない。ナンシーでの滞在を通して、高島が学んだことがあったのではないか。しかしながら、フランス滞在中の高島の日記が見つかっていないという状況下にあっては、それを本人の当時の言辞から探ることはできない。ここでは、高島がナンシー滞在で残したものと、当時の文字媒体を今一度確認することにより、高島がフランスから受けた影響について考えてみることにする。

一 ナンシーの日本人

画家としての高島の発見は、日本ではなく西洋の研究者からの指摘に端を発していた。そもそも高島の存在が一九世紀末のヨーロッパ美術史と関係づけて注目されたのは、一九五六年のステファン・マドセンによる著書『アール・ヌーヴォー』[2]の中の記述にはじまるとされる[3]。マドセンはこの著書の中で、ナンシーの彫刻家オーギュスト・ヴァランから得た情報として「ナンシー派に関しては、ジャポニスムが特異な方法で直接導入された」とし「一八八五年タカシマ[4]という日本人が、森林高等学校に植物学を学びに来ていた。学識ある芸術家のタカシマはヴァランやガレと交友を結んだ」と述べている[5]。日本では一九七〇年代に入り、フランスの外交官ピエール・ランディの依頼を受けて、高橋邦太郎が高島の足跡をたどっている。後にナンシーの彫刻家エルネスト・ビュシエールが高島に贈ったものと判明する「石膏レリーフ」[6]と二枚の「水墨の日本画」がナンシー派美術館で確認された[7]。このランディの依頼は、一九七〇年の大阪万国博覧会に際して日仏交流の展示をすることを目的としていた。

ナンシーを中心とするロレーヌ地方の研究誌[8]は、一九六二年に、高島に言及している。パリにおける日本美術の流行のはじまりは一八五〇年代後半とされている[9]。パリを中心に沸き起こっていた日本ブームがナンシーにも波及し、

図１　エルネスト・ビュシエール作「高島北海胸像レリーフ」（ナンシー派美術館蔵）

図２　高島北海「海の幸図」（ナンシー派美術館蔵）

一八八六年にはガンベッタ通り一三番地に日本美術を扱う店ができたという。そのような状況で、タカシマという人物が一八八五年から一八八八年までの間ナンシーの森林高等学校に滞在したこと、また森林高等学校に残した作品以外に、九八点もの作品をナンシーの四二人の人々に残したと記している[10]。執筆者でナンシー派芸術の研究者であるテレーズ・シャルパンティエは、当時のナンシーにおける芸術誌『ナンシー・アルティスト』[11]誌をもとに、一九七六年には日本での高島の経歴を詳しく叙述している[12]。

高島の留学開始時期である一八八五年のナンシーにおいて、日本および日本美術についての知識は、ある程度蓄えられていた。さらに高島とその作品受容のための土壌ができていた土地として、ナンシーが最も適した場所といえる理由がひとつある。レイモン・ド・ダルマスの日本旅行記の発刊である。当時二〇歳だったロレーヌ地方出身のダルマス伯は、一八八二年一月から三ヶ月間、日本に滞在し、一八八五年に旅行記を出版した。この旅行記には、美術、音楽、文学などの芸術に関する記事のほか、日本文化、生活習慣等を各章に

図3　高島北海「日本の風景」（ナンシー派美術館蔵）

わけ、事細かに見聞したことが記されている。日本の絵画の特徴としては「油彩画が存在せず水彩や墨を使った技法で描かれる」こと、「遠近法や影のない構図」で「花や鳥や昆虫が細部に至るまで緻密に」描かれていることをあげている。

高島が一八八五年四月一四日よりナンシーに滞在する直前の四月五日付『ナンシー・アルティスト』には、ダルマス伯のこの旅行記について要点をまとめた、「日本における芸術」と題する記事が掲載された[13]。

日本人は油彩というものを知らない。水彩や墨彩によってのみ画を制作する。それらは何よりもまず装飾性の高いもので、花や鳥や昆虫が驚くほど忠実に再現される。力強く、すばらしく繊細な色彩である。そのようなモチーフが描かれない場合でも、自然を模倣するということはせず、記憶をたよりに制作を行なう。紙あるいは絹布を床に広げ、膝をつき、これまで幾度となく扱ってきた主題を描くのである。画全体の下書きをすることはない。画面の上のほうから描きはじめて、一挙に全体を描き切り、一旦描いた箇所に再び手を入れることはしない。遠近法という概念はなく、平板な彩色のみをして、決して陰影はつけないのである。[14]

ダルマス伯が紹介した日本画の制作現場は「床に広げた画面」に向かい「膝をついて」「記憶をたよりに」描くという、それまでに見たことのない制作の方法である。そしてそれは、まさに後に高島がナンシーにおいて自ら披露するものであった。

日本の美術品が入って以来、フランスでは日本の美学に関する研究が進み様々な論文が発表された。一八六九年エルネスト・シェノーの「日本美術」と題した講演、一八七二年から一年間『文芸芸術復興』誌に連載されたフィリップ・ビュルティの「ジャポニスム」、一八七八年エルネスト・シェノーの『ガゼット・デ・ボザール』誌掲載「パリの日本」、一八八三年ルイ・ゴンスの「日本美術」などがそれである。彼らがそのなかで語る新たな発見のひとつとして、「日本の絵画」の構図における非対称性があった。しかし彼らは、日本から入ってきた画を見て構図の奇抜さに驚くことはあっても、制作の方法までは想像できなかった。日本の絵画がどのようにして生まれるのか、それは当時実際に日本を訪れた一部のものにしか分からなかった。あるいはナンシーで高島の実演を見たものにしか分かり得なかった。

ダルマス伯の日本旅行記が紹介された後、同じ芸術誌に高島の名が登場する。高島の作品がナンシーの街で飾られたのは、文房具店の陳列窓であった。その店主、装幀作家ルネ・ヴィネールは、高島の実演について次のように述べている。

この号の内容はタカシマ氏の好意によるものである。独創的で意表を突いた簡略な制作方法をもって、日本人がどのように自然を把握するのかを知ることは興味深い。その筆致は自由自在で的確なものである。下書きなしに、持ち上げた手をおろすことなく、いわば即興で制作がなされる。ここかしこの暗黙の目印に導かれるようにして、描き手は目に心地よい配置を作りだす。左右対称を追求せずに、である。［……］ここでもサロン・ド・ナンシーに際してタカシマ氏に贈られた賛辞を繰りかえすばかりである。

ルネ・ヴィネール⑮

まるで手品のように何もないところから画をつくりだす、高島の制作現場を目にした驚きがあらわれている。対象となるモデルを直視しながら、地に垂直に画面を置いて描くのが油彩画の制作方法だが、それはまったく異なるものである。

そのような「新しい」方法をもって描かれた作品は、単なる実演の見世物で終わっていたわけではない。このヴィネールの証言にもあるとおり、作品自体の評価も高かった。高島の手になる作品は、陳列窓からはじまり、ナンシーの美術展という発表の場までも得ていたのである。

ダルマス伯の旅行記の中に、日本の芸術家に触れた箇所がある。ダルマス伯は日本の絵画を評価しながらも、「日本には専門的な美術館や画廊が存在しない」とし、日本の芸術の作り手については、「熟達した職人であるが、高尚な芸術という意識がまったくない。芸術家を芸術家たらしめる、理想の追求がない」としている。このような日本の芸術に関するダルマス伯の見解に対して、『ナンシー・アルティスト』には次のような注がつけられている。

ここでは、ダルマス伯の著作の概要紹介であるため、ダルマス伯の評価を尊重している。ヨーロッパに輸入された日本の数多くの画集を調査した結果、我々の伝統とはまったく別の、洗練された理想と遠近法の実践を見出す証言もあることを記しておく。

「日本趣味」の流行した当時のフランスにおいて、そうした表層の「日本趣味」を超えた日本の芸術そのものについての理解もかなり深まっていたといえる。では、日本から来て、絵画の実演をしてみせた高島自身は、どうとらえられていたのだろうか。高島が日本の優れた芸術家とナンシーの人々にみなされていたことは、早い時期からうかがうことができる。高島の留学開始から半年あまり後の『ナンシー・アルティスト』には次のような記述がみられる。

本物そっくりと保証のついた日本趣味の装飾美術品がある。日本の魅力的な美術品は装飾美術品の購入者たちの高い関心を呼んでいるが、そうした日本の美術品が持つ、ありとあらゆる雰囲気をそっくりそのまま醸しだすように意図して、日本趣味の装飾美術品は制作されている。私たちヨーロッパ人は日本趣味を実践しようとしながら、なんと情けないことだろう！　そのような真似事程度が関の山なのだ。芸術家としてきわめて優れ、歴とした日本人であるタカシマ氏が、そうしたフランスの模造品を目にしたら、きっと笑うにちがいない。(16)

高島の作品が芸術として認められていたように、高島自身もナンシーでは芸術家として人々に受け入れられていた。そして一八八七年にはフランス文部省よりオフィシエ・ダカデミーが授与される。高島は「芸術家」として、フランスの国から認められることとなったのである。

二　『仏文詩画帖』をめぐって

「日本の芸術家」としての評価を得た高島は日本の制作方法を披露し、「日本の」作品を残しただけではなかった。高島北海に関する資料の多くは、高島の五番目の娘であった園の夫、河村幸次郎のもとに伝えられ、昭和五七年に下関市に寄贈された。そのなかに高島がナンシーに滞在することで可能となった、フランスと日本の文化的コラボレーションの成果とでも言えるものがある。高島北海資料のひとつとして現在、下関市立美術館に収蔵されている『仏文詩画帖』[17]がそれである。

フランス語で書かれた詩と日本画の融合と言えるが、ジュディット・ゴーチエの詩画帖『蜻蛉集』(一八八五年)のように印刷されて世にでたものではない。あくまで私的な手書きの詩集である。製本はされておらず、ワトソン紙に黒インクの文字で書かれた仏文詩と、水彩絵具で描かれた図が厚紙に挟みこんである。傷みがはげしく全体を判別することは難しいが、表紙には一匹の可憐なトンボが描かれているのが分かる。なかに描かれている画は山水画、草花や昆虫を描いたもので、二枚をのぞいてはそれぞれ詩の一節と対応関係がみられる。表紙以外の紙がすべて同質であることから、詩と画のいずれかを後から付け加えたとは考えにくい。一冊にまとめることが計画的になされていたのであろう。制作年と場所については「ナンシー一八八六年一〇月一〇日」、「ナンシー一八八六年一一月二四日」のふたつがある。高島がナンシーに到着して一年半あまり経った一八八六年の一〇月から約一ヶ月半の間に制作されたと思われる。この詩集のなかには次のような献辞がみられる。

　ムッシューータカシマへ
　私たちの冬の夜の想い出に
　ブランシュ・ユッソン

「私たちの」というフランス語が、ブランシュ・ユッソンと名のる女性と高島のふたりだけを指すとは必ずしも断定できない。しかし高島が秋から冬にかけての夜に、ナンシーのある人物、あるいは人物たちと集い、この詩集がつくられたことは間違いないであろう。

細かく丁寧な文字で記された詩は一四編収められている。作者名が明記されているものは、シュリー・プリュドム[18]が七編、エミール・トゥヴィヨンが三編、アントワーヌ・カンポーが一編、オーギュスト・ブリズー[19]が一編、また作者名の記載のないものが二編である。

作者名のない二作品のうち *L'idéale* という詩は *Les yeux* とともにプリュドムの詩集 *Poésies diverses* に収められているものである。また同じく作者名のない *Joie sans causes* はプリュドムの詩集 *Les épreuves* に収められており、これら二編の詩はいずれもプリュドムの作と断定できる。一九〇一年にノーベル文学賞を受賞するプリュドムは、当時一般に広く知られていた詩人である。『仏文詩画帖』にみられる *Le vase brisé* という詩は、詩集 *Stance et Poèmes* に収められており、当時好んで暗誦されたものであった。知識階級の文学好きな女性が好む詩の選択ととらえることができる。献辞から受ける印象のように、高島とフランス人女性とのロマンスから生まれたものなのであろうか。しかし詩の選択に関して言えば、*Le convoi d'une jeune fille*, *Joie sans cause*, *Les yeux*, *La blessure qui chante*, *Les anémones sont mortes* など、テーマとして「死」があげられるようなものばかりで、愛を謳うようなものではない。

また献辞、詩文はすべて同一の人物の筆跡と思われるが、『仏文詩画帖』として括られ保存されている史料のなかにひとつだけ、あきらかに異なる筆跡のものがある。詩集の半分ほどの大きさの厚紙が挿入されており、それに書かれた仏文である。


均整のとれた書体。

明瞭な思考力と高い知性の持ち主であることが分かる。

右上がりの書体。
いくらか野心家を思わせるところがある。
斜めに傾いた書き方。
あなたは敏感な心を持ち、感受性が強い。
少し角張った筆跡。
あなたには強情なところがあるかもしれない。
優しさと素直さにあふれている。
勢いのよさ——いくぶん高慢なところがある。
想像力と歓喜、教養豊かな知性
繊細さ——活力に満ちている。

ビールとにんじん、葉巻の愛好家[20]

この付属の紙片は、筆跡からそれを書いた人物の性格を判断する、筆相学の鑑定であろうと思われる。書体の形容詞はすべて『仏文詩画帖』の詩文の筆致にあてはまる。献辞を書いたブランシュ・ユッソンなる人物についてなのであろうか。最後の一行の上下には線がひかれており、強調する箇所ととらえるべきかもしれないが、この鑑定を行なった人のことが記されていると考えることもできる。[21]

ブランシュ・ユッソンの人物像が明らかにならない以上、例えばそのジュディット・ゴーチエとの関係は何とも言いがたいが、『蜻蛉集』は刊行物であり、この詩集の作者が手に入れていたとしてもおかしくはない。時期的に『蜻蛉集』の影響を受けてこういった詩集がつくられたとも考えられる。そのようにとらえると、表紙に描かれたトンボは意味深い。ナンシーにおいてフランス詩と日本画の融合を試みた一例としてあげられる史料であることは間違いない。

三　高島北海の位置

ナンシーにおいて芸術家として注目を集めていた高島は、その芸術活動を通して何を得たのであろうか。日本画の制作を実演することがナンシーの芸術家との交流のきっかけとなったことについて、高島自身は後年、次のように語っている。

> 私が十八年の春、仏蘭西のナンシ井といふ所に山林学校があって行った処が、仏国東部（仏蘭西は何でも四つに分ける習慣がある）の絵画大共進会を開いて居た。［……］私は日本流儀に花鳥を画いて出品したです。山水は画かぬ花鳥でないと可かぬです。其事を知って居るものですから。［……］日本の絵手本は大変はいって居る。併し画く人がない所へ日本人の画く人が来たといふので大いに賞賛されたです。何でもないので《ママ》けれど、美術家が尋ねて来て方法を聞く。是で大いに交際を得たですね。[22]

高島の言から分かるのは、あえて日本を意識した実演を行なったということである。高島は描く状況にあわせて対象や技法を選んでいた。すでに習得していた西洋画法ではなく、墨を使った絵画制作の即興を行ったこと。得意とする山岳風景ではなく、墨彩を用いて日本の花鳥風月を画きだしたこと。それらはすべてナンシー側の期待を見込んだ、高島の意図するところであった。高島の画の技術について言えば、ナンシーで披露したような墨彩がそのすべてであったわけはない。一八八〇（明治一三）年の「名勝真図」には、高島が実景を南画的水墨画で表現した試みが見られる。それに対し、高島は一八七八（明治一一）年「富士登山図」を描くに際して西洋の水彩画法を使用し洋画的山岳写生も数多く残している。前者と後者には同一の人物が描いたとは思えないほど、技法および作風に違いが見られる。また、高島が丹念に素描を描き、それを作品化していたことはすでに論じられている。[23]

高島がフランスで選んだのは、西洋画ではなく日本画であった。ナンシーの地では、高島は自国の伝統を見せることに意味があると分かっていたからだ。対象の本質を捉えるために試作を重ね、目的に合わせて技法を選ぶ手腕こそが、高島の芸術的才能であった。それはナンシーでの体験があったゆえの発見にほかならなかった。それが、官職を離れた後の高島の方向づけに関わってくるのである。後年、高島は東洋画と西洋画について次のように語っている。

私自身は何畫を描て居るかと云ふと、東洋畫をやるのには自ら説がある。私は是迄仏蘭西に行た時にも、西洋畫をならはなかつた、其譯は畫も他の物事と同じく其國々に習慣と遺傳とがある。私が東洋人である以上は東洋の遺傳と習慣とで發達した畫を益々發達改良せしめた方がよからうと思ふ。其國の固有の遺傳習慣は外國人から模倣の出來がたいものであるからである。［……］その遺傳と習慣とを積まねば、西洋人と肩を比べる畫は出來にくいと思ふ。私はそれで東洋畫をやるのである。

高島は絵画制作において、真似ごとをするのは意味がないとしたのである。それは、古典の模倣をくり返す日本画壇への批判にも通じ、また、西洋の模索に向かう日本の洋画壇への警告にも通じるものであった。

画家といふものは、美の感覚が鋭く、一方では夫を現はす技能の上達がなければならぬ、即ち詩人が美の感覚が深いと共に夫を綺麗な言語に現はすことが出来なければならぬ様なものである。［……］洋画には油絵とか水彩画とか木炭画とか鉛筆画とかもあるという風で、各種の描法があるが、その中でいづれの画のかきかたにもせよ、妙技に達すれば、孰れも其間に差別なく美は現はれて来て、等しく人を感じさせることが出来る。私が今日日本の畫界の有様を見ると左の二種に別れて居る。一は舊来の畫派を其儘に守って、變化の無く模擬といふ一点張である。又他の一方は日本畫と西洋畫とを折衷して、怪物畫（鵺畫）をかくといふのである。［……］今の青年畫家の中に新舊の二派あるが、どつちも佳境に達することの出來ないのは、今申した通り、一は古人の糟粕中に生息してゐるのと、一は古人の糟粕に洋畫の焼き付けをしたことである。夫れでは如何もならぬ。然し今の新派の人の考えは如何も、舊來の畫を革新せねばならぬといふことは十分分かつてゐると思ふが、どうしたらよいかといふ手段になつて來ると、西洋畫の末技たる、遠近法を幾何学的にやるとか、光線を理学的にかくとか、いふやうなことに許り眼をつけて、眞正の洋畫の主眼たる所の人に美感を與へるといふ大切のことに氣が付て無い様だ。[24]

西と東を俯瞰し、流派にとらわれなかった孤高の画家、高島北海の姿勢がここに現れている。それは同時代にフランスを見て新たな西洋画を模索した黒田清輝や、日本画に西洋を持ちこもうとした竹内栖鳳とも立場を異にする。「科学的合理精神と芸術精神」[25]を持ち合わせ「明治近代世精神の歴史的に貴重な実践例」であった特異な存在にしか発せられないことばであろう。

おわりに

流派に固執せず、師もなく弟子もとらなかった高島北海は美術史から消え、一九〇〇年代後半までその存在が人口に膾炙することはなかった。高島という人物の発掘は、冒頭でふれたように、西洋側からの示唆によってはじまったのであった。

技術官吏としてナンシーの森林学校に留学していた高島が、絵画制作の実演によってナンシーの人々から注目を集め、その芸術的才能が評価されたことは、当時の芸術誌から読みとることができた。

高島がナンシーで行なった絵画制作の実演は、それまでの日本美術についての言説に表われてこなかったものを見せたという点において大きな成果があった。シェノーらの記述には、高島の実演を見て驚嘆しナンシーの人々が口にした「即興性」や「偶然性」の発見は見られなかったからである。

高島がフランスに与えたインパクトが、単なる日本的意匠の転用や模倣というレベルに収まらないものであったことは明白である。ジャポニスムのコンテクストのなかで、日本美術の表面的な理解を超えて、そうした美術作品を生んだ技法、背景にある美学について知り、その上で自国の文化との融合をはかる。それが不可欠であることは、他でもない『仏文詩画帖』の制作を依頼した作者こそが感じとっていたことなのではないか。

一方、高島にとっても、自国の文化を見直すために、ナンシーの留学体験は意義深かったにちがいない。帰国後、高島は「西洋」に傾倒することなく、「東洋画」を選んだ。高島がナンシー留学を経験していなければ、あるいは官職を退いた後、日本画壇に参入することがなかったかもしれない。フランス留学は確かに高島自身に東洋人としての自覚を強く促したのである。

そうは言っても、ナンシー留学以前から高島とフランスの関係を読みとることができることも付言しておきたい[26]。それは、一〇代で「仏式軍隊」の軍人たらんと志した若き日の高島にあった異国としてのフランスであり、築地で学んだ異国の言葉としてのフランス語であった。さらには、フランスという国の存在が身近になった、生野でのフランス人技師との出会いでもあった。とりわけ、生野において高島が学んだのは、日本にはなかった西洋の新しい技術、測量や経営の知識であった。このことは以後の高島の経歴に大きく影響しているといえる。このように「フランス」は高島の生涯の転機に大きく関わり、その後の高島の人生を決定していったと言っても過言ではない。

当時の日本において、「芸術」の概念はダルマス伯の言うようにあいまいであったのかもしれない。おそらく日本画にしても、工芸作品の下絵という面もあった。職人と芸術家の区別も西洋のように明確ではなかったであろう。ダルマス伯は、時として日本の状況を辛辣に書いているのだが、その「職人しか存在しない」とした日本から来た高島は、明らかに職人としてではなく、「芸術家」として迎え入れられていた。

日本美術を高く評価したロレーヌ地方出身者に、ゴンクール兄弟がいる。ゴンクールの日本に対する見方を、ミシェル・ビュトールは次のように記述している。

［エドモン・ド・ゴンクールにとって］日本はまるで美学の楽園のようであり、そこでは一介の農民や職人でさえ、当時の多くのフランス人画家たちよりも美的感覚に優れているようであった。[27]

ここではゴンクールの日本の理想化がいささか誇張して書かれているのであるが、日本では美が特権階級の占有物でなかったことに注目している点はきわめて重要である。日本の美が日常生活と深く結びついていることは、当時の美術評論家たちが口を揃えて指摘したことのひとつであった。当時ヨーロッパにおいては工芸は、絵画などの純粋芸術とは区別されていた。実用と美は一体であるという日本の美術観は、ヨーロッパの人々にとって全く新しいものであった。

高島がフランス人から彼らの概念でとらえた「芸術家」のひとりとして遇されたのは、単なる幸運ではない。アルティザン的な技を持ち、さらに理想を追求すること。それは科学と技術の融合を基盤とした地質学から鉱山学、植物学までも学んだ高島にして初めて可能となったことであろう。

高島北海はフランスにおいては北斎以来の日本の代表的な芸術家とされた。そして、現在に至るまで、彼のような特質を持ちあわせた日本の芸術家は現れていないというのは誰しも認めるところであろう。

＊ 引用文は本論筆者訳、［ ］内は本論筆者の注記。

（1）一九〇一年エミール・ガレによって設立された「芸術産業地方同盟」。フランス北東部のロレーヌ地方ナンシー市を中心とし、主な芸術家にはドーム兄弟、ルイ・マジョレルなどがいた。自然を意匠に取りいれた装飾芸術運動を展開し、アール・ヌーヴォーの中心的存在のひとつとなった。

（2）ここでは一九六七年発行のフランス語を参照。Madsen, Stephan Tschudi. *L'Art nouveau*, Paris, Hachette, 1967.

（3）高階秀爾『世紀末芸術』、紀伊国屋新書、一九六三年、一〇七頁。

（4）高島の綴りはTakacyma、Takashima、Takasyma、Takasima、漢字表記では「高島」「高嶋」。また得三はTokouzo、Toukousoと当時の掲載媒体によって様々であった。欧文綴りの自筆サインとしてはTakasymaが用いられたが、活字で残されているものにはTakacyma Tokouzoが最も多く使われていたようである。本論においては、引用文中では原典記載どおりの綴りを使用し、引用文訳中では「タカシマ」のカタカナ表記、また本文中では「高島北海」の漢字表記を用いることとする。

（5）Madsen, Stephan Tschudi. op.cit., p.59. 日本語訳は一九七〇年刊。

（6）下部右に陰彫で「タカシマ氏へE. ビュシエール一八八七年」。ナンシー派美術館蔵。

（7）高橋邦太郎「高島北海とアール・ヌーヴォ」『萠春』、日本美術新報社、一九七五年、一二頁。

（8）ロレーヌ地方の芸術に関する紀要、*Le pays Lorrain*。

（9）ゴンクール兄弟によれば、一八五一年に日本の美術品に興味を持っていたのは自分たちの他にはおらず、一八六〇年にはじめて日本の浮世絵画帳を発見したとのことである。斎藤一郎編『ゴンクールの日記』、岩波書店、一九九五年、四七六－四七七頁。

（10）Charpentier, Françoise-Thérèse《Au temps où l'on naissait japonais à Nancy... 》*Le pays Lorrain*, 43e année, 1962, p.29.

（11）*Nancy Artiste* は一八八八年より *La Lorraine Artiste* に名称を変更している。

（12）Charpentier, Françoise-Thérèse《Un Japonais à Nancy au XIXe siècle : Tokouso Takacyma》, *Le pays Lorrain*, 60e année, 1979, p.1-14.

（13）《LES ARTS AU JAPON》*Nancy Artiste*, 5 avril 1885.

（14）Raymond de Dalmas, *Les Japonais, leur pays et leurs mœurs*, Paris, Éditions Kiné, 1993.

（15）《NOS GRAVURES》, *Nancy Artiste* 11 juillet 1886.

（16）《PEINTURE & SCULPTURE, Autour des Vitrines.》, *Nancy Artiste*, 20 décembre 1885.

（17）資料紹介は昭和六二年にされている。井土誠「資料紹介・高島北海資料「仏文詩画帖」」『下関市立美術館研究紀要』第一号、一九八七年、二三頁－六四頁。画にはサインがないが、手法の類似や当時の状況から北海の作として誤りないとされている。

（18）一八三九－一九〇七。パリ生まれの高踏派の詩人。二六歳のときにStance et Poèmes（1865）を発表し、サント＝ブーヴらから絶賛され成功を収めている。その後Les Solitudes（1869）、Les Vaines Tendresses（1875）など、哲学的思考から苦悩や心の傷といったものを多く描いた。一八八一年にアカデミー会員となり、一九〇一年には第一回のノーベル文学賞を受賞している。

（19）オーギュスト・ブリズー。一八〇三年生まれ、ブルターニュ地方出身の詩人。詩集には *La fleur d'or*（1841）、*Les Bretons*（1845）、*Les Hisroires poétiques*（1856）などがある。

（20）Ecriture harmonique. Dénotant / par conséquent un esprit clair et une intelligence développée. / Montante. Laissant percer/ un peu d'ambition.

Inclinée.Vous avez l'âme sensible/ et impressionnable.
Un peu anguleuse. Vous pourriez/ bien être entêté./ Assez de bonté et franchise
Gaité. Un peu d'orgueil. / Imagination et enthousiasme / Intelligence cultivée
Délicatesse. assez d'énergie. /

Grand amateur de bière, de carottes et de cigares.

---

(21)「愛好家」は男性形である。しかしこれを書いた人物が高島であるとは考えにくい。高島の欧文文字の直筆はほとんど残されておらず、例外的に画の献辞があるのみだが、それらもペンではなく、筆で書かれている。そのために筆跡の比較が困難で、断定はできないが、問題の文字と高島の筆跡はあまりにも違いすぎる。

(22) 井土誠「高島北海・ナンシーにおける活動とその反響」『下関市立美術館研究紀要』第二号、一九八九年、七頁。「高島北海の山水画談」(一)から(四)までは『防長新聞』一九〇三(明治三六)年九月一八日、一九日、二二日、二三日に連載された。

(23) 高島北海の画と画論について最も詳しいものは、井土誠氏の研究である。本論執筆にあたり『下関美術館研究紀要』第三号、一九九一年から第九号、二〇〇三年を参照した。

(24) 以上二箇所の引用文「東洋畫に就て」高島北海氏談『美術新報』二巻第一四号、一九〇三(明治三六)年一〇月五日。

(25) 井土誠「高島北海著『写山要訣』にみる近代絵画観」『下関美術館研究紀要』第九号、二〇〇三年、二五頁。以下、引用二箇所。

(26) ナンシー留学以前の高島については、安井雄一郎の調査に詳しい。安井雄一郎「ナンシー留学までの高島北海」『高島北海展』、一九八六年、一三六－一四五頁。

(27) Butor, Michel, *Le Japon depuis la France-Un rêve à l'ancre* , Paris, Hatier, 1995, p.74.

本論の執筆にあたっては、下関市立美術館の井土誠館長より貴重な史料のご提示を賜った。また高島のナンシー留学以前の活動に関して、山口県立美術館学芸員の安井雄一郎氏にご教示をいただいた。記してここに感謝の意を表したい。

『失われた時を求めて』にみる菊の花

――愛の憂いと嫉妬を秘めるジャポニスムの花

阪村　圭英子

マルセル・プルースト（一八七一－一九二二）は小説『失われた時を求めて』[1]のなかでフランスのベル・エポックの社会を描き出した。この時代、安定した経済生活を享受するブルジョワ階級が増え、人々は花を愛好し植物学や園芸に強い関心を示すようになる。アール・ヌーヴォー様式の流行に見られるように、自然界のモチーフ、とりわけ花や植物の意匠がライフスタイルに取り入れられ、花は日々の暮らしや社交生活に欠かせないものとなっていた。典型的な社交人であったプルーストも、友人たちと植物談義を交わし、あらゆる機会に花を贈りあっている。そのような時代を背景としたこの小説には、百種近くの花々が登場する。そのなかには何度も繰り返し取り挙げられる花もあれば、ただ一度しか記されないものもある。いずれにしろこれらの花が場面に精彩を与えることはもちろんだが、それだけではなく、物語世界のなかで、象徴的な役割または構成上の重要な機能をはたしていることも多い。

なかでも菊は、プルースト自身が小説内で日本の花と明記しており、ジャポニスムの花としても興味をひく。この花は作品中にしばしば登場しているが、いずれの場合も主要登場人物のひとりであるオデット・ド・クレシーことスワン夫人と深く結びついている。通常オデットの花といえば、必ず薄紫のカトレアが挙げられるであろう。たしかに、形状の上からも、また筋書きの上でも「愛の行為」のメタフォールとなったカトレアの衝撃的登場は忘れがたい。しかしながら、カトレアほど注目を浴びる存在ではないが、ジャポニスムの菊もオデットの重要な化身のひとつなのである。さらに言えば小説全編を通して、語り手とスワンのふたりが共通して関心を抱く花は、唯一この日本の菊だけである。

日本は幕末から明治にかけて、世界の列強に伍する国家としての存在感を、とりわけ西欧に対して訴えかけることを一つの国是としていた。フランスで再三開催されたパリ万国博覧会（一八六七、一八八九、一九〇〇）に連続的に出展したことは、そのもっとも際だった行為であった。日本の浮世絵や工芸品が、博覧会以外でも数多く海を渡って、広汎なジャポニスム現象を生み出していたことは今さら繰り返すまでもない。芸術の分野に限らず、日本は政治社会面でもいろいろな形でヨーロッパに関わるようになった。一九〇四年に勃発した日露戦争では、大国と思われていたロシアが新興のアジア辺境の国に破れたことで、あらたなアジアの脅威が話題となった。サロンでも日本が政局にからんだ時事問題としてしばしば取り上げられている。

こうした時勢を反映し、プルーストの作品や書簡には日本および日本文化に関する言及がたびたび見られる。その一例が、『失われた時を求めて』の冒頭部近くに置かれた、あの有名な〈紅茶に浸されたマドレーヌ〉の挿話である。ここではマドレーヌの風味が引き金となって、少年時の無意識的記憶がよみがえってくるのだが、その比喩として、日本の水中花のように記憶が広がっていく様子が描かれている。実際に、プルーストは友人のマリー・ノードリンガーから水中花を贈られていた。さらに小説を読み進めると、日本美術・工芸にふれつつ印象派を思わせる風景描写がなされたり、「キモノ」や「ムスメ」といった日本からの外来語も採用され、当時最新の趣味をあらわしている。このような例に限らず、菊、菖蒲、盆栽など日本の植物についての記述がプルーストの小説に少なからず登場する。[2]

一般にジャポニスムというとき、ただちに思い浮かべられるのは美術工芸品がフランスの芸術家たちに与えた影響である。しかし、日本の植物の貢献度も過小評価すべきではなかろう。日本からフランスへの園芸植物の導入は、装飾芸術品と比較すると少々遅れて始まったのが事実である。当時生きている植物を極東から取り寄せるには、輸送手段が発達した現在では想像できないほどの苦労があった。こうして輸入された日本の園芸植物や盆栽は、博覧会場などにおいて、おおいに人々の関心と購買欲をそそったのである。その代表格が日本の国花の菊であった。

プルーストの作品に登場する菊はこのような文化背景と時代の要請から出現したものであり、この点を押さえなければ、プルーストの花体系の本質を見誤ることになる。ここでは、ベル・エポックの菊が持つ特異な時代性をふまえて、『失われた時を求めて』の菊が担う役割について考察したい。

一　フランスにおける菊の位置

現在のフランスで菊といえば喪の花である。したがって死者への供物である菊花を祝いの贈答に用いることは禁忌とされている。一一月一日の〈万聖節〉と翌日の〈死者の日〉になると、フランスの墓地はどこも菊の花で覆われる。商業的に見ると、この花は万聖節をめざして栽培され、死者を弔うこの祭日をすぎると、市場価値をほとんど失うほどである。ところが、一九世紀末頃において、墓参の花は必ずしも菊だけではなかった。薔薇、パンジー、ムギワラギク〈不死花〉immortellesと呼ばれる）なども供花として頻用されていたのであった。[3]そして、東洋からの移入種が脚光を浴びるようになり、この花は今日とはまったくかけはなれたイメージを備えていたのである。

そもそも菊とはどのような植物なのであろうか。フランス語の chrysanthème の語源は、ギリシア語の「金」を意味する chrysos と「花」を意味する anthos である。これは元来 souci sauvage des blés（Chrysanthemum segetum）を指し、さほど大きくない花を咲かせる地味な植物であった。この花が人々の強い関心をひくようになったのは、一九世紀に大輪をつける新種の菊が極東からもたらされるようになってからのことである。

最初に東洋の菊がヨーロッパに導入されたのは、一六八八年にオランダに渡った中国の菊であったが、これはすぐに枯れてしまう。ついで、英国にも一七六四年に同じ品種がもたらされたが、人気が出始めるのは、マルセイユの商人M・ブランシャール（一七四一－一八二六）がやはり中国から菊を持ち帰った一七八九年頃からである。南フランスの暖かい日差しの下で菊の栽培はようやく成功したのだった。[4] さらに、一八四三年に英国の著名なプラント・ハンターであるロバート・フォーチュンが中国から菊を導入し、それが品種改良され人気が出た。しかし、菊栽培はまもなく下火となる。というのは、開花期が遅いうえに花弁は内側に巻き込み、根元から早々に葉が落ちて支柱なしでは倒れるなどの理由で敬遠されたからであった。

菊の花が本格的なブームを引き起こすのは、日本の菊の登場を待たねばならない。再びロバート・フォーチュンが活躍する。この腕利きのハンターは珍しい植物を求めて一八六〇年、日本にやってくる。ところで江戸時代の日本は、徳川家康をはじめとして代々の将軍が園芸に情熱を傾け、特に観賞用植物の育成と開発に力を入れていた。その影響を受けて、各国大名から農民や長屋の住民にいたるまで、花作りに腕を競った。フォーチュンは各地で目にする手入れの行き届いた植物、日本人の園芸にかける熱情と高度な栽培技術に驚愕した。なかでも見事な大輪の菊には感動し、さっそくそれらの菊の鉢を買い付けている。[5] やがて三〇種の菊が他の植物とともに、ヨーロッパへと送り出された。

その大半は一八六三年に英国に到着するまでに枯れてしまうのだが、菊は七種だけが長旅に耐えた。栽培を始めるにはそれで十分であった。かつて見たこともない華麗で大輪の菊の花が市場に現れると、人々はすっかり魅了された。

フランスでもこうした日本の菊をもとにして、より大きな球状の花を咲かせるために、次々と品種改良が行われる。その結果、日本の大輪に匹敵するような、直径が四〇センチメートルを超える種類も現れた。当初、観賞用の菊は温室でしか栽培できなかった。けれども、一八八〇年代に耐寒性品種に改良され、戸外でも晩秋の庭を彩り始める。菊の愛好会活動はますます盛んとなり、各地で鑑賞会が催されるようになった。一八八九年の万国博覧会記にも、植えられた菊が色とりどりに咲き乱れる様子が書きとめられている[6]。

特筆すべきは、日本が一九〇〇年のパリ万博の際に、国威発揚をかけて菊の大株展示会を企画したことである。もっとも、日本から直送した苗の多くは海上輸送の途中で枯れてしまい、やむなくフランスの大輪咲きの菊が代用された。しかし、これらの菊をただ一株に大輪の花が二、三百も咲くように仕立て上げた技術力は高い評価を得て、見事にコンテストに勝利している。この菊の花はその後豪奢な園遊会に並べられ、一万人を越える入場者たちの目を奪ったのだった[7]。

二　ジャポニスムの菊受容

フランスに大輪球状の花が現れる頃から、菊は絵画や工芸の世界においても、新しいモチーフとして脚光をあびるようになる。ジャポニスムの流行で巷に出回る日本の工芸品にも、菊の図柄がしばしばあしらわれていた。なかでも印象派に属する画家たちは、鮮明な色合いと多様な形状をもつ菊の花を好み、画布に取り込んでいくことになる。エドガール・ドガの《菊と女性》（一八六五）はまだ菊がデビューして間もない時代の代表作といえよう。エドゥアール・マネによる白菊の扇面（一八八一）は、典型的ジャポニスムの作品である。オーギュスト・ルノワールの八〇年代の作品には、花瓶に挿した鮮やかな菊の花束が数点ある。このような巨匠たちの影響のためか、フランス留学中の黒田清輝も菊と女性をモチーフにした作品（一八九二）などを描いている。

注目したいのは、クロード・モネである。ジヴェルニーに移り住んだこの「画家兼庭師」は、日本の花々を精力的に集め、睡蓮の池がある広い庭に植え込んでいた。プルーストはモネが微妙に色彩を調和させて造りあげたその庭園を賛美し、いずれ執筆したいというエッセー『天上の六つの楽園』に章を割く意志を明らかにしている。[8] モネのアトリエには菊の鉢が多く並べられていた。彼が収集した浮世絵コレクションには葛飾北斎の《菊》が含まれている。また友人の画家カイユボットが描いた《菊》も所有していた。[9] 画家は睡蓮のシリーズを発表する前に、一八九八年に四枚の《菊》連作をパリの画廊で発表している。黄、白、ピンク、オレンジ、薄紫色という、モネ独自のニュアンスで開花する菊の姿は、有名な睡蓮連作への無視しがたいプレリュードなのである。

菊のモチーフに関しては、ナンシー派の中心人物、ガラス工芸家のエミール・ガレ（一八四六－一九〇四）にも触れないわけにはいかない。少年時代に本格的に植物学を学んだガレは、のちにロレーヌ地方の園芸協会の副会長になるほど植物に造詣が深く、自宅にも広大な庭を構えていた。当時のナンシーは、園芸家のヴィクトール・ルモワーヌが植物の品種改良に成功し、菊のみならず次々と花の新種が発表される国内きっての園芸の中心地であった。ガレは一八八六年に「菊とグラジオラス」を紹介する小論を「ナンシー園芸協会誌一二月号」に寄稿している。[10] そのなかでルモワーヌの作り出した各種の菊を褒めたたえ、フランスでの菊栽培の成功は頂点に達したと述べている。ガレは同じ記事のなかで、温室にあふれる陽気な色彩の菊に言及し、新しい花が〈万聖節の菊〉の喪のイメージを払拭するはず

クロード・モネ《菊》
(catalogue raisonné, 1996)

だと宣言する。さらに女性たちが菊を持って舞踏会に出席していることを強調する。またガレは、友人エドモン・ド・ゴンクールがたいそうこの花に情熱を注ぎ、雪のなかをヴェルサイユへ菊を探しに出かけたエピソードを紹介している。ところで、ガレがナンシーに滞在した高島北海からさまざまな影響を被ったことは知られている。二人はともによく似た菊の写生を残した。(11) 日本美術のモチーフを積極的に取り入れ続けたガレの作品群、すなわち初期の陶器から家具調度類、そして後年のガラス工芸品にまで、日本的な菊の姿が表現されていることはあえて強調するまでもなかろう。

さてピエール・ロティ(一八五〇－一九二三)が『お菊さん』*Madame Chrysanthème* を発表したのは一八八七年末である。ジュディット・ゴーチエによる和歌のアンソロジー『蜻蛉集』はその二年前に出版されている。この詩画集の表紙に、蜻蛉とともに菊が描かれているのは、もとよりこれらが日本国をあらわす象徴だからだ。長崎を舞台としたロティの小説が発表される頃には、菊もジャポニスムの人気も十分に高まっており、この小説が成功をおさめる素地は整っていたと考えられる。『お菊さん』はまさに時流に乗った作品であったといえよう。こうしてプルーストの「スワン家の方へ」が出版される一九一三年までに、あらゆる方面で日本の菊はフランス人に受け入れられ、一種のブームを引き起こしていた。

それでは、マルセル・プルーストは、菊の花に対してどのような関心を抱いていたのであろうか。彼が若い頃から菊に興味を示していたことは書簡から推測できる。一八九〇年一一月に一九才のプルーストは、友人ジャック・ビゼーの母でサロンの主宰者ストロース夫人（一八四九－一九二六）に、菊を贈っている。プルーストは同夫人あての書簡において、菊はメランコリックな花で高価なものでなく、また慎ましい花ではあるが、自分の書く散文よりは美しくニュアンスに富んでいると述べている。[12] また同じ頃に、別の友人ロベール・ド・ビイの両親も、プルーストから届けられた三本の見事な菊の花を受け取り驚いている。菊のプレゼントはまだ続く。二年後にプルーストは、オデットのモデルのひとりであるココットのロール・エーマン（一八五一－一九三二）にも一五本の菊を送り届け、添え状に「あなたと同じく誇り高く悲しげな花――美しいことを誇りとし、すべてがあまりにも愚かしいので悲しい花――がお気に召しますように」と記している。[13] 書簡で菊に与えられた「メランコリックな」「悲しげな」「美しい」などの形容詞は、どれもオデットにふさわしいものである。また、これらの菊の贈呈は、プルーストがジャポニスムに通暁した詩人ロベール・ド・モンテスキウ伯爵、そして前述の水中花の贈り主マリー・ノードリンガーに出会う以前のことである。

一九〇六年一〇月、三五歳のプルーストはまたもストロース夫人にこの花を贈った。今回は「こんなに簡素な花を」贈ることになってしまったいきさつについて弁明している。[14] 希少な美しい花を贈るつもりでいたが病身のため人に頼んだところ、園芸店の多いヴェルサイユであるのに菊しか見つからなかった、秋の花鉢として並べればきれいなものだが、手紙も同封せずに発送されてしまったと。こうして、花の少ない晩秋を明るく彩る菊は、しだいに晴れやかな社交の場に進出し、やがて、二〇世紀を代表する文学作品にその艶姿が記録されるのである。

三　『失われた時を求めて』における菊

オデットの菊とスワン

それでは、プルーストが菊を小説のなかでどのように表象しているか、つぶさに検証してみよう。この花はまず「スワンの恋」で大きく取り上げられる。最初に登場する場面は極めてさりげない。優雅な独身生活を享受するスワンは、高級娼婦のオデット・ド・クレシーと交際をはじめるが、まだ彼女の住まいに足を踏み入れるほど親しくはない。オデットは評判の美人であるが、その憂いをふくんだ悲しげな容姿は本来ならばスワンの好みではなかった。それでも彼は夜も更けた頃に、オデットをサロンから家まで馬車で送るのを楽しみにしていた。秋の終わりの或る日、いつものようにスワンはオデットを馬車に乗せる。

〔……〕ある晩、彼女が馬車から降りるやいなや、彼がではまた明日といっているときに、彼女は急いで家の前庭から最後の菊を摘み取り、彼が立ち去る前にそれを渡した。彼はその菊を帰る道々、じっと唇に押し当てていた。そして数日後花が萎れてしまったとき、彼はそれを書き物机のなかに大切にしまいこんだ（I. 216）。

菊の花をめぐる二人のやりとりに、二人の微妙な恋愛関係が見て取れよう。彼らの行動を示す文章構造は似通っている。「彼女は摘んだ」elle cueillit précipitamment と「彼はしまいこんだ」il l'enferma précieusement という動詞の単純過去時制が一連の出来事の起点と終点を区切っている。オデットの行為には「急いで」という副詞が、スワンの行為には「大切に」という副詞が使われており、明らかな対照をなしている。オデットにとっては、気まぐれに思いついた行為だったのだろう。しかし、スワンにしてみれば意外な、そしてうれしい贈り物であった。男性は女性に花を贈ることに慣れていても、女性から花をもらうことはめったにない。ましてや、世間のうわさになるほどの美女が別れの挨拶を交わしたあとに、身を翻して摘みにいき、与えてくれた花だ。彼は夜の帳のなか馬車の振動に身をゆだねながら、唇で菊の花を愛撫する。無意識のうちにスワンは、ココット（高級娼婦）の手練手管に籠絡され始めている。

菊は二人の関係において、徐々に存在感を増していく。第二の場面は、スワンが始めて東洋趣味で飾り立てたオデットの住居に足を踏み入れたときのことである。外の庭には雪が残っているのに、控えの間には、大輪の花を咲かせた菊が、まるで温室のように一列に並べられてあった。その花々は、後年の園芸家たちが栽培に成功した大きさにはおよばなかったが、当時としてはまだ珍しいものであった。それらは東の間の光を放つ星たちのように、オデットの部屋を薔薇色やオレンジ色に白色とさまざまな色合いに染め分けていた。スワンは、その前の年から始まったこの花の流行を嫌っていた。にもかかわらず、彼の目にさえも、壮麗な菊のインテリアは、陰鬱な天気を一掃するほどの鮮やかな色彩として、好ましく映えたのである（I. 217）。

この一節では、菊はある時代を示唆する指標としての役割を果たしているかのようにみえる。前述した状況から、六〇年代後半から七〇年代にかけて菊の流行が始まることが確認できた。大輪の品種改良が成功するのは、オデットの菊よりもあとなので、彼女はかなり早い年代からこの花を植えていたことになる。では、実際に「昨年（l'année dernière）から始まった菊の流行」とは正確にある年月を示しているのだろうか。これには否定的に答えざるを得ない。

『失われた時を求めて』に厳密な客観的時間の秩序を求めることにはあまり意味がない。作家自身があえて作品内で年代の特定を避け、歴史的事件の時系列的な順序を混乱させていることは明らかだからだ。いずれにせよ、フランスで実際に菊がはやり始める年代と物語の場面には少々時差が生じている。ここで強調されているのは、正確な年代ではなく、最新流行（la dernière mode）を敏感に察知するオデットのココット気質であろう。彼女は流行に先駆けて、ジャポニスムの花を身辺に取り込む。ココットの武器は知性、教養と美貌、そして時代をリードするディレッタンティスムなのである。[15]

ここで参考にしたいのが、タイプ原稿である。そこには既に菊が随所に現れている。オデットがスワンに与え、彼を苦しめることになるあの菊だ。そして、オデットが庭で菊を摘む場面には、加筆があった。彼女が摘んだ菊の箇所に「それは彼女のお気に入りの花であったが、彼女はむしろ日本の新しい菊を好んでいた」という記述である（N.a.fr.16734, f°38）。ここでは明らかに彼女と日本の菊が結びつけられていた。しかし、作家はジャポニスムの強調を避けるためか、この加筆を決定稿から削除してしまう。ところでスワンが始めてサロンまでやってきたときに、オデットはスワンに蘭の花を見せながら、「彼女のお気に入りの花」はカトレアと菊だと伝える（I, 218）。周知のように「愛の行為」を指すカトレアの挿話は、後からタイプ原稿に加筆されている。実は、スワンが好感を持つ控えの間の菊の詳細な描写も、同じくタイプ原稿への加筆だ。サロンの菊に向けるスワンの視線が加筆されたことにより、オデットの菊花にカトレアに劣らない魅力が与えられた。

ところで、オデットとは違い、スワンは最近の菊の流行を不快に思っていた。はたして彼は〈万聖節の花〉がもてはやされることを疎んだのだろうか。[16] ここではそれよりも、スワンの美学にその原因があると考えたい。伝統的な意味で趣味の良いコレクターであったスワンは、フェルメールやフィレンツェの画家たちを愛し、自分の住居をルイ一六世様式に整えていた。それは世紀末的なインテリア美学の対極にあるといえる。ここで、菊が西洋美術史における ジャポニスム台頭の代表的存在であることを想起すべきである。ジャポニスムを取り入れた室内は、まるで芸術家の乱雑なアトリエのように、雑多な飾り物や植物で充満していた。洗練された美術愛好家であるスワンは、そんなオデットの流行の住まいを訪問した際、彼女が嬉しげに中国の飾り物や蘭の花などの説明をしても、なんの感銘も示さない。彼を喜ばせたのは、控えの間の花と彼女の入れた紅茶だけであった。スワンは菊の流行に代表される時流の新趣味を嫌悪していたのかもしれない。

しかし、スワンはオデットと結婚したのちは、妻の趣味を優先する。妻の趣味が自分の知性・感性に釣り合わなくても、あえて異を唱えるつもりはない。実際、結婚後オデットが采配をふるスワン邸は、すっかり彼女の趣味に染め上げられ、サロンには中国の小物が飾られ、室内は温室かアトリエのような趣を示していた。この家で菊を賛美するのは、もはやスワンではなく思春期の語り手である。

プルーストはモーリス・メーテルランクを愛読し、書かずに終わった『天上の六つの楽園』（前述）の楽園リストにも、この「菊や蘭の変種を研究する」作家の庭も挙げていた。メーテルランクは、『二重の庭』（一九〇四年）のなかで、菊に関して一章を割き、この花を「不思議な星、扁平な星、敗れ開く星、透明な星」などに喩え、変種の菊を世に送り出す品種改良者達の創意工夫を讃えている。[17] だが、別の章の「野の花」や「昔の花」においては、日本からの新参の外来種が庭の片隅に追いやったフランス古来の花を細かく記述する。刻々と姿を変えながら、故国の花を駆逐してしまう菊はいわば功罪相半ばする存在である。メーテルランク同様、プルーストは菊に対する両義的な視線を、スワンにも分け与えたのであろうか。

彼は菊の咲くオデットの住まいを二度訪問した。初回の訪問のとき、菊を鑑賞するスワンに対してオデットは日本の絹のクッションを勧めたり、紅茶の世話をしたり、かいがいしく仕える。二度目の訪問は運命的なものであった。スワンは薄紫色のガウンを着た物憂げなオデットの姿が、ボッテイチェリの作品であるエテロの娘チッポラに類似していることに気づく。芸術を愛するスワンの目には、今やオデットの美は至高のものであった。彼の好みでなかったはずなのに、彼女のことを考えずにはいられない。そして、彼女からのやさしい手紙を受け取ると、以前もらった菊の花をしまいこんだ同じ引き出しに入れる（I, 222）。

ところが、恋人となったオデットにスワンが激しい嫉妬を抱くようになると、菊の思い出が彼を苦しめる（I,316）。彼女がくれた花や彼女からの手紙を入れた引き出しを見ると最初の出会いが思い出され、いっそう苦痛が増すのである[18]。はては、菊の入った書き物机を見ないですむように苦労する始末だ[19]。こうした努力が実を結び、彼の苦しみは次第に薄れてゆく。ところが、ある晩スワンは、出かけていった夜会で、二人の愛の歌として親しんだ「ヴァントゥイユのソナタ」をたまたま耳にした。たちまち、過ぎ去った幸福のすべてが心によみがえってくる。

そこでまず登場するのがオデットから与えられた菊の花だ。彼女を馬車で送った夜が回想に浮かび上がる。「彼はすべてを再び目にした。彼女が馬車の彼へと投げて、彼がじっと唇に押し当てていた、雪のように白い縮れた菊の花びらを［……］」（I, 340）。ここではじめて菊の色彩が話題となる。彼女が庭の暗闇で摘み取った菊は、雪のように白かった。夜の馬車のなかで、菊の白さはいっそう印象が強い。花の白さは、清純無垢なイメージでスワンの心をつかむ。白い花のもつさわやかな美は、ずっとあとになって、オデットの室内装飾や衣装にさらに大胆に用いられ、語り手の目をひきつける。スワンはたしかにサロンの寵児として、多くの女性たちと浮き名を流してきた。けれどもそれは真の愛の姿ではなかった。スワンにとって、身を焦がすような本当の恋はオデットの菊とともにやってきた。白菊の純愛幻想がオデットの放縦な過去を清算してしまったのである。

このように、菊はスワンの嫉妬と愛の幻想のメタフォールであり、その点で官能的なカトレアとは対極にある。「スワンの恋」が終わるとき、彼は心の中で叫ぶ。「まったく大切な人生の数年を無駄に過ごしてしまった。気に入らない女、趣味でない女だったというのに！」（I.375）初めてオデットの住まいで菊を眺めたときのスワンを思い出そう。もともと、この花は彼の好みではなかった。要するに、彼は趣味からかけ離れた女性と花に翻弄されたのである。その意味で、菊の花こそ彼女の化身のような存在である。

スワン夫人の菊と語り手

思春期の語り手もオデットの菊に魅了される。彼は、スワンとオデットの娘ジルベルトに初めての恋をする。彼女に会うためにスワン家を訪問するうちに、彼は母親のスワン夫人に惹かれてゆく。「冬の庭園」を備えたスワン家は、夫人の趣味による花々や植物にあふれている。彼は、ピアノを奏でる夫人に見惚れている。一一月の黄昏どき、くすんだ色の部屋のなかで菊が「オレンジ色の火や、赤々と燃える暖炉や、薔薇色と白の炎になって輝いている」（I.418）のを見るのは、目に快い。しかし、これは語り手の心に蘇る光景にすぎない。小説内で彼が最初に語る菊は、第一巻『スワン家の方へ』末尾で回想されるもはや不在の花だ。語り手は昔日の菊を思い出し、美しい時代が過去のものになったことを嘆息する（I.419）。

第二巻第一部「スワン夫人をめぐって」において、その菊が詳細に語られる。語り手はジルベルトたちと夫人のピアノを聞いている。彼は演奏に陶酔するが、演目のソナタを理解できない。というのも、彼の思うところによれば、世の中には、理性で才能を分析できる世界よりも、はるかに優れた世界があり、スワン夫人は、そういう世界に君臨する神秘的な全体像だからだ。そんな超越世界では、ピアノを弾く指のタッチ、部屋着、香水、そして菊といった彼女のアトリビュが必要不可欠の要素をなしている（I, 523）。ここでも、「スワンの恋」と同様、オデットと菊の花は切り離せない。

彼はジルベルトと不仲になっても、スワン夫人を訪れ続ける。オデットが初冬に飾る菊は、スワンが一〇数年前に彼女の家で見た花と同じではない。夫人が結婚後洗練されて美しくなったように、菊も大きさが増して豊かな色合いとなって招待客の目を奪う。

私がその菊の花を賛美するのは、［……］夫人の肘掛け椅子のルイ一五世風の絹のように淡い薔薇色、彼女のクレープ・デシンの部屋着のような雪の白さ、あるいは彼女のサモワールのように金属的な赤色などのこれらの菊が、サロンの装飾品のうえに、同じように豊かで高雅な、しかも生きていて、けれども僅か数日しか寿命のないような色彩の装飾を重ね合わせていることに由来していたのであろう。しかし、私が感動したのは、これらの菊が、一一月の午後も終わりの夕霧のなかに沈む太陽によって華々しく燃え上がるあの空の色調に比べると、同じような薔薇色、同じような赤銅色でありながら、それほど束の間にうつろいもせず、むしろ比較的長続きするためであり、スワン夫人の家に入る前に眺めた夕焼けが、空ではもう消えかかりながら燃えるような花のパレットに移し替えられ、まだ続いているのを再び見出すためであった。まるで人間の住まいを飾るために、ひとりの偉大な色彩画家によって、移ろいやすい大気と太陽の光から奪い取られたかのような炎のごとく、これらの菊は、どのような悲しみにもかかわらず、このお茶の時間に、一一月のあの短い快楽を心ゆくまでむさぼるようにと私を招きながら、その快楽の親しげでいて神秘的な輝きを私のかたわらで燃え上がらせていたのであった。（I, 585-586）

引用の前半では、菊はスワン夫人を賛美する語り手の心情を反映し、彼女の持ち物との類推関係で描写される。しかし、後半部では事情が異なる。菊は「パレット」や「偉大な色彩画家」という語彙に結びつけられ、絵画とのつながりがはっきりと示唆されている。プルーストが色彩画家と称賛していたのはとくにモネである。作家が前述の『天上の六つの庭園』に取り挙げた画家の名は、モネただ一人である。プルーストがモネの睡蓮の連作をパリの画廊で鑑賞し、そのタブローがコンブレーの睡蓮のモデルになったことは今では周知の事実だ。しかも前に述べたように、モネは一八九八年に菊の連作を発表した。ただ作家がこの連作を実際見たことがあったかどうかは証拠がない。[20]いずれにしても、プルーストの菊と画家の作品群とを比較してみると、モネの菊が小説のモデルであると確信したくなる。モネの連作において、菊花はまるでプルーストの小説でのように、晩秋の靄に包まれた背景に色とりどりの花を咲かせているからだ。

語り手が菊に見とれているスワン夫人のサロンでは、社交人たちがライヴァル意識の火花散る会話を繰り広げる。[21]往年のサロンの支配者ヴェルデュラン夫人は、年下のスワン夫人にむかって、菊は日本の花だから日本風にアレンジすべきだわ、と活け方に注文をつける。しかしヴェルデュラン夫人が立ち去ると、たちまちコタール夫人が、オデットしかこれほど見事な菊を見つけられない、と追従の言葉を口にする。[22]

ヴェルデュラン夫人が、活け花についての知識をこれみよがしに披露したように、この頃は日本の生活風土や慣習についての情報がかなり伝わっていた。プルースト周辺に目を配ると、ロベール・ド・モンテスキウ伯爵が雇用した日本人庭師の畑和助がいる。畑は、本格的な日本園芸を持ち込み、評判を得ていた。プルーストが絵画や文学のみならず園芸に関しても彼の「美の教師」であった伯爵から受けた影響は強い。例えば、恋心についての比喩に「日本の庭師のように大輪を得るためには、不要な蕾は小さいうちに摘み取る（I. 393）」と述べている箇所があるが、こんな小挿話も、作家がモンテスキウから聞いた菊の栽培方法に由来すると言われる。[23]

菊の活け方をめぐるサロンでのやりとりは些細な描写であるかのように思われるかもしれない。ところが、最終巻『見出された時』でも類似したエピソードが繰り返される。そこにはゴンクール兄弟の『日記』の長い模作が挿入されている。そのなかで、ある婦人が日本趣味の作家をもてなそうとして、日本の菊だけを使って食卓を飾って見せたことを自慢する。すなわちヴェルデュラン夫人だ。架空のゴンクールは夫人の気取った口調を写し取る。「[……]世にも稀な傑作とすべき花器に活けました菊ですが、それらのひとつはブロンズ製で、表面には赤みを帯びた銅の花弁があしらわれ、まるで生きた本物の花が散っているように見えるでしょう」(IV, 288-289)。

プルーストがわざわざ菊の話題をパスティシュに組み入れたのには理由がある。オリジナルの『日記』には、一八七四年から多様の菊の描写があるからだ。最も早い時期のジャポニザンであることを自負したゴンクールこそ、ガレの主張どおり真の菊愛好家の名前にふさわしい。たとえば八五年一一月一日の日記にはおよそ次のような描写が読まれる。「大雨のなかヴェルサイユで手に入れてきた日本の菊が、家の階段を飾り立てている。芸術家の目には真の喜びだ。妙なる絹に皺をよせたような白い花もあれば、心を奪う繊細に紫がかった薔薇色もあり、また中心部がくすんだ金色のキンレンカの赤もある。水鳥のような羽冠を持つこの茎の長い植物は、身を傾けながら、物憂げでなにか誘惑するような独特の風格があり、それでいて自然とはかけ離れたものの魅力がある。その色といえば、神様が造形されたふつうの花とはまったく異なる。それらは砕けた色調、ぼかしたような色調、過去の色調、壁掛けや家具、美術工芸産業の色調、退廃期の文明のインテリアを彩る色調である[24]」。

この菊の記述とプルーストのパスティシュの花との類似はしばしば指摘される[25]。たしかに、プルーストが言う「赤みをおびた銅」は、ゴンクールが用いた「キンレンカの赤」と「くすんだ金色」の合成であろう。しかしそれ以上に、スワンと語り手を魅了する菊に似ていないだろうか。スワンの思い出の菊は「皺がよった白い花びら」をもち、ゴンクールのほうは「妙なる絹に皺をよせた白さ」とされる。しかもオデットの壁の菊は、作家の階段の花色と同じ色調だ。

プルーストはさまざまな作家たちの文体模写を行なった。そのなかで、ゴンクールのパスティシュだけが作品にそのまま取り入れられた。その理由はいくつもあるだろう。まず、世紀末のサロンを描くのに、社交生活を大事にしたゴンクールは格好の対象であった。しかも、語り手の美意識や批評眼とまったく異なる視点をもつ作家として、批判されるために導入されたのだった。とはいえ、ゴンクールが完全否定されているわけではない。ゴンクールの『日記』はプルーストにとって、汲めども尽きぬ観察眼と世紀末美学の宝庫だったからである。

ゴンクールを初めとするジャポニザンたちの好んだ菊は、『失われた時を求めて』のなかでオデットの身辺を飾っているが、薔薇や蘭や菫のような地位にまで高められることはなかった。ジャポニスムとともに絶大な人気を博し、流行が去るとやがて華やいだ場から忘れられていった実物の菊のように、ある意味でプルーストの菊ははかなさの象徴であった。菊は数年後には語り手の追憶のなかにしか存在しない。まさに「失われた花」なのである。

菊はプルーストが若い頃から個人的に愛した日本の花であった。小説のなかでもっともジャポニスムの影響を受けた人物の一人であるオデットを菊で飾ることは、時代色を重んじたプルーストの小説構想のなかでは、ごく自然なことであったろう。そのうえ菊の花は文学的、芸術的なコノテーションに富む植物であった。プルーストのペン先から流れ出る菊の描写は、ゴンクールやメーテルランクの先例と切り離して考えることはできない。しかもジャポニスムと関連の深い印象派が全盛であった時代、菊が描写の対象としてしばしば好まれたことは注目に値する。なかでも「色彩の画家」モネの作品群とのつながりは否定しがたい。つまり、『失われた時を求めて』の菊とは、ジャポニスムを介在として、文学世界で表現された花とパレットで色塗られた花が融合された、一種の稀有なアマルガムではないだろうか。その意味で、この花はプルーストの花々のなかで特異な存在感を示している。

（1）プルーストのテクストは以下を使用。*À la recherche du temps perdu*, bibliothèque de la Pléiade, 4 vol. Gallimard, 1987-1989. 各引用後の括弧内に出典の巻数番号とページ数を示す。本文中の引用は井上究一郎、鈴木道彦の既訳を参考にしたうえでの拙訳である。

（2）プルーストとジャポニスムについては既に多くの論考があるが、もっとも簡略な記述はJo Yoshida,《Japonisme》, *Dictionnaire Marcel Proust*, sous la direction d'Annick Bouillaguet et Brian G. Robers, Honoré Champion, 2004, pp.528-529.

（3）Jack Goody, *La culture des Fleurs*, Seuil, 1994, pp.328-345. Michel Cointat, *Histoires de Fleurs*, L'Harmattan, 2002, pp.29-33. 菊に関しては以下も参照。A・M・コーツ『花の西洋史〈草花篇〉』白幡洋三郎、白幡節子訳、八坂書房、一九八九年、五五－六〇頁。

（4）Charles Baltet, *Chrysanthème et Dahlia*,Troyes, France, 1906.

（5）ロバート・フォーチュン『幕末日本探訪紀』三宅馨訳、講談社学術文庫、一九九七年。

（6）Urbain Tauny,《L'Horticulture》*Revue de l'Exposition universelle de 1889*, t. I, 1889, p.406.

（7）白幡洋三郎「菊と万国博覧会」『万国博覧会の研究』吉田光邦編、思文閣出版、一九八六年、一一一－一三二頁。定塚武敏『海を渡る浮世絵——林忠正の生涯』、美術公論社、一九八一年、二五二－二五七頁。

（8）Marcel. Proust, *Contre Sainte-Beuve*, Bibliothèque de la Pléiade, 1971, pp.537-540.

（9）Derek Fell, *Les Impressionnistes et leurs Jardins*, Flammarion, 1995.

（10）Emile Gallé,《Chrysanthème et glaïeuls》, *Écrits pour L'Art*, Jeanne Laffitte, 1998, pp.57-60.

（11）由水常雄『花の様式』、美術公論社、一九七七年、一四七頁。

（12）*Correspondance de Marcel Proust*, Plon, 1970-93, t. I, pp.162-163.

（13）*Ibid.*, t. I, p.190.

（14）*Ibid.*, t. VI, pp.255-259.

（15）小説の菊とジャポニスムについては以下を参照。Claude Meunier, *Le Jardin d'Hiver de Madame Swann*, Grasset, 1995, pp. 115-129.

（16）プルーストが菊に熱中していた自分自身を揶揄しているのではないかとする説もある。Luc Fraisse, *Proust et le Japonisme*, Presses Universitaires de Strasbourg, 1997, pp.30-31.

（17）Maurice Maerterlinck, *Le Double Jardin*, Charpentier, 1924, pp.189-204.

（18）タイプ原稿では彼女が与えた花の名は「薔薇」となっていたのが、「菊」に訂正されている。異国趣味の花を選択する以前は、薔薇をオデットに付与していたことがわかる。N.a.fr.16734, f° 146.

（19）この菊とオデットを《fanée》を共通項とし比較した考察がある。Serge Doubrovsky,《Faire catleya》, *Poétique 37*, février 1979, pp.111-125.

（20）ダニエル・ヴィルデンシュタインの総合カタログ『モネ』の新版（一九九六年）によると、菊の連作は一八九八年パリのジョルジュ・プチ画廊「モネ展」に出品されている。そのうち番号一四九六はデュラン＝リュエル画廊で一九〇八年にも展示されている。しかし、プルーストがこれらの展覧会を見たかは不明である。睡蓮については以下を参照。吉川一義『プルースト美術館』、筑摩書房、一九九八年、二五－二六頁。

（21）ふたりの夫人と花については以下を参照。Junji Suzuki, *Le Japonisme dans la Vie et l'Œuvre de Marcel Proust*, Keio University Press, Tokyo, 2003, pp.188-193.

（22）このあとコタール夫人は、菊の形容詞が男性形か女性形であるべきかを話題とする。新来の菊の名詞は男性形と統一されるまで、混乱が生じていた。

（23）Céleste Albaret, *Monsieur Proust*, Robert Laffont, 1973, p.309.

（24）Edmond et Jules de Goncourt, *Journal*, Laffont,《Bouquins》, 1986, t. II, pp.1194-1195.
（25）Annick Bouillaguet, *Proust et les Goncourt*, Minard, 1996.

ジュディット・ゴーチエの別荘
「小鳥の野」離れの装飾画

ブルターニュの「日本」

高階　絵里加

フランス北東部、ブルターニュ地方の北岸沿いに、サンテノガの海岸がある。パリのモンパルナス駅から列車に乗り、レンヌで乗り換えて中世の城壁や城館の残る観光地サン＝マロで降りたのち、そこから車でしばらく西に走ると海岸沿いに見えてくる小都市ディナールの一部分だ。このあたりはもともとひなびた漁村だったが、一九世紀後半、おもに英米人たちが海岸の保養地として頻繁に訪れるようになり、またたく間にホテルやカジノ、別荘の立ち並ぶ避暑地となって発展を遂げた。ベル＝エポック時代、その華やかで社交的な雰囲気は最盛期を迎えたという。ドビュッシー、ヴェルヌ、ワイルドなど多くの芸術家や作家がここを訪れ、一九二〇年代にはピカソが数回にわたって家族と滞在し制作してもいる。現在でも、澄み切った青い空と紺碧の海を背景に、優美な曲線を描く白い砂浜に沿って洋館の立ち並ぶ風景は、まさに「エメラルドの海岸」と呼ばれるにふさわしい。

風光明媚なこの海岸沿いに残る一九世紀の建物のうち、白壁の瀟洒な佇まいでひときわ眼を引くのが、「小鳥の野」と呼ばれるジュディット・ゴーチエの別荘だ。ジュディットは、ロマン派の詩人・作家であるテオフィル・ゴーチエの娘として生まれた。多感な少女時代、家族とともに訪れたロンドン万博で日本の工芸品にであい、その後は生涯にわたって東洋の芸術に関心を抱き続けた。実際に東の国々を訪れたことはないながら、豊かな想像力と表現力を羽ばたかせてインドや中国、そして日本を題材にした詩や物語、戯曲などを残している。その美貌と高い教養がワグナーやユゴーを魅了し、人々からは「東洋の姫君」と呼ばれたジュディットのサロンには、ヨーロッパの文学者や芸術家とともに中国やペルシャの学者や詩人が招かれて、異国のさまざまな言葉で活発な議論や知的な会話が交わされたという。パリの喧騒からほどよく離れた「小鳥の野」は、彼女が世を去るまでの後半生を過ごし、執筆活動と訪れる客人のもてなしに充実した日々を送った小さな城だった。

ジュディットと晩年をともにし、身の回りの世話をしていたある女性の回想記によれば、「日本人画家のヤマモトが別荘の離れを装飾した」という。この「装飾画」は今でも残っているのか、残っているとすればどのような絵なのだろうか。「ヤマモト」とは、明治中期に活躍した洋画家、山本芳翠のことなのか。一九九四年当時、芳翠のフランス留学時代について調べていた私の好奇心は掻き立てられた。まずはディナールの観光局に問い合わせてみたが、「小鳥の野」はプライヴェートな個人の所有になっており、一般に公開されてはいないという。ここでいったんはあきらめかけた調査を、偶然ともいえるある機会から再開し、離れの装飾画が今も存在することを確認して、現在の持ち主と連絡を取ってディナールを訪れ、芳翠が描いた装飾壁画と対面するまでの約半年間にわたるいきさつは、『異界の海――芳翠・清輝・天心における西洋』（三好企画、二〇〇〇年）という本の中でかつて書いたことがある。

はじめて離れを見に行ったのは、一九九五年二月のよく晴れた日だった。ジュディットと親しかった詩人ロベール・ド・モンテスキウが「帽子箱」「煙草入れ」と名付けた通り、離れの建物はやや横長の白い箱のような単純な形をしていた。内部も、山小屋かバンガローのように生の木肌をそのまま見せる四角い部屋に両開きの窓が一つ穿たれているだけの、簡素なつくりだ。その窓を囲むように、入り口側を除く三方の壁いっぱいに、日本の障壁画を思わせる華やかな花鳥画の世界が広がっていた。風を受けて大きくしなう青竹の間を飛ぶ雀の群れ。その横には満開の梅の大木の枝に止まる色鮮やかなつがいの錦鶏と、散りゆく梅の花びらの間を飛び立つ一羽の鶯。さらにもう一方の壁には、苔むした堂々たる松の幹の左右に、二羽の鶴が姿を見せる。竹の葉の変化に富む緑色も、白色と赤色を混ぜて無造作に描く梅の花も、一〇〇年以上の時を経ているとは思えないほどつややかでみずみずしい。こんなにもかろやかな油絵の具の使い方も、芳翠は身につけていたのだ。油彩で描かれた、松竹梅の壁画――フランスで生まれた「日本」が、そこにあった。

「松に鶴」「梅に鶯」「竹に雀」とは、あまりにも典型的な「東洋風」の主題だ、と感じられるだろうか。芳翠と同じような構図で一室にこの三つの画題を組み合わせた例が日本の障壁画の中にあるのかどうか、私はまだ調べ切れていない。それにしてもここまで明快に「典型」を描ききったことは、何を物語っているのだろう。そもそも芳翠は、普通の日本画の修行だけでは飽き足らず、当時最先端の「西洋画」を学びにわざわざヨーロッパまでやってきたのである。ところが実際に西洋に来てみれば、芸術家として求められ、評価されたのは「日本画家」として「日本風」「東洋風」に描くことだった。では「日本」「東洋」とはいったい何か、それまではおそらく考えてみたこともなかった問いに、ここで画家は一つの答えを出しているのだとは、いえないだろうか。

あのつつましい離れの部屋で、私はたしかに「日本」とであった。それは、異郷にある者だけが生み出すことのできる「母国」であったのだと、今は思う。

Ⅳ　もう一つのオリエンタリズム

世紀末フランスにおける日本趣味とフロベール

柏木　加代子

ロマン主義作家の多くと同じように、フロベールもまた生涯オリエント、極東への憧れを懐いた。彼の周囲には皇女マチルド、ゴンクール兄弟や愛弟子モーパッサンなど日本に魅せられた知識人が多くいたが、その中で自宅のサロンで日本贔屓を披露し多くの同調者を得たジョルジュ・シャルパンティエ[1]は父ジェルヴェの事業を引き継いでアヴァン＝ギャルドな出版社を一八七一年に設立し、一八七九年四月一〇日、豪華な執筆陣と画家を取り揃えた新しい挿絵入り美術雑誌として週刊紙『ラ・ヴィ・モデルヌ』を創刊したことで知られる。シャルパンティエ自身マネとも友人であり、新しい絵画や日本美術を礼賛していた。『ラ・ヴィ・モデルヌ』は印象派の画家たちを最初に見いだしたシャルパンティエが当時まだ恵まれていなかったルノワールやマネやモネらのために、公に作品と意見を発表できる場をあたえようという目的で刊行をはじめた雑誌であったが、その協力者は印象派ばかりでなく、多彩な作家達も含まれている。フロベールが親日家シャルパンティエと知り合ったのは一八七二年[2]、行き違いの多かったミッシェル・レヴィ出版社との版権をすべてシャルパンティエに委ねてからの親しい間柄であって、シャルパンティエ夫妻はフロベールに最初の子供の洗礼代父を、そして二人目の子供の代父をゴンクールに頼んでいる。

当時の日本に関する出版物を見てみると、一八七〇年出版の（『ジャポン・イルストレ』*Le Japan illustré*（二巻本）には、舞台の上で演じられる日本女性のあり方の対極として『ボヴァリー夫人』の主人公エマが引用されている。[3] 自作の評に敏感なフロベールはおそらくこの文献を読んでいたに違いない。また一八七六年夏、画家フェリックス・レガメと共に日本を旅したエミール・ギメは、美術調査のため二ヶ月半滞日した。パリ国立ギメ博物館の創始者でもあり、東洋美術品の蒐集家でもあったギメは、日本に招聘される前の一八六五年、フロベールのようにエジプトで異文化を経験し、異なった宗教にも興味を覚えたという。一八七八年にシャルパンティエ社から出版されたギメとレガメーの旅行記『日本散策』*Promenades japonaises*[4] には一八七四年開場した横浜の港座劇場の夏舞台の光景などが西洋の眼で語られている。ギメの日本滞在は『聖アントワーヌの誘惑』（一八七四年）出版直後のフロベールには興味深い体験だったはずだ。一八七七年には『日本見聞記』*Le Japon de nos jours* が出版され、ジョルジュ・ブスケ[5]はその中で花道やまわり舞台[6]、まねき板の絵画や遠近法[7]を欠いた舞台背景に注目した。一八七九年六月の『ラ・ヴィ・モデルヌ』には、ゴンクール兄弟の友人であって、フロベールが深く信頼し、姪カロリーヌの芸術活動への支援を求めたフィリップ・ビュルティ[8]による「ジャポニスム論」が掲載される。

本論は、フロベールとオリエンタリズムそして極東への夢を初期作品『激怒と無力』から最晩年の『ブヴァールとペキュシェ』にいたる足跡をたどり考察し、さらに『ラ・ヴィ・モデルヌ』に象徴されるパリのジャポニスム風潮とフロベール晩年の作品を照合しながら、フロベール文学大成への研ぎ澄まされた美の表現を分析する。

一　オリエントから極東へ

フロベールと友人マクシム・デュ・カンとのオリエント旅行は一八四九年から五一年にかけて行われたが、オリエントを記した初期の一連の作品はオリエントの地を踏む以前に書かれたものである。フロベールのオリエントへの夢想はすでに一五歳の時の作品である『激怒と無力』（一八三六年）における生きながら埋葬された主人公オムラン氏の悪夢に見られる。

オリエンタリズム

オムラン氏はずっと眠っていた。ぐっすりと重苦しい眠りに。彼は夢みていた。それは幻想で美しく、愛と陶酔で煽情的な幻であった。彼はオリエントの夢を見ていた！　オリエント！　焼けつく太陽、青い空、黄金の尖塔、石のパゴダ。オリエント！　すべての愛と薫香の詩そのもの、オリエント！　香水、エメラルド、花、そして金の林檎のある庭をもつ、オリエント！　妖精、砂の上のキャラバン隊、オリエント！　ハレムと新鮮な悦楽のすみか、オリエント。[9]

『激怒と無力』においてオリエントへの夢想と死が結びついてる。六年後の『一一月』（一八四二年）の主人公は、愛する女が死んで落胆のあまり、スーダン、インド、新大陸、中国などを旅行する夢想に耽る。そしてフロベールの初期の代表作『初稿感情教育』（一八四五年）の大団円において、主人公の一人ジュールはすべてを精算し、オリエント

へと旅立つ。ジゼール・セジャンジェによれば、

ジュールの旅立ちは象徴的である。オリエントへ旅立つこと、それはとりわけ行動にうつし始めること、終わりのないエクリチュールに必要な飛躍であって、それは死によってしか終わらないだろうし、いかなる作品もそれを止めることはできないだろう。[10]

「オリエントに旅立つ」、人生の曲がり角にあって、オリエントは早くからフロベールを魅了した。ジュールはオリエントの「調子の多彩さ、線と形の多様、ディテールの相違、全体の調和を探究し[11]」、その「相反し、対比する異なったものの真の調和」に魅了される。セジャンジェの言うとおり、ジュールは

小説の最後にオリエントに発った。芸術家の象徴的祖国であるオリエントは、フロベールにとっては倫理的、審美的価値の化身である。ブルジョワに特徴的な限界線の観念から免れた、そのコントラストゆえに、オリエントは基本的にアンチ・ブルジョワである。ブルジョワは、分類し、区別し、結論づけることしか知らない。[12]

ジュールの「人生は暗い。[……]しかし内面で魔法的な明るさと享楽的なきらめきで輝いていた。それは太陽が満ち足りたオリエントの空の愛[13]」である。こうしてフロベール初期作品の主人公たちはオリエントを夢みることによって死に遭遇し、そして死から蘇る。

フロベールは旅行後の書簡において「オリエントで逆に私が好むものは、知られざる偉大さと、ちぐはぐなものの調和[14]」とルイーズ・コレに書いている。オリエントは不規則の魅力にもとづいた美の新しい理想であって、一九世紀西洋文化の基盤となった紋切り型、つまり固定概念に凝り固まったブルジョワたちのお決まりの悪習を打破するため

にフロベール初期作品の主人公たちはオリエントへと思いを馳せた。フロベールにとってオリエントの不協和音は、ヨーロッパの協和音であるブルジョワ思想から離脱するための手段であって、オリエントはブルジョワ社会との対比で評価されたことに注目したい。

ところでフロベールがオリエントに関する資料の読破を試みたのは、ジャン・ブリュノーによれば、デュ・カンを伴ったオリエント旅行以前に遡る一八四五年の九月から四六年の一〇月にかけての約一年間という。[15] また一八四六年九月一六日エマニュエル・ヴァス宛てには、

私は一五分間だけ少しオリエントの仕事をする。科学的な目的ではなく、全く風変わりな目的だ。私は色を、詩を、音のあるもの、暖かいもの、美しいものを探す。私は読んだ［……］仏教に関するビュルヌフ[16]の大著（中略）と中国の何冊かの本、それだけだ。もしアラブ人、インド人、ペルシャ人、マレー人、日本人あるいは他の人種によってつくられた多少おどけた詩や、ヴォードヴィルの何編かを見つけたら送ってください。オリエントの宗教、あるいは哲学について何か良い仕事（雑誌か本）があったら教えてください。[17]

といった日本を含む東洋の絵画的な側面、色、詩、音などへの限りなき関心を示し、一八四六年八月八日の書簡をはじめルイーズ・コレ宛てには四度にわたって「私はフランス人であると同程度に中国人である」と記し、すでに極東にまでその夢を広げた。

一八四五年のイタリア旅行、ジェノヴァのバルビ宮殿で見たブリューゲルの絵画が『聖アントワーヌの誘惑』（一八四九年）創作のきっかけとなったことはよく知られている。当時はアルジェリアの征服（一八四七年）があり、クリミヤ戦争（一八五四－一八五六）があり、また少し遡るがジャン＝フランソワ・シャンポリオン（一七九〇－一八三二）

によるロゼッタ・ストーンの象形文字の解読などの影響もあって、エジプトへの関心が急に高揚し、その結果、近東への関心「オリエンタリズム」が一種の流行になっていたことはよく知られている。ヨーロッパの視線から見た「オリエント」はナポレオンの遠征を端緒とした一九世紀をつうじてエジプト、シリヤを越えて、ユーラシア大陸の東端まで、旧大陸の東へ東へと拡大し、オリエンタリズムはロマン派の人々を中心に流行した。エジプト、ベールート、エルサレムなど、一八四九年から五一年にかけて、イスラームを訪れ、見聞したオリエントの奴隷たちの風俗は、フロベールにとって一方では文明の立ち遅れを裏づける証拠とみなされたが、同時に忘れがたい体験をもたらすことになる。エジプト、ナイルの河畔エネスに見た美しき妓女クーシウク・ハネムを偲んでのことだろう、アルセーヌ・ウーセ[18]によれば、テオフィル・ゴーチエの勧めによってフロベールは『ボヴァリー夫人』出版直後の一八五七年より「汚く醜い世の中に疲れて［……］現代社会より華麗で遠い主題である」[19]カルタゴの物語『サラムボー』（一八六二年）の執筆にとりかかる。また『感情教育』（一八六九年）は、めかし込んでトルコ女の家に忍び込んだフレデリックとデロリエの青春の日の回想場面で幕を閉じる。

「いちばんよかったのはあの頃だな！」とフレデリックが言った。
「そう、多分そうだな。あの頃がいちばんよかった！」とデロリエが言った。[20]

ジャン・ブリュノーが指摘するように、

フロベールにとってオリエントは少しずつ祖国のようになった。だからこの無限で永遠のオリエントは、彼の作品にとても重要な位置を占めるのだ。フロベールはオリエントに「その真中で途方に暮れる何か広大で無慈悲なもの」を予感する。フロベール作品の思想の一つの鍵がオリエントにある。[21]

フロベール円熟期の『感情教育』において、オリエントはもはや夢想をめぐらせる幻ではなく現実の大地となるのであって、フロベールを読み解くのに、かくオリエントはきわめて意味ある空間といえよう。しかし初期作品から円熟期にかけて「オリエントが祖国」となって、フロベール「思想の一つの鍵がオリエント」にあったとすれば、晩年のフロベール芸術の新たな鍵を、『サラムボー』出版後、友人たち親日家文豪たちの文学の中で永遠に夢想の域を保っている極東に求めることができないだろうか。事実、フロベールは『サラムボー』を執筆中、すでにオリエントから遙かに遠い極東にまで夢を馳せていた。一八五九年ジュール・サンドー夫人宛て書簡[22]によると、もし老母が悲しまなければ、フロベールはグロ男爵の中国探検旅行に是が非でも加わろうと思っていたのだ。

キリスト教の対極としての仏教

フロベールにおけるオリエントから極東への視点の推移という観点で興味深いのは、彼の生涯をかけて執筆に苦闘した『聖アントワーヌの誘惑』（一八七四年）において、初稿（一八四九年）と第二稿（一八五六年）には登場しなかった「仏教」「仏陀」が決定稿に登場していることである。歴史を顧みれば、フロベールが『聖アントワーヌの誘惑』の最終稿を脱稿した一八七二年頃のフランスは、インドでの権益をほぼ手放したのち、その東に位置するインドシナ半島に侵出し、カンボジアやベトナムの植民地に邁進していた。極東の文化への関心を深めたフロベールは決定稿『聖アントワーヌの誘惑』の準備のため、一八七一年六月一四日と二四日付けの姪カロリーヌ宛て書簡の中で『法華教』*Le Lotus de la bonne loi* をベンジャマン・デュプラで買い求めるように依頼している。『聖アントワーヌの誘惑』で仏陀が登場して言う台詞「ヒマラヤの奥より、百歳の僧がわしを見に駆けつけてきた」に対して、イラリオンは聖書の文言「キリストを見ざるうちは死ぬべからざりしシメオンといえる人！」（ルカ伝、第二章第四六節以下）をもって応ずる。また一八七四年八月一日に書き始められた未完の大作『ブヴァールとペキュシェ』においても、キリスト教に疑問をもった主人公の一人ペキュシェとジュフロワ神父との対話の中で仏教がキリスト教の対抗馬として「キリスト教よりも立派で、またキリスト教以前に、現世の事物の虚しさを認めていますからね。その勤めは厳格だし、信者の数も全キリスト教徒より多いし、化身にしても、ヴィシュヌ仏は一体ではなく、九体ですからね！[23]」と言及される。つまり晩年のフロベールにあって西洋と東洋がはっきりと拮抗している。フロベールは「自分は仏教徒になると宣言した」ペキュシェのように西洋のキリスト教文化に疑問を掲げ、東洋に夢を馳せていたようだ。

こうしたフロベールの極東へのあこがれを確認する上で注目したいのは、その『ブヴァールとペキュシェ』が一八八〇年五月八日、フロベールの突然の死によって中断されたとき、ほぼ完成された最終章第一〇章の断片的な草稿に「中国の役割」と記されていることである。

ブヴァールは人類の未来を美しく見ている。現代の人間は進歩の途上である。ヨーロッパはアジアによって再生されるであろう。歴史的な法則は文明がオリエントから西洋へ行くのだから、――中国の役割、――二つの人間性は遂に解け合うだろう。[24]

晩年のフロベールは極東への関心をひときわ強く持ったようだが、フロベールの芸術に対する基本的な姿勢を把握するために、もう一度遡って、オリエント旅行直後の一八五二年一月一六日付け書簡に注目したい。

私が美しく思うもの、私がしたいと思うものは、何にも頼らない書物、あたかも支えのない地球が空中に身を保っているように、外部からの支え無しに、その文体の内的力によって自ずからを保ち、ほとんど主題のない本、あるいは、もしそれが可能ならば、少なくとも主題がほとんど知覚されない書物です。最も美しい作品は、題材（マティエール）の最も少ない作品です。表現が思考に近づけば近づくほど、文字がその上により貼りつき、消え、よりそれは美しいのです。[25]

ここに言及されている「何にも頼らない書物」とは、アラン・ロブ＝グリエが「フロベールの古くからの野心[26]」であると述べた、文体を通しての外界との新しい関係の創造であって、外部世界からの遮断という「何にも頼らない書物」、つまり二〇世紀ヌーヴォー・ロマンの先触れと考えられる。しかし日仏文化交流の視座で考えれば「何にも頼らない書物」は、写意を重んじて、虚空間（背景部分が余白）にオブジェ（実空間）を描き出す日本画の技法を彷彿とさせる。一八四三年には、パリ王立図書館の写本部門ではシーボルトからもたらされた日本の書物（北斎、北渓、光琳、渓斎、英泉など）がコレクションに入っている。一八五一年には、ロンドンの水晶宮で行われた万国博覧会に、オランダの会社F・ゼーヘルス商会が日本の屏風を出品した。こうして一九世紀、日本美術は従来の西洋絵画の伝統的表現に対する新しい挑戦のきっかけとなり、絵画におけるジャポニスムは新しい表現を求めた当時のフランス前衛画家ゴッホ、モネなどに影響を及ぼしたことは言うまでもない。フロベールの友人エドモン・ド・ゴンクールも『ある芸術家の家』の中で日本絵画について「このアルバム（観音寺の中の人形を表した伝説的な場面の模写）は一八五二年に購入したもので、弟と私にとって、その当時ヨーロッパではかなり曖昧に知られていたこの芸術版画の啓示となった。そしてそれ以来、それは風景画家テオドール・ルソーのような熱狂家たちを育成した。ルソーは現在、我々の絵画にとても大きな影響を与えている[27]」と記した。官展派がブルジョワ思想を象徴しているとすれば、そうした流れに反旗を翻し、極東の芸術に啓発され絵画革命を目指した印象派やルソーの考えとフロベールの文学論が早くから同じ方向に向いていたことになる。

二　日本趣味と晩年のフロベール

西洋文明の象徴としての遠近法

ジャポニスムを「一九世紀後半の西欧での美術流行と、芸術家たちが「日本」の名によって展開した美学上・技法上の革新[28]」と定義するなら、オリエンタリズムとジャポニスムの大きな違いは、フロベール自身も然り、オリエンタリズムの芸術家たちは実際にオリエントに旅し見聞を広める事ができたが、日本趣味は極東日本を知ることがなかった。おそらくは特異なものらしい日本についても実は何も知らず、ただパリの骨董品商をあさり、日本を旅行した者の話に耳を傾けて満足するにすぎなかったのだ。しかし他の見方をすれば、オリエンタリズムの延長線上に流行した日本趣味はフランス人たちの夢想を展開させるには都合の良い異文化の潮流であったことは否めない。

フロベールの著作において「日本」が記されるのは初稿『感情教育』の末尾主人公がブラジルから日本に旅すると書かれた一節と、『感情教育』のアルヌー家の競売の品に中国と日本の陶器があげられるにすぎない。フレデリックが退屈紛れに「コレージュ・ド・フランスの教室に入って一時間ばかり中国語や経済学の講義を聞いていた[29]」ように、青春時代、何にでも好奇心を抱いたフロベールとしてはいささか少ない言及かもしれないが、写実主義の大御所とし

図1　「江戸風景」（広重による）
（Champfleury, *L'Imagerie nouvelle*, p.1）

ては直接見聞していない日本についての叙述が敬遠されたのは当然のことだろう。

しかしフロベールと日本の芸術との接点を、シャルパンティエや友人たちの日本美術の受容にあわせて考える事もできる。一八六九年にマチルド皇女はゴンクール兄弟のオトーイユの邸の閨房の天井の四角な黄色絹地に花鳥を散らせた日本風の水彩画を描いている[30]。また一八七〇年は初代の日本公使、鮫島直道がパリに到着した年であり、フロベールが終始批判的であったシャンフルーリ編集の『イマジュリ・ヌーヴェル』の特別号の第一頁に、広重の「名所江戸百景――深川万年橋」からクルーツベルジェがファクシミリした「江戸風景」[31]（図1）が掲載されたが、この版画は奇妙な画面構成で、大亀が画面右側前方を占める風景画になっている。

『聖アントワーヌの誘惑』が描かれたきっかけがブリューゲルの絵画であったことは先に指摘したが、フロベールは視覚的に物の本質を捉えるのが巧みであったと言える。最晩年、フロベールはジュネット夫人への書簡で『感情教育』の不評の理由を以下のように説明している。

どうしてこの本が私が期待した成果を得なかったのか。ロバン[32]は多分その理由を見つけたのだ。それは真実すぎるから、美学的に言うと、そこには「遠近法のうそっぽさ」が欠けているのだ。プランを充分に立てる事によってプランが消える。すべての芸術作品は、一つの支点、一つの頂点をもって、ピラミッドを成さなければならない。あるいは、光線が玉の一点を直射しなければならない。ところで人生においてはそういったことは何もない。[33]

フロベールは人間生活の実態を描きだす写実主義の文学理論を推し進めて「遠近法のうそ」を弾劾した。没遠近法は日本画の特徴でもある。先に述べたとおり、日本美術にみる没遠近法は当時のフランスの日本論の一つのテーマとなっていた。ちなみにフロベールが文言「遠近法」を作品中で記している箇所は、一八六九年の『感情教育』(二回)、一八七二年の『聖アントワーヌの誘惑』(一回)と一八八〇年の未完の著書『ブヴァールとペキュシェ』(五回)であって、いずれも[34]ブルジョワたちの生活の基準として、西洋芸術の基本法則である「遠近法」という言葉が意識的に用いられた。

こうした「遠近法イコール西洋」という従来の西洋文化の定理は、一八八五年に長崎に寄港することになるピエール・ロティの『お菊さん』の中で、主人公が日本を離れる前に日本の女性たちを前にして西洋画の真髄を披露する場面で叙述されている。

彼女らは決して自然に基づいて描いているのを見たことがなかった。日本の芸術は、すべて約束事であって、私の方法は彼女たちを魅了した。多分私には佐藤氏が魅惑的なコウノトリをひとまとめにする時の確実さと敏捷さはないだろう。しかし私は遠近法について幾ばくかの基本的知識を有している。そうした知識は彼に欠けている。それに私は、事物に器用に大げさでしかめ面な様相を与えることなく、見るままに描くよう教えられた。それでこの三人の日本女性たちは私の素描の現実風に驚嘆しているのだ。[35]

ここでの「約束事」とは明治日本画壇を牛耳っていた狩野派など日本画の「写本・粉本」による筆写のことであろう。ロティの「遠近法」を看板にした西洋嗜好に反して、エドモン・ド・ゴンクールは、日本の浮世絵やオリエントの美術などに見られる、不均衡性の中に宿る美しさというものを晩年『歌麿』（一八九一年）『北斎』[36]（一八九六年）などを通してフランスに紹介したことで知られる。フロベールの晩年はフランスでのジャポニスムの流行の最中であり、浮世絵などの日本美術は西洋絵画特有の遠近法を再認識する一つのきっかけとなったろう。ロティは、日本画は自然に基づいて描かれていないと言うが、モークレールは「日本美術は自然のとらえがたい面を再現し、生物や事物の運動をとらえることに成功している。日本の芸術家は、動作やポーズやしかめ面など、すぐ消えてなくなるものを、ひと目でとらえる。鳥や虫の飛び立つ姿、軽やかな竹のそよぎ、波や流水の動きなど、みなこの例である[37]」と述べ、その写実的な描法を称賛した。先に引用した一八七九年のジュネット夫人宛て書簡に認めた「遠近法のうそっぽさ」という記述は、ジャポニスムに近いシャルパンティエやゴンクール、皇女マチルドを介して、極東日本が密かな影響をフロベール芸術へ及ぼしていたことの証と見ることができよう。フロベールにとって遠近法こそが西洋の「約束事」で、「ブルジョワ生活の規範」と見なされたのである。

一九世紀末のパリ演劇界

フロベールは晩年『サラムボー』のオペラ化や『ラ・ヴィ・モデルヌ』掲載の夢幻劇『心臓の城』の舞台上演の交渉にむなしく奔走したが、その頃で特に注目されるのは、フランスにおける日本を主題とした演劇が多く上演され、パリ演劇街は日本趣味に煽られていたことである。[38] フロベールの愛弟子であったモーパッサンはフロベール死後間もない一八八〇年一二月三日付の『ル・ゴーロワ』紙記事「中国と日本」で「日本が流行っている」と書いた。

社交界で最も目立った一人の女性が最近ある夕べを催し、それは評判となった。その夕べで二人の才気のある旅行者が、一方は話しながら、他方が描写をしながら、彼らの周囲に集まった多くの観覧者と聴取者に、日本での生活を披露した。[39]〔……〕日本が流行っている。日本の美術骨董店をもっていないパリの通りは一つもない。日本の骨董品でぎっしり詰まっていない、美しい女の閨房あるいはサロンは全くない。日本の花瓶、日本の掛け物、日本の絹製品、日本のおもちゃ、マッチ箱、硯箱、茶道具、皿、婦人服さえも、髪型も、宝石、腰掛け、今やすべてが日本からやってくる。これは侵略どころではない、これは美的感覚の地方分散である。そして日本の骨董品はあまりに珍重され、大量に私たちにやって来て、フランスの骨董品を殺してしまった。[40]

いわゆるジャポニスムの時代が、フランス第三共和制時代の一八七〇年頃から八〇年代にかけてフランスに一世を風靡し、演劇の分野でも同様に「日本が流行って」いた。フランスではオリエントを「主題」とした演劇は一八世紀から演じられていたが、日本をテーマとしたものは、オリエント以後の新しいジャンルとして、直接の植民地支配に関係しない全くの空想の領域として興味深くもてはやされた。一八七〇年頃からパリでは日本を主題にとった演劇、オペラ、バレーなど数々が上演された。馬渕明子によれば「日本、もしくは日本人がパリの舞台においてモティーフとして扱われた最初の例は一八七一年一二月二二日にアテネ・オリアンタル座で上演された『緑龍の尼寺』である」という。この戯曲は一八七三年九月にはオリエント学者国際会議でも上演され、さらに一八七五年一一月二〇日にサン＝エティエンヌのオリエント学者地方議会で上演された。最後の上演については『ル・モンド・イリュストレ』紙に

図2　フェリックス・レガメ「日本の女性たち」
（*La Vie Moderne*, Jeudi 12 Juin, 1879）

記事と挿絵が掲載された。また一八七〇年代のパリで上演された日本に関係する演劇については、フェリックス・レガメが描いて『ラ・ヴィ・モデルヌ』に転載されたイラストレーション「日本の女性たち」（図2）（「一八七九年六月七日のオペラ座フェスティバル」[41]プログラムの挿絵）の背景屏風にそれらのポスターが貼られて描かれている。

先にも述べたシャルパンティエは当人も一八七〇年六月二一日クリュニィ劇場で一幕喜劇『フォリ・ペルセキュテ』を舞台化した。ドーデ夫人によると、シャルパンティエのサロンで、彼女がゴンクールに初めて会った一八七四年三月一五日夜、シャルパンティエはフランスではじめての試みである、サイナラという名前の日本女性を主人公とした『美しのサイナラ』（一幕詩劇）（図3）で客をもてなしたという。[42]『美しのサイナラ』は、エミール・ガレの中国オペラの台本を書いたことで知られる、高踏詩人エルネスト・デルヴィリの作品で、一八七六年一一月二

図3 「美しのサイナラ」
（*La Vie Moderne*, Jeudi 8 mai, 1879）

二日、[43]オデオン座で上演され、一八九三年一二月一〇日コメディ・フランセーズのレパートリーに加えられた。この『美しのサイナラ』の成功は「ジャポニスム」の勝利の記録であるとされた。[44]

一九世紀における「演劇」というジャンルと文芸作家の関係については、ピエール・ブルデューが『感情教育』について書いた『芸術の規則』[45]で指摘するように、舞台芸術は実際に多くの人々に強い印象をあたえることができ、しかも文筆家活動よりも遙かに容易に生活の糧を入手できるメディアであり、演劇での成功は一九世紀フランスの文壇の憧れの的であった。

ではフロベール演劇がパリ演劇界に快く迎えられなかったのはどうしてだろう。それはポール・ブールジェの語るように「戯曲を書くということ、それはつまりその対象としている観客の意見の平均値のようなものを構成することなのだ。この点に関しては弁舌家と同様、劇作家は民衆の取り留めのない考えの生きた総括者である」[46]。つまり演劇と文学はジャンルのあり方が異なっていたのであって、ゴンクールが『危険な祖国』の序文で述べているように当時の「演劇は文学ではなかった」[47]のである。世相を敏感に受け止めるのが一九世紀末大衆演劇の役割で、フロベール晩年のパリはモーパッサンの指摘したように「日本が流行って」いたのである。

フロベールにおける登場人物たちの演劇性

フロベールは、自作上演を夢みてパリ中の劇場と交渉し回った、いわゆる「フロベールの演劇年」といわれる一八七三年以降、登場人物のコード化、パントマイム、オートマチスムなどの様々な演劇の技法を小説に取り入れている。『ブヴァールとペキュシェ』においてペキュシェとジュフロワ神父との間で交わされるキリスト教信者の道徳と仏教の前世論についての支離滅裂な討論に対して、同席する登場人物たちはすべて仮面をかぶったしきたり通りの役割を演じる。つまり、彼らの反応は完全にコード化された脚本のト書きのようである。

「あなたはキリスト教徒のご婦人たちを侮辱なさるんですか」と男爵が言った。ノアリス夫人は肘掛椅子にどっと腰をおとした。伯爵夫人とヨランド嬢は黙り込んだ。伯爵は目を丸くしていた。ユレルは命令を待っていた。司祭は、怒りを抑えるために聖務日課書を読んでいた。[48]

また精神と肉体に関する医師ヴォーコルベーユとの口論で、反論するペキュシェの台詞、「私の前にあるこの肉体、あなたの肉体は、ドクター、私にあなたの人格を知るのを妨げているのです。それはいわば一つの衣裳にすぎず、むしろ仮面なのです」にフロベールは「仮面」という言葉をあえて使っている。仮面はフロベールの名句「小説は非人情でなければならない」に通じる。おのおのの人物たちの人柄を役割のもとに包み隠し、彼らの動作、声の表現をも拘束する、仮面劇となると日本の能楽が思い起こされる。自らも能の作品を書いたポール・クローデルは『朝日の中の黒い鳥』の中で能楽における仮面の役割を以下のように定義している。

能において至る所、仮面は同じ役割を演じている。人物を現在の時間の下に置いて、彼が形つくっている情熱、彼が象徴する年齢、彼が招いた歴史的あるいは伝説上の事件、それらの中に永遠に固めることである。[49]

能のなかの仮面の人物のように永遠に存在するために『ブヴァールとペキュシェ』の登場人物たちは表情を見せない。とりわけ戯曲に傾倒した最晩年、『ブヴァールとペキュシェ』執筆の合間に、最も短かい期間で完成させた大作『三つの物語』創作にあたって、フロベールはその草案（カルネ二六四）に「それを幻想的なアジアに想像する」と記し「三つの異なった幻想味」と強調している。

『純な心』（一八七六年）のⅠ（序章）の終わりには、「常に静かで、背筋がまっすぐ、ゆっくりした身振りで、自動的に機能している木偶の女のように思われた」[50]と、木偶のように「自動的に機能」する主人公フェリシテの沈黙の世界が披露される。『純な心』の続作『聖ジュリアン伝』『ヘロデア』の登場人物たちの描写にもこうしたオートマチスムと沈黙が重要な役割を演じる。『聖ジュリアン伝』に登場する仮面のキリストの姿、「彼はぼろぼろの布を身に纏って、顔は石膏の仮面のようで、両眼は炭火よりも赤かった」[51]は能の人物を彷彿とさせる。『ヘロデア』においては、太守の「王国の半分を与えよう」ということばに「インドの巫女のように、滝にうたれるヌビアの女のように、リディアのバッカスを祭る巫女のごとく」踊るサロメは、あたかも日本のからくり人形のような形相で、「身を投げて両手を床に着き、踵を宙にして、そのまま、大きな甲虫のように台座の上を一周し、ぴたりと、停まった」[52]完全な静止、緊張の瞬間描写である。このような、観客を前にした役者の緊迫した静止の状態は、日本歌舞伎の技法を思い起こさせる。一八七九年六月二六日付けの『ラ・ヴィ・モデルヌ』でルイ・エドモン・デュランティはジャポニスムに関して以下のような記事を書いているが、日本の演劇、つまり歌舞伎の間（ポーズ）についての論説が見られることに注目したい。

一八世紀のはじめ、中国の影響は再度その「やり方」を日本の芸術に浸透させたのだろう。そして、終わり頃には、カラーで印刷されたイメージが大変増加した。演劇はより多くなって、新しい流れを作った。そこでは芸術がしばしば役者を複写し、そしてほとんど痙攣的な動きとポーズの誇張がきまりとなる。[53]

「ほとんど痙攣的な動きとポーズの誇張」つまり芝居での最高潮に達した場面を示して、役者が目立つ表情、動作をする「間（見得）」は、一八世紀末の日本の役者絵の特徴であった。フェリシテやサロメの描写に見られる瞬間的な「静止」の状態での演技は日本演劇、つまり能楽や文楽、歌舞伎の「見得」に呼応したフロベール独自の技法で、役者が目立った眼差し、表情、動作を披露し、観客が拍手を惜しまない、装飾的な静止状態の瞬間を見事に取り入れた小説技法であると言える。フロベール晩年の小説である『三つの物語』に特にこうした「ポーズ」に対する執着が見られ、日本趣味の影響が感じられることに注目したい。

アンドレ・ルクー[54]は「日本のドラマは可能な限り真実に忠実なイメージであるので、しばしば、そして時には、場面全体が単なるパントマイムで展開する」[55]と記し、日本のドラマ芸術を「約束事である本当らしくないことを超越したパントマイムで、人間は現実の生活で話しているように話すのだ」[56]と定義する。小説家フロベールは「約束事」であるブルジョワ思想を排除する「没遠近法」を唱え、真実を求め、文学の新機軸を開こうとした。

初稿『聖アントワーヌの誘惑』のきっかけとなったブリューゲルの絵画は、青年フロベールが如何に視覚に敏感であったか、そしてその内容は夢想がフロベールの作品の大きな位置を占めていることを露わにした。一八七五年以降に書かれた作品、『聖ジュリアン伝』の執筆の端緒を開いたのはルアン聖堂[57]のステンドグラスであり、『ヘロデア』を発意したのは同聖堂のタンパンの「ヨハネの断首」を表した浮き彫り影像で、いずれも絵画からの発想ではなく、没遠近法で装飾性の強い日本趣味に準じた工芸品であったことに注目したい。ブリュノーが述べたように、感傷的なオリエントがフロベールの初期作品創造の一つの鍵だとすれば、晩年のフロベールの創造のもう一つの鍵は、パリの日本趣味風潮ではなかったか。写実主義の大御所としてのフロベールが一九世紀末文学の刷新をはかった文学表現の秘密は、装飾的図案の技法を文体に取り入れることであった。フロベール文学の第二の鍵として、日本趣味の果たした役割をフロベール晩年の交友関係から引き出すことは不可能ではあるまい。

（1）*Histoire de l'édition française*, tome II, Promodis, 1985, p.211 et p.132.

（2）*Corr.*, lettre à Georges Charpentier（Croisset, près de Rouen, mercredi 9 octobre 1872）CHH. XV p.171.

（3）'La Sibaïa, Théâtre national du Japon' in *Le Japon illustré*, ch. XLVI, p.224.

（4）『イリュストラシオン』第一巻（横浜開港資料館、一九八六年、一〇二頁）によれば、『日本散策』の初版本に記載されている刊行年は一八七八年であるが実際は一八七七年一二月にはすでに出版されていた。

（5）中村哲郎『西洋人の歌舞伎発見』、劇書房、一九八二年、八三頁。ジョルジュ・ブスケは一八七二年五月から四年間司法省の法律顧問として滞日した。

（6）「西洋人の歌舞伎見聞の記録として或る程度に詳細で正確な、まとまりを持った文字が出現するのは、欧米では近代一九世紀初頭、日本では将軍家斉の化政時代にまで下がらなければならない。ドイツ人フィリップ・シーボルトが書き残した、一八二六（文政九）年五月七日の大坂・角の芝居に関する観劇記が、まさしくそれであろう。長崎出島の蘭館医として滞日し、江戸へ上ったときの日誌を主として後に成った、その「江戸参府紀行」のなかの一文は、はじめて西洋人が歌舞伎を一つの舞台芸術として認識し、極東の島国が生んだ独自な演劇であることを世界に紹介した点で、画期的である。もちろん、研究といえるほどの文章ではなく、まだ歌舞伎という呼称も使われていないが、ここには花道・まわり舞台・下座の囃子、それに女方という、後年に欧米人の歌舞伎像をつくる四機軸が、すでにみな出揃っている」（同前、七－八頁）。

（7）遠近法に関しては一八七七年の以下の論述などがある。「私にとっては、日本の画家は恣意的に遠近法の規則から遠ざかっていると思う。［……］しかし日本画家たちは遠近法を周知している、あるいは周知していたと断言する」Josef Alexander von Hübner, 'Le peintre, un art populaire en panne d'invention. Propos sur la perspective chez les artistes japonais' in *Promenade autour du monde*, Paris, Hachette, 2vols, 1871. p.578 et p.603, Repris dans *Le Voyage au Japon*, pp.814-815. また「不幸にしてこれらの芸術家たちは遠近法の法則のほんの曖昧な基礎的知識しかもっていない」*Recueil des articles de l'Illustration sur le Japon*, 1843-1905, tome I, 1843-1880, p.126.

（8）*Corr.*, à Caroline, 14 mars 1880, CHH. XVI, p.339. エドモン・ド・ゴンクールは一八七八年一一月二八日、フィリップ・ビュルティ宅で渡辺省亭（一八五二－一九一八）の水彩画のデモンストレーションに立ち会い、林忠正（一八五一－一九〇六）と知り合う。ゴンクールと林の文通は一八八四年に始まっている。（*Journal*, 1956, t.II, pp.1271-1273.）

（9）*Rage et Impuissance*, in *Œuvres complètes*1, l'Intégrale, 1980, p.85.

（10）Gisèle Séginger, *Flaubert Une éthique de l'art pur*, SEDES, 2000, p.34.

（11）*La première Education sentimentale*, in *Œuvres complètes*1, l'Intégrale, 1980, p.354.

(12) Gisèle Séginger, *op.cit.*, p.43.
(13) *La première Education sentimentale*, p.370.
(14) *Corr.*, à Louise Colet , le 27 mars 1853, La Pléiade II, p.283.
(15) Jean Bruneau, *Le Conte Oriental de Flaubert*, Denoël, 1973, p.69.
(16) Eugène Burnouf（1801-1852）, *Introduction à l'histoire du bouddisme indien*（1845）, Maisonneuve et Cie, Paris, 1876.
(17) *Corr.*, à Emmanuel Vasse de Saint-Ouen, le 15 septembre 1846, La Pléiade I, p.344.
(18) Arsène Houssaye, 'Théo et Flaubert' in *Les Confessions souvenirs d'un demi-siècle*, 1830-1890, tome IV, E. Dentu, 1891, pp.94-96.
(19) *Corr.*, à Mlle Leroyer de Chantepie, 11 juillet 1858, CHH, XIII, p.637.
(20) *L'Education sentimentale*, CHH, III, p.399.
(21) Jean Bruneau, *op.cit.*, pp.79-80.
(22)「中国をはずしたのはこれで2度目だ」*Corr.*, à Madame Jules Sardeau, le 24 novembre 1859, La Pléiade III, p.58.
(23) *Bouvard et Pécuchet*, éd. Claudine Gothot-Mersch, Folio, 1966, p.366.
(24) *Bouvard et Pécuchet*, CHH, V, p.273.
(25) *Corr.*, à Louise Colet, le 16 janvier 1852, Pléiade II, p.31.
(26) Alain Robbe-Grillet, *Pour un nouveau roman*, Minuit, 1961, p.139.
(27) Edmond de Goncourt, *La Maison d'un artiste*, tome I, L'Echelle de Jacob, Dijon MMIII, 2003, pp.208-209.
(28) 稲賀繁美『絵画の東方　オリエンタリスムからジャポニスムへ』、名古屋大学出版会、一九九九年、五九頁。
(29) *L'Education sentimentale*, CHH, III, p.66.
(30) Edmond de Goncourt, *op. cit.*, tome II, p.346. ゴンクール兄弟は、一八六八年八月四日にルイ＝フィリップ様式のオトーイュの邸を購入した。（cf. Gustave Flaubert-les Goncourt, *Correspondance*, Flammarion 1998, pp.194-195.）
(31) 国立西洋美術館学芸課編集『ジャポニスム展図録』、一九八八年、五七頁。

（32）シャルル・ロバンはフロベールが敬服していたフランス学士院会員で組織学教授、実利主義な医師であった。（cf. CHH, XIV, Note 2, p.419.）
（33）*Corr.*, à Mme Genette, le 8 oct. 1879, CHH, XVI, p.258.
（34）*L'Éducation sentimentale*（IIch.6, IIIch3）, *La Tentation de saint Antoine*（V）, *Bouvard et Pécuchet*（II ch.1, IV ch.2, V ch.1, VII ch.1）.
（35）Pierre Loti, *Madame Chrysanthème*, Calmann-Lévy, 1936, pp.196-197.
（36）cf. *La Maison d'un artiste*, tome I, p.219 et p.223.
（37）cf. Camille Mauclair, *L'Impressionnisme*, 1904, p.165.
（38）参考までに一八七〇年代にパリで上演された日本物（舞台演目）を初演順に列挙する。
［一八七一年一二月二二日］『緑龍の尼寺』アテネ・オリエンタル座、台本レオーネ・ダルバーノ
［一八七二年 六 月一二日］一幕のオペラ・コミック『黄色い皇女』オペラ・コミック座、カミーユ・サン＝サーンス（一八三五－一九二一）のデビューオペレッタ、台本ルイ・ガレ
［一八七六年一〇月一八日］シャルル・ルコック（一八三二－一九一八）作曲、三幕のオペラ・コミック『コジキ』ルネッサンス座（七五日のロングラン）、台本ウイリアム・ビュスナックとアルマン・リオラ
［一八七六年一一月二二日］一幕のコメディー『美しきサイナラ』オデオン座、台本デルヴィリ
［一八七九年 一 月一七日］三幕のバレー『イェッダ』オペラ座、台本フィリップ・ジル、アルノー・モルティエ、ルイ・メランテ
［一八七九年一二月二三日］四幕のドラマ『ヤマト』ゲテ座、前田正名原作、台本ベルトラン
（馬渕明子「舞台の上の日本（1）－一八七〇年代パリ」『日本女子大学紀要』第一二号、二〇〇一年、一六九－一八八頁参照）。
（39）話したのがギメで、デッサンを披露したのはレガメであろう。cf. *Promenades japonaises : Tokio-Nikko*, 1880.
（40）*Œuvres complètes de Guy de Maupassant, études, chroniques et correspondances*, Paris, Librairie de France, 1938, p.40.

(41) このフェスティバルは当時ハンガリアでおきた大水害被害者援助のための催しであって、図版の篭から放されたコウノトリの足に付けられたメモ用紙には「Aux mondes de Szegedins CHARCEL」と書かれている。
(42) デルヴィリの経歴と作品については、ヴァニスの『今日の人々』*Les Hommes d'Aujourd'hui* 叢書参照。
(43) W・L・シュワルツ『近代フランス文学にあらわれた日本と中国』北原道彦訳、東京大学出版会、一九七一年、一二六–一三〇頁。馬渕明子（前掲書、一七四頁）によれば初演は一二月一〇日である。
(44) W・L・シュワルツ、前掲書、一二六頁。
(45) Pierre Bourdieu, *Les règles de l'art*, éd. du Seuil, 1992, pp.166-167.
(46) Paul Bourget, *Critique II Etudes et Portraits*, in *Œuvres complètes*, Plon, Paris, 1900, p.232.
(47) Goncourt, La préface de *Patrie en danger*, cité dans Paul Bourget, *op. cit.*, p.257.
(48) *Bouvard et Pécuchet*, *éd.* Claudine Gothot-Mersch, Folio, 1966, p.366.
(49) Paul Claudel, *L'oiseau noir dans le soleil levant*, in *Œuvres Complètes*, t.III（Extrême Orient）, Gallimard, 1952, p.240.
(50) *Un Cœur simple*, CHH. IV, p.202.
(51) *La Légende de saint Julien l'Hospitalier*, CHH. IV, p.247.
(52) *Hérodias*, CHH. IV, p.275.
(53) 'Japonisme' in *La Vie Moderne*, le 26 juin 1879.
(54) ルクーが日本（横浜）を訪れたのは一八八五年から九〇年までの数年間であったからフロベールの没後である。しかし日本演劇に関するフランス人の一般的な意見として受け止めたい文言である。
(55) André Lequeux, 'Le Théâtre japonais' in *Le Japon artistique*, tome II, Librairie Centrale des Beaux-Arts, Paris, 1888-1891, p.158.
(56) André Lequeux, *op.cit.*, p.160.
(57) 発想は一八四六年のマクシム・デュ・カンとの旅で見たコードベックの教会のステンドグラス（あるいは聖ジュリアンの小像）に遡るが、作品末尾にも書かれているように、フロベールは新たな眼差しでルアンの教会のタンパンを熟視しながら『聖ジュリアン伝』を創造した。

「日本」を書く
——ピエール・ロティ『お菊さん』の位置

大浦　康介

一　恋物語

ドラマの不在

ドラマのないところにいかにしてドラマをつくり出すか——『お菊さん』（一八八七年）の執筆にさいして作家ピエール・ロティ（一八五〇 - 一九二三）が直面した問題をさしあたってこのように表現することができる。この一見すべての物語作品に共通するかにみえる問いがわれわれの興味を惹くのは、「ドラマの欠如」がここでは明らかに作品造型の主題ないし環境、すなわち〈日本〉に深くかかわっているからである。少なくとも語り手自身はそう表明している。

逆にいえば、〈日本〉は西洋的なドラマツルギーにははなはだ不向きな主題だということである。むろん過度の一般化は慎まなければならない。『お菊さん』の語り手はいつ、どのようなタームでこの困難さを表明しているのだろうか。

『お菊さん』は一人のフランス海軍士官の二ヶ月あまりにわたる長崎滞在記の体裁をとっている。それが一八八五（明治一八）年夏、長崎に回航した仏軍艦トリオンファント号の乗員だった海軍大尉ジュリアン・ヴィオー（ピエール・ロティの本名）の現実の日記をもとにしていることも知られている。『お菊さん』冒頭のリシュリウー公爵夫人に捧げられた献辞でも、「これは私の人生のひと夏の日記です。なにも、日付すらも変えていません」[1]と言われている。じつは明確な改変はまさに日付に関するものであり（現実には三六日だった長崎滞在が小説では七九日に引き延ばされている）、また後述するように日記にはないエピソードが小説には散見されるのだが、大きくいって両者のあいだの異同はマイナーなものにとどまっている。ロティは青年期から晩年にいたるまで覚書や日記を書きつづけ、それは処女作『アジヤデ』（一八七九年）をはじめとする小説作品の素材となったが、長崎滞在時にはすでに日記の段階から「作品化」は十分に意識されていたと考えられる。[2]

『お菊さん』では事件らしい事件はなにも起こらない。語り手ロティは長崎入港後すぐに周旋屋を介して「結婚」と称する一種の契約同棲の相手を探し、月二〇ピアストル支払うという条件で「菊」という娘をもらい受けて、町を一望できる高台の借家で同棲をはじめる（というより軍艦と新居の往復が彼の日課となる）。あとは、このままごとのような新生活のありさまや、それを取り巻く人々――弟分の水兵イヴ、大家夫婦とその娘ユキ、同僚の士官たちとその「日本人妻」、菊の親族たち――との交遊、彼らを連れ立っての夜の市街への散歩や寺社への参詣などが日を追って語られるだけである。そしてそこに風景描写や遠い過去の回想が自在に挿入される。総じてロティは、無聊を慰めるために始めたこの「結婚生活」を半ば好奇の目で、半ば冷ややかに眺める観察者の立場をとっている。やがて彼は次のように述懐する。

ここで私は、この物語は読者にとってひどく冗長だろうと認めざるをえない……。

これといった筋立ても悲劇的なところもないので、私としてはせめて周囲の庭のいい匂いや、この陽射しのあたたかさや、このきれいな木々がつくる陰を少しなりともそこに盛り込みたい。恋愛がないかわりに、この町はずれの心地よい静けさのいくばくかでも伝えたい。お菊の三味線の音も聞かせたい。私はこの美しい夏の夕べの静寂のなか、ほかにこれといったものもないので、この三味線の音にいくらか趣を感じはじめている……。（MC §16）

すでに『アジヤデ』、『ロティの結婚』（一八八〇年）、『アフリカ騎兵』（一八八一年）などを世に問い、人気作家としての道を歩みはじめていたロティにとって、「筋立て」や「悲劇性」や「恋愛」が抽象的な意味で発せられた言葉であったとは考えがたい。またカルマン＝レヴィ書店のいわば専属作家として次作品の出版を約束されていたロティは、自分に寄せられた〈期待の地平〉をよく心得ていたはずである。[3]『アジヤデ』、『ロティの結婚』、『アフリカ騎兵』は、ひとことで言えば、それぞれトルコ（オスマン帝国）、タヒチ、セネガルを舞台とする恋愛物語、しかも悲恋の物語である。前二者の主人公ロティはイギリス海軍士官、後者の主人公はジャン・ペーラルという名のフランス人アフリカ騎兵という設定であり、虚構化の意図もはっきりしている。[4]〈悲恋〉のわかりやすい徴標はなんといっても物語の不幸な結末、すなわち三作に共通するヒロインの非業の死（および『アジヤデ』と『アフリカ騎兵』についてはヒーローの戦死）だろう。悲劇的な結末を迎える恋物語といえば、これら以上に、『お菊さん』の前年に発表された『氷島の漁夫』（一八八六年）が典型的である。ついでにいうなら、ジョン・ルーサー・ロングが『お菊さん』にインスピレーションを得て書いたといわれる小説『蝶々夫人』（一八九八年）でも、それを原作とするプッチーニの同名のオペラ（一九〇四年）

でも、棄てられたヒロインが最後に自刃するという設定になっている。〈死〉がスペクタクル的な恋愛表象を閉じる絶好のモチーフであることはいうまでもない。

『お菊さん』には運命を思わせる出会いも、克服すべき試練も、至福の蜜月時代も、残酷な別離も、非業の死もない。それどころか、ロティと菊とのあいだには金銭を介した契約以外に関係らしい関係すらないのである。これにはもちろん「構造的」な説明が可能である。清仏戦争で台湾北部の封鎖に当たったフランス極東艦隊の装甲艦トリオンファント号は、一八八五年六月の清仏修好条約締結後、艦体の修復と兵員の休養のために長崎に回航したにすぎない。『お菊さん』にも軍艦がドックに入るさまが語られているが、乗員にとって日本はあくまでたまたま立ち寄ることになった平和な「第三国」であり（この点トルコともセネガルとも異なる）、長崎滞在は辛い戦いのあとの束の間の休息を意味していた。彼らにとってはもっぱらいかに「暇をつぶす」か、なにに「気晴らし」を見出すかが問題だったのである。ヴィオー大尉の「結婚」が真似ごとでしかなかったとしても、彼の日本とのかかわりが所詮「遊び」でしかなかったとしても、それは予測の範囲だったともいえる。ただ、こうした状況的事実は『お菊さん』という作品のありかたを部分的にしか説明しない。こうした事実があった一方で、作家ロティはなにをどう表現しようと自由だったからである。ましてや一八八五年の日記執筆時、いや一八八七年とされる本国での『お菊さん』執筆時のロティは、すでに踏み込んだ小説技法の使い手だった。形式面に限っていえば、『アジヤデ』や『ロティの結婚』にはいまだ日記的（あるいは書簡的）要素が色濃く残っているが、『アフリカ騎兵』は三人称小説であり、『氷島の漁夫』はさらに「客観小説」に近い（ちなみにこの小説の執筆とロティの長崎滞在は時期的に重なっている）。『お菊さん』はいわばこの流れにひとり取り残された感がある。

嫉妬

先の引用は、恋愛がない〈現実〉についての弁解《エクスキューズ》であるというより、恋愛がない〈読みもの〉を提供することの心苦しさの表明である。しかし恋愛小説に仕立て上げたくてもそうできない〈現実〉があるという思いがそこに底流していることも否めない。ロティはじっさい部分的ながら『お菊さん』の恋愛小説化を試み、それに「失敗」しているのである。イヴを巻き込んだ三角関係、いやユキをも加えた四角関係の想定がそれだ。『アジヤデ』には主人公自身の一時の気の迷いによってヒロインを絶望の淵に陥れるというエピソードがあるし、『ロティの結婚』にもアリイテア姫を入れた三角関係がある。愛がドラマとなるためにはなるほど〈障碍〉や〈試練〉が必要である。

> たしかに、この単調な話のなかにも手の込んだドラマが生まれる予感がないわけではない。このムスメと蝉のちっぽけな世界のただなかにも、れっきとした恋愛劇が実を結ぼうとしているかにみえる。お菊がイヴを愛し、イヴがお菊を愛し、おユキが私を愛し、私はだれも愛さない……。それは、もしわれわれがこの国以外の国にいたなら、兄弟殺しの物語にまで発展しているかもしれない。しかしわれわれは日本にいるわけで、すべてを弱め、矮小にし、滑稽にするこの環境の影響下にあっては、結局なにも起こらないのである。（MC § 37）

ロティはここで恋愛（小説）の成立を阻むものをはっきり「日本」と命名している。ただ、このロティの見解にもかかわらず、『お菊さん』のなかのイヴと菊の関係を疑うくだりは、微妙な嫉妬のドラマとしてはじつは完全な失敗に終わっているわけではない。嫉妬とはすぐれて妄想の領域であり、〈心理〉の希薄なこの小説のなかで、二人の挙動にたいするロティの淡い猜疑心と懊悩に似た感情は、珍しく一定のリアリティをもって読者の心を打つからである。

それが日本女性の「底知れない不可解さ」の印象と響きあうだけに、ここには日本を主題とする（西洋人男性による）恋愛小説のひとつのトポスが隠されているとすら思われる。とはいえ『お菊さん』の場合、この嫉妬のドラマは、それを支えるはずの肝心の菊への愛があまりに脆弱であったために中途半端に終わった感が否めない。語り手ロティが懸念したのは、菊の〈裏切り〉ではなく、職務上の部下であり弟分として可愛がってもいたイヴの自分にたいする〈不逞〉だった。そして彼がイヴにそれとなく釈明を求め、その答えに心が晴れて信じたとき、この問題は一応の決着をみるのである（疑いは続くが、ロティはむしろ劇作家の余裕をもって事の成りゆきを見守ることになる）。「兄弟殺し」を阻んだのは、「日本」である前に海軍大尉の胸に秘めたプライドだったようである。

別れ

ドラマ化の試みといえば、もうひとつ、論者によってしばしばその不自然さが指摘されるエピソードがある。小説の結末近く、出航を数時間後にひかえたロティが、急に十善寺の家に戻って、菊が前日にロティからもらったピアストル銀貨の真贋を確かめている光景に出くわすというエピソードである。彼が忍び足で二階に上がると、菊は、なにもない部屋にひとり坐り、鼻歌をうたいながら「両替屋の器用さで」銀貨を吟味していたというものだ。冷水を浴びせられたような気持になったロティは、今さらながらに愛の不在を痛感する。「イヴにたいしても、自分にたいしても、菊のこのちっぽけな脳、ちっぽけな心のなかでは結局なにも起こったためしはなかった」のだと。背後にいるロティに気づいた菊は赤面し、場を取り繕おうとするが、ロティはこれでよかったのだと自分に言う。「冗談で始まったこの結婚が同じく冗談で終わってむしろよかった」のだと。彼の口調はいうまでもなく苦々しく、嘲笑的である。

この〈別れ〉のシーンのわざとらしさは際だっている。これが現実の日記にはなかったエピソードであることも知られているが、そうした「伝記的事実」を持ち出すまでもなく、ここでの演出過多は一目瞭然であり、これが筋立てを欠く単調な作品を無理にも終わらせるための最後のタッチであったろうことも容易に想像される。これに関しては語り手自身のコメントはみられないが、失敗といえば、このシーンの挿入こそは『お菊さん』のなかでも最大の失敗だった。これがあるためにこの作品は、〈幻滅〉で終わる安物の恋愛小説という側面を決定的に抱え込むことになったからである。しかし先の（第二の）引用を思い出そう。ロティは、このシーンの挿入によって、劇的な、涙の別れがない代わりに、まさに「すべてを矮小にし、滑稽にする」日本に似つかわしい結末を選んだのである。そのような日本を最後にせいぜいドラマティックに描いてみせたのである。ロティは少なくとも自らのロジックに忠実だったわけである。

出会い／まなざし

恋愛小説の要諦が〈出会い〉と〈試練〉と〈別れ〉にあるとしたら、〈出会い〉にもふれなくてはなるまい。これに関しては『お菊さん』ではいかなるドラマ化の努力もなされていない。われわれの興味は、そこでの〈出会い〉がいかに西洋の恋愛小説の規範から遠いかという点にある。ジャン・ルーセの指摘を待つまでもなく、[5]〈出会い〉は恋物語の始まりを告げる特権的なトポスであり、それはしばしば〈まなざしの交換〉として語られる。フランス文学にも『クレーヴの奥方』や『新エロイーズ』など、その例は無数にある。『アジヤデ』は、不穏な空気が漂うサロニカの旧市街を歩いていたロティが、重い鉄格子の向こうに、自分を凝視する一対の大きな緑の眼があることに気づく場面から始まる。「このまなざしが表わしていたのは、力強さと無邪気さの混在だった」（AZ §4）。やがて緑の眼の持主が若い女性であることがわかり、「この若い女がアジヤデだった」という暗示的な一文でひとまず章は閉じられるのだが、はじめにまなざしがあり、そこから若い女性が、さらに若い女性からアジヤデが生み出されるこのプロセスには注意していいだろう（眼のまわりを除いて全身を覆い隠しているオリエント女性の場合、その効果は格別である）。

眼はいうまでもなくもっとも精神性を付与される身体の部位である。それは〈魂〉のありかであり、個人的アイデンティティの結点であり（眼を隠すと人は無名の存在となる）、思考や感情の表現回路であるとされる。言語に劣らず、まなざしは語り、訴えるのだ。〈出会い〉の場面にかぎらず、西洋の恋愛（物語）では、少なくとも騎士道恋愛以来、この重い意味的負荷のかかった〈まなざし〉が重要な役割を演じてきた。〈まなざし〉をめぐる戦略は、ときとして恋愛戦略そのものだったとすらいえる。

『お菊さん』にはそもそも〈出会い〉と呼べるようなものはない。ロティはカンガルー（勘五郎）と彼が呼ぶ周旋屋が勝手に「花嫁」に選んだジャスミン嬢に引き合わされ、その娘が気に入らずにいたところ、たまたまそこに居合わせた菊に目をつけて彼女を「娶った」にすぎない。そこにはまなざしの交換もない。ロティが一方的に眺め、値踏みするだけである。しかし彼が菊を選んだ理由のひとつは、ほかならぬその眼だった。「長い睫毛をした、少し吊眼だがどこの国にも見られるような眼。ほとんど表情といっていいようなもの、思考といっていいようなものがそこにはある」（MC §4）。要するにあまり日本人的な眼ではなかったということだ。反対にジャスミン嬢の眼は「錐で穴をあけたような」と形容されている。ロティにとって典型的な日本女性とは、〈まなざし〉をもたない、したがって表情や思考をもたない——あるいはそれがまったく異質で、異様で、不可解な（何を考えているかわからない）——存在だったのである。ロティの無防備にも見える率直さは認めなければならない。そのような女性と〈出会い〉があるはずもなく、〈出会い〉のないところに〈恋愛〉が成立するはずもなかった。『お菊さん』のなかで唯一まなざしの交換が記述されているのは、皮肉にも、菊とイヴが「非常に長く見つめあう」のをロティが盗み見るシーンである（MC §29）。

面白いのは、ロティの場合、ひとりの「ムスメ」にたいする愛着やその人格の認知の度合が、その眼の日本人らしさ（むろんロティにとっての）に反比例しているということである。菊はごく控えめな例にすぎないが、『お梅さんの三度目の春』（一九〇五年）のイナモト――ロティが最初の滞在の一五年後に長崎を再訪したさいに出会った寺の娘――の場合、それは歴然としている。イナモトの眼は「かすかに吊上がってはいるが、ほとんど南仏かスペインの褐色の髪の少女がもっているような眼」だった。また「そのまなざしはあまりに誠実そうだったので」彼女にたいしてだけは軽々しい話しかたはできなかったとも、その眼の表情は「純真でときに深刻そう」だったとも言われている。[6] そうした相手であってはじめて、ロティはなんらかの〈魂の交流〉を実感できたのである。「重い」、「深刻な」世界の共有を想像できたのである。

〈魂〉をもたない人物は景物として風景の一部となるほかない。せいぜい観賞の対象となるほかない。「菊」という命名の意味も当然そこにあっただろう。『お菊さん』ではムスメたちが人形や置物に比せられることが多い。ロティは菊が三味線を弾いたり歌ったりしているところを見るのを好んだ。こんなシーンもある。ある午後、急に帰宅したロティは、蓮の花が活けられている部屋でうたた寝をしている菊を見つける。着物の袖を左右に広げてうつ伏せに寝ている菊はさながらピンで留めた「大きな青い蜻蛉」のようである。ロティは、起こそうとするお梅さんを引き止め、菊がこのままずっと眠っていてくれたらと思う。こんなふうに眠っている菊はとても「装飾的」であると（MC § 20）。

日本を書く

最初の引用に戻ろう。ロティがそこで〈恋愛〉の不在の埋め合わせとして挙げたのは、「庭の匂い」や、「陽射しのあたたかさ」や、「木々の陰」や、「町はずれの静けさ」や、「お菊の三味線の音」だった。せめてこの異国の空気を感じてほしい、そんな思いだったろう。いや、意識的であったかどうかは別として、ロティは〈異国〉すらも突き抜けて、「色と、形と、匂いと、音」(MC §16) に彩られたある人間的時間の表出といったものに向かったといえるかもしれない。そしてそのかぎりで彼はまぎれもない円熟を示している。『お菊さん』はスロー小説である。この作品を読むとき、われわれはまずそこに支配する不思議な静寂と、時の経過の緩慢さに打たれる。そこでの静寂は、山々のかまびすしい蝉の声やどこからともなく洩れ聞こえる三味線の音によってかえって深められるような静寂であり、時の経過の緩慢さは、入江をゆっくりと航行する艦艇の速度そのもの、あるいは日々の瑣事を記す日記のリズムそのものである。日記にもいろいろあり、ロティの日記はいわゆる航海日誌に類するものだろうが、『お菊さん』では語られる事物と語りの形式としての日記が絶妙な調和をみせている。

しかしロティに「期待」されていたのは、なによりも〈異国〉の表象であり〈恋物語〉だった。要するに異国趣味の恋愛小説だったと思われる。『ポールとヴィルジニー』をはじめとして、フランスはこの分野でも長い伝統を誇っているが、一九世紀に始まる植民地全盛時代はその新たな展開のステージとしてあった。ロティが『お菊さん』執筆の時点ですでにこの種の小説を何冊も世に問うていたことは先述したとおりである。ただ日本に関するかぎり、〈異国〉が〈恋物語〉をゆるさなかったのである。それでも〈恋物語〉を捨て切れなかったところにこの作品の不幸があったといえる。『お菊さん』のハイブリッドな性格はそこに由来している。

もちろん〈恋物語〉と〈異国〉の表象を同列におくことはできない。『お菊さん』において〈恋物語〉は結局〈異国〉に包摂されるほかなかった。後者が前者の展開の場、その「環境」としてあるからではない。〈恋物語〉のヒロインたるべき当のムスメたちが、まさに景物として〈異国〉の風景のなかに吸収されてしまうような存在でしかなかったからだ。一幅の絵や活花と同じように観賞の対象でしかなかったからである。リシュリウー公爵夫人に宛てた献辞のなかでロティ自身が事後的に認めているように、物語の主役は菊ではなく「〈私〉と〈日本〉とこの国が私に及ぼした〈影響〉」だった。

それでは『お菊さん』における〈異国〉の表象はどのようなものだったのだろうか。これまで見てきたところからもわかるように、ロティの言説は二重である。恋物語の断片がある一方で、それをコメントするメタ言説がある。恋愛小説を書こうとするロティがいる一方で、それが書けないと言うロティ、さらになぜそれが書けないかを問うロティがいる。この二重構造を可能にするのもじつは日記という形式なのだが、この事情は〈異国〉の表象においても変わらない。それだけではない。じつは〈書くこと〉をめぐるこうしたメタ言説こそは、それじたい〈異国〉の表象の一部としてロティの日本観を知る重要な手がかりを与えてくれるとともに、『お菊さん』において〈異国〉でも〈恋物語〉でもない第三の可能性に道を拓くのだと思われる。

二　異国の表象

異様さ

ロティがペンをとっても絵筆をとっても卓抜した風景画家であったことはよく知られている。[7]『お菊さん』冒頭の船上からする長崎描写はそのなかでも特筆に値するだろう。まず遠景として長崎の山々が現われ、それらが次第に近づきながら左右に分かれて一種の「暗い廊下」を形づくり、そこを通ると最後に港が姿を見せる。このくだりは、そこに観察主体自身のゆっくりとした移動が折り込まれており、また空の色や山の緑だけでなく、潮風や花の薫りや蝉の声といった五感のすべてに訴えるような要素が配されている分、言語をもってしかできない風景描写の美の極みだとすらいえる。飛行機移動を余儀なくされるわれわれには、もはやこのような異国との出会いは望むべくもない。飛行機からの風景は俯瞰的であり、接近は瞬間的である。「見下ろす」ことはあっても「見上げる」ことはない。徐々に迫りくる山々を「見上げ」、移動を風として体感することもなければ、「見えているが着かない」というもどかしさを楽しむ心の余裕もおそらくない。余談だが、ロティを読むことの今日的意味は、この種の身体的な空間認識の再学習にこそ求められるべきなのかもしれない。思えば、なまの自然に「からだを張って」対峙しながらペンや絵筆を走らせるという行為も、われわれからいかに隔たっていることだろう。

ロティが見た日本の自然は、この最初の接触から、彼が知っている自然とはあきらかに異なっていた。左右に聳える山々がつくる光景は奥行きをもった「舞台装置」に譬えられ、「きわめて美しいがあまり自然ではない」といわれている。また「異様さ」や「奇妙さ」が、もっとも頻繁に使われる形容語である。

> この溢れんばかりのみずみずしい自然全体は、日本的異様さといったものを内に抱えていた。それは、山々の頂がもっている何かしら奇妙なもののなかに、そしていわばある種のあまりにきれいな物がもつありえない感じのなかに見られるものだった。木々は花束のように整えられ、漆の盆の上と同じように凝った優美さをたたえていた。大きな岩山が、仰々しいポーズで、柔らかな芝で被われたなだらかな円丘の傍らに垂直にそそり立っていた。風景のばらばらな要素が一緒になって、さながら人工的につくった景勝地のようだった。(MC §2)

ここで中核となる概念はおそらく日本的自然の人工性、技巧性である。言い古された比較文化論をあえて持ち出すなら、西洋人にとって自然は征服し、手なづけ、馴致する対象としてある。〈文化〉の意味はそれ以外ではないが、それは逆にいえば「荒々しい自然」が厳然として存在するということを前提としている。たしかに〈文化〉（あるいは〈文明〉）に倦み、〈社会〉を堕落の温床と考えた近代人は、「自然状態」の、「プリミティヴな」社会や人間にたいする憧憬を表現した。じつはロティにとってのタヒチもそのような存在だったはずだ。しかし〈自然〉と〈文化〉の対立の図式そのものは変わらない。そうした西洋人の「常識」にとって、自然が自然《ナチュラル》でないということ、自然そのものがすでに人工的であるということほど不可解なことはない。「異様さ」や「奇妙さ」は、ものごとが知的理解を超えたときに発せられる言葉である。それは情緒的には一種の感嘆をともなうこともあれば、不安や苛立ちや蔑みをともなうこともある。

ロティに人工的、技巧的に見えたのはいわゆる自然だけではなかった。庭園や盆栽はもちろん、家のつくりや調度品、ムスメたちの物腰や笑いまでが、彼には一種のマニエリズムの表われと映った。人間の生み出したものが自然でないというのはトートロジーではない。ここで問題なのは「本当らしさ」の欠如（引用にある「ありえない感じ」）なのである。嘘っぽさ、わざとらしさといってもいい（これはのちにふれるリアリズムの欠如に呼応している）。ロティは「小さい」という形容詞を頻用し、それについて弁解までしているが（MC §44）、極言すれば、ロティが見た世界は奇妙なミニチュアの世界、箱庭の世界であり、自然という〈外部〉をもたない自己完結した人工世界だった。そしてそれはロティが入り込む余地のない世界だったのである。彼は日本と日本人の絶対的な不可解さや根本的な異質性を繰りかえし強調している。

この態度は日本の芸術にたいしても基本的には変わらなかったようである。ロティは、最初の長崎滞在後、ほどなく再来日して京都、横浜、鎌倉、日光、東京などを訪れたが、このときの経験のひとつを綴ったエッセー「日光の霊山」（一八八八年）（『秋の日本』（一八八九年）所収）では、東照宮を目にしたさいの感慨を次のように記している。

私はこれが日本の芸術の神髄だと思っている。それはわがヨーロッパのコレクションに持ち寄られた断片をもってしては真に感得しえないものである。われわれは、この芸術がどれほどわれわれの芸術から離れているか、どれほど異なる起源に発しているかを感じて驚嘆する。ここにはギリシア、ローマ、アラブといったわれわれの古代のどれかに、遠因としてでも、由来するようなものは何もない。われわれは通常そこから、そうとは気づかずに、装飾形式に関するわれわれ本来の観念を汲みとっているのである。地球のわれわれの側とはまったく連絡のない隣の惑星から来たもののように、ここではどんなに小さな図柄も、どんなに細かい線も、すべてわれわれには深層において異質である。[8]

極東とオリエント

理解不能ということとは、理解のためのリファレンス（参照項）をもたないということにひとしい。異国理解は絶対的になされるものではないからである（異国を異文化といいかえても同じである）。異国は自国との関係において、自国がもつそのイメージのなかではじめて〈異国〉となる。そもそも「異国情緒」とは、目の前の現実がそのようなイメージと符合する瞬間に呼び覚まされるような感情である。日本についてそれが皆無だったわけではない。『お菊さん』の語り手の場合、この稀有な瞬間はムスメたちを眺めているときに到来した。

そのとき私は日本もけっこう魅力的だなという印象をもった。私は、すでに漆器の絵や磁器で知っている、あの想像上の、人工的な小世界にすっかり入り込んだ気がした。まさにあれだ。ここに坐っている三人の女の子たち――吊目で、大きな髷を結った、エナメルを塗ったようになめらかな髪の、優美でとり澄ました女の子たち――、床の上に出された食事、縁側から垣間見られるこの風景、雲間に浮かぶあの寺院、そしていたるところに、細々した物のなかにまでみられるこの凝った感じ。まさにあれだ。障子の向こうで聞こえつづけるこの憂わしげな女の声もそうだ。大

> きすぎる花に囲まれて、おぼろげな小さな眼をなかば閉じている、かつて私が薄紙の上に奇妙な色で描かれているのを見たことがあるあの歌姫たち――彼女たちはむろんこういうふうに歌って当然だったのだ。この日本は、私がここに来るずいぶん前から知っていたものだった。（MC §3）

はじめて見た菊についても、「その姿かたちならだれでも、いたるところで見たことがあるはずだ」といわれている。「いまや雑貨屋に所狭しと置かれているあの磁器や絹物の上に描かれた絵を見たことがある者ならだれでも」その髪形や物腰や着物には見覚えがあるはずだと（MC §7）。

それにしても、ほぼ唯一のリファレンスが安物の漆器や茶碗や扇に描かれたキモノ姿のゲイシャだったとは、なんとも寂しい話である。しかしこれは、ロティ個人の教養の貧しさを示しているというより、当時のフランスの「ジャポニスム」の一般的水準を暗示しているものだと思われる。これをたとえば『一八九〇年のコンスタンティノープル』（一八九二年）の冒頭を飾る壮大なイスタンブール幻想およびイスラム世界讃歌[9]と比べるなら、違いは残酷なほど歴然としている。ロティのトルコにたいする思い入れの深さは特別だったが[10]、その背景には〈オリエント（＝中東）〉に関するリファレンスの圧倒的な厚みがあったのである。啓蒙の世紀とロマン主義期にかぎっても、〈オリエント〉は幾多の文学者や芸術家の夢想を培う異世界だった（ヴォルテール、シャトーブリアン、ユゴー、ラマルチーヌ、ネルヴァル、ドラクロワなど）。エドワード・サイードもいうように、オリエンタリズムとは、結局、テクスト同士の相互参照のシステムであり、その機能はひとえに言説の量的な豊かさに依存している[11]。このオリエンタリズムとジャポニスムのあいだの明らかな不均衡が、そのまま『アジヤデ』と『お菊さん』の文化的コンテクストに潜む不均衡だったといえる。ムスメとの〈恋物語〉が不可能だった根本的な理由はじつはそこにあったのである。

〈オリエント〉は西洋にとって〈異文化〉そのものだった。それは西洋にとっての〈他者〉であり、自己を投影する「鏡」であって、そのかぎりにおいて愛憎を受け止め、幻想を醸成させる比類ない対象だった。〈他者〉が〈他者〉たるためにはある程度の「近さ」が必要である。人間は自分と違うものに惹かれるが、違いすぎるものは感性を素通りする。それを前にしては「違和感」の表明を超えて言説が紡ぎ出されることはむずかしい。ロティにとっての「極東」はやはり極限の東洋、いや限界を超えた東洋だったようである。しかし、であればこそ、なにかを深層において変える可能性もまたそこに潜んでいたはずだった。

言葉とモノ

ロティは、自分の言葉（西洋語）が目の前の現実（日本）を語るのにふさわしくないという意識をもっていた。しかもこの言葉とモノのあいだのズレは、トルコでもタヒチでも感じたことのない類のものだった。たとえば菊との「新婚」生活を描写するくだり――夜は畳に蒲団を敷き、青緑色の蚊帳を吊ってそのなかで寝るのだと、日本の風変わりな生活様式が紹介される。そして蚊帳はまるでテントのようであり、蚊や蛾がその周りに集まって舞うのだと述べたあと、語り手は次のようにいう。

> こうしたことはすべて口に出していえば一応きれいに聞こえるし、文字に書くとほとんどいい感じである。……しかし現実はというと、そんなことはない。そこには何かが欠けていて、じつはかなりしみったれている。
> 地球上の他の国、オセアニアの甘美な島やイスタンブールの人気のない旧市街では、言葉はけっして私が言いたいだけを言ってはくれず、私はものごとの心に染みるような魅力を人間の言葉で言い表せないもどかしさと闘っていた

ように思われる。
ところがここでは反対に、適切な言葉であっても、言葉はつねに大きすぎるし、よく響きすぎる。言葉がものごとを美化してしまうのだ。私は、自分自身にたいして、かなりみっともない茶番を演じているような気になる［……］。（MC§8）

モノに対して言葉が「大きすぎる」というこの指摘は意味深い。西洋では——ここでは西洋語が「人間の言葉」と同一視されている——ある本質をもったモノ、というよりモノの本質としてのイデアがあり、言葉はそれを代理するものとしてある（「表象」とはそういうことである）。その場合、言葉にはイデアをできるだけ忠実に再現することが求められる（〈魂〉を伝達するものとしての言葉）。人間はいわば言葉をもってイデアと格闘し、それを馴致しようとするが、しかし言葉は結局イデアを超えられない。言葉では汲み尽くせないモノの本源的なオーラがそこにはあるからである。しかるに〈日本〉では、モノのこのオーラが感じられない（肝心な「何かが欠けている」）。それはおそらくロティの目に日本の現実が単に「しみったれた」ものに見えたからだけではない。それは、より根本的には、先に見たように、そこでは自然（モノ）が自然《ナチュラル》ではない、自然そのものが人工的・技巧的であると感じられたからである。ところで自然が人工的・技巧的だということは、モノじたいが表象的だということ、モノ（事物や人物）がすでにいくらか言葉だということである（また、先述したように、表象が表象らしくないということでもある）。おそらくロティは、〈日本〉では言葉とモノの関係じたいがはじめから「狂っている」とみたのである。

こうした表象のありかたそのものにたいするロティの感性を見逃してはならないだろう。知の「言語論的転回」を経験したわれわれは、言葉が単にモノを代理あるいは再現するものとしてあるわけではないことを知っているし、そのような表象概念そのものが西洋の形而上学を根本において支えてきたイデオロギー装置であるということも繰りかえし言われてきたことである。こうした表象批判の文脈で、じつは〈日本〉は、ロラン・バルトやジャン・ボードリヤールによって新たな可能性の淵源として、未曾有のユートピアとして語られたこともまた周知のところである。バルトは『記号の帝国』（一九七〇年）で、彼の〈日本〉を、タイトルが示すとおり、あらゆるもの——身体、しぐさ、料理、庭園、街など——が記号として読まれうるような国として捉えている。そこでいう記号とは、〈意味〉や〈魂〉を欠いた、「深さ」をもたない記号、あくまで「表層」で互いに関係し、戯れあうシニフィアンである。『記号の帝国』のなかの日本女性の眼の写真に付けられたキャプションを思い出そう。「眼であってまなざしではない。割れ目であって魂ではない」[12]。ロティもバルトも見ていたのは同じ日本の「顔」である。描きかたも意外に似通っている。違いは、〈魂〉の不在を嘆く者とそれを愛でる者との違いにすぎないともいえる。ただこれは決定的な違いではある。われわれはそこに、彼らを隔てる一世紀に近い時間の流れの一断面をみることができる。

日本的レトリック

〈日本〉を語るには日本語こそがふさわしい。ロティがそう考えたとしても不思議ではない。ロティはじっさい、朋輩やムスメたちとの恒例になった夜の長崎散歩について、「これらの宵を忠実に語るためには、われわれの言語よりもっと技巧を凝らした言語が必要だろう」（MC §12）と述べている。技巧的な現実には同じく技巧的な言語が必要だということである。ロティはまた、物語の結末近く、反省を込めて、これからは「ギター」を「シャメセン（三味線）」と、また「クリザンテーム」を「キウ（菊）」ないし「キウサン（菊さん）」と書こうとも語っている（MC §49）。この方がしっくりくるというわけである。こうすればなるほど現実に対して言葉が「大きすぎる」ということもなくなる。ちなみにこれは、変身願望の旺盛なロティが、〈日本〉にやっと慣れてきたと感じた稀な瞬間、〈日本〉に合わせて自分自身が「小さくなり、わざとらしくなる」と感じた、あとにも先にも唯一の瞬間だった。

ロティはまた日本的レトリックとでもいうべきものの存在を敏感に察知していた。たとえば七月一四日の革命記念日に書かれた断章——ロティは冒頭で生家で過ごした前年の祭日を思い返し、そこからさらに子供時代の蜘蛛にまつわるエピソードに思いを馳せたあと、次のようにいう。


この子供時代と蜘蛛のエピソードが菊の物語のまっただなかに変なかたちで割り込んできていることは認めなければならない。しかし突飛な挿入というのはこの国の趣味にぴったりなのだ。それは会話でも音楽でも、とにかくいたるところで見られる現象である。絵画でもそうで、たとえば風景画家は、山や岩壁を描いたタブローを仕上げたあと、空のまんなかに平気でひとつの円を描く、菱形を描く、とにかくなんらかの枠を描く。そしてそのなかに、扇を使う坊主とか、お茶を飲む婦人とか、何にしろ脈絡を欠いた、意外なものを描き込む。まったく時宜を得ない逸脱ほど日本的なものはないのである。（MC §11）

日本的とされるのは唐突な挿入や逸脱（ディグレッション）だけではない。日本人にはそもそも遠近法にもとづくリアリズムの観念がないとロティは考えていた。逆にいえば、日本を描くには遠近法ではだめだということである。ロティは長崎を離れる直前、菊と暮らした家を写生する。菊を含む三人のムスメが、絵筆を動かす彼を取り囲み、その絵を賞讃する。しかし彼自身はその出来ばえに不満である。

彼女らは写生というものを見たことがなかったのである。日本の芸術はまったくコンヴェンションで成り立っているからだ。そこで私のやりかたが彼女らを喜ばせたのである。私にはサトウ氏が魅力的なコウノトリの群れを描くときの手の器用さはないかもしれない。しかし私には彼にはない遠近法の心得がいくらかある。それに私は、ものを巧みに誇張したり歪めたりしないで自分の見たままを写すすべを教わっている。それでこの三人の日本女性は私のクロッキーのリアルな感じに驚嘆しているのだ。

［……］

これらの婦人方は私のデッサンに満足しているが、私自身は不満である。私はすべてをあるべき場所に正確に描いたが、作品全体にはなにかしら平板な、どうでもいい、フランス的なところがあって、それが面白くない。気持が表現されていないわけで、私は遠近法をわざと日本風に歪めて、すでに奇妙なところのある物の輪郭を法外に誇張した方がよかったのではないかと思う。（MC §51、強調は作者による）

ロティはさらに続けて、自分の絵には家のきゃしゃな感じも、木細工の精密さも、その極端な古めかしさも、完璧な清潔さも、そこに何百年にもわたって蓄積された蝉の鳴き声も描けていないという。そして「いやだめだ。これらはどれも描けない、表わせない。翻訳することも、掴まえることもできない」と結んでいる。

プロセスの文学

リアリズムに対するコンヴェンション、器用さ、巧妙さ、誇張、歪曲——ロティなりの表現であるが、これは少しでも日本の美術や工芸品、舞踊、演劇などに触れたことがある者なら思いつくことである。そこにロティの炯眼があるわけではもちろんない。重要なのはむしろ、以上にみたようなメタ言説——西洋語や西洋的レトリックをもってしては日本は描けないという述懐——が、『お菊さん』という小説作品のいわば舞台裏をほかならぬ作品中で開示しているという点で、文楽における黒子の存在に象徴されるような人工性の明示という、もうひとつの〈日本的なるもの〉をはからずも体現しているということである。リアリズムとはそもそも幻想《イリュージョン》である。バルトもいうように、物語は原理的には何も「模倣」しない。[13]〈日本〉がポストモダンの思想家やアーティストに注目されたのも、こうした言葉の現実、表象の現実により近いところに身をおいていると見られたからである。ロティ自身、もともとリアリズムの作家だったわけではない。しかし先述したように『お菊さん』執筆当時、彼は小説制作において大きく自然主義的リアリズムに傾きつつあった。そこでの「逆行」を促したのは、ほかならぬ〈日本〉の表象機制とそれに鋭敏に反応したロティの言語意識だったのではないかと思われる。いずれにしても『お菊さん』は〈プロセスの文学〉として十分「日本的」だった。ロティのミメティズムはいわばメタレベルで十分発揮されたのである。[14]

長崎出航の噂が艦内に流れた翌日、ロティは日記の冒頭で「私のちっぽけな日本劇の最後の幕は、結末は、別れはどんなものになるだろう」（MC § 49）と自問している。グラフォマン（執筆狂）としてのロティにとって、〈生きること〉と〈書くこと〉がメビウスの輪のように互いに入り組んだ営為だったとするなら、言葉とモノが地続きであるような国、すべてが「書かれて」ある国、すべてが「読まれるテクスト」としてある国〈日本〉は、じつはトルコやタヒチ以上にロティに似つかわしい国だったのかもしれない。しかしロティ自身はこの親近性をわずかに垣間見たにすぎなかった。「記号の帝国」がその全貌を現わすには、それから一世紀待たなければならなかったのである。

（1）ロティの小説作品（『お梅さんの三度目の春』を除く）については選集 *Pierre Loti : Romans*, coll.《Omnibus》, Presses de la Cité,

1989を参照した。以下、『お菊さん』*Madame Chrisanthème* と『アジヤデ』*Azyadé* からの引用にさいしては、引用末尾に作品略号（MCまたはAZ）と章番号を記す。またすべての引用に関して、和訳も傍点による強調もとくに断らないかぎり本論の筆者による。

（2）極東におけるロティの日記とそれを素材とする作品とのあいだの関係については、Suetoshi Funaoka, *Pierre Loti et l'Extrême Orient : du journal à l'œuvre*, France-Tosho, Tokyo, 1988 に詳しい。また覚書、日記、作品の三段階を踏むロティのエクリチュール生成の概要については、落合孝幸『ピエール・ロティ――人と作品』（増補版）、駿河台出版社、一九九三年、一〇〇－一〇四頁に貴重な情報がみられる。

（3）経済的に困窮していたロティは、『お菊さん』でひと儲けしようと考えていたようであるし、カルマン＝レヴィに前借まで頼んでいたらしい（Cf. S. Funaoka, *op. cit.*, p.50-51; Alain Quella-Villéger, *Pierre Loti : le pèlerin de la planète*, Editions Aubéron, Bordeaux, 1998, p.135）。

（4）ロティと虚構世界との奇妙な関係についても一言ふれておかなければならない。「ピエール・ロティ」という名前は、物語上は、小説『ロティの結婚』において英海軍士官ハリー・グラントがタヒチ人から花の名である「ロティ」を「洗礼名」として授かったことに由来する。それを作者は第三作の『アフリカ騎兵』からペンネームとして採用した（処女作『アジヤデ』も第二作『ロティの結婚』も匿名で出版された）。つまりこの名前は、現実の作者（ジュリアン・ヴィオー）が虚構の主人公からとった名前なのである。しかもこの主人公は、『アジヤデ』によれば、一八七七年一〇月二七日にトルコで戦死したことになっているのだ。

（5）Jean Rousset, *Leurs yeux se rencontrèrent*, José Corti, 1981.

（6）Pierre Loti, *La Troisième Jeunesse de Madame Prune*, Paris, Calmann-Lévy, 1936, pp.138-139.

（7）ロティの画集としては Pierre Loti, *Julien Viaud ou Pierre Loti : coureur des mers et coureur des rêves*, vol. 1. Dessins, Galerie Régine Lussan, 1994 がある。

（8）Pierre Loti, *Japoneries d'automne* in : *Voyages*（*1872-1913*）, coll.《Bouquins》, Robert Lafont, 1991, p.134.

（9）Pierre Loti, *Constantinople en 1890* in : *Voyages*, *ibid.*, p.315-316.

（10）ロティはトルコを計七回訪れ、延べ三年をそこで過ごした。『アジヤデ』から『東洋の最後のまぼろし』（一九二一年）まで、トルコについて数々のテクストを著し、とくに晩年は政治的にも親トルコ派としてたびたび発言した。また自らトルコ人になりたい、東洋人《オリエンタル》になりたいという願望は、彼のテクストにも、有名な変装趣味にも窺われる（彼が「サムライ」に変装したという話は聞かない）。ロティにとっては最愛の異国がトルコだった。

（11）エドワード・W・サイード『オリエンタリズム』板垣雄三、杉田英明監修、今沢紀子訳、平凡社、一九八六年、二三–二四頁。

（12）Roland Barthes, *L'Empire des signes*, in *Œuvres complètes*, tome 2, Seuil, 1994, p.822.

（13）R. Barthes,《Introduction à l'analyse structurale du récit》, *ibid.*, p.103.

（14）この〈プロセスの文学〉は写生文の概念とも関係している。拙論「写生文と小説のあいだ」（北岡誠司、三野博司編『小説のナラトロジー』世界思想社、二〇〇三年）参照。

マルロー『人間の条件』と日本

――「静謐」sérénité の夢

三野　博司

ミシェル・ビュトールは『フランスから見た日本』[1]の中で、モンテスキューからジャック・ルーボーまで、フランス人作家が日本をめぐって綴ったさまざまなテクストを論じた。このビュトールの書物はかなり網羅的なものであるが、日本を訪れ重要なテクストを書き残したコクトー、ユルスナール、レヴィ＝ストロースについては触れられず、とくにマルローへの言及がないのが目を引く。これについてはビュトール自身にたずねることができたが、詳細は「ビュトール会見記――マルロー、バルト、日本」(『文学』二〇〇四年九・一〇月号、岩波書店)にまとめたのでここでは立ち入らないことにしよう。

マルローは、一九三一年、五八年、六〇年、七四年の四回、日本を訪れている。滞在期間は短かくて一週間、長くても三週間であるが、最初の滞在は一九三三年に発表された小説『人間の条件』に反映し、また戦後の三回の来日は、七二年に増補された『反回想録』、および二つの美術書『黒曜石の頭』(一九七四年)『非時間の世界』(一九七六年)に素材を提供している。この二〇世紀の激動とともに変貌を遂げた作家にとって、日本は他のアジア諸国と同様に、一貫して少なからぬ関心の対象であったといえる。

マルローの代表作『人間の条件』は、一九二七年の上海クーデターを素材にして書かれた小説であるが、そこには国際都市に生きる中国人、フランス人、ロシア人、ドイツ人とともに日本人が、そしてとりわけ主人公というべき日仏の混血児が登場する。さらに、第一部から第六部までの物語が上海において展開されたあと、第七部前半ではパリ、後半は神戸へ舞台が移動するのである。この沸騰するような歴史の一コマと革命運動の挫折を描いた小説の中において、「日本」の持つ意味を探ってみたい。

一 混血児

『人間の条件』の主人公であるキヨ・ジゾールは、日本人女性と、フランス人男性のあいだに生まれた混血児である。キヨという名前は、マルローの友人であった小松清に由来すると言われているが、『人間の条件』の草稿研究を行ったモアッティによれば、草稿ではジョルジュ・ジゾールとなっていた。[2]

このキヨの混血性はもっぱら顔の描写の中に現れる。小説の冒頭は、テロリストのチェンに焦点化されており、彼が殺人を行う場面のあと、仲間たちのところに戻ってキヨ・ジゾールに会い、ここでチェンから見たキヨが描かれる。

右手にはキヨ・ジゾールがいた。彼の頭の上で揺れているランプは、頭の真上を通るときには、日本の版画にあるような、への字に下がった彼の口尻を、強く描き出した。遠ざかるにつれて、影も動いて、この混血児の顔はほとんどヨー

ロッパ人のように見えた(3)

ここでは、二つの顔が問題となる。一つの顔は、「日本の版画にあるような、への字に下がった彼の口尻」である。これはもちろん浮世絵に描かれた日本人の顔のステレオタイプである。ところで、もう一つの顔は、ただ単に「ヨーロッパ人のよう」とあるだけで、どのような顔なのか、いっさいの説明がない。日本人の顔の説明には「版画」に言及する必要があるが、「ヨーロッパ人の顔」はそれだけで了解が可能なのだ。これがフランス人読者のために書かれた小説であるからには当然とも言えるが、いずれにせよ、この二つの顔は等価ではない。

続いて、キヨが自宅に帰り父ジゾールと対面する場面において、息子と父の顔が比較される。「老ジゾールの苦行僧のような顔の線がいくらか和らいで息子のサムライの顔となるためには、母の日本人としての血が加わるだけで充分であるように思われた」(p. 544)。ここで、母親から受けた日本人の血が彼にサムライの風貌をあたえていると指摘される。「浮世絵」に続いて「サムライ」であり、これまた日本人のステレオタイプである。このことは、一九三〇年代初めのフランスの読者に対して、「版画」や「サムライ」という語に頼らずして日本人の顔について語ることがいかに困難であったかを示しているだろう。

日本人の血がキヨをサムライに見せるだけではなく、混血児としての顔は彼を疎外することになる。ドイツ人である妻のメイから白人の男と寝たと告白される場面で、彼は鏡を見て、混血児の自分の顔を確認する。「白いラシャのあいだにのぞいている顔は、まさしく日本人の顔だ。〈もしもおれが混血児でなかったら……〉」(p. 544)。彼は嫉妬の苦しみと妻への怒りを、自分の混血の顔のせいであるとみずからに納得させようと努力する。これは、自分の内面的人格を傷つけることなく、肉体的な特徴へと問題をすり替えようとすることに他ならない。

しかし、また他方で、この顔ゆえに、彼は自分の敵と味方を識別するに至った。飢えのために死んでいく人々に人間としての尊厳をもたせてやること、彼はそれこそが自分の生活の意義であると考えていた。「雑種だ、賤民だと、白人たちから、とりわけ白人の女たちから軽蔑されてきたキヨは、けっして彼らの心をひきつけようなどとはしなかった。彼は自分の味方となる者たちを探し求め、そして探しあてた」(p. 557)。なぜキヨが革命家となったのかがこうして説明される。混血であること、すなわち母から受け取った日本人の血が彼を疎外するからこそ、キヨは自分の味方である者たちを探しあてたのである。

ところで、キヨに日本人の血をあたえたその母については、名前も出自もわからない。息子と父は、母について思い出すことも語ることもほとんどなく、母の記述は三ヶ所しかない。一つはすでに見たように、キヨの身体を流れる母の血に言及される箇所であり、母とは血の供給者であり、キヨにサムライの風貌をあたえた存在であることが示される。二つ目は、この小説において母が不在である理由がさりげなく告げられる箇所である。「キヨの母が死んでからは、メイだけが、[……] 暗黙のうちに了解し合える人物だった」(p. 548)。

そして、母に関する三番目の記述は、次のようなものである。キヨが革命家としての死を遂げたあと、父親のジゾールは、息子の妻であったメイを前にして、このように感じる。

彼は半ば男性的な女性はあまり好きではなかった。[……] 彼女の知的で、そして彼の推察によれば、荒廃している愛情は、彼にとってはまったく無縁のものだったのだ。彼は一人の日本の女性を愛した。なぜなら、彼はやさしい愛情が好きだったからであり、彼にとって愛情は闘争ではなくて、愛する顔を信頼してながめることであり、このうえもなく静かな音楽の化身であり——胸にしみいるようなやさしさだったからである。(p. 757)

ジゾールの愛したのは一人の日本女性であり、それは名前も個性ももたない優しさの象徴でしかない。この日本女性は、「半ば男性的」で「知的」なドイツ女性との対比で語られており、ジゾールにとっては「ながめる」対象にすぎない。ここにステレオタイプ化した日本女性のイメージ以上のものを読み取るのはむずかしい。ピエール・ロティの『お菊さん』（一八八七年）からすでに半世紀が経過しているが、フランス人作家の見る日本女性像には大きな変化がなかったといえるだろう。

キヨの母の不在は、死によって説明される。しかし、それがどのような状況における死であったのか、キヨを出産して以来今日までのいつの時点の死であったのか、いっさい情報があたえられない。この死を、「撒種の旅」の観点から考察してみよう。エリック・リードは『旅の思想史』において、「人類の歴史の大部分にわたって男が旅人であった。旅行記は男性的視点を反映する男性的文学なのである」[4]と述べ、古典的神話における英雄の旅は「本質的には撒種の旅である」[5]と指摘している。かつては旅そのものがジェンダー化されており、旅をするのは男であり、それを迎え入れるのは女性であった。ロティの場合を考えてみよう。彼は世界各地をめぐりながら、現地の女と恋をする（『アジヤデ』『アフリカ騎兵』）、結婚する（『ロティの結婚』）、かりそめの新婚生活を送る（『お菊さん』）。だが、ロティと現地の女との間に子供が生まれるわけではない。「撒種の旅」という観点から興味深いのは『お菊さん』から影響を受けて書かれたといわれる『蝶々夫人』である。

ジョン・ルーサー・ロングの小説『蝶々夫人』は、一八九八年、ニューヨークで発表されたが、作者は一度も日本を訪れたことはなく、明らかにロティの『お菊さん』をまねていると言われている。一九〇〇年には、ディビッド・ベラスコがこれを劇化し、さらにそれを見たジャコモ・プッチーニがオペラ化を希望して、一九〇四年スカラ座で初演された。イルリカとジャコーザの台本は、ロングの小説だけでなく、ロティの小説からも挿話を取り入れている。

旧長崎外国人居留地を舞台に展開するこの物語では、最後に母親が死んで、子供が父に奪われる。撒種の旅としてはみごとな成功である。すなわち種が撒かれて、子どもが母親によって出産され、育った時点で、もはや不要となり、さらには邪魔者でさえある母がいなくなる。あとに残るのは父子関係だけである。

ここで、『人間の条件』にもどるならば、キヨもまた、母親が死んで子供が残るという形での撒種の旅の落とし子であるといえるだろう。ジゾール一人では息子を生めないし育てられない、その限りにおいてのみ母が必要となる。そして息子が充分成長したならば、母はいなくなってくれたほうがいいのである。さらには、このように言うこともできるだろう。ここで母とは人格的存在ではなく、いわば日本という土地である。キヨとは、一人の男と女のあいだに生まれた子供ではなく、ジゾールというフランス人男性が、日本という異文化と出会って生んだ子供なのである。

キヨには日本人の血が流れているだけではない。彼は日本で教育を受けたことが、二度にわたって述べられる。一つは、師ジゾールの前で、チェンが「神もキリストもないとすれば、魂をどうすればいいのだろう」(p. 556) と自問する場面であり、そこでジゾールは、「キリスト教に無関心な自分の息子の姿」を想起する。「日本の教育は（キヨは八歳から一七歳まで日本で育った）キヨに、思想はただ思考されるだけではなく、生きられなければならない、という堅い信念をも植えつけた」(p. 556)。キヨがいつどこで生まれ育ったのかについてはいっさい不明であるが、ここでは八歳から一七歳までの思想形成にとって重要な時期、彼が日本で育ち、日本の教育を受けたことだけが強調される。日本の教育は、拘束されたキヨがみずから死を選ぶ場面で、もう一度言及される。「日本の教育を受けた彼は、つねにおのれ自身の死を死ぬこと、おのれの人生にふさわしい死を遂げることを美しいと考えていた。死ぬのは受身だが、自殺は行為である」(p. 734)。モーリス・パンゲが論じたような「自死の思想」をここに見ることができるだろう。

さらに、父ジゾールが、息子の思想について考える場面がある。キヨの思想とは、「人間があるもののために利害を超越してみずからの命を投げ出そうとするときは、この条件を正当化し、威厳のなかに根拠づけることを多少とも漠然と目指している」(p. 678) というものである。こうした武士道に通ずるような自死の思想こそが、キヨを他の作中人物たちから差異化している。続いてジゾールは、「とにかく、人間というものはたえず中毒にかかっている必要がある」と述べて、「チェンと殺人、クラピックと気ちがい沙汰、カトフと革命、メイと恋愛、彼自身と阿片」と思い浮かべたあと、「ただキヨだけがこうした領域に入らなかった」(p. 679) と結論づけている。父ジゾールの眼から見て、利害を超越し自分の命を投げ出そうと覚悟するキヨだけは中毒にかかっていない人間ということになる。彼の風貌と体内に流れる血が示しているようなこうした「サムライ」の精神は、日本の教育によってその基盤が形成されたが、しかしここでジゾールは、日本の教育もまたひとつの中毒作用である可能性を疑ってみることはない。ただここで、キヨが育ったその時代に日本でどのような教育が実際に行われていたかを問うことは意味がないだろう。マルローが日本の教育のなかに、神と人間の死以後のニヒリズム超克の思想あるいはむしろ夢を託したという事実があるだけである。

一九二六年、マルローは、中国人とフランス人との往復書簡の形式をとり、ヨーロッパ人の自我論を展開した評論『西欧の誘惑』を発表する。そこにおいて、彼は、ヨーロッパ的思考の根底にある自我の永続性と統一性を保証してきたキリスト教が失墜した今、自我は死の影におびえていると述べた。中国人林氏が、フランス人のA・D氏にあてた手紙のなかで、マルローは、ニーチェの「神は死んだ」につづいて「人間もまた死んだ」と宣言させる。

あなたがたにとって、絶対的実在とは神であった。ついで人間だったのです。けれども、神につづいて、人間も死んだのです。そこで、あなたがたは、人間の奇妙な遺産を託すことのできる者を、不安そうに探し求めているのです。(6)

これに対して、フランス人青年A・D氏は、最後の手紙で、「神を破壊するために、そして神を破壊してしまったあとで、西欧精神は、人間に対立しうる一切のものを滅ぼしてしまった」[7]と応じている。こうした神と人間の死以後を生き延びる思想を探し求めるマルローは、『人間の条件』におけるキヨのなかに、一つの解答を見出したといえるだろう。

二　日本人画家

『人間の条件』に登場するただ一人の日本人は、画家のカマである。彼はキヨの母、つまりジゾールの妻の兄であり、パリから日本への帰国途中に上海に立ち寄る。カマが登場するのは第四部の四頁（pp. 647–651）だけであり、この箇所は、クラピックに焦点化されている。彼はジゾールの家を訪れ、まずカマの水墨画を目にする。

彼は、近寄って、長椅子の上に散らばっている墨絵を見た。彼は、日本の伝統的な芸術を、セザンヌやピカソに関連させて批判するようなことはしないだけの見識はそなえていたが、今日では日本の芸術を嫌っていた。静謐を愛する趣味は、追い詰められた人間においては弱まる。山間の孤燈、雨に煙る村道、雪中に飛び立つ禽類の群れ、そういった、憂愁が幸福を約束しているような世界。クラピックにも、ああ！　天国というものは難なく想像できた。だが、彼はそこの入り口で立ち止まらねばならなかった。それだけに、そうした世界が存在するということにいらだたしさを感じた。（p. 648）

歴史の激動のなかで、急迫する死の危険におびえつつ、明日にも上海から逃げだそうとして、そのための資金を手に入れようと焦燥の中にあるクラピックの目にとって、水墨画の世界はこのように映る。それは、静謐に満たされ、憂愁が幸福の約束となる天国への入り口であり、自分とは無縁のそうした世界が存在することに、彼はいらだたしささえ感じるのである。

ところで、このカマのモデルとなったのは、近藤浩一路であるといわれている。彼は一八八四年生まれ。一九三一年三月末から六月初めまでパリに滞在して、その折りにマルローと知り合った。上海クーデターの一九二七年には、近藤は四三歳、マルローと知り合ったときは四七歳である。しかし、クラピックの目にとって、カマ画伯はこのように描かれる。「やさしい表情が、彼の寛容な老婦人のような顔の上をちらとかすめた」(p. 649)。キヨのサムライの顔とは異なり、このやさしく寛容な老婦人のような顔は、彼の描く水墨画の世界にも通ずるものだ。クラピックはこのような「苦悩を否定する人間を前にして、耐えがたい苦しみ」(p. 650)を覚えるのである。さらにカマは、彼の妻が死ぬようなことがあっても絵を描き続けるのかと問われて、なおも動揺を見せることなく、目に悲しいほほえみをうかべて答える。「人間は、死とも相通ずることができる……それはきわめてむずかしいことだが、おそらくそれが人生の意義というものだろう……」(p. 650)。

『人間の条件』に登場するただ一人の日本人はこのように描かれる。それは、老婦人のような寛容なほほえみをうかべる水墨画家であり、苦悩を否定し、死と相通ずることができると考える人物なのである。この老画伯の姿に、東洋的諦観に生きる隠者という紋切型を見ることができるだろう。

やがて、カマは別室へと下がり、クラピックの前から姿を消す。そのあと、部屋に残ったジゾールとクラピックの耳に、カマの弾く三味線の音が聞こえてくる。カマは日本人画家として登場するが、実際にここで大きな意味をもつのは、むしろ彼の演奏する三味線音楽である。この上もなく荘重な調べが長いあいだ響いたあと、「ついに、おごそかな静謐（sérénité）の中に消えた」（p. 651）。ジゾールは、「なにか心が乱されたときにはいつも」カマが三味線を弾くのだと説明し、さらに「日本を離れると、あれがカマの身を守ってくれるのです」（p. 651）と述べる。そして、クラピックは、この音楽にじっと耳をすまして聞きいる。

彼の生命がおそらく危険に瀕しているこのとき、この澄みきった糸の調べは彼の胸のうちに、青春時代の明け暮れをみたしてくれた音楽への愛をよみがえらせ、そして青春時代そのものを、また青春とともについえ去ったいっさいの幸福を思い出させ、同時に、彼の心を乱したのである。（p. 651）

水墨画にたいしては「いらだたしさ」を感じたクラピックではあるが、音楽については無防御で心を乱されるのである。

この小説の最終場面において、この音楽は息子を亡くした老ジゾールの最後のなぐさめともなる。神戸のカマの家に身を寄せるジゾールは、たずねて来たメイに向かって、「キヨが死んでから、わしは音楽を発見したよ。音楽だけが、死について話すことができるのだ」（p. 758）と言う。そして、歴史の動乱を描いたこの小説は、次のように終わるのである。

人間は厚ぼったくて、重たい。肉や、血や、苦悩で重たいのだ。すべて死ぬものがそうであるように、人間は永久におのれにしがみついている。しかし、その血さえも、肉さえも、苦悩さえも、そして死さえも、あの高みの光の中に吸い込まれる。音楽が夜の沈黙に吸い込まれていくように。彼はカマの音楽のことを考えた。すると彼には、人間の苦悩は、あたかも、大地の歌のように、地上から立ち上っては、やがて消えていくもののように思われてきた。（p. 760）

かつてはクラピックに青春の幸福を想起させたカマの音楽は、いまは、ジゾールを人間の苦悩の浄化へと導くことになる。

ただし、マルローにおいて、西洋音楽は別の様相を呈することを指摘しておくほうがいいだろう。スペイン内乱を描いた小説『希望』の最後の場面で、マヌエルは、戦闘によって廃墟となった家のなかで、ベートーヴェンのレコードを見つける。「音楽はたちまちのうちに彼の中から意志を取り除いてしまった。それはすべての力を過去にあたえた」[8]。ここで、クラピックが青春を回想したように、マヌエルもまた過去を想起する。音楽は、人間の意志を解体し、過去へと遡及させるものとして作用する。だが、マヌエルは、そこに「人間の運命の無限の可能性」[9]を聞くのである。こうして、この小説の表題である「希望」を支えるものとして、音楽が重要な役割を果たすことになる。ここではベートーヴェンの音楽は過去の想起を通して、未来への視界を切り開く。

だが、『人間の条件』では、三味線音楽はただ過去を追慕させ、生の諦念に似た苦悩の解消へと導くだけである。こうしてジゾールは、次節で詳述するように、歴史の動乱を越えた神戸の高台にあって、ただ爛漫の春の光の中で、三味線音楽に安寧を見出すことになる。

三　神　戸

マルローが神戸を訪れたのは、一九三一年一〇月七日である。朝の七時、天津から神戸に着くが、天候は雨であった。神戸港で記者会見のあと、舞子の料亭萬亀楼で食事し、神戸駅から鉄道で京都へ向かい都ホテルに投宿する。マルローが神戸に滞在したのは、わずか半日である。

『人間の条件』第七部の前半は七月のパリ、そして後半は、一行の空白をおいて神戸となり、その冒頭は次のようである。「春の光が一面に降り注いでいる中を、車にも乗れないほど金のないメイが、カマの家をさして坂をのぼっていた」（p. 755）。ここにはすでに、神戸の場面を特徴づける二つの主題が現れている。まずマルローが神戸に上陸したのは、秋雨の降る朝であったが、小説の中ではまばゆいばかりの春の光が支配していることである。「日本の春のまばゆいばかりの光」（p. 759）が降り注ぎ、人々は「まばゆい日の光の中」（p. 759）を歩んでいく。マルローは、革命の動乱を描いた小説を、日本の春爛漫の中で終わらせるのである。もう一つは、ここで神戸の高台にあるカマの家を目指して、メイが坂を登って行くことである。そして、カマの家からは、海と港を、そして人間たちの活動を見下ろすことができる。

ここでは、長崎もまた神戸と同様、坂の町であったことを思い出しておきたい。『お菊さん』におけるロティは、夏期休暇をもらった海軍大尉であったが、長崎でひと夏のあいだ彼はひたすら「坂を登っていた」のである。彼は、お菊さんのために家を借りた十善寺へいたる坂道を毎晩登る。そして、「何の目的があって、ああ、毎晩私はあの郊外まで登っていかねばならないのだろう[10]」と嘆きつつ、「毎晩、私は忠実に宿まで登っていく」（p. 182）と語る。彼は雨の日も「びしょ濡れになって」（p. 206）、日中も「真昼の日盛りの中を」（p. 224）十善寺へ登っていく。だが、十善寺だけではない、長崎の寺院は高台にあるので、そこを訪れるには階段を登らねばならない。「私たちは登っていく、私たちは登っていく……私たちはなおも登っていく」（p. 69）。そして、登りつめた場所からは「軍艦や汽船や和船が小さく押しつぶされたように見える」（p. 71）。軍人であるロティにとって、この高台とは、つかの間の休戦の場所なのだ。「このような高いところから見ると、地球上のすべての国は、みんな似かよったように見える。人間たちや民族によって印づけられた特徴を失ってしまうのだ」（p. 220）。長崎の高台は、こうして、戦乱を越えた、非歴史的な宙づりの場所として現れる。こうした事態は、一五年後の長崎再訪の体験から書かれた『お梅さんの三度目の青春』（一九〇五年）においても変わらない。ロティは、高台にあって「古い日本の夢」を具象化している春雨さんの家を訪れたあと、近代風な長崎にふたたび下りてくる。「そこは海軍工廠なのだ。そこでは、われわれの祖先の知らなかったあの大仕掛けな集団殺戮のために、もっとも精巧な機械を製造しようと、夜を日についで努めているのである」[11]。こうして、古い日本の夢を保持し続ける高台と、軍備増強に邁進する低地との対比が描き出される。

しかし、『お菊さん』においても、『お梅さん』においても、ロティは最後には高台から港へと下りて、そこから軍艦に乗って出航することになる。彼にとって長崎はなによりも休暇の場所であり、ヴァカンスはいつも長くは続かないものである。旅人ロティの小説は、つねに到着から始まり、最後にかならず出発が描かれる。

『人間の条件』の神戸においても、この高台と港の二項対立が見られる。カマの家から見える港では、労働のざわめきが「人間のあらゆる努力、船、昇降機、自動車、はげしく揺れ動く人の波によって、日本の春のまばゆいばかりの光に答えていた」（p. 759）。こうした人々の活動を見下ろしながら、ジゾールは自分に死期が近づいていることを思う。

そして、このときはじめて、自分を死に近づける時が自分のうちにも流れているという考えが、彼を世界から引き離さないで、むしろ静謐な調和のうちに、彼を世界に結びつけた。彼は町のはずれに見えるこんがらがった起重機や、海に浮かんだ汽船や小舟、路上に点々と見える人影を見ていた。（p. 759）

ふたたび軍人としての職務にもどるロティと異なり、息子を亡くしたジゾールは、もうどこにも出発することはない。メイから勧められたモスクワ行きを拒んだ彼は、この日本の永遠の春、神戸の宙づりになった場所にとどまるのである。

このように、神戸（そして長崎）において、宙づりにされた時間・場所としての高台と、歴史の流れにさらされている港との対比が見られるが、しかしより大きな尺度で見るならば、歴史の外の静観の地である日本と歴史の中の激動の地としての中国の対比がある。

ふたたびロティを参照するならば、一八八五年の清仏戦争に参加するため彼は極東艦隊に加わるが、清の敗北により戦争が終結し、彼は日本の土を踏むことになる。『お菊さん』はまさに、休暇中の軍人が日本女性を相手に行う一時的な気晴らしの物語である。それから一五年後、一九〇〇年、義和団の乱が起こり、列強艦隊が渤海湾に集結し、ヴィオー大尉の乗った戦艦が長崎湾に避難する。この二度目の長崎滞在から生まれた『お梅さんの三度目の青春』において、ロティは、長崎港に入ったときの印象をこう記している。「あれほど辛く苦しく難儀だったシナ沿岸における停泊のあとでは、この湾内は快い庭園とも思われた。われわれはこの繊美な装飾品や人形などのあいだに、休暇をもらって送り届けられたようなものであった」[12]。ロティにとって、日本とは休暇の土地であり、快い庭園なのであった。こうして、歴史の動乱の中にある中国と、その近隣にあって避難所として利用された日本との対比が明確となる。

ミカエル・フェリエは、「フランス人作家にとっての日本」がどのようであったのかを論じて、そこに顕著に見られる時間の不在を指摘している。

時間は日本では打ち負かされたのです。日本は失われた国への到達を表象しています。世の果てへの小道、見出された誕生［……］ロチもミショーもバルトもユルスナールもレヴィ＝ストロースも、皆が皆、各人各様のやり方ではありますが、日本にその〈切り離された性格〉を残しておこうとする点で一致しております。かわりいく日本などもはやまったく日本などではないのです。⑬

もちろんここに、マルローをつけ加えることができる。彼にとってもまた、日本は「宙づりにされた時間の別名」だったのである。『人間の条件』において、上海革命を舞台にした行動家たちの物語は、大量殺戮のクライマックスを迎えたあとは、神戸の高台における春と三味線音楽がつくりだす奇妙な静穏へと入っていく。ところで、この歴史から非歴史へと進む物語の進行は、マルロー自身の歩みを予言的に示してはいないだろうか。彼は、『人間の条件』を書き上げたあと、スペイン市民戦争、第二次大戦におけるレジスタンスに身を投じるが、大戦の大量殺戮のあとは、『空想の美術館』以後、執筆活動の分野を美術批評の領域へと転じて、歴史の流れを超越した芸術の分野に非歴史的世界を求めるようになる。一九七六年、彼が死の直前に発表した書物の題名は、まさしく『非時間の世界』*L'Intemporel* と題されているのである。

四　「静謐」sérénité

『人間の条件』に現れた日本の表象を「混血児」「日本人画家」「神戸」の三つの主題のもとで考察してきた。ここで、マルローが描くのは日本をめぐる夢である。それは日本の教育への夢であり、日本の光に満ち溢れる春への夢であり、日本の美術と音楽への夢である。その夢を端的に表す語が sérénité または serein であるだろう。

まず、カマの絵と音楽に関して三箇所の sérénité が使われる。クラピックはカマの水墨画を見て①「静謐（sérénité）を愛する趣味は、追い詰められた人間にとっては弱い」（p. 648）と感じ、カマの逗留するジゾールの家に入るなり②

「今日では、このような静謐（sérénité）はほとんど無礼というべきものだ」（p. 649）と言い、そしてカマが弾く三味線の調べは③「ながいあいだ響いていたが、ついに、おごそかな静謐（sérénité）の中に消えた」（p. 651）。次にキヨの自死の場面では、④「死がほんの一日でほとんどすべての屍にあたえるあの静謐（sérénité）のせいで、顔はなごやかになっている」（p. 734）と描かれる。最後に神戸の春において、ジゾールはかつて愛した日本の女性を思いだして、愛情は⑤「このうえもなく静謐な（serein）音楽の化身である」（p. 757）と考え、そしてまたみずからの死の時が近いことを自覚し、それが彼を⑥「静謐な（serein）調和のうちに世界に結びつけた」（p. 759）のである。

以上が、『人間の条件』に現れるsérénitéおよびsereinのすべてである。このうち①②③⑥については、Takemoto Tadao[14]が、また④⑥については、Moatti[15]の指摘がすでにあり、⑤のみが両者によって取り上げられていない。

カマの水墨画と音楽	①	p. 648	sérénité	Takemoto
	②	p. 649		
	③	p. 651		
キヨの死	④	p. 734		Moatti
ジゾールと日本の春	⑤	p. 757	serein	
	⑥	p. 759		Takemoto, Moatti

また①〜④は名詞であるが、⑤⑥は形容詞である。カマの水墨画や日本音楽、キヨの武士道精神による自死が示した sérénité は春の光と音楽に付加された serein へ、すなわち思想の器としての実体概念から夢にこそふさわしいいっそうあえかなものへと転化する。

ここで『人間の条件』を離れて、マルローの著作全体に目を移すならば、まず初めに sérénité という語が現れるのは、一九二六年『西欧の誘惑』においてである。そこで中国人林氏は、自分たちの「芸術と人間の唯一の崇高な表現こそが「静謐（sérénité）と名づけられる[16]」のだと言う。こうしてまず、西洋と対比された東洋（ここでは中国）の芸術の中に sérénité が用いられたあと、以後この語は『人間の条件』を経て、戦後のマルローによって、もっぱら日本の芸術との関わりのなかで使用されることになる。

戦後のマルローにおける美術批評の出発点は、一九四七年の『空想の美術館』であり、そこで彼は「現在においては、世界最大の美術館より以上に、われわれの記憶の欠如を補うに足るだけの多くの重要作品に接することができる。というのは、〈空想の美術館〉が開かれるにいたったからだ[17]」と宣言した。複製技術が可能にした美術館というマルローの構想は、それより一〇年前に書かれたベンヤミンの論文を想起させるだろう。一九三六年、ベンヤミンは「複製技術時代の芸術作品」を発表し、そこにおいてアウラを喪失した複製芸術を論じる。彼は、「芸術作品の技術的な複製が可能になったことが、世界史上で初めて芸術作品を儀式への寄生から解放することになる[18]」と述べ、そこでは「展示的価値が礼拝的価値を駆逐する[19]」と断言する。さらに、ここでベンヤミンは複製芸術としての写真および映画を論じる。第二次大戦前夜の時代状況が刻印されたこの論文は、大衆芸術論であり、同時にファシズム論ともなっている。

他方で、マルローの関心はあくまで造形芸術の複製にとどまる。

複製のなかでは、形象は事物としての性格、同時に事物としての役割（たとえそれが神聖なるものであっても）を失うことになる。そして、才能だけが、芸術品だけが残ることになる。もっと極言すれば、芸術の瞬間が残されていると言えるだろう。[20]

前半はベンヤミンのアウラの喪失、礼拝的価値の駆逐に対応するだろうが、しかし後半は、まったく異なるものである。マルローの関心は複製のうちにこそ現れる才能（talent）にあるのだ。才能というような非歴史的価値への還元が、この空想の美術館の性格をみごとに示している。それは、以後書かれる数々の美術論において、「内的実在」、あるいは「内的生命」へと発展し、それはまたマルローが sérénité と呼ぶものの別名ともなるだろう。今、大急ぎでその素描だけを示すとすれば、一九七二年、『反回想録』の中の日本の章において、静謐という語が「内的生命」との関連のなかで超越的価値を付され三度現れる。[21] さらに sérénité は、七四年の『黒曜石の頭』においては「重盛像」[22]と、七六年の『非時間の世界』では「壮麗」[23]と結び付けられる。『人間の条件』において、sérénité は serein へと転化することによって、その実体的概念の輪郭をおぼろにしていったが、それとは逆に、戦後の美術論において、sérénité は、次第に超越的で肯定的な価値をもつようになっていく。こうした変貌と、マルローの非歴史的価値への歩みは相即しているであろうし、また、おそらくは、こうしたマルローの非歴史化への歩みにおいて、日本の果たした役割は小さいものではなかったのである。

（1）Michel Butor, *Le Japon depuis la France*, Hatier, 1995.
（2）Christine Moatti, *La Condition humaine d'André Malraux, poétique du roman, d'après l'étude du manuscrit*, Lettres Modernes, p. 21.
（3）André Malraux, *La Condition humaine*, in *Œuvres complètes*, t. I, Gallimard, 《Bibliothèque de la Pléiade》, 1989, p.517. 以下『人間の条件』からの引用については、引用文末にページ数のみを記す。
（4）エリック・リード『旅の思想史、ギルガメッシュ叙事詩から世界観光旅行へ』伊藤誓訳、法政大学出版局、一九九三年、二八二頁。
（5）同前、二八六頁。
（6）André Malraux, *La Tentation de l'Occident*, in *Œuvres complètes*, t. I, Gallimard, 《Bibliothèque de la Pléiade》, 1989, p.100.
（7）*Ibid.*, p.110.
（8）André Malraux, *L'Espoir*, in *Œuvres complètes*, t. II, Gallimard, 《Bibliothèque de la Pléiade》, 1996. p.432.
（9）*Ibid.*, p.433.
（10）Pierre Loti, *Madame Chrysanthème*, Kailash, 1996, p.115. 以下『お菊さん』からの引用については、引用文末にページ数のみを記す。
（11）Pierre Loti, *La troisième jeunesse de Madame Prune*, Kailash, 1996, p.74.
（12）*Ibid.* p.42.
（13）ミカエル・フェリエ「フランス人作家にとっての日本」『フランスの誘惑　日本の誘惑』三浦信孝編、中央大学出版部、二〇〇三年、四二－四五頁。
（14）Tadao Takemoto, *André Malraux et la cascade de Nachi*, Julliard, 1989, p.25, p.26, p.31, p.34.
（15）Christine Moatti, 《Le motif du Japon dans *La Condition humaine* d'André Malraux》, in *Malraux La Condition humaine*, coll. Parcours critique, édité par Alain Cresciucci, Klincksieck, 1995, p.166, p.174, p.174.

（16）André Malraux, *La Tentation de l'Occident*, p.66.
（17）André Malraux, *Le Musée imaginaire*, *Les Voix du Silence*, Gallimard,《La Galerie de la Pléiade》, 1956, p.16.
（18）ヴァルター・ベンヤミン「複製技術の時代における芸術作品」『ベンヤミンの仕事2』野村修編訳、岩波文庫、一九九四年、七二頁。
（19）同前、七七頁。
（20）André Malraux, *Les Voix du Silence*, p.44.
（21）André Malraux, *Antimémoires*, *Le Miroir des Limbes I*, Gallimard,《Collection Folio》, 1972, p.463, p.465, p.480.
（22）André Malraux, *La Tête d'obsidienne*, Gallimard, 1974, p.190.
（23）André Malraux, *La mémoire des Dieux*, *L'Intemporel*, Gallimard, 1976, p.232.

媒介者としての「水の風景」
——日本近代文学を中心にして

内藤　高

はじめに

幕末の開国以後、フランスが日本の近代化の一つの重要なモデルであったことはいうまでもない。しかし、モデルとしての役割の意味が英米さらにはドイツなどの国の場合と次第に異なっていくことも、既に数多くの評者が指摘するところである。

いうまでもなく、多くの日本人がフランスとりわけパリを訪れている。そして訪れた土地の風景の印象が、その国のイメージを決定づけるという点においては、フランスの場合が、その傾向が最も顕著に現れるといえるのではないだろうか。それを代表するのがセーヌ河風景であることもいうまでもないであろう。文学者や芸術家に限らず、一般的な日本人にとっても、それはほとんどフランスという国のイメージそのものとなっている。

ところで、こうした水の風景が、日本人にとってのフランスのイメージを大きく決定づけていることは疑いないが、もう少し具体的に立ち入って、水というものが、フランスについての認識とどのように関わっているのか、それが文化的交渉において近代日本とどう結びつくのかについては、あらためて検討する価値があるように思われる。そこには文学や絵画でモチーフとして反復されてきた「水」というイメージが持つある種の思想性というものも窺えるように思われる。そして、それは、近代化という歴史的な問題の次元でも、何らかの役割を果たしているのではないか。こうした点を出発点として念頭に置きながら、水の風景についての考察を進めていきたいと思う。

一　都市の中の閑雅

水の風景というものが、フランスを訪れた日本人の目を引き留めるものだったこと、それによって日本とのある種の近さ、親近性を感じさせるものであったことは、開国以来、早い時期のテキストからも窺うことができる。旺盛に西洋近代文明を学びとろうとし、精力的に視察の日々を送っていった岩倉使節団の久米邦武の『米歐回覽實記』の中にも、忙しい視察の合間に、ふと水の風景に目を遣り、日本のそれを思い出すところがある。パリ郊外セーブルの陶器製造工場を見学に訪れる途中、かつての王の避暑地であったサンクルーを通り過ぎるときである。この地は、当時は既にほとんどなにもない、建物の跡のみが残る庭園であったが、それでもパリの人々が好んで散歩する土地として、この地のことが語られている。

巴里ニアルモノ、暇日ニハ「セイン」河ヲ下リテ、此ニ休憩シ、晩涼ニ棹シテ返ル、猶浪華ノ桜宮アリ、東京ノ向島アルカ如シ（『米欧回覧實記』）(1)

東京の向島や大阪の桜宮、こうした川べりの行楽地を容易に思い起こさせる水辺の地が、パリ近郊にはある。このように、文学者や芸術家ではなく、いわば近代を学ぶために渡仏した人々にとっても、水の風景はすぐ目に留まる。そしてそれは、容易に日本を思い起こさせる日本とフランスの一つの媒介者だったのである。

岩倉使節団に溯ること約五年、一八六七年万博視察後、パリに滞在した幕臣栗本鋤雲もセーヌ河の風景に目を引かれている。

析奴《セイヌ》ハ巴里城ヲ貫ク河流ニシテ法國第三ノ大河ナリ鐵橋石橋隨所ニ之ヲ架セリ兩岸甃石水ヲ縮ムルニ因リ其流頗ル急駛ナリ汽船ノ小ナル者常ニ上下來往シ或ハ人ヲ乗セ或ハ貨ヲ積ム又河ノ兩岸常ニ釣客アリ竿絲浮沈鉤餌ノ六物都テ我ニ異ナル事ナシ唯蚯蚓極テ鮮紅ニシテ血色ノ如シ試ミニ其籃ヲ窺ヘハ終日ノ獲ル所何レモ小鰱細鰷五七頭ニ過ス吁嗟天地何ノ處カ閑人ヲ少カン(2)

意識的とはいえないだろうが、セーヌ河のもつ二重性がよく捉えられている。文明の象徴である交通や流通のための流れ、鉄橋や汽船という近代の事物が目に入る。しかし、栗本の目は同時に釣り人の方へ向かう。餌の血色は別としても、日本と同じ道具、同じやり方である。隔たりの意識はない。獲れているのは、わずかの小さな魚にすぎない。「いづれのところか閑人を少か《か》ん」という言葉が面白い。巴里が近代都市であるとしても（とりわけナポレオン三世による都市改造のわずか後の時代である）、その中心部に閑人のためのある種の「無為」的な部分が内包されている。いわば中心をなす「空無」として、釣り客のための閑雅な、むしろ鄙びた空間がある。現在の絵葉書でも、こうしたセーヌ河畔での釣り風景はしばしば見かけるが、こうしたイメージが絶えず反復されていくことは、パリの側でも、このイメージを、パリの一つのシンボリックなイメージとして仕立てようとしているとも想像できる。それはある意味では、近代とは異質な部分をこの都市は持つということを強調する役割も果たすことになろう。こうした意味でこのゾーンは、近代を照射する批評的ニュアンスを帯びた場となる可能性をもっているのである。

この問題については後にさらに検討する必要があるが、とにかく、まずおおまかに言って、釣り人ならずとも、こうしたやや鄙びたイメージは、日本人に親しみを感じさせやすい部分であろう。それは、漢詩の世界を想像させるところもある。そしてそれは、後の日本近代文学でも繰り返される風景である。竹中郁の「セエヌ河岸　1」でも、林芙美子の『巴里日記』でも、岡本かの子の『巴里祭』でも、ほとんど例を挙げるのにきりがないであろう。そして、例えば、今の竹中の詩の一節に「釣針《つりばり》を垂れてゐる太公望《たいこうぼう》たち／あの人達には小さいけれど目的《あて》がある、／目的《あて》のない僕はここにきて／それでもほつと気が休まる[3]」とあるように、こうした空間においては、釣り人への注視が、自己の意識を映し出す反射作用の場となることも多いのである。

二　荷風の場合——郷愁を準備するもの

前の論からも少し窺えるように、本論では、パリの持つ水のイメージによって、パリという都市が持つ現実が、ただ現在それだけのものとして直接的に提示され、完結するのではなく、そこに批評性を取り込んだ二重性を持った空間としての性格が強調されること、それが様々なレベルで、日本人の文学者たちにも受け継がれていくことを特に考えてみたい。まずそうした観点からの分析として手掛かりとなるのは永井荷風であろう。

日仏の交渉において、水の風景を媒介とするという観点からいえば、一九世紀末にフランスに留学した画家達のことが頭に浮かぶ。しかし、印象派がまだよく意識されていないこともあるだろうが、一八九〇年代、一九〇〇年代の白馬会などの絵画には、都市や近郊の水辺風景を描いたものはあまり多くない。パンの会の活動など、近代の都市における水の意味を充分理解するには、まず文学が必要だったのではないか。こうしたなかで永井荷風が水の風景という媒介者によって、フランスとりわけパリと東京を結びつけた人物の先駆者であることは疑いないであろう。

例えば、荷風の随筆「夏の町」は、近代の都市近郊の風景美、とりわけ水辺の美の「発見」の問題をよく示すテキストである。この随筆の中で、荷風は自分の少年時代の隅田川での記憶を回想した後に、そうした回想を可能にしたきっかけとして、フランスの自然主義の文学を挙げる。「自然主義時代の仏蘭西《ふらんす》文学は、自分には却て隅田川に対する空想を豊富ならしめた傾《かたむ》きがある」、こう書いた後、ゾラやモーパッサンの風景描写が与えた影響について、次のように続けている。

> モオパッサンは其短篇中に描いたセーヌ河の舟遊びによつて、坐《そゞろ》に吾々の過ぎ去つた学生時代を意味深く回想させるし、ゴンクウル兄弟が En 18・の篇中に書いた月夜《つきよ》のムウドンの麗《うるは》しい叙景は、蘆と水楊《みづやなぎ》の多い綾瀬《あやせ》あたりの風景から、更に新しい繊巧《せんこう》なる芸術的感受性を洗諫《せんかん》せしめた。ゾラは田園（Aux Champs）と題する興味ある小品によつて、近頃の巴里人《ぱりじん》が都会の直《す》ぐ外なるセーヌ河畔の風景を愛するやうになつた其の来歴を委《くわ》しく語つて、偶然にも自分をして巴里人と江戸人との風流を比較せしめた。(4)

いうまでもなく、こうした文学における水辺への注意は荷風に江戸という時代、過去を回想させるものとなる。しかし、ここで強調したいことは、「夏の町」の引用に「近頃の巴里人が」とあるように、この水辺の美は近代、同時代の上に成立する美でもあることである。歴史的にみると、都市に付随する、あくまで近代の美である。今の引用に続けて、荷風はこのゾラの論にしたがって、フランス一九世紀都市近郊の美が発見されていく経緯を辿る。一八世紀の文学におけるこうした美への意識の欠如。ロマン主義が自然感情を説き、自然が人間化される時代になっても、ユゴーやラマルチーヌの作品のなかでパリ郊外の自然が直接抒情詩の題材になることはない。ポール・ド・コックというルイ・フィリップ時代の通俗小説の作家が、当時のパリ市民が狭苦しい都会の城壁から外に出て郊外を散策し、野外の食事を楽しむ生活を描くようになる。その頃から画家達も郊外のムードンの森の風景などを描くようになる。河畔の美の発見者ともいえるドービニーなどによって、水辺には散策者たちの雑踏が急速に増えることとなる。

こうした見方が、荷風に江戸の都市空間における美意識を再認識させることはいうまでもない。

> 此の記事から翻《ひるがへ》つて向島《むかふじま》と江戸文学との関係を見ると、江戸人は時代から云へば巴里人よりももつと早くから郊外の風景の美しさに心付いてゐたのだ。［……］
>
> 洪水の為めに築いた向島の土手に桜花の装飾を施す事を忘れなかつた江戸人の度量は、都会を電柱の丸太の大森林たらしめた明治人の経営に比して何たる相違であらう。[5]

こうした江戸の再認識、しかしこれは今見たように、近代的立場によって生じる美意識である。現在の立場から過去を回想する、「郷愁」というものを必然的に誘い込むようなシステムを水の風景は作り出すことになる。それは、裏返せば、現在においてある種の欠如感が存在することを認識するという意味をもっており、そこに一つの批評がある。フランスに比べて、江戸というものを問題にするとき、その喪失感は一層強くなるであろう。それでも、それは一九世紀末から二〇世紀初頭のモダンな感覚であることに変わりはない。ともかく、ここでまず水のイメージが、郷愁へと移行することによって、一つの現実批判をなしていることは確認できるが、荷風の場合、さらに多様な水のイメージが——その多くはフランスの風景やフランス、ベルギーなどの一九世紀後半の文学から得たものであるが——その中でイメージの喚起と同時にその属性によって様々な批評機能を果たしていることに気づく。ここでは多くの例は挙げられないが、そのことに触れておく必要はあろう。

三　批評者としての「水」——荷風から藤村、堀口大學へ

今述べたように、水というイメージは多様な属性を持つ。そしてそれは、荷風が愛読した一九世紀後半の西洋の文学においてまず現れており、荷風はそれを自分のテキストの中に取り込むことになる。例えば、荷風のエッセイ「霊廟」に引用されるアンリ・ド・レニエの『噴水の都』の序詩。荷風は『珊瑚集』などで多くの一九世紀後半フランス、ベルギーの詩の翻訳を行い、ランボー、マラルメなどの前衛性の強い作品よりも、レニエなどの回顧性の強い作品の方が、彼に適していたのではないかとよくいわれるが、実際この詩もそうした傾向を強く帯びた詩である。そしてセーヌ河ではないが、タイトルから窺えるように、この詩も水の風景と密接に結びついている。

この詩は、いうまでもなく典型的な回想の詩である。同時代の喧騒から逃れて、かつての王宮があったヴェルサイユの地に佇む詩人。

わが歩み君（引用者注　ヴェルサイユ）を訪《と》ひ、わが眼君を望むは、

君が荘麗と君が光栄のそれならず、

こうした詩句で始まる第二連は、次のようになるが、それが荒廃の地でかつての栄華を偲ぶ懐旧の詩であることはいうまでもない。

Il suffit que tes eaux égales et sans fête
Reposent dans leur ordre et tranquillité,
Sans que demeure rien en leur noble défaite
De ce qui fut jadis un spectacle enchanté.

荒廃のいとも気高き眺めの中には、
美しき昔のさまの影も留めず、
遊楽後《あと》を絶ちて唯だ変りなき君の池水《いけみづ》のみ、
昔《いにしへ》の秩序と静寧の中《うち》に息《いこ》ひたるこそ嬉しけれ。(6)

そしてこの主体を為しているのは、現在も、かつての栄華の時代と変わりなくそこに静かに存在している水である。この詩は水の称讃の歌とも言える。推移していくものを映し出すとともに、自らは変化することのない、永遠の基準ともいうべきものとなる水。ここにも、現在を映す鏡としての「批評する水」が風景の中に存在していることが確認できるのである。このように、様々な文学の影響の下、荷風は風景の中に存在する多様な水のアスペクトを利用しながら、おのずとそこに同時代批評的性格を介入させているのである。

荷風の場合、水のイメージに関して、単に川や池、噴水のみが問題となるのではない。海というものも問題になるときがある。江戸あるいは東京について語るとき、海あるいは河口という空間も重要な場となる。そしてこうした際にも、フランスやベルギー文学の影響を強く受けた、批評的様相を帯びた水のイメージが介入してくることになる。「海洋の旅」は、そのことを考える上で重要なテキストである。

横浜から上海行きの汽船に乗って長崎で降り、更に島原半島で遊んだこの旅行記では、当然まず海が問題となる。ここでは水は、荷風がしばしば描くような弱々しい、悲哀に満ちた衰弱的イメージを喚起するのではない。もっとおおらかで、力強いものである。できるだけ遠く自分の住んでいる世界から離れるための航海、「人間から遠ざか」るための旅。「海は実に大きく自由である。自分は東京の市内に於ても、隅田川の渡船に乗つてさへ、岸を離れて水上に浮べば身体の動揺と共に何とも云へぬ快感を覚え、陸地の世界とは全く絶縁してしまつたやうな慰安と寂寞とを感ずる」(7)。このように解放をもたらすものとしての水、近代社会の疲れの中で、その衰弱から立ち直るための導き手としての水の側面が強調されている。このエッセーの冒頭には「自由の人よ。君は常に海を愛せん」というボードレールの詩句がエピグラフとして掲げられている。実際の風景とともに、自由のメタファーとして海を強く愛したボードレールが、まずこの旅の導き手となるのである。

もちろん水の別のアスペクトもある。出発点では今述べたようなダイナミックな強さをもっていた水は、旅が進むにつれて、その性格を変える。長崎の町、さらに島原近くの小さな町、小浜の、世の中から隠遁したような、あきらめの漂う空間へと場は変わる。荷風が隅田川沿いで馴染んだような寂れた空間に戻っていく。そして「悲しいロオダンバツクのやうに、唯だ余念もなく、書斎の家具と、寺院の鐘と、尼と水鳥と、廃市を流る丶掘割の水とばかりを歌ひ得るやうになりたい」(8)、こうしたローダンバックの『死都ブリュージュ』の運河の水に代表されるような、世紀末象徴派的な性格の強い水、死や眠りと結びついた水のアスペクトの方へ向かっていく。ここでも西洋のモデルがある。

そして、今の荷風の引用の直前の言葉が「無智なる観客を相手に、批評家と作家と俳優と興行師とが、争名と収益の鎬を削り合う劇場の天地を忘れたい」とあるように、ここではまどろむ水、現実の忘却の為の水というやはり一人の現実批判者としての水の意味が示唆されているのである。

このように荷風のテキストのなかには、様々な水のイメージが登場し、多くの場合それは時間その他のテーマと関連して、何らかの現実社会の批評的機能を果たしている。そして重要なことは、荷風のもつこうした意味、批評的機能を含んだ水を手掛かりとするフランスの認識、あるいはフランスと日本を繋ぐ媒体としての意味の確認、これらがその後の多くの文学者たちに受け継がれ、反復されていくことである。

パンの会への影響、北原白秋などの水辺風景の発見、こうした間接的影響についてはここでは問わないにせよ、島崎藤村は永井荷風がフランス人の研究に刺激されて、一八世紀日本の研究に向かったことを明確に意識している（「音楽会の夜、その他」）。そして藤村がフランスからの帰国をもっとも強く意識するのも、川を前にした時である。「故国に帰りて」のなかでも、フランス滞在中セーヌやソーヌ、ヴィエンヌなどの河川を前にして、つねに隅田川のことを思い出していたことが語られる。そして、帰国した今、隅田川に向って藤村は語りかける。

お前の沈黙を破った声を聴きたい。随分お前も長い目で岸の変遷を眺めて来た。両岸が武蔵野であった昔からのお前だ。そこに建てられた大きな都の発達を知悉して来たお前だ。［……］お前は驚くべき大改革を眼のあたりに見て来た。（「故国に帰りて」）[9]

「時の証人」としての水が強調されていることはいうまでもない。そして、現代文明によってその存在が次第に脅かされている隅田川、その声が弱くなったように思われる隅田川に向って、「沈黙を破るように」促す。こうして、この川がなお変化する東京を見続ける、いわばこの都市の守護者であることを望み、藤村はエッセイを結ぶのである。

そして荷風の影響という点から言えば、堀口大學も荷風の持つ重要性を本質的な意味で理解した一人である。「巴里の橋の下」(『季節と詩心』(一九三五年)所収)というエッセーの中で、堀口大學の想いは「明治末年の頃、[……]亡び行く江戸のおもかげをあの当時の東京に探し求めた」荷風に及ぶ。荷風は単に感傷的なノスタルジーだけでパリと東京を結びつけたのではない。そこには都市というものがどういうものであるかについての荷風の貴重な認識があることを堀口は強調する。

このエッセーの冒頭で、大學はまずポール・フォールの「巴里橋づくし」という詩を引用しているが、次のように述べている。

[……]大都會を貫通して流れる河川は、自らの持つ特徴と性格をその都會に與へるものなのだ。河はその水の中に、都市の傳統の最も隱密な要素を漂わせて流れてゐる。河はまた人知れずその都市の過去の姿を祕めてゐて、蝕まれた古い鏡のやうに、時あつて、氣高い、しかもさびしい空氣のうちに今の吾等に傳へてくれる。この意味で、巴里にとつてのセエヌ河は、東京にとつての隅田川だ。[10]

こう述べた上で、荷風の慧眼は「都会と河との間に反映する神秘なコレスポンダンス」を見抜いたことだと評価するのである。

今の引用では、まず都市を造る河川の側の「主体性」が強調されている。公園や広場が都市の大衆の精神を「反映」するのに対して、河川は都市の性格を形成する。中でもここで強調されているのは、水のイメージに籠められる、過去からの時間の堆積というものが果たす役割である。それは都市の深層、都市の「最も隠密な要素」を構成する。こうした、いわば都市の表面を成立させている無意識のような領域が、「蝕まれた古い鏡」として、過去を時として現在時の上に映し出すのである。

以下、この随筆で、彼自身セーヌの水の「歌声」を聴いたとき、初めてパリの精神の源流を理解したように思えたことを述べた後、大學はセーヌ河の流れとそこに架かるそれぞれの橋の風景、そしてそこに宿る記憶とを喚起していく。河は現在という時間と永続性の要素を絶えず喚起し、いわばそれを交流させる。長い時間の堆積、それは眼前の現在を相対化し、持続する時間の中でのその意味を教えるだろう。それゆえにクリティックな性格をつねに喚起する鏡となる。ここにも一つの批評性を確認できるであろう。

これまでみてきたように、水の風景は、単に風景美の問題に留まらない。パリの街が中心に水を内包し、その水が優れた批評機能をもっていることを確認するとき、この地が日本近代の数多くの文学者たちを引きつけたことの意味もまたさらに見えてこよう。それは文明に対して称讃と懐疑という二重の意識を持つ人々にとっての貴重な場となるのである。憧れとある種の不安をもって渡仏した人々が、実際の地での不安定な生の中で、もう一度自己を見つめようとする行為の営まれる場、それを可能にする極めて特権的な場の例となるのである。多くのパリを舞台とした日本文学は、揺れ動く水の場で自己を見つめようとする行為を書く、このテーマの反復である。ここでは、わずかだが、その例をあげることにしよう。

四　反復される水の風景――竹中郁、林芙美子、岡本かの子

繰り返すことになるが、水は時間のメタファーと容易に結び付く。そして現在とともに、過去からの永続性、永遠

性（近過去ではなく）を喚起する「古い鏡」である。ノートルダム寺院や、さらに歴史の深い古層を持つセーヌ河畔ほどこれにふさわしい場はあるまい。高村光太郎の「雨にうたるるカテドラル」はこうしたテーマに繋がるが、昭和三年から四年にかけてパリに滞在し、パリの心象風景を謳った竹中郁の詩の一つ「セエヌ河岸　2」も、瞬間のみ、光景の一断片のみを謳うのではなく、そこにまさしく世界とその中にいる自己の永遠性を謳う場としてのセーヌ河が登場する詩である。

冒頭で少し引用した「セエヌ河岸　1」はこの詩と対をなす。「洋袴《ズボン》のポケツトに両手をさしこんで／僕はまた何しにここへ来たのだらう、／たまに見つけた石ころを／日本にゐた時のやうに蹴つてみる、／石ころにもちやんと落ち着くところがある。／［……］／釣針《つりばり》を垂れている太公望《たいこうぼう》たち／あの人達には小さいけれど目的《あて》がある、目的《あて》のない僕はここに来て／それでもほつと気が休まる／［……］」(11)。パリに来た目的を見失い、ただ漂う人間、暇そうに釣りをする人間さえも、この詩では、何か目的を持って暮らす人間としてとらえられている。それよりももっと定まらない人間として「僕」が強調される。

「セエヌ河畔　2」は、これとは対照的な、意志の高揚する全人的な人間を謳う。「新橋《ポンヌフ》や／両替橋《ポントオシヤンジユ》や／芸術橋《ポンデザアル》が／おびただしい夕日の氾濫をさへぎつてゐる、／ヱツフエル塔の籠の中で／もはや夕日は赤銅《しやくどう》のやうにたぎつてしまつた。／僕はさつきからその壮観にうたれて／小半時間　この石の欄干《てすり》に凭《もた》れたままだ、／誰も僕に気づいてゆく人もない、幸なことに僕はただ一人で考えてゐられる」(12)。こうした第一連に、次のような第二連が続く。

きらぎらと呼吸《いき》もつかれぬ光線の中で
僕は幾万年かの昔を生きた、

僕は幾万年かの未来を生きた、
僕は底知れぬ広大無辺の世界中を
一瞬のうちに歩きまはつた。
凭《もた》れてゐる石の欄干《てすり》や、
流れてゆくキルクの栓や　新聞紙や、
朽ちかれた花の包みや、
そんな生命《いのち》のないものばかりの中で
僕は劇《はげ》しい生甲斐を感じた、［……］

遠い過去と遥かな未来、ここではセーヌ河岸という場は、永遠性と、世界中を集約する強度の強い空間となっている。夕日も、落日の儚いメランコリックなイメージではなく、力を与える源としての真昼の太陽に近い役割をもっている。水に浮かぶ生命のない物、朽ちた物、それは自己のアンチテーゼであり、それとは対照的に、そこでは自己は強い生命感を感じる存在なのだ。無為性と行動性・生命というコントラストの強い二篇の詩、こうした変容を可能にする場、ここにも一つの二重性があるのである。

『放浪記』のブームによって経済的安定を得て、一九三一年、憧れのパリに赴いた林芙美子も、セーヌ河畔をよく散策し、そこで様々な想いに浸った作家である。あるときは河岸の石垣にもたれて煙草を吸いながら、「二時間位も釣絲をたれてゐて、一尾もつれない、莫迦な少年」を眺めながら。まさに無為の空間である。しかし、多くの場合、セーヌ河は、彼女自身の不安な存在と接近する。パリには着いたものの、そのあと何をどうしていいかわからない、こうした意味‐方向の喪失感が彼女を強くとらえる。「有為転変のなかのとまどい」、彼女はパリに着いた日から、それを記している。「パリの街を歩く。一時間部屋にじっとしていられない気持ちで」（一九三二年一月二日）そして語学学校の帰りなど、しばしば彼女はセーヌ河畔に出る。その場に引き込まれていくと言った方が良いかもしれない。彼女と河は鏡像関係におかれる。それは、浮遊ということ、身の置き所のなさ、不安定さというものを強く意識させるものとなる。「落ち着かない。少しも心が定まらない」。彼女は日記にしばしば記す。林芙美子がパリでよく読むのは寒山詩である。「我黄河の水を見るに／凡そ幾度の淸を經たる／水は流れて急箭の如く／人生は浮萍の如し」。束の間としての存在と、同時に永遠性を喚起する存在としての水の意味がよく出ている詩である。林芙美子はまた、パリでフロベールの『感情教育』を愛読する。船で下る河の流れと、一つ一つの生きられた時間が、大きな時の流れのなかに包括されていく小説。こうした作品を読み耽るとともに、夜、セーヌ河畔を散歩する日が続くのである。

日記の中には、恋の逃避行的にフォンテンブローに向かう場面もあり、その時は彼女を運ぶ列車が、セーヌの速い流れと重ねられているが、基本的にセーヌの流れは、彼女自身の不安定さを意識させると同時に、自己の務めの自覚に向かわせるものである。ここでも水は批評的機能、鏡の役割を果たしている。橋の上で、流れを見ながら彼女は、日本に帰ろうとつぶやくのである。

　夜、遲れてアリアンセに行くが、今日は日曜日なり。セーヌの河岸へ出て、暗い橋の上で、光つて流れる水を、一人でしばらく眺めてゐた。
　どうしても日本へ歸らなければならない。（『巴里日記』[13]）

そして岡本かの子の『巴里祭』の終わりの部分も興味深いものがある。ここでの場も、セーヌ河の中の島であり、サンルイ島などよりはやや下流のグルネル橋近くとなっている。主人公は釣りをしている。一〇数年も、日本に妻を残したままパリで暮らす新吉、彼にはかつてパリで恋をした幼かったカテリイヌのことが忘れられない。しかし、新吉の女友達リサが、カテリイヌにまつわる現実を新吉に話すのが、この場面である。カテリイヌは、新吉が出会った頃には、もう子供を産んだ経験があった。しかもほんのはずみで。新吉は、そうした女性――しかもこの女はもう死んでいる――を一〇余年間、心の中で夢として持ち続けてきた。この夢が消える。新吉は妻を日本から呼ぶことにする。リサはいう。

――いままでのあなたの經驗しなさつたのはやつぱり追放者《エキセパトリエ》の巴里ね。誰でもすこし永く居る外國人が、感化される巴里よ。でも本當の巴里は其の先にあるのよ。嚙んでも嚙み切れないといふ根強い巴里よ。あなたはそれを嚙み當て初めたのね。死んだフエルナンド（引用者注　リサの恋人）は其の事を巴里の山河性と言つてましたよ。[14]

ここには一種の乾いた水がある。水は人間の様々な幻想を捨てて自然に戻る。水が鏡であったとしたら、それはまずは、人間の思いこみによる、さまざまな錯視を作り出す鏡であったかもしれない。しかし、ここではそうした幻影に浸る人間を映し出す鏡となる。ただ何の幻想もない自然がそのままあるのである。人間の歩みもそれに従うしかないような。多くの幻想の回路を経て、いつのまにか水は、人間を生そのものの自覚に戻す。こうした導き手ともいえる水があるのである。

これまでみてきたように水は多様なイメージを包括している。そしてそれは、それを見つめる人に対して、クリティックとしての意味を提示する。パリの水の風景は、近代日本の不安定さの中で、フランスの誘惑に捉えられた人々に対して、ダイレクトに近代のモデルを提示するのではなく、その多義的な意味をそのまま提示し、その揺らぎのなかで、自己の認識に導いていくという役割を日本人に対して果たすのである。フランス以外の国、例えば、明治大正期頃にイギリスのロンドンを訪れた日本人が、テムズ河の風景に、美的感情と現実を映し出す観照性とを感じとったような例は、漱石の『倫敦塔』などを除けば、極めて少ないであろう。近代化の進みつつある社会の中で、一種の疎外感を感じている当時の日本文学者や芸術家にとって、この二者の共存する空間こそが特に必要とされたのである。

そして、実際、日本近代文学の流れにおいて、こうしたパリの水辺の空間は一つの重要なトポスとして反復されていく。ある意味では、常套句になりかねないほどである。本論でみただけでも、セーヌ河の釣りシーンは、主人公たちがなにかふと現代の流れとは別のものを意識する時・場において繰り返し登場していた。日本におけるパリ文学の中心的イメージともいうべき役割を果たし続けるのである。

（1）『米歐回覧實記』の引用は岩波文庫（一九七九年）に拠る。本引用は、第三巻、九一頁。
（2）栗本鋤雲のテキストは明治文學全集4『成島柳北　服部撫松　栗本鋤雲集』（筑摩書房、一九六九年）に拠る。三〇六頁。
（3）竹中郁のテキストは現代詩文庫『竹中郁詩集』（思潮社、一九九四年）に拠る。ただし、ルビを省略した箇所がある。本引用は三七－三八頁。
（4）永井荷風のテキストは、『荷風全集』第七巻（岩波書店、一九九二年）に拠る。ただしルビを一部省略したところがある。本引用は二一七－二一八頁。
（5）同前、二一九頁。
（6）同前、三〇七－三〇八頁。

（7）同前、四〇一頁。
（8）同前、四〇九頁。
（9）引用のテキストは、十川信介編『藤村文明論集』（岩波文庫、一九八八年）に拠る。ルビは省略。一三八頁。
（10）堀口大學のテキストは日本図書センター二〇〇一年復刻版『堀口大學全集』第六巻（小澤書店、一九八二年）に拠る。八一頁。ただし本文中「蝕まれ古い鏡」は「蝕まれた古い鏡」の誤植と思われるので補った形で引用した。
（11）竹中、前掲書、三七－三八頁。
（12）竹中、前掲書、三八－三九頁。
（13）『巴里日記』の引用に関しては『林芙美子全集』第四巻（文泉堂出版、一九七七年）に拠る。本引用は四〇三頁。
（14）岡本かの子『巴里祭』の引用は『岡本かの子全集』第四巻（冬樹社、一九六七年）に拠る。本引用は四三頁。

本論執筆に際し、平成一四－一五年度の文部省科学研究費補助金（基盤研究ｃ２）を得たことを記しておく。

パリ万国博覧会の日本パビリオン

パリ万博と古都

高木　博志

明治維新ののち一八八九年にアジアではじめて大日本帝国憲法を制定した日本は、欧米の仲間入りを果たそうとする。憲法・議会・軍隊・学校といった普遍的な「文明」の装置とともに、独自の歴史や文化や伝統を有することが、「一等国」の国民国家として不可欠であった。

一八九〇年、草創期の東京美術学校で岡倉天心が、推古（飛鳥）・天智（白鳳）・天平・弘仁貞観（密教）・藤原（国風）といった時代区分を有する「日本美術史」を講義するが、こうした体系的な歴史の流れは、歴史学よりまず先に美術史において完成する。なぜなら「美術」は、博覧会やツーリズムの場において、もっとも視覚的にその国の来歴・文化の「精華」を国際社会にアピールするものであったからだ。

岡倉天心の「日本美術史」講義を受け継ぎ、最初に活字になった体系的な日本美術史は、一九〇〇年四月に開催されたパリ万国博覧会に向けて出版された、*Histoire de L'art du Japon* である。フランス語で出版されたこと自体が、国際社会に対して「日本文化」を創りだしていった、国民国家形成の問題をはらむ（高木博志『近代天皇制の文化史的研究』、校倉書房、一九九七年）。そして日本国内でも翌年に『稿本日本帝国美術略史』（農商務省）が同書の日本語版として出版される。九鬼隆一はその序文において、東洋美術史をつくるという事業は、衰退したインドや中国ではなく、「東洋ノ宝庫タル我日本帝国民」をもって、はじめて可能であると宣言する。

パリ博覧会では、セーヌ川左岸には各国のパビリオンが、その固有な歴史・文化を表徴する建築を競う。農商務省がだした『一九〇〇年巴里万国博覧会臨時事務局報告』（一九〇二年）は、「英国ノ如キ伊太利ノ如キ将タ独乙ノ如キ何レモ数世紀前ノ建築ヲ摸擬シテ特別館ヲ設ケ、古代ノ美術ヲ陳列シテ互ニ「祖先ノ光栄」ヲ誇」る、と列強による古代文化の誇示を伝える。そうした状況で、日本パビリオンは、高さ二〇メートル以上、間口二四メートル、奥行き一八メートルで、本体は法隆寺金堂を模して、四面には室町以降の美術である鉤鐘窓を設け、壁面は藤原時代の中尊寺金色堂を模し、鳳凰や沙羅の意匠も配された（図参照）。全体として「古風ヲ表顕」するとともに、「壮大」な観をもとめた。一八九三年のシカゴ博覧会の日本パビリオンが、国風文化を表徴する、平等院を模した鳳凰殿であったのに対し、一九〇〇年のパリ博覧会では折衷的な意匠であったといえる。

さてここで新しい事実として指摘したいのは、実はパリ万国博覧会には、日本の美術史という出版だけではなく、図版を飾る現物の美術品も出品されたことである。たとえば、高山寺の鳥獣戯画、石山寺縁起、東京帝室博物館の扇面古写経、松平直亮伯爵からは平治物語絵巻六波羅行幸の巻など。そして国内では庶民の目に触れることのない御物中の至宝、聖徳太子画像（一九八四年まで使用の一万円札の図像）までもが出品された。

さて平安文化を代表する古都京都、古代文化の古都奈良から、多くの美術品が、パリ博覧会に出陳されるが、京都の府庁文書には、その記録が残っていない。しかし奈良県庁文書には、一八九九年一一月一〇日に奈良県が、興福寺や春日神社・法隆寺・東大寺などに「什宝」を出品依頼してからの、一連の記録が残っている（「博物館国宝ニ関スル件」『奈良県行政文書』明三三‐二A‐七、奈良県立奈良図書館所蔵）。

奈良の行政文書をひもといてみる。当初、奈良の社寺では海外へ出品することに対する抵抗が大きかった。しかし「本邦美術ノ光輝ヲ海外ニ発揚シ且本邦文華ノ因テ来ル所以ヲ知ラシムル」との趣旨をもって、農商務省秘書官杉竹二郎が奈良県に出張し、春日神社ほか四五ヶ所の社寺で、直接、出品の勧誘をしている。また同年一二月には臨時博覧会事務局古美術取調委員である福地復一も奈良県に出張してくる。福地は岡倉天心門下であるが、一八九八年東京美術学校騒動で天心を追放した黒幕とされ、パリ万博に向けての天心による日本美術史編纂事業を引き継いだ人物である。一八九九年一二月一二日に奈良県の社寺行政担当である野渕龍潜に会った福地は、「巴里博覧会へ時代別出品希望ニ付、主トシテ博物館ニ就キ品物選定致、然ル後更ニ四五ケ社寺ノ出品ヲ希望致度考」であったという。「時代別出品」というコンセプトこそ、成立したばかりの、時代区分を有する日本美術史のなかに、古代奈良を位置づける発想である。こうした過程を経て、春日神社からは緋威甲冑・陵王装束、東大寺からは伎楽面や華厳五十五所扁額、法華寺からは乾漆維摩像、西大寺からは行基菩薩像、そのほか唐招提寺、興福寺や、個人コレクターで国会議員でもある中村雅真など、奈良県から多くの美術品の出陳がなされた。

パリ万国博覧会で日本古代美術館を鑑賞したフランスの前外務大臣アノトーは、千年以上前のヨーロッパがいまだ「原始ノ時代」であったときに、日本が独力で成就した「美術上ノ力量」、「高尚ナル趣味」を高く評価し、「欧州ハ決シテ日本ヲ始メテ文明ニ導キタリト云フカ如キ慢心ヲ有スルヲ得サルコトヲ悟ラン」と、フランスの新聞紙上で述べたという（『一九〇〇年巴里万国博覧会臨時事務局報告』）。アノトー発言は日本側が作成した史料であるため、ニュアンスは正確にわからないが、少なくとも日本が得たかった欧米からの評価はこのようなものであったのだろう。

V　幻のパリ

ドイツ音楽からの脱出？
――戦前日本におけるフランス音楽受容の幾つかのモード

岡田　暁生

一　「ドイツ音楽にあらずば音楽にあらず」――フランス音楽受容の前提

本論は、戦前日本における近代フランス音楽受容の歴史を幾つかのパターンに還元して俯瞰しようとするものであるが、それに先立ってまず、ドイツ音楽受容の問題について一瞥しておかねばならない。言うまでもなく、洋楽導入にあたって日本がモデルにしたのはドイツだったわけだが、これは別に日本に限ったことではない。一九世紀後半における音楽の「世界基準」とは「ドイツ式」であって、ロシアでもイギリスでもアメリカでも事情は同じだった。当時のドイツはヨアヒムやビューローやクララ・シューマンを初めとする綺羅星のような演奏家を擁し、かつてはこぞってパリでの成功を目指した新進音楽家たちだったが、一九世紀後半になるとベルリン・デビューが彼らの登竜門となる。ライプチッヒ音楽院は世界最高の音楽学校としてつとに名高く、世界中から留学生――この中には滝廉太郎も含まれる――が押し寄せた（一九世紀前半にヨーロッパ各地の音楽学校のモデルとなったパリ音楽院は影が薄くなっていた）。そして何より当時のドイツには、創作の最盛期を迎えたブラームスやリストやワーグナーやブルックナーがおり、マーラーやヴォルフや――初期の山田耕筰が心酔した――リヒャルト・シュトラウスといった日の出の勢いの若手作曲家にも事欠かなかった。当時の日本人がほとんど盲目的に「西洋音楽と言えばドイツ音楽のことだ」と思い込んだのは、当然の成り行きであったろう。当初より日本におけるフランス音楽受容は、このドイツ中心主義に対する反動という性格を強く帯びており、それは「フランス音楽それ自体」というよりも、「ドイツ音楽に対するフランス音楽」の受容だったとすら言える。

日本における西洋芸術音楽の教育が本格的に始まるのは、それまで唱歌教育に重点を置いていた上野の音楽取調掛が、一八八七（明治二〇）年に東京音楽学校へと改組されてからのことだが、長らくここでの教育の大部分はドイツ系の外人教師に委ねられていた。中でも影響力が大きかったのは、有名なラファエル・フォン・ケーベル（一八四八－一九二三）（明治二一－四二年勤務）である。東京帝国大学の哲学教師として九鬼周造や和辻哲郎を育てたことで知られる彼だが、実はモスクワ音楽院のピアノ科を卒業した経歴を持っており、その腕を買われて東京音楽学校でもピアノを教えていたのである。彼はバッハやベートーヴェンといったドイツ音楽の「精神性」を繰り返し称揚する一方、ドイツ以外の作曲家は、例えばショパンですら、軽薄だとして認めなかったという。[1]

ドイツ音楽崇拝で凝り固まっていた当時の東京音楽学校の空気を生々しく伝えているのが、高名な音楽評論家の野村光一の次のような回想である。[2]

このドイツ音楽万能主義は単にクローン氏やその他上野御雇外人教師ショルツ氏、ヴェルクマイスター氏等のドイツ系が抱いていたばかりでなく、上野のあらゆる邦人音楽家、即ち教師や生徒達迄総てが絶対的に尊奉していた信条であった。彼等はクローン氏と同じくドイツ音楽以外の音楽は音楽に非ずと考え、イタリーやフランスの音楽を演る輩は民間の連中で、而も音楽の掟に背く不逞無頼の徒と見做して、これを甚だ侮蔑の眼を以って見ていたのである。従って又、彼等の奉ずるドイツ音楽の範を垂れる之等のドイツ人教師達をまるで生き神様の如く惟ひ、或る場合には恐怖の念も伴う強烈な尊敬を以ってこれを迎えたのである。

このドイツ人教師たちのフランス・イタリア音楽蔑視を理解する上で押さえておかねばならないのは、「芸術音楽」という概念がそもそも極めてドイツ的なものだったという事実である。フランスやイタリアの音楽文化の中心はオペラ（フランスの場合はここにサロン音楽と軍楽が加わる）であって、当時の人々にとってそれらは、何よりまず「娯楽」であった。それに対してドイツ人たちは、バッハからベートーヴェンを経てブラームスに至る自分たちの音楽の「精神性」を強調することでもって、「低劣な娯楽」にすぎないラテン系音楽との差異を際立たせようとした。このドイツ独特の「芸術としての音楽」を代表するジャンルが、交響曲や弦楽四重奏やピアノ・ソナタやフーガなのであった。当時の東京音楽学校の日本人教師や生徒たちがドイツ人教師たちからすり込まれたのは、こうした「ドイツ芸術音楽の精神性」の教条であり、彼らはいわば虎の威を借りるがごとくに、ドイツ人教師と一緒となって「軽薄な」フランスやイタリアの音楽を軽蔑するポーズをとってみせたのであろう。

なお、娯楽／実用音楽をことさらに見下そうとする当時の東京音楽学校の風潮と多分に関係があったと考えられるのが、江戸時代の武士階級から新政府の指導層へ受け継がれたと思われる儒教的倫理観である。周知のように徳川幕府は音楽に対してあまり寛大とは言えない政府であって、武士階級公認の「正楽」としては能と雅楽があっただけと言っても過言ではない。三味線のような近世邦楽は、遊郭に入り浸る町人風情の「淫楽」と考えられていた。これは推測であるが、江戸時代の「武士の正楽vs町人の淫楽」という二分法が、明治以後は「精神的なドイツ音楽vs低俗な非ドイツ（＝フランス・イタリア）音楽」というそれに入れ代わったのではあるまいか。例えば前の野村の引用で注目すべきは、「イタリーやフランスの音楽を演る輩は民間の連中で、而も音楽の掟に背く不逞無頼の徒と見做して」という表現である。一九世紀末の日本において知られていたフランスやイタリアの音楽は、軍楽（これについては後で述べる）や外人居留地で奏でられるサロン音楽（鹿鳴館で演奏されたのもこの種のフランス系娯楽音楽だった）がすべてであった。恐らく野村が「イタリーやフランスの音楽を演る輩は民間の連中」という表現で指しているのは、この種の音楽を演奏していた人々のことであろう。「娯楽／実用音楽＝民間の音楽＝フランス・イタリアの音楽」というイメージは、その後も長らく日本人の西洋音楽受容を規定し続けることになる。

二　「官＝ドイツ音楽vs民＝フランス音楽」という二項対立

フォーレやドビュッシーといった「近代の」フランス音楽の情報が日本にもたらされるようになるのは、一九一〇年前後（明治末）になってからのことである。ただし、ドイツ古典の牙城だった東京音楽学校（ここでは戦後になるまで、卒業試験でドビュッシーを弾くことすら許されなかったという）がフランスの最前衛音楽だったドビュッシーなどを紹介するはずもなく、近代フランス音楽の初期受容にあたって大きな役割を果したのは、民間のディレッタント（文学者を含む）――野村のいう「民間の連中」――たちであった。[3]一九〇八（明治四一）年には内藤濯が「印象主義の楽才」

および「新しき詩歌と新しき音楽と」で象徴派とドビュッシーの関係を論じ、[4] 永井荷風は「西洋音楽最近の傾向」でドビュッシーの《牧神の午後の前奏曲》《夜想曲》《海》を聴いた印象をつづった。[5] 近代フランス音楽紹介において特に重要な役割を果たしたのは、現在の東芝の創業者の家に生まれた大富豪、大田黒元雄（一八九三－一九七九）である。一九一二（大正元）年から一九一四（大正三）年にかけてロンドン留学した彼は、一九一三（大正二）年に初めて彼の地でドビュッシーを聴き（どの曲かは定かではない）、帰国後「気分楽」としてのドビュッシーを精力的に紹介した。とりわけセンセーショナルだったのは、大田黒が一九一六（大正五）年に本郷の一高前の帝大キリスト教青年会館で催した『ドビュッシーとスクリャービンの夕べ』という演奏会である。ここで大田黒は自らピアノを弾いて、ドビュッシーの《アラベスク第一番》《月の光》《雨の庭》《亜麻色の髪の乙女》およびスクリャービンの《詩曲》や《前奏曲》を初演したのである。同じ一九一六年には尾崎喜八がロマン・ロラン「クロードド・デュビユッシー」の翻訳を『白樺』に発表。[6] また前年の一九一五（大正四）年には島崎藤村が「平和の巴里」において、パリでドビュッシーの《ステファンヌ・マラルメの三つの詩》および《子供の領分》の自作自演を聴いた印象を語っている。[7] そして一九一八（大正七）年には、山田耕筰（一八八六－一九六五）が帰国リサイタルでドビュッシー歌曲を歌った。

大田黒とともに雑誌『音楽と文学』を創立し、精力的にドビュッシーを紹介した野村光一は、この頃のことを次のように回想している。[8]

［当時は］ただ上野の音楽学校派だけが存在していてそれも十年一日のごとく、ドイツ人教師の訓練のもとにバッハ、ベートーヴェン、ブラームスをただ勉強していたのであり新しいものといっても十九世紀末の国民楽派やワグナー、それも演奏容易な範囲における彼の序曲程度のもの位しか、手がけていなかったのである。それゆえ二十世紀の音楽、殊

にドビュッシーの印象派の如きについては全然知識皆無で、むしろこのようなものは異端の音楽位にしか考えられていなかったのである。そのようなときに、突然、しかもまるで家事茶飯事のように、ドビュッシーなどと云い始めたのだから、この雑誌が一部の人々から驚きの目をもって迎えられたのもいたし方あるまい。

近代フランス音楽の紹介は、官製の輸入ドイツ音楽文化に対する、民間ディレッタントの側からの反撃の狼煙だったと言ってよいだろう。

フランス音楽がドイツ音楽中心主義への対抗軸として一気に開花するのは、第一次世界大戦後の一九二〇年代である。大仏次郎は一九二〇（大正九）年頃初めて《牧神》をレコードで聴き、他にもラヴェルやドビュッシーの弦楽四重奏、グラナドスの《スペイン舞曲》など、フランスものに熱中した。[9] 恐らく同じ頃であろう、作曲家の諸井三郎（一九〇三－一九七七）は、東京高等師範付属中学以来の友人だった中島健蔵のところへ中学時代からレコード鑑賞に行き、《牧神》もそこで聴いた（学生時代の諸井は小林秀雄、中原中也、河上徹太郎らと親しく交流していた）。[10] 諸井の親友だった河上徹太郎は、次に述べる池内とともに亡命ポーランド人のところで和声を習ったりしていたが、ドビュッシーを好んで弾いていたと語っている。[11] 楽譜も一九二〇年頃にはセノオ楽譜からフォーレの《子守唄》などが出版されており、ドビュッシーの「ロマンス」や「鐘」等もあったらしい。[12] 後に作曲家となる池内友次郎は、開成中学の頃に鎌倉に住んでいたが、同じく鎌倉に住んでいた大仏次郎と知り合い、大仏の提案でアルベニスとグラナドスのレコード・コンサートを鎌倉能楽堂で行った（お客は数十名だったという[13]）。

そして一九二〇年代前半にレコードで近代フランス音楽に触れて胸ときめかせた若者世代は、一九二〇年代の後半から一九三〇年代にかけて、次々にフランスへ留学していく。例えば池内友次郎（一九〇六－一九九一）は一九二七（昭和二）－一九三六（昭和一一）年。宅孝二（一九〇四－一九八三）は一九二七（昭和二）－一九三七（昭和一二）年。平尾貴四男（一九〇七－一九五二）は一九三一（昭和六）－一九三五（昭和一〇）年。「水色のワルツ」で有名な高木東六（一九〇四－）は一九三一（昭和六）－一九三三（昭和八）年。なおここでも注目すべきは、これら近代フランス音楽に魅了された人々の出自である。池内はかの高浜虚子の息子で、開成中学を経て慶応中退。宅孝二は堺の富裕な造り酒屋の次男で同志社予科中退（ちなみに彼は河盛好蔵と中学の同級生で、パリの下宿も同じ。ともにナディア・ブーランジェの講義を受けたりしていた。また戦争中は岡山に疎開していた永井荷風に住居を提供したりもした）。そして平尾は日本橋馬喰町の化粧品業の息子で、幼稚園から大学まで慶応。他にも宅らの師匠であり、日本におけるフランス楽派の草分けとも言うべき菅原明朗（一八九七－一九八八）は、かの菅原道真の末裔。渡仏経験はなかったが、フランス音楽に深い共感を抱いていた松平頼則（一九〇七－二〇〇一）は子爵で、暁星中学から慶応仏文中退。つまり裕福な大ブルジョワの子弟がほとんどであり（ただし高木は牧師の息子だったが）、決して東京音楽学校などには行かず、慶応や同志社といった当時の「ボンボン学校」の中退といった経歴の持ち主ばかりなのである。

三　「ドイツ古典は演奏するものvs作曲の手本は近代フランス」

前に挙げた人々について、その出身階級以外で注目しなければいけないのは、フランス派と目される彼らの多くが「作曲」を志していたということである。このことが意味するところを理解するには、まず日本の初期西洋音楽受容における「作曲と演奏」の関係についての特殊事情を押さえておく必要がある。つまり端的に言えば――山田耕筰と滝廉太郎という偉大な例外にもかかわらず――日本では長い間、「西洋音楽の勉強」と言えば「その演奏を勉強すること」であって、「西洋音楽のスタイルで作曲をする」という意識がほとんどなかったのである。東京音楽学校に作曲科ができるのは、何と一九三一（昭和六）年まで待たなくてはならなかったのだ。当時を知る作曲家の清瀬保二は、作曲科の開設が遅れた理由を次のように推測している。[14]

要するに洋楽というものが輸入音楽であり、これがまた強制的な開港をせまられたことにより、政治的軍事的にやむなく採用したもので、文化的ではない動機から尾をひいており、専ら輸入紹介に追われていたことにあろう。これは日本における洋楽のあり方進み方に今日なお尾を引いており、特殊な問題をはらんでいることに注意しなければならぬだろう。

当時の日本にとっては、手っ取り早く「バッハもベートーヴェンもある文化国家」という文化ファサードを作ることだけが、西洋音楽導入の目的だったというわけである。同じく当時を知る作曲家の戸田邦雄は、「作曲」という意識の希薄さを、邦楽の伝統から説明しようとしている。[15]

［作曲科開設がかくも遅れたのは］邦楽が演奏中心であり、家元制度であったため、「洋楽受容においても」「音楽家」というのは「演奏家」のことであり、「洋楽家」とは「西洋の名曲を演奏する人」のことであり、この場合の「大家元」はヨーロッパであるというような思考法が暗々裡にはたらいていたからであろう。現在でも、一般大衆のもっている観念はこれに近いといってよい。

さらに言えば、邦楽では「一人前にならないうちに創作などするのはもってのほか」という考え方が強いことは言うまでもないが、これと同じ発想が西洋音楽受容にも持ち込まれたらしいことは、ある座談会における中島健蔵の次の発言からうかがえる。[16]

中　島　「ところがそれ以前だ。山田耕筰は作曲をやったけれども、日本人が作曲するなんて大それたことだという思想がたしかにあったんだ。」

吉田秀和「まさか音楽家の中にあったわけじゃないだろう。」

増沢健美「いや、音楽家といわれる人の中にもあったろう。第一作曲科というものがないんだから。」

要するに、作曲などという「ナマイキな」ことをする輩は、アカデミズム主流からは排除され、必然的に在野のディレッタントにならざるをえないという構図があったのであろう。そして、それにもかかわらず敢えて自ら作曲に挑戦しようとする若者が次々に現れた一九二〇年代が、ちょうど時期的に近代フランス音楽ブームと重なったのである。もちろん作曲を志す若者の中には、ドイツ音楽に標準を定める者もいた。先に触れた諸井三郎は（たとえ若い頃はフランス音楽に憧れたにせよ）その典型であるし、とりわけ一九三一（昭和六）年東京音楽学校に作曲科が開設され、クラウス・プリングスハイム（トーマス・マンの従兄弟でマーラーの弟子）が招聘されてからは、日本でもドイツ式の作曲教育をきちんと受けることができる環境がある程度整った。だがそれにしても、それまでのアカデミズムにおけるフランス音楽の疎外されようを考える時、フランス音楽を手本に作曲を始めた若者の数の多さは、単なる「作曲ブームとフランス音楽ブームの時期的一致」といったことでは片づけられない問題をはらんでいるように思える。一体なぜ近代フランス音楽が、かくも多くの作曲志望の若者を惹きつけたのか。

まず考えられるのは、同時代の西洋における音楽史状況であろう。一九二〇年代はドイツ音楽のヘゲモニーが崩れ始め、パリがヨーロッパの音楽シーンの最先端に躍り出た時代であった。ドイツではマーラーが亡くなり、シュトラウスの創作も衰えを見せ始めていた（その後に登場したシェーンベルクのことなど、当時の日本で知る人はほとんどいなかっただろう）。それに対してパリには、新古典主義に転じたストラヴィンスキーをはじめ、プーランクやミヨーがおり、デ・ファリャやマルティヌーやプロコフィエフといった民族派モダニストにとっても、ここは第二の故郷だった。作曲家の清水脩は、座談会で当時を次のように振り返っている。(17)

清　水「僕等が音楽の勉強をしている頃、新しい作曲家達はフランス音楽を中心に勉強していた。それはやはり音楽学校のドイツ系統の音楽に対する反発だね。[……]その当時の人は現代音楽はフランスにしかないと思ったわけだ。ドイツ音楽というのはブラームスまででとまるんだよ。」

中島健蔵「その頃までは音楽でも、フランスなんかひょろひょろした流行ばかり追っている軟弱なものだろうという思想があった。」

清　水「僕等はその頃、現代音楽というのはフランスしかない、そうして古い音楽はドイツだと考えていた。実に単純だけれども、そう割り切っていたんだ。」

作曲を志す者が「同時代の最先端の音楽はどこにあるか？」と考えたとき、一九二〇年代においては（ベルリンでもウィーンでもなく）パリが最も輝いて見えたわけだ。

実際的な理由も忘れてはなるまい。既に述べたように、東京音楽学校では長い間、作曲を学ぶことができなかった。しかしながら作曲を勉強できる学校が他にもあった。意外なことだが、陸軍音楽学校である。言うまでもなく、軍隊では次から次へと実用的な音楽を作る必要があり、作曲教育が必須だったのである。とりわけ陸軍の軍楽隊はきわめて充実していて、東京音楽学校がマーラーの交響曲などを演奏するときは、必ずここのブラスバンドがエキストラとして駆けつけた。そしてこの陸軍の軍楽隊が――意外なことだが――明治維新以来、ずっとフランス式の教育を行ってきたのである。とりわけ有名だったのが陸軍軍楽隊長の大沼哲《さとる》（一八八九―一九四四）で、パリのスコラ・カントゥルムにも学んだ彼は、平尾貴四男ら多くの作曲家の師匠だった。また菅原明朗が最初に学んだ小畠賢八郎も陸軍軍楽長で、フランス人のルルー（鹿鳴館の音楽なども担当した陸軍軍楽隊の外人教師）に学んだ。日本におけるフランス派は、陸軍軍楽隊から生まれてきたとすら言えるのである。

純粋な作曲技術上の理由もあったであろう。音楽の心得が少々ある者ならすぐに分かるはずだが、ドイツ式の機能和声はどうにも日本的な音感とうまく合致しないところがある。例えば日本式の五音階をトニカ／サブドミナント／ドミナントという西欧和声と無理に結合した『君が代』の不恰好さを考えれば、すぐにこのことは実感できるはずだ。それに対して近代フランス音楽は、旋法や五音階といった日本の伝統的な音楽語法と共通する部分をかなり多くもっている。平たく言えば、『君が代』に機能和声の伴奏をつけるよりも、お琴の旋律にドビュッシー風の和声を適当にくっつけて曲をでっちあげる方が、はるかに容易なのである。後で述べるフォークロア派が近代フランス音楽に夢中になった理由が、まさにこれであった。

だが何より、大ブルジョワ出身の当時の若者を近代フランス音楽に惹きつけた最大の理由は、近代フランス音楽が撒き散らす洒脱なモダニズムの光り輝く眩惑であっただろう。二宮金次郎よろしく日々ピアノに向かって、苦しい指の稽古に耐えながら、バッハやベートーヴェンといった「抹香くさい（?）」ドイツ古典を学ばねばならない東京音楽学校での生活に、彼らが辛抱できたとはとても思えない。既成権威を有難く押し戴いて練成に励むといった修身的な生き方に、大ブルジョワの子弟だった彼らは何の意味も見出せなかったに違いない。例えば前に触れたピアニスト／作曲家の宅孝二（彼はパリでコルトーとナディア・ブーランジェに師事した）は、戦後東京藝術大学のピアノ科教授になったにもかかわらず、煩雑な雑務に嫌気がさし、まず助教授、ついでは講師への格下げを学長へ願い出たと言う。彼は多くの映画音楽を書き、東京オリンピックでは女子体操の伴奏ピアノを買って出、晩年はモダン・ジャズに夢中になって、渡辺貞夫のレッスンに週一回通い、渋谷ジャンジャンに出演し、また浦和のキャバレーで毎夜のようにジャズ・ピアノを弾いていたという。「自分がわくわくすることしか絶対にしない」という、この宅の鮮烈にして潔い生き方は、当時のフランス・モダニズムに憧れて作曲の道を志した多くの若者の心性を、端的にあらわしているように思える。

四　ハイカラ／フォークロア／技術——近代フランス音楽の中に見出されたもの

このように多くの若者を虜にした近代フランス音楽だが、忘れてはならないのは、「フランス楽派」と一口に言っても、その内実は決して一枚岩ではなかったという事実である。そこには幾つかの明瞭に区別できる「派閥」があって、これらは近代日本におけるフランス音楽理解のモードをそれぞれに代表していると同時に、しばしば互いに対立し合っていた。ここでは仮にそれらを「ハイカラ派」「フォークロア派」「技術派」と名づけておこう。[18]

第一の「ハイカラ派」についてては多言を要すまい。彼らは近代フランス音楽の中に「モダニズムの最先端」を見た人々であって、そのモデルは印象派というよりむしろ、ジャズのイディオムなどを取り入れた一九二〇年代の新古典主義（ストラヴィンスキー、プーランク、ミヨーなど）だった。その代表者としては、前に挙げた宅孝二や（帰国後軽音楽の方へ転出したが）高木東六、最近再評価が目覚しい大澤寿人、デビュー当時の深井史郎（一九〇七－一九五九）らを挙げることができよう。例えば深井の処女作《パロディ的な四楽章》（一九三三／一九三六）はどんなものだったかと言えば、各楽章がファリャ、ストラヴィンスキー、ラヴェル、ルーセルに捧げられていて、そのパロディーを狙った作品である。深井によれば、これは「積極的に西欧の大家の影響を受けることを意図して書かれたもの」であったが、「河上徹太郎氏だけにしか理解されて居なかった」という。続けて彼は、「ジイドやドストイエフスキーを読まない文学家はいないであらうが、ルッセルやイベールのスコーアを見たことのない作曲家はいるのである」などと、同時代の日本作曲家の「時代遅れぶり」を皮肉るのだが、[19] しかし当時の日本においてルーセルやイベールまで知ることが果たして可能だった（その必要があった）だろうか。今日の目から見ればこれは、ペダンティックなまでにパリ最先端の流行に通暁していることを誇示した作品と聴こえなくもない。

第二の「フォークロア派」は、新古典主義を手本としてインターナショナルなスタイルを目指した「ハイカラ派」とは対照的に、ドビュッシーら印象派のイディオム（特に和声法）を借用することで民族的なものへ向かおうとした人々である。前述のように、フランス印象派が多用する旋法的ないし五音階的な和声は、少なくとも一見、日本民謡風の旋律とうまくフィットするように聴こえる。日本的な旋律がドイツ式の機能和声としっくり馴染まないことに長い間悩んでいた作曲家たちは、ドビュッシーを見て、「これを使えば日本的なものを表現できる」とばかりそれに飛びついたわけである。このフォークロア派の代表が清瀬保二（一九〇〇－一九八一）で、ドビュッシーとの出会いを彼は、「「ドビュッシーに影響を受け」自分の作品にびくびくして用いていた民族的、あるいは印象派的な和声は急速に伸び、自信をもった」と回想している。[20] ただし、しばしばお琴の旋律にドビュッシー風の和声をつけてみせただけにしか聴こえない民族派の作風に対しては、「フランス印象派の単なる表面的感覚的模倣にすぎない」という批判が絶えなかった。例えば前述のプリングスハイムは、「日本的作曲」といわれるものが、フランス印象主義的な管弦楽法の暗示的な手法によって逃避的、間に合わせ的に借り着姿で作曲されているにすぎないことへ不満を持っていた。彼は日本的音階が徹頭徹尾機能和声によって処理しうるにもかかわらず、この方面で日本の作曲家が不勉強であると考えていた。[21]

「フランス派」と目される人々の中にも、フォークロア派の「作曲技術不足」に容赦ない批判を向ける人がいた。第三の「技術派［エクリチュール］」の代表とも言うべき、池内友次郎である。彼は民俗「臭」というものを、単なる作曲技術の欠陥にすぎないとして、極度に嫌っていた。彼いわく「日本人が西洋音楽を研究して無倭臭の境地に達することが如何に難しいかはよく承知していながらも、東京の作曲界は余りにも倭臭ぷんぷんである」。そして「東京に於ける西洋音楽に倭臭が多いのは洗練したものが欠けている」からであって、この洗練の不足は「結局技巧の不足から生まれてくる」というのである。[22]

では池内の言う「技術」とは、具体的に何を指すのか。これはフランス作曲界の内部にいる人間以外にはほとんど知られていないことなのだが、パリ音楽院では伝統的に極めて事細かな作曲規則が定められている。「低音がこう進んだら、旋律はこう動く」「旋律がこうなる場合にのみ、この和声進行は許される」「この場合には根音を重複させてはならない」等々といった具合に、構造の細部に至るまで「正しい書き方」が規定されているのであって、自分の霊感がおもむくままに楽曲を紡ぐなどということは、まず不可能なのである。ここで学ぶ者は何より――自分の独創的な表現などではなく――こうした「規則の通りに書く」技術を完璧にマスターしなくてはならない。これがパリ音楽院のいわゆる「エクリチュール」である。

池内はありていに言えばパリ音楽院の劣等生で、なかなか卒業できず、結局一〇年近くそこに在籍することになった。この苦い体験の故だろう、彼は「いくら表現意欲や感性があってもダメ、何よりまず「書く［エクリチュール］」技術がなければ作曲はできない」という劣等感を、深く植えつけられたようである。池内は次のように述べている。[23]

ともかく構成というところに行く過程において何が必要かというと技術が必要なんだ。技術は単なるメカニックでなくテクニックなのだ。しかも、メカニズムがテクニックの土台なのだ。つまり音楽を書くためには非常に大きな才能が必要なのです。それから苦しい修行が必要なのです。僕は才能がない。それだけの修行もしておりません。そう言っちゃ悪いけれども、その意味では現在の日本の作曲家を全部否定してもいいでせう。いちばん親しい友人である平尾君をまつ先に否定しませうか。彼のコンストラクションは必然的な経過をたどっていると思います。しかし、それより先のものがない。

池内は戦後すぐ、東京藝術大学の作曲科教授となり、パリ音楽院方式のエクリチュール教育によって大勢の有力な弟子を育て（矢代秋雄や三善晃など）、日本におけるフランス派の大御所となった。「池内閥」は戦後日本の作曲界の最も大きな勢力であったし、いまだにそうであり続けていると言っていい。彼の教育が成功した理由を、弟子で作曲家の別宮貞夫は次のように述べている。[24]

もう一つ私が指摘したいのは、調性音楽の技術を習得するのは、このフランス・アカデミズムを通過することが最もよいということである。調性音楽というものが発生し、確立し、爛熟したのがドイツであるので、とかくその技法を習得するのもドイツからと考えられる向きが多いし、そのようにして明治以来ドイツに学んだ人が多かったのだが、それがあたっていない証拠はそれがあまりうまくゆかなかったことである。諸井三郎はドイツに学び、その系統に柴田南雄、入野義朗があるが、この人たちが成功したのは、調性とはなれることによってである。何故ドイツ音楽の本質を学ぶのにフランス式のほうがよいなどということがおこるのか。それはドイツ人にとっては余りにも自明なことで、教育システムにくみ上げられていないことが、少なくとも十九世紀においては後進国の位置にいたフランスでは、それを習得する方法が研究され確立されたからではないかと私は思う。

「ドイツ音楽の本質を学ぶのにフランス式のほうがよい」などと平気で言ってしまえる神経は、それ自体が既に丹念な分析に値する問題を色々含んでいると私には思われるが、要するに別宮が言わんとするのは、「音楽を、それを生み出した文化や歴史から切り離し、純粋な「技術」に還元してしまった方が、手っ取り早く追いつける」ということなのだろう。「音楽」という「文化」の理解もまた、トランジスタ・ラジオや自動車の製造と同じく、「とにかく欠けているのは技術だ、技術さえ追いつけば何とかなる」式の、技術プラグマティズムに還元してしまうわけである[25]。そして戦前のフランス派の三つの傾向のうち、戦後（少なくとも教育界においては）最大の成功をおさめたのは、いみじくもこの技術派だったのである。

「ハイカラ派」「フォークロア派」「技術派」——一見したところ、まるで違った方向を目指していたように見える戦前日本のフランス楽派三派閥であるが、実はそこには看過できない負の共通分母が隠されていると、私には思える。この三派閥のありようを、次のように少々強引に要約してみよう。「古くさいドイツ古典に見切りをつけて、パリ・モダニズムの最先端を拝借しようとするハイカラ派」／「ドイツ古典のあまりに偉大すぎる権威から逃避し、近代フランスの音楽語法を借用することで日本エキゾチズムを演出するフォークロア派」／「ドイツを中心に発展してきた西洋音楽を、エクリチュールに還元して手早くマスターしようとする技術派」。総じて彼らは皆、西洋音楽の歴史そのもの——その総本山とも言うべきドイツ音楽——との真っ向からの対決を、巧妙に避けて回っていたという印象を禁じえないのだ。あるいは、一つの西欧権威（ドイツ音楽）を克服しようとすると、否応なしに、同じ西欧の中からどこか別の権威を探し出してきて、それを錦の御旗に掲げざるをえないジレンマと言ってもいい。この種の問題は恐らく、近代日本が欧米から輸入したありとあらゆる人文科学の諸分野において、等しく見出されるものであろう。

（1）堀成之「連載日本ピアノ文化史」『音楽の世界』四月号、日本舞踏会議、一九八三年、一二頁。
（2）野村光一「自伝5」『音楽公論』五月号、一九四二年、一〇〇－一〇一頁。
（3）この問題については佐野仁美「戦前日本の作曲界におけるフランス印象派音楽の受容――和声についての言説を中心に」『国際文化学』第一一号、神戸大学国際文化学会、二〇〇四年、二一－三六頁を参照。
（4）内藤濯「印象主義の楽才」『音楽界』九月号、一九〇八年、五－一〇頁、および「新しき詩歌と新しき音楽と」『帝国文学』一〇月号、一九〇九年、三二－四一頁。
（5）『荷風全集』第一八巻、岩波書店、一九六四年、四七〇－四八九頁。
（6）『白樺』一一月号、一九一六年、一〇五－一一六頁。
（7）『藤村全集』第六巻、筑摩書房、一九六七年、二二一－三一五頁。これらを聴いて三味線や長唄を思い出した彼は、「絵画と言わず、文学と言わず、昔からある吾国の芸術は印象派的な長派を多分に具備して居ります。吾われは生まれながらのアンプレッショニストの趣があります」と述べている（三〇四－三〇五頁）。
（8）野村光一「『音楽と文学』の仲間」『音楽芸術』八月号、一九五六年、三〇－三一頁。
（9）野村光一（聞き手）『音楽を語る1』、音楽之友社、一九五五年、三－四頁。
（10）秋山邦晴『昭和の作曲家たち　太平洋戦争と音楽』、みすず書房、二〇〇三年、六一頁。
（11）河上徹太郎『クラシック随想』、河出書房新社、二〇〇二年、一六頁。
（12）清瀬保二「ガブリエル・フォーレについて」『音楽評論』一月号、一九三九年、八三－八四頁。
（13）「自伝・池内友次郎3」『音楽現代』三月号、一九八〇年、一一〇頁。
（14）『清瀬保二著作集　われらの道』、同時代社、一九八三年、一一七頁。
（15）戸田邦雄『音楽と民族性』、音楽之友社、一九五七年、一八〇頁。
（16）増沢健美・中島健蔵・清水脩・平島正郎・吉田秀和「日本作曲界の歩み」『音楽芸術』八月号、一九五六年、五五頁。

(17) 同前、六〇 - 六一頁。
(18) この問題については佐野仁美「昭和戦前期における日本人作曲家のドビュッシー受容——『音楽新潮』ドビュッシー特集号掲載の楽譜をめぐって」『表現文化研究』第一号、神戸大学表現文化研究会、二〇〇四年、一三 - 二六頁。なお佐野はこの三派閥について「モダニズム派」「民族派」「アカデミズム派」と呼んでいる。
(19) 秋山邦晴、前掲書、一五頁。
(20)『清瀬保二著作集』、前掲書、二二三頁。
(21) 秋山邦晴、前掲書、五四〇頁。
(22) 池内友次郎「倭臭」『音楽評論』一月号、一九三七年、二四 - 二六頁。なお池内は「純粋な日本的作品は倭臭を持っていない」として、能を最大限に評価している（ちなみに彼は、「芸者も倭臭がないというういい意味ではいい存在である」とも述べているが）。
(23) 山根銀二「対談による池内友次郎論」『音楽芸術』七月号、一九五〇年、五五頁。
(24) 別宮貞夫「池内友次郎先生のこと」『音楽芸術』六月号、一九六三年、六六頁。
(25) この問題については岡田暁生「教養主義・根性主義・技術主義——近代日本の西洋音楽理解をめぐって」『近代日本文化論3 ハイカルチャー』青木保・川本三郎ほか編、岩波書店、二〇〇〇年、一一五 - 一三三頁を参照。技術コンプレックス（「技術さえあれば何とかなるのに……」）と技術還元主義（「技術と割り切った方が手っ取り早い」）とは、作曲だけでなく、ピアノや指揮やヴァイオリンなど、戦後日本の音楽教育のすべての分野を一時期覆い尽くした現象であった。

ドビュッシーと日本近代の文学者たち

佐野　仁美

よく知られているように、戦前唯一の官立の音楽学校であった東京音楽学校では、専らドイツ音楽を中心に教育が行われており、音楽界において、フランス音楽は、いわばはずれものの存在であった。そのためもあって、ドビュッシーらの近代フランス音楽にまず注目したのは、音楽の専門家ではなく、むしろヨーロッパ芸術の新思潮に敏感な文学者たちだった。なかでも、明治末期から大正初期に本場の演奏を聴いた上田敏（明治七‐大正五年（一八七四‐一九一六））、永井荷風（明治一二‐昭和三四年（一八七九‐一九五九））、島崎藤村（明治五‐昭和一八年（一八七二‐一九四三））らの言説が、日本における初期のドビュッシー受容に果たした役割は、非常に大きかったと考えられる。本論では、実際に渡仏してドビュッシーらの音楽に接した体験を持つ文学者や思想家によって、どのように日本における近代フランス音楽のイメージが作られていったかを追ってみたいと思う。

一　「最先端の」西洋音楽——上田敏と永井荷風

ドビュッシーを最初にフランスで聴いた日本人としては、上田敏と永井荷風をあげることができる。彼らは、最新のフランス芸術として、ドビュッシーに注目したのであるが、意外にも、そのきっかけはオペラ『ペレアスとメリザンド』であった。彼らはドビュッシーの音楽をどのように理解したのだろうか。

上田敏や永井荷風がドビュッシーの音楽に興味を持ったのは、まずは明治末に日本で巻き起こっていたワーグナー・ブームの流れからであったと思われる。[1] ブームのきっかけは、森鷗外と上田敏の論争であった。一八八四（明治一七）年から一八八八（明治二一）年までドイツに留学して、本場で『トリスタンとイゾルデ』などのオペラを体験した森鷗外は、帰国後、一八九六（明治二九）年に『めさまし草』、『帝国文学』誌上において、上田敏との間で論争を行った。この論争は、ワーグナーの後期の作品における無限旋律をレチタティーヴォと解釈することの可否より始まったのだが、結局平行線のままに終った。

その後、一九〇〇（明治三三）年から三年間ドイツを中心に留学した姉崎嘲風は、ワーグナーの『ニーベルングの指輪』や『タンホイザー』を聴いて感激し、高山樗牛に宛てた書簡（一九〇二（明治三五）年八月の『太陽』に掲載）の中で、「ショペンハウエルの悲痛感と、ニーチエの意思尊厳とは、共にワグネルの「愛」に入りて、始めて総て真摯なる人を満足せしむるの福音となるを信ず」と述べ、「ワグネルの楽劇は真の哲学にして又宗教、此故に又真の美術［芸術］なり」（傍点原文通り）と高らかな調子で論じたのである。[2] こうして明治末期の文壇の多くの人々にワーグナーの名はたちまち知れ渡り、ワーグナーからオペラへ、そして西洋音楽へと彼らの興味を広げることになった。これがいわゆるワーグナー・ブームである。もちろん当時の日本では、大編成のオーケストラと大声量を持つ歌手たち、加えて大掛かりな舞台装置が必要なワーグナーのオペラを上演することなど望むべくもなかった。従って、それは音楽そのものというよりも、書物を通して得たワーグナー像が当時の文学青年の心をとらえたという、実演抜きのいわば頭でっかちのブームだったのである。その結果として、例えば一九〇二（明治三五）年に慶応義塾ワグネル・ソサィエティーが創立されたり、オペラ熱の高まりから、東京音楽学校で一九〇三（明治三六）年にグルックの『オルフォイス』が上演されたりした。日本における最初期のドビュッシー受容は、このような動きと時期を同じくしていた。

ワーグナー論争が盛んに行われていた当時の日本から、西洋の新芸術に憧れて渡仏した上田敏や永井荷風の関心は、当然ながらワーグナー以後の西洋におけるオペラの動向へ向かった。ポスト・ワーグナー時代（世紀転換期）の最も重要なオペラは、リヒャルト・シュトラウスの『サロメ』（一九〇五年初演）や『エレクトラ』（一九〇九年初演）、ドビュッシーの『ペレアスとメリザンド』（一九〇二年初演）であったわけだが、敏および荷風は二人とも、ドビュッシーという名前を、まずは「ワーグナー後のオペラ」という文脈の中で持ち出している。明治末期の彼らが、現在のドビュッシー愛好者にとっても決して親しみやすい作品とは言えないオペラ、『ペレアスとメリザンド』を通して、ドビュッシーという作曲家を知ったのである。

上田敏[3]は一九〇七（明治四〇）年から一九〇八（明治四一）年まで外遊し、アメリカ、フランス、イギリス、ベルギー、オランダ、ドイツ、オーストリア、スイス、イタリアを巡った後、パリに数ヶ月滞在した。その間、「主に仏蘭西の新音楽を味わう事に力《つと》めた」[4]敏は、一九〇九（明治四二）年一月の『東亜之光』に掲載された「欧米見聞談」という講演記録の中で、「流行から言えばワグネルの如きはとうの昔で、今は専ら独逸のストラウス、仏蘭西のドゥビュッシイなどが持囃される」[5]と述べ、リヒャルト・シュトラウスとドビュッシーを新しい音楽の代表的作曲家としてあげている。そして一九一〇（明治四三）年八月の『三田文学』に掲載された「天馳使《あまはせづかい》」という文章で、シュトラウスの『エレクトラ』と比較しながら、ドビュッシーの『ペレアスとメリザンド』について、次のように述べている。[6]

ストラウスはワグネルの後を承けて、所謂楽劇 Musik-Drama を作ったのだが、どうしても此種の方法では劇と楽とが同一の力を以て、総合されるようにならない。自然、曲の中心は、ワグネルの曲と同じように、管弦楽部に帰着して、登場人物の肉声や仕草は、其註脚となり、傀儡となって了う、［……］之に反して真に楽を劇に従わせたのは、仏蘭西の新音楽家のクロオド・ドゥビュッシイ Claude Debussy が、ペレヤス、メリサンド Pelléas et Mélisande に成功した試であって、吾々は寧ろ此仏蘭西の清新体に謳歌するのであるが、独逸楽の多趣多様な滋味に慣れた人々は、或は此の音楽が物足り無く聞えるかも知れない。［……］ドゥビュッシイの曲はなんといっても成功である、マアテルリンクの原作を普通の劇として演じた時よりも、音楽の加わった方が、遥に効果が深い。

森鷗外とワーグナー論争で激しくやりあっていた敏の関心は、何よりまずワーグナー以後のヨーロッパ・オペラの帰趨にあった。シュトラウスおよびドビュッシーについての敏の議論の中には、後の日本の近代フランス音楽受容を特徴づける、ドイツ音楽に対するフランス音楽という構図は、まだそれほど見られない。また、パリで新音楽を聴くことに努めたと語っていながら、『ペレアスとメリザンド』以外の近代フランス音楽については、ほとんど具体的に言及していない。つまり、彼のドビュッシーについての議論は、専らワーグナー論争の延長で書かれたものと考えられる。彼は実際に世紀転換期のヨーロッパ音楽を聴き、そのような音楽など知る由もなかった日本の読者に、それを紹介した最初の知識人の一人であった。上田敏の文章は、ヨーロッパ音楽の最先端を日本へ紹介し、人々を啓蒙する意図から書かれたものと言えるだろう。

オペラへの興味から本場の西洋音楽を見聞したのは、永井荷風も同じである。当時としては例外的なほど洋風の生活習慣の中で育てられた荷風は、中学生の頃から音楽学校の演奏会に通い、西洋音楽に早くから親しんでいた。邦楽の方面でも、荷風は子供の頃から尺八や新内の三味線や祭りの太鼓の音に、「われながら解らぬ神秘の感動」[7]を覚えていた。中学時代に音楽会で聴いた荒木古童に感動し、その門下生のところに弟子入りをしたほどであった。このように、同時代の知識人の中では音楽に格別な興味を持ち、音楽を愛好していた荷風は、父の勧めで一九〇三（明治三六）年に渡米し、横浜正金銀行ニューヨーク支店に入社した後、オペラを中心に足繁く音楽会に通っている。当初オペラ作家を目指していた荷風は、『カルメン』、『タンホイザー』、『ローエングリン』、『神々の黄昏』、『ヴァルキューレ』、『ジークフリート』、『パルジファル』、『アイーダ』、『リゴレット』、『トスカ』、『椿姫』、『ラ・ボエーム』、『ドン・ジョバンニ』、『ファウスト』、『ロミオとジュリエット』など、ほとんど毎週のようにオペラを鑑賞し、当時実体験をもとにオペラについて語ることのできた数少ない日本人だった。

荷風は一九〇七（明治四〇）年一月に、カーネギー・ホールでドビュッシーの『牧神の午後への前奏曲』を聴いている。さらに同年にフランスへ渡ってからは、オペラから次第に興味の範囲を広げて、フランス音楽の演奏会に出かけることが多くなった。そして帰国後、一九〇八（明治四一）年一〇月の『早稲田文学』に発表された「西洋音楽最近の傾向」において、敏と同じように、全く異なる最新の二つの方向を示す音楽家の代表として、ドビュッシーとリヒャルト・シュトラウスを取り上げた。その中で荷風はドビュッシーを、「一面表象派文学の動勢に伴い、正しく此の要求［ワーグナーの影響を避けて、純フランス式で新しい音楽を望む一部のフランス芸術界の声］に応じて現われたもの」と述べている[8]。

ドビュッシーをヨーロッパの最先端の音楽として紹介しようとした点では敏と同じだった。しかし、荷風の場合、ドビュッシーへの興味はオペラだけにとどまらず、むしろ彼自身の実際の聴取体験をもとに語っているのは、管弦楽曲が中心である。『ペレアスとメリザンド』については、主としてロマン・ロランの文章からの引用にとどまっている。[9] 例えば『牧神の午後への前奏曲』について、「古来のサンフォニーとは全く違った趣で、先ず美しい横笛と淋しい立琴の音を主としたオーケストルで夢の如く浮び出る」と、実際の楽器の名前を持ち出しながら、文学的な描写を試みている。[10] また、『夜想曲』の第二曲「祭り」を「モンマルトルの夜景色」ととらえ、「ドビュッシーは此の歓楽場の夜深の騒ぎから、夜明になって狂楽の男女が疲れて帰った後、静に燈火の消えて行くさまを絵画以上に描写した」と述べたり、『海』についても「一幅の画面が鮮かに心の中に浮んで来る」と書いたりしている。[11] 荷風は、まるで象徴派の詩や印象派の絵画を鑑賞するかのように、ドビュッシーの音楽を聴いていると言えるだろう。ピアノ曲や声楽曲についても、『歓楽の島』、「雨中の庭」などの曲名を例にあげて、「印象派の画に見るべき詩景、表象派の詩篇にのみ味われべき情緒の発現」であると述べ、やはり印象派絵画および象徴派文学と結びつけて理解しようとした。[12] なお、この「情緒」という言葉は、感覚的な音楽という、後のステレオ・タイプなドビュッシーのイメージにつながるものと考えられる。

このように荷風は、印象派や象徴派と同じく、新思潮の芸術運動という視点からドビュッシーの音楽について論じていた。これは、ドビュッシーを印象派絵画と結びつけた日本で最初の例と見做せるだろう。ただし、荷風も敏も、ドビュッシーとシュトラウスを並べて論じてはいるが、後の日本で見られるような、ドイツ古典音楽に対立するドビュッシーという理解の仕方はしていない。ワーグナー後の最先端の楽劇潮流の二つの例として、シュトラウスとドビュッシーはいわば等価に眺められている。つまり、ドビュッシーの音楽に日本的なものを感じようとする態度は、ここには見られない。上田敏や永井荷風は、フランス新芸術全体への強い憧憬の延長線上で、ドビュッシーをとらえていたのである。

二　「日本人の心に近い」音楽──島崎藤村

ドビュッシーの音楽に最先端の西洋を見ていた上田敏と永井荷風に対して、島崎藤村は、そこに日本を感じたという点で明らかに異なっている。信州の旧家に生まれた藤村は九歳で上京し、明治学院在学中の一八八八（明治二一）年に洗礼を受けた。賛美歌から西洋音楽に親しんでいった藤村は、一八九八（明治三一）年に高等師範学校附属音楽学校（東京音楽学校の所属が変わった時期の名称）の選科に入学して、当時の有名なピアニストであった橘糸重にピアノを学んだこともあり、若い頃は音楽にかなり高い関心を抱いていた。

藤村は一九一三（大正二）年から一九一六（大正五）年までフランスに滞在し、第一次世界大戦の戦火がひどくなるまでの一年余りの間、パリに住んでいた。敏と荷風の三人の中で藤村は年長だが、一番遅い時期に渡仏したのである。それは姪のこま子との間に起こった、いわゆる新生事件の清算という全く個人的な動機によるものだった。この時期のパリでは、ドビュッシーは既に名声を確立しており、他方、ストラヴィンスキーらの曲を用いたロシア・バレエ団が人気を博し、新しい音楽が興っていた。

フランス滞在中の藤村の文章は、東京朝日新聞に「仏蘭西だより」として、一九一三（大正二）年八月から一九一五（大正四）年八月まで掲載された。その原稿をまとめた『平和の巴里』と『戦争と巴里』が一九一五（大正四）年に発表されている。また、帰国後の一九二〇（大正九）年から朝日新聞や『新小説』に掲載された回想録を併せて、一九二二（大正一一）年に『エトランゼエ』が発行された。すでに高名な作家であった藤村のこれらのパリ紀行文は、同時代の人たちに幅広く読まれたものと思われる。

最初に、藤村は小山内薫に連れられて、オペラ座でグノーの『ファウスト』を観劇したが、「あまりに熟し過ぎたあまりに格式の尊ばれ過ぎた技芸にいくらか失望して」帰ってきた。(13) そして次に、新しいシャンゼリゼ劇場で、ニジンスキーが踊る『牧神の午後』(ドビュッシー作曲)や、ニジンスキーとカルサヴィナによる『ダフニスとクロエ』(ラヴェル作曲)を鑑賞した。藤村は、まずはロシア・バレエ団を通して、近代フランス音楽に出会ったのである。

その後、藤村は郡虎彦とともに、シャンゼリゼ劇場でドビュッシーの指揮する管弦楽曲を聴いている。また一九一四(大正三)年三月二一日には、河上肇と竹田省を案内して、ガヴォー音楽堂でドビュッシーのピアノ演奏を聴くという絶好の機会に恵まれた。藤村は、「あの大仕掛なオーケストラとは趣を異にしたものですが、一層よく芸術家としてのドビュッシイに親み得る思のする、いかにも好ましい音楽会でした」(14) と語っている。この演奏会の記述は詳細におよび、音楽見聞記の中で頂点をなしている。例えば、自作の『ステファヌ・マラルメの三つの詩』の演奏で、パルドオ夫人の伴奏をするドビュッシーについて、「深思するかの如く洋琴［ピアノ］の前に腰掛け、［……］丁度三味線で上方唄の合の手でも弾くように静かに、非常に渋いサッゼスチイヴな調子の音を出し始めました。この人がドビュッシイでした」と記述している。(15)

ドビュッシーの自演は、藤村に強い印象を与えたのだが、なかでもこの音楽会で藤村が特に惹かれたのは、『子供の領分』の演奏であった。藤村は次のように記している。(16)

耳を澄まして居ると、夕方の林に小鳥の群が集って互にガチャガチャ鳴き騒いで居る様な音が聞えて来ます。見ると彼の音楽者の指は洋琴の鍵盤の極く高い音の出る部分に集って居ました。どうかすると極く無造作にポツンと音の流れが切れて、それで一つの曲の終ったのもありました。［……］西洋音楽というものは斯うだと平素定《き》めて了って居るような人に彼様いう演奏を聞かせたら、恐らくその一定した考え方を根から覆されるであろうと思う程です。新しい声です。その新しさは新奇であるが為に心を引かれるのでなくして、自分等の心に近い音楽であると感ずるところより生じて来るのです。［……］時とすると私の心は故国の方へ行きました。不思議にも私は故国なる西洋音楽の連想をあまり胸に浮かべないで反って杵屋の小三郎の長唄とか、六左衛門の三味線とかを思い出しました。［……］絵画と言わず、文学と言わず、昔からある吾国の芸術は印象派的の長所を多分に具備して居ります。吾儕《われわれ》は生れながらのアンプレッショニストの趣があります。吾国の音楽が姉妹の芸術から独り仲間はずれであるとは考えられましょうか。

藤村は、ドビュッシーの音楽について、「仏蘭西に現存するあらゆる芸術を通じて最も私の心を引かれるものの一つ[17]」と語っている。藤村にとって、ドビュッシーはあらゆるフランス音楽の中で、最も魅力的な音楽であった。単にそれが西洋の最先端の芸術であるからではなく、「自分等の心に近い」と感じられたからこそ、藤村はドビュッシーに惹かれたのである。藤村は、ドビュッシーの演奏に長唄や三味線を連想したと述べているが、その理由として、浮世絵はフランス人に影響を与えたことから、もともと日本の芸術には印象主義の特徴が備わっていたと考えている。このように、上田敏や永井荷風の受容との最も大きな違いは、藤村はドビュッシーの音楽の中に日本的なものを認めたという点である。

ここで、当時の藤村が置かれていた状況について、少し考えてみたい。藤村は、「無暗に西洋の文明に心酔して遥々当地まで出掛て参ったものでは御座いません[18]」と書き、「一切のものを忘れようとして遠い旅に来た［……］私は自分の国から離れるために斯の知らない土地へ来たのか、自分の国を見つけるために来たのか、その差別もつけかねるように思って来た。日本なしには一日も私は生きられなかった」と回想している。[19]敏や荷風は、西洋文化に囲まれた東京のインテリ家庭で育った、いわゆる（言葉は悪いが）西洋かぶれの文学者であり、本場での聴取体験を持つ人など稀な時代に、西洋の最先端芸術を日本に紹介した。それに対して、藤村は地方の没落した旧家出身であり、四一歳という遅い年齢で、現実生活から逃れるようにして渡仏したのであった。孤独感からくる一種のノスタルジーを感じていた藤村の場合、ドビュッシーの音楽を自らの出自に引きつけようとする心理が働いたのかもしれない。自分がかつて習ったピアノという楽器を演奏するドビュッシーの姿が、自意識の強い自然主義作家であった藤村の心の琴線に触れ、ドビュッシーの音楽を日本的な情緒に結びつけようとしたとも思われる。ともかく、島崎藤村のこうした「日本人の感覚に近い」という論法は、これ以後、ドビュッシーの音楽を導入しようとする日本の人々の決まり文句となっていく。

三　民族主義への傾斜——柳沢健と九鬼周造

一九二〇年代になると、日本的な音楽としてのドビュッシー受容が拡大解釈され、民族主義的な性格を帯びていく。第一次世界大戦後は、ヨーロッパの復興に時間がかかったという事情もあって、コンサート市場を求めて一流の音楽家が来日し、直接日本の聴衆に近代音楽を伝えるようになった。そして日本でも、戦勝国フランスの近代音楽に目を向ける人たちが増えてきた。この頃になると、ドビュッシーについての特定のイメージがかなりはっきりと形成されてきたように思われるが、それに際しても、文学者や思想家が大きく寄与していたのである。

島崎藤村の「自分等の心に近い音楽」という論を下敷きにして、きわめて興味深いドビュッシー論を書き残しているのが、柳沢健（明治二二－昭和二八年（一八八九－一九五三））である。柳沢は一九一五（大正四）年に東京帝国大学仏蘭西法科を卒業し、通信省官吏、大阪朝日新聞記者を経て外遊、その後外務省に入り、フランスをはじめ、スウェーデン、メキシコ、ベルギー、イタリア、ポルトガルなどに赴任した外交官であった。柳沢は大学在学中から藤村や三木露風の指導を受け、一九一四（大正三）年には、露風の力添えで詩集『果樹園』を出版するなど、詩人としての活動も行っている。

一九二〇年代を主にフランスを中心に暮らした柳沢は、一九二六（大正一五）年に「ドビュッシイの音楽と其中に泛んでいる「日本」」という文章を書いた。柳沢はドビュッシーを、「ワグネルは十九世紀を閉じた人だと言えるのなら、わがドビュッシイこそはまことに二十世紀を開いた人なのであった」と紹介し、一九二〇（大正九）年に初めて『ペレアスとメリザンド』を聴いて、最初は困惑したものの、次第に親しさを感じるようになったことを語っている。[20]「わがドビュッシイ」という言葉からは、柳沢の特別な偏愛ぶりが伝わってくるが、彼はこの作品に愛着を持った理由を次のように分析している。[21]

さて、この『ペレアス』が極東の一旅人に与えた何よりの感銘は、それが実に我等に近いということであった。「日本的」であると言えば語弊があるが、兎も角、一般の西洋音楽の持つ味わいとは杳かに相違し、むしろ我々日本人が伝統的に有するある芸術感と甚だ近邇していることを感じさせられるのであった。即ちこれを端的に言えば、一般の西洋音楽が、その外面的、饒舌的、説明的、朗読的である点に於いて日本の音楽の先天的な約束と全く相容れぬほどの相違があるのに、この『ペレアス』に現われている音楽の姿相と言うものは、甚だしく内面的、沈黙的、暗示的、印象的であって、その点むしろ我々の芸術感と一致することが多いと言わざるを得ないのである。［……］おそらく日本に生を享けたる者にして苟くも素直なる耳を持つ程のものなら、『ペレアス』は何等の「努力」を要せずして理解し得べく、これに反し、たとえば『トリスタン』を『ローエングリン』をさては『フォースト』を『リゴレット』を理解し得た

りと自信する為めには数段の「努力」を必要とすべし、と断ずることは果して間違いであろうか？（傍点原文通り）

柳沢は『ペレアスとメリザンド』の音楽を、「外面的、饒舌的、説明的、朗読的」な一般の西洋音楽とは全く異なり、「甚だしく内面的、沈黙的、暗示的、印象的」な音楽であり、むしろ日本の伝統的な芸術感覚に近いと述べている。そして、「素直な耳」を持っている日本人なら誰でも、『ペレアス』は「何等の「努力」を要せずして」理解できるはずだと主張している。要するに、「日本人であればドビュッシーは理解できる。なぜならドビュッシーは日本的だから」という論法であるが、注目すべきは、ここにははっきりと一般の西洋音楽（ドイツ音楽）にドビュッシーの音楽が対置されていることであろう。また柳沢は、ピアノ曲の「ゴリウォッグのケーク・ウォーク」の中に琴の音がすることや、『前奏曲』に描かれた情景と浮世絵や文人画、更には和歌や俳句の世界とが共通していることにも触れ、「かくのごとき我々の感情に近き「西洋音楽」の存在は、これを他にして他に想像することすらも出来ない」と論じている。[22]

先にも述べたように、柳沢は藤村と師弟関係にあり、明らかに藤村の文章が柳沢のドビュッシー理解の出発点となっていたが、彼は藤村の直観的な文章をさらに裏づけようとした。つまり柳沢は、直接日本の旋律が取り入れられているわけではないが、ドビュッシーは日本の音楽を聴いたことがあり、そこから強い暗示を受け取ったので、ドビュッシーの曲は日本人の心に近いのではないかと考えたのである。[23]また、ドビュッシーと親交のあった楽譜出版者のジャック・デュランの『一楽譜出版者の思い出』という著作の中に、ドビュッシーの作曲机の上は優れた日本美術作品で一杯であり、中でも瀬戸物の蟇を自らの偶像に喩えていたことや、ドビュッシーは『海』の表紙に使われた北斎の波の版画から絶えずインスピレーションを得ていたことなどの証言を発見し、それらを引用している。[24]そして、「ドビュッシイの音楽のなかに、日本音楽の姿を探そうとしていた自分は、思いもかけずこの偉大なる楽聖のなかに日本の美術がひそんでいたことを知ったのである。［……］ドビュッシイの音楽が、我々極東からはるばると遣って来た旅人の胸にこうも沁みていたということは、決して偶然という計りではなかったのである。彼の心のなかに、最早何人も疑うことのできないはっきりとした「日本」の姿が存在していたのだ」（傍点原文通り）と結論づける。[25] 柳沢にとっては、ドビュッシーは日本美術を好んだという事実が、ドビュッシーの音楽が日本芸術と共通の土壌を持つ理由となり、日本人の心に近いことの論拠になったのであろう。このように柳沢健は、ドビュッシーの音楽の特徴と日本人の美的感覚（日本人の芸術的感性）との共通性を分析し、さらにそれを一般の西洋音楽に対する存在として位置づけた。島崎藤村の「自分等の心に近い音楽」という、いわば個人的で内面的な感想が、ここでは裏づけを伴って拡大解釈されていったとも言えよう。

同じ頃のパリでドビュッシーやラヴェルを聴き、それらを最も日本音楽に近い西洋音楽であることを示そうとした人物に、九鬼周造（明治二一－昭和一六年（一八八八－一九四一））がいる。九鬼は当時の知識人の中では異例なくらい長く、一九二一（大正一〇）年より一九二九（昭和四）年まで渡欧して、リッケルト、ベルクソン、ハイデガーらに学んでいる。一九二四（大正一三）年より一九二八（昭和三）年までパリに滞在した九鬼は、[26] 一九二八（昭和三）年にフランスのポンティニーで行った二つの講演をもとに、『時間論』*Propos sur le temps* をパリで出版した。この中の「日本芸術における「無限」の表現」《L'Expression de l'infini dans l'art japonais》という論文で、九鬼は日本音楽に最も近い旋律として、ドビュッシーやラヴェルの音楽を例にあげて、次のように述べている。[27]

そのもっとも良い例の一つはドビュッシーの『子供の領分』、中でも「ゴリウォグの踊り」で、これは全く日本の旋律である。三味線が奏でられている感じである。［……］「亜麻色の髪の乙女」も旋律の自由進行と不完全の完全において、やや日本的なものを有している。「きわめて静かに、そしてやさしく表情豊かに」弾き始め、ついで「ささやくように、そして少しずつゆっくりになるように」演奏されるこの前奏曲は、日本のくつろいだ音楽で暗示に満ちた「歌沢」を思わせる。〔……〕ドビュッシーのこれらの作品のほか、ラヴェルの『水のたわむれ』を例にあげることもできる。まるで琴の演奏を聞くが如くである。

九鬼は、ドビュッシーの「ゴリウォッグのケーク・ウォーク」に三味線の音と日本の旋律を感じ、ラヴェルの『水の戯れ』に琴の音を聴いている。「亜麻色の髪の乙女」については、旋律の自由な進行と「不完全の完全」をやや日本的な特徴として述べているが、これはおそらく旋法が使われていることを指しているのであろう。このドビュッシーの特徴は、日本の民族派の作曲家によって利用されていくことになる。[28]

また、九鬼はドビュッシーの音楽について、次のように分析している。[29]

ドビュッシーとその楽派の基本的性格をなしているものは何であろうか。おそらく、一方に、型にはまった時間からみずからを解放する努力のうちに、「各瞬間において音楽がまったく完全であり」、かつ「接近した部分のすべてがそっと代る代るやってくる」（J・リヴィエール）流動性のうちに、他方に、音の乱舞を消し去る単純化のうちに、「沈黙にすべて包みこまれた」「微妙な簡潔さ」（ロマン・ロラン）のうちに存するであろう。これはまさに日本音楽の特徴であり、同時に日本芸術一般の特質でもある。

九鬼は、ドビュッシーの音楽の特徴が型にはまった時間から脱出しようとする傾向や、その単純性の中にあると述べ、フランス人の論を引用しつつ、それらが日本音楽の特徴と共通すると結論づけている。型にはまった時間からの解放や流動性という言葉からは、当時流行していたベルクソン哲学を連想することもできるだろう。

とりわけ注目すべきは、アルベール・メーボンが三味線音楽について、「何か茫漠とした無限定の移ろい易いものを有している」と述べている証言や、シャルル・ヴィルドラックが日本旅行の折に聴いた尺八について、「その曲はいつも同じで、驚いたことに、まさに『ペレアスとメリザンド』に出てくるゴローのテーマのように思われた」と語っている文章を九鬼が引用し、ヨーロッパ人にとっても、日本音楽はドビュッシーの音楽に近いと感じられると強調している点であろう。[30] 九鬼の文章には、ヨーロッパ人の所見をも併せて引用することにより、ドビュッシーの音楽が日本的であるというイメージに、より客観性を持たせ、それを普遍的なものにしようとした意図がうかがえる。哲学者九鬼周造は、ベルクソン流の持続した時間構造という視点からドビュッシーを眺め、脱規則的なリズムや簡潔性などの特徴が日本音楽と共通することを示し、それが日本民族に特有な芸術論であるとしてフランス人読者に訴えたのである。

九鬼周造や柳沢健が滞在していた一九二〇年代のヨーロッパでは、第一次世界大戦の傷跡が残り、他方、日本はヨーロッパの文化や思想をそのまま移植して、手本にする状態から脱皮しようとしていた。盲目的な西洋近代文明崇拝を脱し、日本人としての民族意識が芽生え、一九三〇年代における民族意識の高揚へとつながっていくのである。ドビュッシー受容においても、上田敏や永井荷風による明治末の啓蒙的受容（ヨーロッパ最先端の音楽潮流の紹介としての受容）の段階の後、一九一〇年代の「自分等の心に近い音楽」という島崎藤村の理解が、一九二〇年代の柳沢健や九鬼周造によって、さらに民族的特質にまで一般化され、拡大されていくことになった。外交官としての柳沢健の立場や、フランスで行われた九鬼周造の講演という状況の中には、欧米列強国を意識して、フランスの近代文化と共通する精神に根ざした日本文化をアピールしようとする一面もあったと考えられる。つまり、上田敏や永井荷風にとって、ドビュッシーはリヒャルト・シュトラウスと並ぶ、ワーグナー以後の最も注目すべき作曲家として位置づけられていた。それに対して、島崎藤村は、西洋音楽の系譜の中でのドビュッシーというよりも、ドビュッシーと自らの原風景である三味線音楽やわびさびの世界との感覚的な結びつきを感じていたと言えるだろう。そして、さらに柳沢健や九鬼周造は、島崎藤村が感じた日本との感覚的な結びつきの底流には、ドビュッシーが出会った日本文化との芸術的共通項があることを論じた。しかしそれは、当時の世相の中で、日本音楽の高度な芸術性を諸外国に主張するための理論武装として利用されていくことにもなったのである。以上のように、大正から昭和初期のドビュッシー受容においては、時代の要請も手伝って、歴史的文脈（ポスト・ワーグナー時代の音楽史を代表する作曲家という位置づけ）がいつのまにか取り払われ、ドビュッシーの音楽と日本文化との接点という一面のみが強調されていった。いわば、日本的なものというユートピア的な非歴史的時空の中に引き移されていったのである。

（1）ワーグナー論争については、中村洪介『西洋の音、日本の耳』（春秋社、一九八七年）を参考にした。

（2）姉崎嘲風「再び樗牛に与うる書」『太陽』第八巻第一〇号、一九〇二年、一六八頁。なお、旧字体、旧仮名遣いは一部改めた。以後の文献引用についても同様である。

（3）上田敏は文学雑誌において最初に音楽評論を試みた人物であり、一八九四（明治二七）年頃から音楽会の批評を『文学界』、『帝国文学』などに載せている。

（4）上田敏「巴里の新劇」『定本上田敏全集』第六巻、教育出版センター、一九八五年、二六五頁。ルビは必要と思われる箇所のみにつけた。以後の文献引用についても同様である。

(5) 上田敏「欧米見聞談」、同前、二五七頁。
(6) 上田敏「天馳使《あまはせづかい》」『定本上田敏全集』第七巻、教育出版センター、一九八五年、三八九－三九〇頁。
(7) 永井壮吉「楽器」『荷風全集』第七巻、岩波書店、一九九二年、四一五頁。
(8) 永井荷風「西洋音楽最近の傾向」『早稲田文学』一九〇八年一〇月号、一六－一七頁。
(9) 同前、一七頁。
(10) 同前、一八頁。
(11) 同前、一九－二〇頁。
(12) 同前、二〇頁。
(13) 島崎藤村「平和の巴里」『藤村全集』第六巻、筑摩書房、一九六七年、二三二頁。
(14) 同前、三〇三頁。
(15) 同前、三〇二頁。
(16) 同前、三〇四－三〇五頁。
(17) 同前、三〇〇頁。
(18) 同前、二六二頁。
(19) 島崎藤村「エトランゼエ」『藤村全集』第八巻、筑摩書房、一九六七年、二八七頁。
(20) 柳沢健『巴里を語る』、中央公論社、一九二九年、二三四－二三六頁。
(21) 同前、二三七－二三八頁。
(22) 同前、二三九頁。
(23) 同前、二四一－二四二頁。
(24) 同前、二四四－二四六頁。
(25) 同前、二四六頁。

(26) 九鬼には一九二五（大正一四）年九月号の『明星』に掲載された「巴里小曲」の中にドビュシイを歌った短歌作品がある。

(27) 九鬼周造「日本芸術における「無限」の表現」『九鬼周造全集』第一巻、一九八一年、四二五 - 四二六頁。引用にあたっては、全集に収められている坂本賢三訳を用いた。

(28) 本書、岡田暁生「ドイツ音楽からの脱出？——戦前日本におけるフランス音楽受容の幾つかのモード」および、拙稿「戦前日本の作曲界におけるフランス印象派音楽の受容——和声についての言説を中心に」（『国際文化学』第一一号、神戸大学国際文化学会、二〇〇四年、二一 - 三六頁）を参照されたい。

(29) 九鬼、前掲書、四二六頁。

(30) 同前、四二六頁。

憧れはフランス、花のパリ

袴田　麻祐子

タイトルにあげたのは、昭和六（一九三一）年八月、寶塚少女歌劇が公演したレビュー『ローズ・パリ』[1]の挿入歌の一節である。「誰でもお金ができたら行きたいは世界漫遊／イギリス、ドイツ、フランス、イタリア、アメリカ／汽車でも船でも寝ていて行ける世の中／その中でも特に人の憧れはフランス、花のパリ」という歌の文句そのままに、昭和初期の寶塚レビューは、欧米文化のなかでも特に「パリ」の優位性を熱心にアピールし、ブームを巻き起こした。

寶塚少女歌劇が上演した最初のレビューは、昭和二（一九二七）年九月、岸田辰彌（一八九二‐一九四四）による『モン・パリ』である。これは洋行から帰ったばかりの岸田[2]によるパリ土産で、「日本初のレビュー」と銘うたれ、宝塚および東京で公演されて大ヒットし、主題歌「モン巴里」は舞台をはなれレコード流行歌として日本全国で愛唱された。「パリ」という地名が「レビュー」という娯楽の最新流行の街として広く知れ渡るきっかけのひとつだったと言える。時は折しも、第一次世界大戦（一九一四‐一九一八）の戦勝国としてのフランスのイメージ向上や、円高による洋行ブームと重なっていた。[3] 藤田嗣治や柳沢健、松尾邦之助などパリに長期滞在していた日本人が一時帰国したり、主だった新聞社がパリに特派員を派遣したりして、総合雑誌や新聞で「パリ」の名が盛んに語られ出すのもこの頃からである。もちろん、大正時代からすでにパリやフランスの情報は語られていた。しかし昭和初期の「パリ」は、文学者や美術愛好家の憧れの街としてだけではなく、ミュージックホールやジャズ、[4] ダンスホールと切り離せない大衆娯楽の都としてのイメージが強調された点でそれまでと違っていた。本論では昭和初期に流行したレビュー文化を通して、人々が憧れた「花のパリ」のイメージについて考察してみたい。

一　白井鐵造の「パリ」レビュー

寶塚における最初のレビューは岸田辰彌による『モン・パリ』だと述べた。しかし、レビューを寶塚に定着させ、劇団の路線決定という意味でも「パリ」イメージ形成という意味でもより重要な役割を果たしたのは、岸田の弟子にあたる白井鐵造（一九〇〇－一九八三）のほうである。[5]

岸田と白井はどちらも寶塚の座付き演出家として「パリ」レビューを発表して名を残しているが、その経歴は対照的である。岸田辰彌は、ジャーナリストの父親と洋画家の兄（岸田劉生）を持ち、帝劇歌劇団の二期生としてイタリアの声楽家ローシーの指導も受けた文化的教養人であったが、白井鐵造は、娯楽といえば年に一度の掛け小屋芝居くらいという山村に育ち、小学校を出てすぐ働いたが、一〇代で東京に飛び出して声楽家の書生や劇団の研究生をしながら舞台世界を学んだといういわばたたき上げであった。[6] その白井が、岸田の『モン・パリ』における振付助手の仕事を認められ、昭和二（一九二七）年一〇月からアメリカ周りでパリへと洋行に派遣されたのである。昭和五（一九三〇）年五月に帰国した後、同年八月、洋行お土産レビューとして発表した『パリゼット』が、白井の「パリ」レビューの最初のものであった。

寶塚の機関誌である『歌劇』の昭和五年七月号（四六‐四七頁）に見開きで掲載された『パリゼット』の大広告は、「パリ本場そのままの『パリゼット』」という見出しにはじまり、「パリに在る事二年専心パリ本場のレヴュウを研究して」「純巴里式のプランをたて」など、「パリ」の文字が二八回も登場する。しかしそのわりにはこのレビュー、タップダンスがあったり、アメリカ発のジャズソングがあったり、劇中劇でインディアンの娘が出てきたりするのである。そもそも白井は、自分がレビューにとりいれた要素は、パリではなく、途中で経てきたアメリカで見たものが多いと公言している。(7) それならば最初から素直にアメリカ土産とアピールしても良いはずだが、先ほどの『パリゼット』の宣伝のなかに「アメリカ」という文字は一切出てこない。なぜ白井のレビューは「アメリカ」ではなく「パリ」でなければならなかったのか。それを考えるために、『パリゼット』に続く二作目の白井レビュー、昭和六（一九三一）年一月の『セニョリータ』を見てみたい。

『セニョリータ』はそのタイトルから推察できる通り、スペインが舞台のレビューである。しかしパリとは関係がないかというとそうではなく、

けれども、西班牙《スペイン》ではあるけれども、このレヴュウは飽くまでも自分の好きな甘美なパリの色なのです、純スペインではなく、巴里人の見た、異國人《エトランゼ》の眼に映じた詩と絵の国西班牙なのです、だからこの「セニョリータ」（西班牙娘）も全く、巴里土産なのです。（白井鐵造『歌劇』、昭和六年一月、五八頁）

とつながりを主張される。舞台が変わっても強調される「パリ」という言葉は、それだけ当時の人々の好奇心をかき

たてる魅力的な宣伝文句だったのだ。

だが人々が注目する「パリ」のイメージを同時代の雑誌上などに探してみると、公衆の面前で接吻をするパリ人の自由恋愛や、ミュージックホールの裸の踊り子の話題はもちろん、その立ち見席を仕事場とする売春婦についてのレポートまで、実にエロティックな刺激に満ち、「清く正しく美しく」を理想とする寶塚にとっては好ましくないものが多い。エロ・グロ・ナンセンスが流行した当時の日本において、「パリ」は人々の猟奇的好奇心を仮託する対象となっていたのである。[8] 寶塚で上演される「パリ」レビューにも同じ色眼鏡が向けられていたことは、「近頃色々な雑誌等に寶塚の写真が載つてるのは嬉しいのですけれど、皆エロ、エロ、って書いてあるのが気に入りません」(『歌劇』、昭和五年一〇月、九九頁)といったファンの投書からもうかがえる。

『パリゼット』によって白井のパリレビューの黄金時代が幕を開けた昭和五年は、警視庁保安課によって「エロ演芸取締規制」が通牒された年でもあった。「カジノ・フォーリー」(昭和四年旗揚げ・浅草水族館)や「ピエル・ブリアント」(昭和五年旗揚げ・浅草オペラ館)など、パリのミュージックホールと同じ名前を掲げた大小のレビュー小屋が、浅草を中心に性的魅力を売りにして活動していたのと同時期だったのである。この頃には寶塚が年数回行う東京公演が人気を呼ぶようになっていたため、浅草のレビュー団のなかには寶塚の演出を真似るものも出ていた。例えば浅草の「プペダンサント」(昭和五年結成・浅草玉木座)というレビュー団は、寶塚の『パリゼット』昭和六年一月の東京公演後、その主題歌のうち四つを流用していたそうである。[9] 『歌劇』誌上には、劇団側の文章にも、観客からの投稿欄にも、それら浅草レビューと寶塚のレビューの差別化をはかる声が高まってくるのだが、そのなかで生まれてきている論調に注目したい。

例えば、白井の先ほどの『セニョリータ』の予告文では「全體を貫いて『パリゼット』に溢れてゐた色調を」用いているると言っているのだが、「舞台がスペインであるだけに色彩も強く」なっているとも付け加えている。[10] そしてこの色彩の強調について、舞台装置の野島一郎がさらに言い添えているのである。

勿論、強烈な色彩とは云い條それは一寸見分けがつきにくいでせうがアメリカナイズされた強烈さではなく、巴里の眼鏡を通じて見ての西班牙を色彩的に描いて見たのです。（『歌劇』、昭和六年一月、六四頁）

なぜ、「アメリカ」のものではないと明言しなければならなかったのか。『セニョリータ』発表よりも前の『パリゼット』の感想に、その答えがうかがえる。

『パリゼット』は勿論大好評アメリカ式のアクドサを排してフランス式の軽妙をねらった点［……］（『歌劇』、昭和六年一月、一七二頁）

神原［『パリゼット』の中の役名］の小倉さん実際ヤンキー式ヂェスチュアの様でその下品さが嫌味でした。（『歌劇』、昭和六年一月、一七四頁）

ロロット［『パリゼット』の中の役名］・モンパルナスでのフラッパー振がアメリカのフラッパーの様に下品である［……］（『歌劇』、昭和五年九月、一〇三頁）

「アメリカ」という国名が「アクドサ」や「下品」「嫌味」といったマイナスイメージをともなって使われている。さらに歌劇団側による発言もあげてみる。

白井鐵造氏の『パリゼット』は今や氾濫してゐたアメリカ式レヴュウを完全にフランスの色彩に変化させやうとしてゐます。（『歌劇』、昭和六年一月、二二一頁）

ここでも白井の「パリ」レビューの対比軸にアメリカが出てくるのだが、その「アメリカ式レヴュウ」が「氾濫していた」というところに注目したい。巷に氾濫するレビューとはなんであろうか。これは言うまでもなく、先ほどその隆盛ぶりを確認したエロ・グロ・ナンセンスを売りにする他のレビュー団のことを示しているのである。

白井の提示する「パリ」は「エロ」の切り捨てられた健全な憧れの対象でなければならなかった。しかし「カジノ・フォーリー」などパリと同じ名前の「エロ」レビュー小屋が氾濫していては都合が悪い。そこで寶塚がとった戦略が、「エロ」の「アメリカ」への封じ込めであったのだ。

これまでの引用のようなやりとりがなされ、『セニョリータ』が上演された後、昭和六年三月の『歌劇』には次のような投書が載った。

> レヴュウと云へば直ぐ我々は世紀末的な、末梢的なそしてエロティックなものだと思ひ勝ちである、事実吾々はレヴュウと云へば映画から、其も大部分はアメリカの映画から概念を得たものであると云って良いのであるが如何にアメリカニズムの支配する世の中だからと云って、我々はこの刹那的な世紀末的な感覚に何時までも満足し得るだろうか。我々はもっともっと芸術的な、心の奥底に喰入って、我々の感情を淳化する或るものを要求して止まないだらうか。
> [……] ここにレヴュウと初め云った定義に当てはまった、世紀末的、抹消神経的レヴュウにのみ通用するのであって、寶塚のレヴュウは決して滅びるものでない否もっともっと栄えるものだと云い度いのだ。（『歌劇』、昭和六年三月、八四頁）

寶塚にとって都合の悪い、他のレビュー団が売り物にする「エロ」は「アメリカ」式のものであって、寶塚の「パリ」レビューとは全く性質の異なるものだという公式がでっちあげられたのである。浅草レビューのような「アメリカ」式のレビューから性的刺激を差し引いたものが「フランス」式もしくは「パリ」風だというのは、現実のパリの状況を考えれば非常にナンセンスであった。実際には当時はアメリカのレビューよりもパリのレビューのほうが裸体を強調していて、白井自身パリの踊り子が皆平気で乳房を出しているのを見て「米國のレヴュウでは絶對に見られない」ことだと驚いたと語っている[11]。しかしこの現実のパリを無視した公式を巧みに用いたことによって、寶塚の唱える「パリ」には、アメリカとは対比される「洗練」と「清純」のイメージが付与されたのである。

二　寶塚外への広がり

寶塚によっては「アメリカ式」として切り捨てられた当時の他のレビュー団も、現実にはむしろ寶塚と同じように、レビューのメッカであるパリのイメージを積極的に前面に押し出していた。先にあげたように団体名がまずパリ本場の劇場名を真似たものであったし、「カジノ・フォーリー」に至っては浅草水族館の劇場の看板までパリの本家のデザインを模していた。舞台の内容についても「巴里はレヴューに取り扱われる最も好材料であるため、あらゆる時に巴里の名はどのレヴューにも見出された[12]」と言われるほどであった。

『歌劇』の投書欄には、浅草レビューで寶塚の「パリ」レビューと同じ歌や演出が使われたことが間々告発されたが、これは寶塚ファンが口惜しがるように「パクリ」である可能性ばかりとはいえない。昭和五年頃には洋行経験者はさほど珍しくなくなっていたし、映画や雑誌の輸入も盛んになっていたから、本場直輸入の情報は寶塚以外でも十分手に入れることができたはずである（ただしここで言う直輸入には、パリからダイレクトに伝わるものと、パリの舞台で名をあげたスターが出演するハリウッド制作のレビュー映画、というアメリカ経由のパリイメージが混在している）。

しかし前節にあげたように、寶塚の東京公演の直後に同じ曲を四曲も使ったレビューが浅草で上演されたといった話については、意図的な流用の可能性も感じられる。このような、寶塚の東京公演直後に他のレビュー団で歌や演出が重複したという指摘は一つ二つではない。当時のレビュー界において寶塚が無視できない中心であり、そのイメージが広く影響を与えていたことを推察させる。

検証のために、寶塚と同じ女性のみの劇団であった松竹楽劇部と比較してみたい。松竹楽劇部は、寶塚に後発して大正一一（一九二二）年に大阪、昭和三（一九二八）年に東京に創設された。東京の松竹楽劇部は浅草をホームグラウンドとして寶塚よりも大衆的な路線を行き、水之江滝子というスターを得てレビューブームのなかで躍進、次第に寶塚と人気を二分し、寶塚の東京公演の度に「東西レビュー合戦」とメディアが騒ぐほどになっていった。⑬

松竹と寶塚の「レビュー合戦」が話題となった最初は、昭和六年一〇月、白井の第三作目にあたる「パリ」レビュー『ローズ・パリ』の東京公演時である。松竹楽劇部は『凱旋門』というレビューで対抗したが、このときはまだ寶塚の相手にならなかったようで、松竹の機関誌『ガクゲキ』（後の『楽劇』）においてはそれを率直に認め寶塚を称賛する声があがっているのに対し、『歌劇』では松竹についてほとんど言及さえなかった。この頃の松竹は生徒の歌唱技術が寶塚に及ばなかったようである。ゆえに演じ手の優劣で評価された部分があるのは確かだが、それだけではなく作品の印象として「凱旋門は濃艶であり、ローズパリは清艶」だとか、「ローズパリの方が流石リファインされている」という意見が聞かれた。⑭「濃艶」と「清艶」という対比に含まれるイメージや、「リファイン」という言葉からは、寶塚が主張する「アメリカ式＝アクドサ」／「フランス式＝清純、洗練」の二分法にあてはまるような構図がみてとれる。

翌昭和七（一九三二）年六月、再び「レビュー合戦」が行われた。寶塚が東京・新橋演舞場に持ち出したのは、グランギャラ『寶塚・春のをどり』と題された作品である。翌年東京に常打ちの劇場を建設する計画を明らかにしたばかりであった寶塚は、「是非御家族御同伴でおいで下さいまし」（『歌劇』、昭和七年六月、四六頁）という広告文にある

図1　レビュー『サルタンバンク』の舞台面（『歌劇』、昭和7年3月、69頁）

ように、この公演によって東京方面での観客層を拡大したいと考えていたようである。『パリゼット』以降ここまで六作続いた白井の「パリ」レビューで定番となっていた少女趣味の恋愛物語をあえて廃し、[15]白井のほか宇津秀男・水田茂という少しずつ作風の違う演出家三人の合作というダイジェスト的なショーであった。物語的な連続性なく次々変わる場面には、それまでの人気レビューからピックアップした歌や踊りもあったが、『肉弾三勇士』という当時人気の軍人逸話のアレンジや、三味線をオーケストラに入れる寳塚では初の和洋合奏の試みなど、少女歌劇を知らない層を意識した内容もあった。白井の「パリ」レビューが「レビュー」を名乗りながらその実一貫したストーリーを機軸にしたオペレッタ形式へ向かっていたのに対し、このグランギャラ『春の踊り』は文字通りのレビュー形式にかえった作品だったと言える。

対する松竹楽劇部は歌舞伎座で、寳塚の公演にぶつけて『べら・ふらんか』（青山杉作脚本・青山圭男振付）というレビューを上演した。この『べら・ふらんか』は、それまでストーリーをもたないレビュー形式の出し物が多かった松竹にしては珍しい、物語性の強いオペレッタ形式の作品である。「寶塚と松竹が従来と丁度行き方を逆にした形」と評された今回の対決で、松竹は初めて寶塚に圧倒的な勝利をおさめた。集客数や新聞・雑誌での評価が寶塚側より高かったのはもちろん、これまで松竹の話題がほとんどとりあげられることのなかった寶塚の機関誌『歌劇』に、寶塚側のスタッフが『べら・ふらんか』を賛える記事まで掲載したのだ[16]。

おもしろいのは、『べら・ふらんか』を評価する内容が、寶塚側や新聞紙上だけでなく松竹ファンの間でさえ、「寶塚風」という点に集約されていることである。『べら・ふらんか』では白井鐵造のそれまでの「パリ」レビューで使われたのと同じ曲がいくつか歌われたようだが、「寶塚ムード」と評されたのは単にそのような素材の重複だけではなく、全体的な演出やストーリー、装置や色彩なども含めたことだったようだ。

『歌劇』に掲載された寶塚ファンからの投稿に、「歌舞伎座の『べら・ふらんか』を見よ。全く寶塚ムード満点のレヴュウではないか」(『歌劇』、昭和七年七月、九〇頁)、「楽劇は少々寶塚の戦法を失敬して智恵袋の足らなさを暴露してるが浅草では文句なしに当て得る改作だ」(同前、一〇〇頁)などといったやっかみ半分の批評が出るのはよくわかる。しかし松竹の機関誌『楽劇』の投書欄でも、「楽劇部が、本年度始めて演ずる、ストーリーをもつレヴュー。そのストウリー《ママ》に皇られたセンチ、唄の挿入を多くしての演出等は寶塚風と云うより、むしろ長所を取り入れた、と解すべきで」(「短評欄」『楽劇』、昭和七年七月、七八頁)「『べら・ふらんか』とフレンチでタイトルを現したが、いかにもピッタリと来る叙情的な――アンチ浅草的なものだ。[……]松竹楽劇としては珍しい処の実に淡い明朗なリリシズムで一貫している。寶塚と偶然に行き方を顛倒して、「寶塚レヴューのようだ」と一般に喧伝されるのもこんな点からであろう」(同前、七九頁)などと、寶塚を真似たとは言わないまでも、寶塚レビューと類似性があることを認めているのである。

『べら・ふらんか』が寶塚風と評される所以は、「アンチ浅草的」で「リリシズム」があり「センチ」であり、それらは「フレンチ」のタイトルにいかにもピッタリとくるからだという。『べら・ふらんか』というタイトルは明らかにフランス語ではないが、上品で感傷的な「寶塚風」イメージが、そのまま「フランス」的なるもののイメージとして松竹ファンにも共有されていたからこそ、このような感想となったのだろう。

もう一度『歌劇』にあらわれた寶塚側の言い分を見てみる。寶塚のスタッフであった引田一郎の言葉である。[17]

青山氏のレヴュウには、我が白井さんと同じ様に「詩」がある、「情」がある、だから陶酔が出来ます、だから下品でない、だから「若人の夢」が漂うのです。寶塚々々と云ったって、白井さんがなかったら、寶塚のレヴュウは、そんなに威張れたものでない。〔……〕私は『春のをどり』が『べら・ふらんか』に負けたとまでは卑下しませんが、少なくとも寶塚としては調子が下り、いつもほどでなく松竹としては大飛躍をしたと云えると思うのです。

『べら・ふらんか』のもつ「寶塚風」とは、「詩」であり「情」であり、陶酔ができる上品な「若人の夢」であるという指摘は、先ほどみた松竹側の意見とほぼ一致している。そしてこれらは引田によれば「寶塚」というよりも、白井の「パリ」レビューの特徴だということなのである。寶塚が白井レビューを通じて、他のレビュー団と自身を区別するために構築した「清純なパリ」「洗練されたフランス」のイメージは、そこから切り捨てようとした松竹など他のレビュー団にも皮肉な形で共有されていたようだ。

白井も認めているように、この頃パリだけではなくアメリカでもショーの文化が興隆していた。一九三〇年代にはむしろパリのレビュー劇場はすでに下火になり、活動写真小屋に転換を余儀なくされているという情報は日本にも入ってきていた。松竹は、寶塚のフランス風に対抗してアメリカ風を売りにすることもできたはずだ。実際松竹のレビューには、ハリウッド映画『雨に歌えば』の場面をそのまま借用したものなどもある。しかし、やはりアメリカ風を前面に出すよりもフランス・パリのイメージをとったのは、松竹もまた寶塚が構築した「清純」「洗練」のイメージを自分たちに重ねて利用したかったためにほかならない。[18]

ここで、『サンデー毎日』から「レヴュー座談会」という特集をひいてみる。寶塚・松竹・河合ダンスの関係者が会して対談をするという企画で、寶塚代表のなかには岸田辰彌・白井鐵造の名が、松竹楽劇部代表には岸田や白井とおなじく洋行経験者の大森正男の名が見られる。この三人が本場のレビューについて語っている部分に次のようなやりとりがあった。

岸田「アメリカは、割合に、フランスのやうにそんな点では自由でないところがあるんでせうかね。露骨なエロチックなことはクリスチャンの婦人連中が、婦人を侮辱するもんだといつてやかましいんです。それでやれないんです。」

白井「さういふ点から来るのでせうか。アメリカのエロチックは一寸思わせ振りなところがあるから、ある意味からいへば、かへつてひどいともいへるわけです。」

大森「アメリカでは女優にお肌を顕させないです。ところがパリなどへ来ると、ほとんど全裸体といふのがありますが、それが非常にきれいな感じがする。私らからいはせると、エロチックな目的を達していないと思ふ。アメリカはなるたけ裸体にしないやうにお乳なんかでも隠しているにかかはらず、エロチックな感じを強く受けますね。」

（「レヴュー座談会」『サンデー毎日』、昭和五年一〇月五日、一五頁）

先にも述べたように、アメリカのレビューよりパリのレビューのほうが踊り子の露出度は高かった。しかし白井や大森は、その露出度に反してエロチックな感じはアメリカのほうが強いと言う。実際の裸体の露出度とは逆の、「アメリカ」よりも「パリ」という自身に都合のよい清純度の公式を主張するのである。現実にはやはり、パリのミュージックホールの観客は「むきだしの踊子のむっちりとした乳首を、オペラグラスで鑑賞したり、露出された肢体から発散する肉体のにおいを楽しむ」[19]といったように、踊り子のヌードにエロスを見出していたことは間違いないのにである。

同時代の雑誌において、パリはかならずしも上品さや清純さと結びつけられるイメージではなかった。しかしパリにおける性的刺激の象徴であるはずのミュージックホール文化は、日本のレビューに移行するなかで全く逆のイメージをもって迎えられた。寶塚によるイメージ操作と、それを流用した他のレビュー劇団によってである。ただし、こうしたアメリカと対比したときの洗練された清純な「パリ」イメージが、全く寶塚やレビュー界が独自につくりあげた公式であるかについては、少し補足せねばならない。エロティックな刺激という点では、アメリカよりパリがあからさまであるのは広く知られていた。しかしその一方で、アメリカという「商業主義、刹那的、近代性」の象徴に対抗するものとして、パリはヨーロッパの代表として「伝統、洗練、正統性」といったイメージを付与されて語られることもしばしばあったのである。[20]レビューをとりまく「パリ」と「アメリカ」の公式が受け入れられた背景には、こうしたレビュー外のイメージもやはり関係していたことが見逃せない。

三　幻想の「西洋人化」

白井の「パリ」レビューは、「洗練」「清純」という付加価値をもった理想的な花の都「パリ」のイメージを完成させ、それは白井のレビューだけではなく「寶塚風」のイメージとして、他のレビュー団にも共有されるほどに広まった。こうして「パリ」イメージを自分のものにした自信であろう。白井の帰国三作目にあたる昭和六（一九三一）年八月のレビュー『ローズ・パリ』の宣伝では、『パリゼット』にあったようなしつこいほどの「パリそのまま」というアピールがなくなり、むしろパリそっくりを目指すよりも寶塚独自の路線を創造しようという気概が語られていた。[21]

しかし昭和七（一九三二）年の「レビュー合戦」において『春のをどり』という「パリ」路線を離れた作品で松竹に敗れた経験からか、その次に白井が発表した六作目『ブーケ・ダムール』（昭和七年八月初演）ではあえて「パリ」とのつながりを強調する路線に回帰している。

巴里からお土産のつもりで持って帰った歌曲――その後の送って貰っている分は別として――を全部使ってしまいました［……］主題歌の『ブーケ・ダムール』は原名をコングレス・タンツエ《ママ》ルと呼んでいます。［……］非常にいい曲で全体がワルツでウイン風なところがあるのでこの中へウインを盛り込んだ舞台を構成しようかと思ったりしましたが巴里だけの舞台にしました。（白井鐵造『歌劇』、昭和七年八月、四六－四八頁）

舞台装置の野島一郎君と二人並んで『ブーケ・ダムール』を見ていると二人とも堪らないような顔になって『カジノ・ド・パリ――巴里――巴里』と呟かざるを得ません［……］ローラが現われる舞台、ことに水色の少年が手をとって現われる舞台には遠い巴里の日のミスタンゲットの声をまぢかに聞きます。巴里へ遊ばれた人なら、きっと、この夢のような私の愚痴を承認して下さるでしょう。（白井鐵造『歌劇』、昭和七年九月、二四頁）

ウィーン風の曲であろうが「巴里だけの舞台」に設定し、その自分で作った舞台に「――巴里――巴里」と陶酔するといった徹底ぶりである。

しかしここで唱えられている「パリ」は、ミスタンゲットのいるあの現実のパリという土地だろうか。『パリゼット』の宣伝の時と同じように、流行の最先端である現実のパリにまつわる、寶塚の外にあったイメージを想起させる言葉なのだろうか。「れびう『ブーケ・ダムール』この作には、パリゼット、ローズ・パリ、サルタンバンクへの幾多のアンコールがある」（『歌劇』、昭和七年九月、八四頁）といったような感想をみると、どうも観客にはそうは捉えられなかったように思われる。

折しも『ブーケ・ダムール』の二ヶ月前、昭和七年六月には、宝塚大劇場で白井レビュー一作目『パリゼット』が再演されていた。この再演をめぐっては、寶塚の行き詰まりととられるのではないかという批判も寄せられていたのだが、いざ蓋をあけてみると好評で集客もよく、これ以降『ローズ・パリ』や『サルタンバンク』といった白井レビューの再演ブームがはじまる。

『モン・パリ』以降レビューブームが訪れたとはいっても、寶塚はすぐに「パリ」風の作品ばかりを上演する劇団になったわけではなかった。大正三（一九一四）年の劇団創立時から最も多かったのは久松一聲や小野晴道といった演出家による日本物であったし、岸田や白井が「パリ」レビューを始めてからも、ドイツで演劇を学んだ堀正旗や、アメリカ映画的手法の宇津秀男、モダンバレーを得意とした岩村和男、新日本舞踊の旗手楳茂都陸平など様々な演出家が作品を発表していた。そして思い思いの方針で創作をするスタッフたちの目指すところは、創始者小林一三の理想である「歌舞伎とオペラの融合による国民劇の創造」であるはずだった。[22] 先にみた『春のをどり』の広告で「御家族御同伴で」と観客層の拡大を意図していたのも、少女趣味の団体に陥らずにその理想を目指そうとしたゆえであるといえよう。

だが、昭和六、七年頃から、センチで夢があり清純な恋愛物語を主軸とした白井の「パリ」レビューは群を抜いて一番人気を示し、それまでの理想にとってかわりはじめた。白井の「パリ」イメージがそのまま「寶塚風」として他のレビュー団にも共有されていたのは前節で確認したとおりである。そうした外からの目が、白井レビューを寶塚の中心路線へとさらに後押しした。昭和九、一〇年頃までには、白井の作品は「寶塚の正統」という評価を確立することになる。(23)

寶塚美の
充溢！
水色の少年・佐保美代子・神代錦・ローラ・草笛美子
寶塚の愛の花束！
「ブーケ・ダムール」
東京公演！
十月七日より三十日迄
於新橋演舞場
毎日午後六時開演
土・日・祭日は一時・六時開演
待望に亞ぐ待望！
寶塚が世の人々に贈つた美しい花束、グラン・レヴュウ「ブーケ・ダムール（愛の花束）」の東京公演――清爽に富んだ奈良美也子、秋月さえ子、村雨まき子などの花組の人達、かてゝ草笛美子、三浦時子、橘薫、明津麗子、葦原邦子、大空ひろみなど朗らかな聲樂專科の花形、ABC組を通じて關洋子、夏木てふ子、加茂なか子、佐保美代子、神代錦などの不斷の人氣者が選りすぐつて顔を揃へます。
十月七日から三十日まで、光輝さんぜんとした、寶塚の名品ぞろひの東京公演そして、これこそ一九三二年度に誇る寶塚レヴュウの粋をつくし、華をこらし、そして、晴やかな唄を綴つた、人々よ！まことに見るべき作品で、どうか「レヴュウ見るなら寶塚」への御觀劇を心からお祈りしてゐます。
図2 『ブーケ・ダムール』東京公演予告の一部（『歌劇』、昭和7年10月、64頁）

『ブーケ・ダムール』の東京公演（昭和七年一〇月、新橋演舞場）の広告を確認すると、「レヴュウ『ブーケ・ダムール』はもっと東京の少女方へ微笑みかけよ」とのフレーズがある。(24) 前年の『春のをどり』とは逆に、観客層を「少女」に絞り込んでいるのだ。このように絞り込まれた観客とは、すなわち白井の「パリ」レビューを経験し、支持してきたファン層である。彼らにとっての理想である「パリ」とは、現実のパリに参照されるものではない。『ブーケ・ダムール』で白井レビューが回帰した、ファンに支持される「パリ」は、同語反復的であるが、白井の過去のレビューのなかで創られてきた「パリ」イメージであった。

それでは、白井レビューの「パリ」イメージの内実とは何であったのか。それは使用される歌やダンス、演出の出自に関わるものではない。アメリカのジャズであろうとウィーンのワルツであろうと「パリ」という語を歌詞にのせれば「パリ」風として歓迎された。だが、「パリ」という言葉とともに歌われても、浅草レビューや自分たちの気に入らない作風のものは、寶塚の観客にとっては「アメリカ式」のまがいものなのであった。では、彼らが白井レビューにのみ見出した「パリ」とはなにか。

これを検証するのは、非常に困難である。というのは、白井の「パリ」レビューを支持する人の感想では、それが熱狂的であればあるほど、白井レビューのパリらしさであるとか、もっと根本的に良さであるとかが、全く語られないからである。試みにいくつかの感想をあげてみる。

エトランゼエ、僕は僕の感覚のラベルを踊り子の上に歌い女の上にはろう　だがそれは三色旗の色をした郷愁であるかも知れない（『歌劇』、昭和五年一一月、八四頁）

僕は三色旗のフランス国旗を小さくシャッポのリボンに挿すところの劇詩人のように、シャンパンのしぶきを露のように吹かせながら、「ブラボウ、白井鐵造」と乾杯と手を挙げるのだ。（『歌劇』、昭和五年九月、九〇頁）[25]

青澄める海のそば、広き花園に、甘酸っぱいボルドーの葡萄を山羊の乳で融いた様な霞がかかり、ニースの海面を吹来る、処女の息吹を思わせる潮風に［……］おお其の色、匂い、味！　若人の憧れブーケ・ダムール（『歌劇』、昭和七年

一〇月、八六－八七頁）

これらのなかにおよそ「感想」と呼べる部分は見出せない。しかしながら、彼らが白井の描いた「パリ」「フランス」の世界に清らかな夢を見、感傷的に、すっかり陶酔しきっていることはひしひしと伝わってくるだろう。「パリ」という世界へ陶酔し、その世界の住人になりきっているとみられる発言は、観客だけでなく、彼らに「白井先生はパリジャンになって帰ってきた」と評された白井にもみられるものである。

日本へ帰ってから少時の間私は着物に包まれた日本の生活が非常に汚ならしく見えて仕方がなかつた、巴里で日本の中流の家庭の奥さんらしい女が銘仙の着物を着て公園を歩いてゐるのに出逢つたがそれがシックな巴里の人たちの中に混つて本当に見すぼらしく見えたのが原因してか非常に着物が嫌や《ママ》に思えて仕方がなかつた、ほんの少時の生活だつたけれど粋な巴里の印象は私をパリジャンにしてしまつたのだ。（白井鐵造「巴里を想う――おお巴里・お前は私の愛人だ」『歌劇』、昭和六年六月、五七頁）

白井レビューに描かれる「パリ」に陶酔する人々のふるまいには、前にあげた白井の発言の冒頭部にも見られるように、日本からの離脱の意識も伴う。先に述べたように、寶塚はそもそも日本物中心の歌劇団として出発し、岸田レビューの頃までは、西洋物が一時流行しても「やはり本道は日本物」という意見が主だった。しかし白井レビューの台頭とともにそれが変わってくる。

春のをどりはノーヴルすぎたのと日本舞踊がは入《ママ》ったのが失敗の元だった。〔……〕今の観客は全部がブーケ・ダムールを見に来るので太刀盗人〔日本物歌劇〕や狂乱橋供養〔同前〕はあるから見る迄で、無くっても観客は来る。〔……〕

日本舞踊が［必修の］学科から消えれば［寶塚の生徒は］ピアノ以外の器楽の一つも習えるわけだ。（『歌劇』、昭和七年九月、八五頁）

日本情緒、之も捨てがたい。しかし僕等若人にはやはりパリー、ウィーン中心のものの方がぴったりするのではなからうか？（『歌劇』、昭和九年九月、一〇〇頁）

日本的な要素、とりわけ伝統的な要素を否定し、西洋風を好むこうした観客の発言は、白井の「僕にはどうもラヂオなんかで聞いていても、常磐津も清元も長唄もみんな同じように聞えるのだけれど、一体どんなに違うのだろうなァ」（『歌劇』、昭和七年二月、四五頁）といった態度と通じる。白井はその好みだけではなく、生活においても洋服・洋館の完全に西洋風の暮らしであった㉖。

これは実は、白井以前にレビューを発表した岸田辰彌の「パリ」観との、最も大きな相違点である。岸田は、「彼等」と「我等」という言葉を使ってパリと日本とが如何に様々な点で違ったかを繰り返し語った。またそのレビューにおいても西洋で田舎者と馬鹿にされる日本人を登場させ「事実自分が味わった経験」であり、「外国に遊んだ者なら誰でも一度は経験する」気持ちだと言っていた㉗。

白井の「パリ」レビューのなかに、また白井の語るパリの思い出のなかに、岸田が語ったような日本人であることの疎外感は全く見出されない。むしろ白井は、先の発言などを見ると、日本人を蔑する側の西洋人と同じ立場に自己を置いているようである。だが、岸田が感じた西洋と日本の決定的な相違をどのように克服してその境地に至ったのかは一切語られていない。

これは、白井レビューをめぐる「パリ」イメージが、先ほど見たように実は定義されていないことと関係している。

もちろん、清純であり、夢があり、感傷的に陶酔できるというある程度の傾向はある。だがそれ以上にはなにも性格づけが行われないのは、彼らが「パリ」を理解していないから、むしろ理解しようとしていないからではないだろうか。「パリ」という言葉は、現実のパリを参照するものではなく、自己の理想世界を仮託するための空洞であったのだ。[28]

西洋理解を必要としない幻想への陶酔の結果であるこうした「西洋化」は、現実の異文化理解とは別物の、西洋にかぶれた果ての「擬似西洋人化」にすぎない。岸田が強烈に感じたような西洋への劣等感・違和感を、白井レビューを支持した人々がまるで無視できているのは、彼らがそもそも日本の伝統的な文物への教養を持っていなかったことに由来するのではないだろうか。自らを「若人」と名乗る白井レビューの観客たちについては、西洋音階による唱歌教育の浸透後に育った世代なのだろうという想像にとどまるが、「擬似西洋人化」を推奨する幻想の「パリ」をつくりあげた白井鐵造については、確実にそうであったと断言できる。この時期寶塚の多くの演出家達は、日本舞踊とダンス、三味線とピアノなどを相互教授しあうなど積極的に和洋折衷の知識を高めようと試みていた。「歌舞伎とオペラの融合」という寶塚の理想のためでもあったし、なにより和洋両方の文化に精通していることが知識人という文化的ステータスの証明でもあった。だが白井は洋行以前から西洋物一辺倒で、日本舞踊はできない、邦楽はわからないなどと公言していた。こうした日本文化への無教養さへの隠れ蓑が、「パリ」レビューにおいて白井が確立した擬似西洋人化だったのではないか。それが意図的であったか否かは定かではないが、「パリジャン」化した白井やそのファンの言動が、日本文化の教養のなさを逆に強みとし、日本において文化的ステータスを上げられる、いわば体面上の下克上の手段として機能していたのは確かである。

こうした彼らの「擬似」西洋人化を現実逃避と断罪してしまうのはたやすい。しかし白井の描いた「パリ」のイメージが、寶塚の商業的成功に大きな役割を果たしたこともまた疑いはない。先に述べたように、知識人主導の草創期の寶塚の理想は、西洋と日本双方の文化を深く理解し、さらにそれを融合するという非常に高度な要件のうえに成り立つものだった。しかし白井の提供した「パリ」は、現実のパリを参照せず、自由にイメージを投影することができる「空洞」であった。現実のパリを知る必要がないからこそ、人々は容易に陶酔し、擬似西洋人化することができたのである。「擬似」であるとはいえ、この西洋人化という幻想とともに日本からの離脱の意識が生まれていることは確かであるのだから、日本人の文化観の転換点として無視できない事例であろう。

西洋に対しても、日本的な教養に対しても、疎外感やコンプレックスを感じさせない、誰もが受け入れられるユートピアとして創造された白井の「パリ」は、寶塚が常に回帰するなつかしいイメージとして、そして寶塚をとりまくレビュー界に共有される憧れとして、「変わらずに」定着するものとなった。（財）阪急学園池田文庫には、白井鐵造の残した様々なコレクションが所蔵されている。そのなかに白井が昭和二（一九二七）年から五（一九三〇）年までの洋行時に入手したと思われる当時のパリのレビューのパンフレットがあるのだが、そこに見られるアイデアの書き込みには、明らかに晩年の筆跡のものも含まれている。はさみこまれたメモには、「昭和五十四年四月」という日付のある葉書を切ったものもあった。白井の「パリ」イメージは戦後までずっと、最初の洋行時の白黒のパンフレットから再生産されていたのだ。寶塚によって創造された「変わらないパリ」のイメージは、幻想でありながら、現実の土地よりもずっと強い印象を人々に与え続けたのである。

(1)当時の団体名を表記する場合のみ、現在の宝塚歌劇と区別するために旧字体を用いた。
(2)洋行期間は大正一五(一九二六)年一月から昭和二(一九二七)年五月まで。
(3)藤田嗣治『巴里の横顔』(実業之日本社、一九二九年)によると、大戦前は三〇〜四〇名(大使館員五、六名)であった在仏邦人が、大戦後二〇〇〇名(大使館員八〇人)にまで激増したといわれる。同年藤田は帰国し、『文藝春秋』(昭和四(一九二九)年一一月)にも座談会で登場してパリの様子を語っている。
(4)ここでジャズをあげたのは、当初は「ジャズ」という言葉がアメリカ起源の軽音楽のみならず、タンゴやシャンソン、ミュゼット等を含めた西洋由来のポップス全てに用いられていたためである。この語はミュージックホールやダンスホールとの関連でしばしばパリの象徴のひとつとしてあげられていた。
(5)拙稿「レビューの変遷　岸田辰彌から白井鐵造へ」『ユリイカ』五月号、青土社、二〇〇一年、一八二-一九四頁において詳述。
(6)白井の生い立ちについてはその自伝『宝塚と私』(中林出版、一九六七年)に詳しい。
(7)『歌劇』、昭和七(一九三二)年一〇月、五二頁。また自伝、七七頁。
(8)パリガイドを装った鈴木秀三郎『エロ・グロ・巴里』(平凡社、一九三〇年)、滝本二郎『夜の倫敦巴里紐育』(欧米旅行案内社、一九二九年)、酒井潔『巴里上海歓楽郷案内』(竹酔書房、一九三〇年)なども、白井レビューとほぼ同年にあらわれているが、こうした扇情的なガイドブックの情報は実際のパリのものというよりも日本の世相を反映しており、イメージだけの眉唾情報も多かったとはすでに指摘がある。和田博文ほか『言語都市・パリ』、藤原書店、二〇〇二年、二二七頁。
(9)『歌劇』、昭和六(一九三一)年二月、八三頁。
(10)『歌劇』、昭和六(一九三一)年一月、五八頁。
(11)『歌劇』、昭和六(一九三一)年六月、五頁。
(12)永田英三「松竹大レヴュウ公演について」『ガクゲキ』、昭和七(一九三二)年八月、一八頁。
(13)寶塚は常打ちの東京宝塚劇場が開場する昭和九(一九三四)年一月までは、歌舞伎座や新橋演舞場などへ年二、三回、二〇日間程度の東京公演に訪れていた。

(14)「短評欄」『楽劇』、昭和六年一一月、一三一頁。

(15)現在の宝塚歌劇のイメージからは意外であるかもしれないが、白井レビュー以前の寶塚は、恋愛物語を主軸とした作品ばかりを上演してはいなかった。むしろ男性から見ると感傷的にすぎ、少女には刺激的でありすぎる恋愛物は批判の対象であった。しかし白井レビューの人気やそれにともなう観客層の推移により、丁度この頃から恋愛物が主流となり始めたのである。ちなみに岸田の『モン・パリ』は男二人による純粋な旅行記で、ヒロインと呼べる役はおらず、恋愛要素はない。

(16)引田一郎「『べら・ふらんか』を見て」『歌劇』、昭和七（一九三二）年七月、一二一－一三一頁。

(17)同前。

(18)『楽劇』昭和六（一九三一）年一二月「真夜中の座談会」（四〇－四一頁）では、松竹の女優やスタッフが、浅草の大衆を相手にしていても寶塚のような「上品」な路線を尊ばねばならないと語っている。また同じ座談会で、世間の見方は間違っている、実際は寶塚の生徒より松竹のほうが純情だとも主張している。

(19)久保富次郎「二つの裸体群　力のドイツとエロのフランス」『サンデー毎日』、昭和五（一九三〇）年八月二四日、三〇頁。健康促進のためのドイツの裸体体操と比較して、パリのミュージックホールの裸体はエロチックだという、ドイツとパリを比較した記事。

(20)『改造』昭和五（一九三〇）年五月に掲載された新居格「モダンよりシークへ――社會的根據について」（七二－七九頁）では、「モダン」という利那的な概念がアメリカと、それに代わるものとしての「シーク」というより洗練された概念がフランスと重ねて語られていて、興味深い。

(21)白井鐵造『歌劇』、昭和六（一九三一）年九月、五九頁。

(22)寶塚少女歌劇の創立理念とその草創期については、渡辺裕『宝塚歌劇の変容と日本近代』（新書館、一九九九年）、また同『日本文化　モダン・ラプソディ』（春秋社、二〇〇二年）が詳しい。

(23)拙稿「寶塚少女歌劇にみる「西洋」の意味とその変化」（『フィロカリア』第二二号、二〇〇五年三月、三五－五二頁）参照。

(24)『歌劇』、昭和七（一九三二）年一〇月、六四－六五頁。ただし後頁であげる引用の一人称からもわかるとおり、実際には白井レビューのファンが全て少女だったわけではない。しかし白井レビューの隆盛と同時期に、様々な要因により観客層の絞り込みが推進された。「少女による」歌劇から「少女のための」歌劇へ、という少女歌劇の意味の転換については稿を改めて論じる予定である。

(25) これは『ブーケ・ダムール』に寄せられた感想だが、冒頭の言い回しは『ローズ・パリ』主題歌の歌詞「青澄める　湖のそば広き花園に　咲き出でし」を回顧していると思われる。

(26)「洋館、芝生、リラの木が三四本、狭まい玄関が却って親しみを加える。何だか巴里の郊外の寓居の感じがする。——もっとも、この御宅は先生の洋行以前からの洋館だが。これが白井鐵造氏のお宅である」(伊禮武雄「レヴュウ界の寵児 白井鐵造氏訪問記」『歌劇』、昭和七(一九三二)年一〇月、五二頁)。

(27) 岸田辰彌『歌劇』、昭和二(一九二七)年七月、六－七頁。また拙稿、前掲、二〇〇一年参照。

(28) このように寶塚らしさや自分たちの好みを仮託する用語が、実は定義されていない空白で、それゆえに時代時代の寶塚の路線に流動的に意味を調整されながら使われ続けていく例としては、ほかに「寶塚情緒」という言葉も挙げられる。拙稿、前掲、二〇〇五年参照。

日本人にとってシャンソンとは何か？

――シャンソン受容史の試み

松島 征

本論は、フランスのポピュラー音楽（大衆歌謡）である〈シャンソン〉がわが国においてどのように受容されてきたか、という問題を扱う。わが国のシャンソン愛好者が抱いている〈シャンソン〉あるいは〈フレンチ・ポップス〉と呼ばれるものについてのイメージ（虚像）と、現代のフランスにおけるその実像とのギャップを浮き彫りにしてみたい、と思っている。シャンソンの受容を一個のモデル・ケースとして、わが国におけるフランス文化受容のあり方一般を理解することに役立つことにでもなれば、望外の幸いである。

一 日本におけるシャンソンの受容史（戦前）

日本におけるシャンソンの受容は昭和の初期に始まった。昭和二（一九二七）年、寶塚少女歌劇のグランド・レビュー

『モン・パリ』公演において、その主題歌として「モン・パリ」というシャンソン（*Mon Paris*、作詞／Lucien et Jean Boyer、作曲／V. Scotto）が歌われたのを嚆矢とする。なおこのグランド・レビューの原作は、一九二五年にパリで初演された *Le Paris voyeur*（野次馬的パリ）である。

さらに昭和五（一九三〇）年には、やはり寶塚少女歌劇が『パリゼット』という歌劇を公演し、その主題歌「すみれの花咲くころ」（作詞／白井鐵造、唄／天津乙女）は寶塚歌劇のテーマ・ソングともなった。もともとこの歌のフランス語のタイトルは「すみれの花咲くころ」ではなく、「白いリラの花が咲くころ」*Quand refleuriront les lilas blancs* であった。さらにそのルーツを遡ってみると、もとはドイツの歌で、ドイツ語の原題は「白いニワトコの花が再び咲くとき」*Wenn der weisse Flieder wieder blüht* であった。同じ内容の歌であっても、受け入れる国民の側の文化的コンテクストによってタイトルが変わるということは、外国文化の受容にかかわるきわめて興味深い問題であり、これについては以下の段落で改めて考えてみたい。

このように寶塚少女歌劇は、わが国におけるシャンソンの紹介と流布に大いに寄与したのである。寶塚歌劇以外の世界では、昭和六（一九三一）年、浅草オペラのスター田谷力三の歌う「パリの屋根の下」（原題は *Sous les toits de Paris*、日本語歌詞／西條八十）が流行した。さらに昭和八（一九三三）年には、ルネ・クレール監督の映画『巴里祭』がわが国で上映され、その主題歌 *A Paris dans chaque faubourg*（作詞／René Clair、作曲／Maurice Jobert、唄／Lys Gauty）が大ヒットした。ちなみにこの映画のオリジナル・タイトルは『七月一四日』*Quatorze Juillet* であった。フランス人にとって、この日付が意味するものは〈国民の祝日〉Fête nationale である。一七八九年七月一四日、パリの民衆は蜂起して、旧体制の象徴バスティーユ監獄を襲った。その意味においてこの日付は、フランス人にとっては、共和政治の誕生を象徴する〈建国記念日〉なのである。天皇を主権者とする君主制下の当時の日本においては、このようなコノテーションをもつ『七月一四日』というタイトルをそのまま用いることはできない。それに『七月一四日』という原題のままでは、商業的に見ても観客にアピールするわけがない。そこで映画配給会社の宣伝部は知恵をしぼって、『巴里祭』という、いかにも大衆受けしそうなタイトルを思いついたという次第。実際には、Quatorze Juillet という日は、フランス全土の祝祭なのであって、首都パリだけのお祭りではないにもかかわらず、である。ここには、当時の日本人の多くに見られる〈花の都パリ〉にたいする熱い思いが反映されているという気がしてならない。当時のハイカラ好みの連中は「シャンソンにはパリの空気（雰囲気）が出ている」、「シャンソンの好きな人というのは相当お洒落な近代人だ[1]」と考えていた。

当時のシャンソンに対する評価は次のように要約することができるだろう。「シャンソンは日本の流行歌よりも洗練されていてレベルが高い」、「シャンソンを聴くとパリの空気が吸えるかのようだ」、「シャンソンが魅力的であるのは、フランス語が美しいからだ」——当時の音楽雑誌にはこのような発言が記録されている。[2]

日中戦争の始まった昭和一〇年代は暗雲のたれこめる時代であったが、それでもまだわが国ではいくつかのシャンソンが歌われ、聴かれていた。淡谷のり子の歌う「暗い日曜日」*Sombre dimanche*（フランスではダミアが歌っていた。もとはハンガリーの歌で、その内容のあまりの暗さのために自殺する人があとを断たなかったので放送禁止になった）、同じ淡谷のり子の「人の気も知らないで」*Tu ne sais pas aimer*（やはりダミアのもち歌）、リュシエンヌ・ボワイエの歌う「聞かせてよ　愛の言葉を」*Parlez-moi d'amour* などの〈恋のシャンソン〉がそれである。

昭和一〇年代の後半からは戦時色が強くなり、敵国フランスの歌は「軽佻浮薄」「退廃の極み」というレッテルを貼られて、歌うことが禁じられていった。

二　日本におけるシャンソンの受容史（戦後）

一九四五年八月の敗戦を機に、それまでタブーとされていた欧米の音楽が堰を切ったようにわが国に流れ込み始める。まず、アメリカ進駐軍のキャンプを中心にジャズ・ブームが到来。[3] フランスの大衆歌謡であるシャンソンの流行は、やや時期的にずれることになるが、戦争中禁止されていたフランス映画の場合と同様に、知識人や学生達を主要な理解者として、五〇年代になってから徐々に日本文化のなかに浸透を始めるようになる。当時の日本の知識人はアメリカ文化に対して、物質的な意味でのコンプレックスはあったものの、精神的にはむしろヨーロッパにコンプレックスを感じていた。なかでも実存主義哲学の本家であり、大物の詩人・作家たちが群雄割拠するフランスという国は、すでに戦前から、文学や芸術を志すものにとっては憧れの地なのであった。先の戦前編でも見たように、蘆原英了のようなフランスびいきのディレッタントは、パリの香りをもたらしてくれるシャンソンの到来を待ち望んでいたのである。

戦後の最初のヒット・ソングは、一九五三年に高英男が歌った「ロマンス」*Romance* であろう。これは、その前年にジュリエット・グレコが創唱して、シャルル・クロ協会のディスク大賞を獲得したものである。

一九五五年には、大物とは言えないが、実力派のシャンソン歌手イヴェット・ジローが初めて来日し各地で公演。いよいよ本格的なシャンソン・ブームの到来となる。ジローの公演成功をきっかけとして、グレコ、アダモ、マシアス、トレネ、モンタン、レオ・フェレらの大物が続々と来日して公演、多くの聴衆を獲得する。

五〇年代の日本人の（ということは日本語でシャンソンを歌うということであるが）シャンソン歌手としては石井好子、

高英男（「ロマンス」、一九五三年）、芦野宏（「セ・シ・ボン」、一九五四年）、丸山明宏（のちの美輪明宏、「メケ・メケ」、一九五七年）などの名を挙げることができる。

一九六〇年には、大物のシャンソン歌手を主役にいただくフランス映画が2本同時に公開された。イヴ・モンタンのモスクワ公演を記録したドキュメンタリー映画『シャンソン・ド・パリ』とジルベール・ベコー主演のミュージカル映画『カジノ・ド・パリ』である。とりわけ前者は、若き日のモンタンの美声、歯切れのよい朗唱、洒脱な動きと三拍子そろった見事なワンマン・ショウのスクリーンにおける再現であった。この名人芸を見せられたがために、筆者（当時一八歳）はシャンソンの魅力の虜となってしまったのである。

六〇年代から七〇年代にかけて人気のあった日本人のシャンソン歌手としては、中原美佐緒（「夜は恋人」、一九六三年）、越路吹雪（「サン・トワ・マミー」、一九六四年）、岸洋子（「恋心」、一九六五年）、金子由香利（「再会」、一九七五年）、加藤登紀子（「さくらんぼの実る頃」――この歌は、宮崎駿作品『紅の豚』*Porco rosso*（一九九七年）のテーマ・ソングとしてフランス語のままで歌われた）らの名を挙げることができよう。なお前記の石井好子は一九六三年、わが国におけるシャンソンの伝道師として、東京で〈巴里祭〉というイベントを企画し立ち上げた。このシャンソン音楽祭の試みは、NHKホールに毎年多数の参加者をえて、今日まで立派に続いている。

三　シャンソン・フランセーズとは何か（シャンソンの実像）

この節では視点を変えて、「一般的フランス人にとってシャンソンとは何か」という問題を扱う。まず、辞書における〈シャンソン〉の定義から検討してみよう。フランスで最も権威のある辞書のひとつ『フランス語宝典』における〈シャンソン〉の定義はこうである。

大衆的な性格の、感傷的もしくは諷刺的な感興をもつ短めの歌の小品。いくつかのクープレに分かれ、しばしばそれにはルフランが伴う。[4]

これだけではいささか素っ気ないので、この定義を参考にしてシャンソンの特徴であると思われるものを箇条書きに整理してみる。

（1）短い歌曲であること。その歌われる時間が五分を越えることはめったにない。
（2）大衆性・世俗性を帯びていること。すなわち宗教色がない。地声で歌われるものであって、オペラのようなベル・カントの歌唱法では歌われない。
（3）歌のテーマは感傷的なもの、もしくは諷刺的なものである。すなわち恋愛、青春、死、生活、運命、戦争などの内容が歌われる。
（4）韻文に不可欠とされる形式的な要素、すなわち脚韻、韻律が最大限に活用され、クープレ（聯）とルフラン（繰り返し）の組み合わせにより一曲のストーリーが展開する。自由詩に曲をつけてシャンソンに仕立てたもの（プレヴェールの「バルバラ」など）は、むしろ例外的である。

さらに、他の国の大衆歌謡には見られないフランスのシャンソンに特徴的な要素を付け加えるとすれば、
（5）音楽性よりも歌詞のテクストが重視される。すなわちシャンソンには、他の国の大衆歌謡よりも文学性やストーリー性に富む作品が多い。
（6）シンガー・ソングライター（Auteur-Compositeur-Interprète）の役割が大きい。すなわち、モンタン、ピアフ、

グレコのような表現力には富むが、自分では歌を作らない歌手よりも、ブラッサンス、ブレル、レオ・フェレ、ムスタキ、ゲーンズブールのような自作自演の歌手の方が尊敬される傾向がある。

フランス語による大衆歌謡（シャンソン）の特徴は以上のような諸点にあることを踏まえた上で、次にシャンソンのさまざまなジャンルについて検討してみよう。

（1）「はやり歌」としてのシャンソン（chansons de variétés）

わが国で最も親しまれよく聞かれているのはこのジャンルのシャンソンであろう。アダモ、アズナヴール、バルバラ、グレコ、モンタン、ピアフなど、人気歌手の名を挙げだすときりがない。そして、シャンソンとは「恋の喜びと悲しみを歌ったもの」であるという紋切り型のイメージは、このジャンルから発生して来たのである。だが、これがシャンソンのすべてなのではない。

（2）民謡（chansons traditionnelles et populaires）

フランスの各地で昔から歌われ続けて来た民謡もまたシャンソンの重要な一ジャンルである。モンタンやピアフも数多くのフランス民謡を歌っている。

（3）詩的シャンソン（chansons poétiques et littéraires）

文学的伝統の根強いお国柄を反映して、多くのシャンソンには詩的含蓄に富んだテクストが見られる。ボードレール、ヴェルレーヌ、ランボー、アポリネール、プレヴェールやアラゴンの詩にメロディをつけて歌う歌手が多い（レオ・フェレ、モンタン、グレコ、ジャン・フェラなど）。だがなんといっても、文学的シャンソンの代表選手はジョルジュ・ブラッサンスであろう。

（4）現実派のシャンソン（chansons réalistes）

二〇世紀の二つの大戦のあいだの時代から戦後にかけて流行した、人生の暗い面をクローズアップして見せるシャンソン。ダミアの「暗い日曜日」はその代表である。ほかに、フレール、ある時期のピアフなど。戦後にはすたれた。

（5）いけいけシャンソン（chanson yéyé）

一九六〇年代からはやりだした軽いノリのシャンソン。わが国で「フレンチ・ポップス」と呼ばれているもの。ヴァルタン、ギャル、シェイラ、ポルナレフなど。セルジュ・ゲーンズブールがこの風潮の仕掛け人である。

（6）異議申し立てのシャンソン（chansons de contestation）

時の権力者（政治家・軍人・聖職者）などを批判し、からかうシャンソン。世界で最初に人権宣言を発布した国にふさわしいジャンルであり、昔からシャンソンは庶民の自己主張の手段でもあった。伝統的には「ポン・ヌフのシャンソン」の系譜に位置する。現代の代表選手は、ムスタキ、ルノー、コレット・マニーなど。

（7）寄席芸人風のシャンソン（chansons fantaisistes）

盛り場のキャバレー（寄席）の芸人たちによって歌われる時評的色合いのシャンソン。トレネ、ブラッサンス、ブレルなどシャンソン界の大御所たちも、最初はこういうキャバレーで演奏活動を開始したのである。

ところで、フランス歌謡は時代を超越したものであろうか。そんなことはありえない。あらゆる文化形態は時代とともに変化せずにはいない。今度は、時代によるシャンソンの在り方の変遷を通時的にたどってみることにしよう。

（1）時代とともに歌のテーマが多様化してくるのが見られる。シャンソンのかつての中心的主題であった、恋愛、青春、死、生活、運命などのテーマに加えて、新たに戦争と革命、社会諷刺、言語遊戯、人種問題、環境保護、失業問題などの現代的なテーマが歌われるようになる。まさに「歌は世に連れ、世は歌に連れ」という状況が展開しているのである。

（2）音楽の質的な変化がラディカルに進行している。伝統的なスタイル（民謡、ワルツ、ジャヴァ、タンゴなど）から、ジャズ、ロックを経て、世界各地のワールド・ミュージックが大胆にシャンソンのリズムやメロディのなかに取りこまれるようになる。とりわけ最近は、ジャマイカのレゲエ、アルジェリアのライ、ヒップホップ・ミュージックのラップなどが若者たちの人気を呼んでいる。フランス国内においても、ブルターニュ地方やコルシカ島の民族音楽の再評価が見られる（ブルターニュ音楽によるラップなど）。

（3）歌の伴奏を務める楽器の編成におおきな変化が生じた。古いタイプのシャンソンの伴奏には、ギター、アコーデオン、ピアノなどのアコースティックな楽器が用いられることが多かったのであるが、今日では大編成のバンドをバックにして歌う歌手も少なくはない。若者文化においては、アコースティックな楽器による伴奏よりも、テクノ・ミュージックによる大音響が好まれる傾向がある。

（4）演奏会場が巨大化の一途をたどる。かつてのシャンソン酒場（キャバレー）は狭く、ピアノを置くスペースもなかった。一九六〇年代以降、シャンソンの演奏会場は次第に小ホールから大ホールへと広がり、今では一万人以上の聴衆を収容できる体育館やスタヂアムでロック・コンサートが開催されるのは常識である。

（5）シャンソンの媒体（メディア）も大きく変化した。ライヴ（実演）は依然として健在ではあるが、手軽に音楽を鑑賞できる複製品（カセット、CD、DVD）の製造と販売は、五〇年前とは比較にならないほどに発達している。歌手はテレビに出演することによりいっそう人気者になる。インターネットによる音楽の違法的複製など。

以上、フランスにおけるシャンソンの実像について述べた。シャンソンの世界はじつに多様で、奥の深いこと、寶塚少女歌劇的なイメージから出発したわが国のシャンソン受容は、このように巨大な大衆芸能のごく一部しか見ていないことがおわかりいただけたのではないだろうか。

四　シャンソンの虚像（日本の場合）

一般的に日本の大衆はシャンソンをどのようなものと考えて、聴いたり歌ったりしているのだろうか。シャンソンは一九六〇－七〇年代においては、わが国におけるポピュラー音楽の一ジャンルとして完全に市民権を獲得していたかに見えたのであるが、いまやテレビやラジオなどのマス・メディアからほとんど姿を消してしまった。今日のレコード店においては、「フレンチ・ポップス」あるいは「ワールド・ミュージック」というくくりにかけられ、かろうじてその売り場をあたえられているにすぎない。たとえテレビに登場するとしても、自動車や化粧品のコマーシャル・ソング、あるいは連続物ドラマの主題歌という形をとることが多い。それも六〇年代にヒットしたナツメロのリヴァイヴァルという姿をとってである。本場の歌手が来日してブラウン管で歌うということがほとんどなくなってしまった。本来ポピュラー音楽としてのシャンソンがもっていたインパクト（世界の各地で現在歌われている、というアクチュアリティ）が消えてしまったのである。

現代日本の若者の多くは、シャンソンについてはまったくと言ってもいいほどに無知である。ゲーンズブール、ジェーン・バーキン、シルヴィー・ヴァルタン、フランス・ギャル、ポルナレフなどのフレンチ・ポップス系は例外かもしれないが、それとて六〇年代の「イェイェ・シャンソン」の知識しかない。つまりマス・メディアに提供された情報しかもっていないということである。いや、フレンチ・ポップス系の歌手が存在したという事実さえ知らない者が圧倒的多数であろう。かつては一世を風靡したエディット・ピアフ、イヴ・モンタン、ジュリエット・グレコの名も知らなければ、彼ら彼女らが歌っていた名曲の数々（「愛の賛歌」「枯葉」「ラ・ヴィ・アン・ローズ」）を聴いたこともないのである。

　シャンソンは、なぜわが国の大衆に聴かれなくなってしまったのだろうか。その最大の理由は、肝心の〈フランス文化〉に魅力がとぼしくなり、日本の若者を惹きつけるだけのインパクトを失ったということに帰するだろう。その場合、アメリカ文化による世界の一元化（いわゆるグロバリゼーション）は、フランス文化衰弱の原因であるというよりもむしろ同時平行現象であるだろう。それはポピュラー音楽の世界に限ったことではない。文学・思想・科学・映画・美術・建築・スポーツなど、どの分野を見渡してもフランス文化にはかつての活力はなくなってしまった。フランス語を学習しようとする日本人学生の数が年々減少の傾向にあるのは、そのためにほかならない。

　しかしながら、フランスのポピュラー音楽シーンには、パワーのある新人やヴェテランが健在であることを忘れてはならない。ヴェテランとしては、グレコ、ムスタキ、ブリジット・フォンテーヌなどがまだまだそのカリスマ性を発揮している。アルジェリア出身のジュリエット（グレコとは別人である）、ラテン音楽のノリで歌うベルナール・ラヴィリエ、カントリー・スタイルのフランシス・カブレル、ラップの旗手ＭＣ・ソラールなど、現在油の乗った中堅の歌い手たちの存在を知る日本人は少ないだろう。マルチ文化の時代と言われ、異文化との共生の必要性が説かれるようになって久しいが、わが国におけるシャンソンの受容と理解の現状はこのようにさびしいかぎりである。

　一方では、日本でしか知られないシャンソン歌手の存在、という摩訶不思議な現象が出来《しゅったい》している。クレモンチーヌとか、ナタリーとか、ナデージュとかを名乗る〈えせフレンチ・ポップス〉が、若者達のあいだで受けているそうだ。彼らのCDは日本のレコード店でしか手に入らない。フランスに住む人びとは彼らの名前を聞いたこともない、という。彼らに共通する要素は、フランス語でボソボソと歌うこと、エキゾチズムが売りであることだ。ムードに弱い日本人聴衆をターゲットにしたレコード会社による売り込み戦略の一環である、としか考えようがない。これらの歌手のCDを聴いたパリ在住の音楽家・評論家たちは、彼らの表現力の稚拙さ、フランス語のお粗末さについて異口同音に批判している。「日本のマス・メディアで成功するためには、ボサノバをやること、小さな声でうたうこと、フランス人であること（パリジェンヌならいっそうよい）」とからかう者もある。⑸

なにも若者だけが「ムードに弱い日本人」とは限らない。これは最近の現象ではないけれども、中高年の女性にとって依然としてシャンソンの人気は根強い。彼女らは、若いころに流行っていたシャンソンを聴くだけでは満足しない。時間的にも経済的にも余裕のできた彼女らは、みずから「シャンソン教室」に通い、少なくとも年に一度は満艦飾に身を飾り、ステージに立つことをなによりの楽しみとする。元寶塚スターの深緑夏代や出口美保などを指導者にいただくシャンソン教室の隆盛が、このことを雄弁に物語っている。

だが、このような現象をもってして「日本人にはシャンソンが根強い人気をもっている」などとは言えないだろう。中高年の日本人女性が日本語で歌う〈シャンソン〉は、前節で述べたシャンソン・フランセーズの実像とは掛け離れたものなのだから。彼女らがイメージしているシャンソンは、昭和の初期のフランスかぶれがあこがれていた〈パリの空気〉や、現代の若者達が抱いている〈お洒落なフレンチ・ポップス〉のイメージと五十歩百歩なのではあるまいか。蟹は甲に似せて穴を掘る。われわれは所詮自分の限られた想像力の範囲内でしか外国の文化を理解できないのであろうか。異文化を理解し、それを内面化しようとするさいの最大のネックがそこにある。

五　誤解する権利——歌詞テクストの翻訳の問題

翻訳に誤解はつきものである。一方的な思い入れが強いほど誤解が生じやすい。一見みごとにこなれた訳文のようであっても、じつは原文の意図することと掛け離れているということが少なくはない。シャンソンの歌詞テクストの翻訳に関しても同じことが言える。とくに戦前の翻訳はひどかった。それらは翻訳というよりも訳者の創作であった。一例をあげよう。昭和の一〇年代にヒットしたシャンソン *Parlez-moi d'amour* は、こんなふうに訳されたのである。

Parlez-moi d'amour（服部龍太郎訳「聞かせてよ　愛の言葉を」）

（A）わたしの好きなお馬鹿さん、とてもやさしい方、それに気立てもよい、
　大事な寶さ、わたしの寶さ、悲しい時には慰めて呉れる。
（B）わたしの好きな娘御さん、とてもおとなしくて、それに器量がよい、
　大事な寶さ、わたしの寶さ、胸にしかとだけば、夢かまぼろしよ。
（折返）聞かせてよ、やさし、愛の言葉、いつの日も、うれしきみの言葉、
　聞かせてよ、心も躍るよ、嬉しいよ。

リュシエンヌ・ボワイエの歌う元歌では、女性の側から男性に対してもっと「愛してるよ」と言ってほしいと要求している。それが、この訳詞では男女の立場が逆になってしまう。「お馬鹿さん」とか「わたしの好きな娘御さん」とか「それに器量がよい」などの軽薄な表現は元歌のどこを探してもない。元歌にはむしろ「あなたの愛の言葉をわ

たしは本気で信じているわけではない」とか「夢を信じなければ人生はあまりにもつらい」といったシニカルな表現が出てくるため、それだけにいっそう「わたしに甘い言葉をささやいてほしい」という要求が生きてくるのである。

きわめて通俗的な言葉遣いに終始してはいるものの、元歌 *Parlez-moi d'amour* には〈恋の弁証法〉（いささか大袈裟な言い方なので気がひけるが……）が垣間見られる。服部訳では、元歌のもつ〈恋をめぐる駆け引き〉がまったく生かされていない。ただ「わたしの好きな娘は器量がよくて気立てもよい」と単調に繰り返すのみ。明治以降の日本人は無骨になってしまったのであろうか。『源氏物語』以来、近松、西鶴に至るまで〈恋の駆け引き〉はわが国の文化的伝統ではなかったのか……。戦前の批評家のなかには、「真面目にその気で唄にすれば、この唄など内容から言っても江戸小唄にでも出て来そうな粋な歌詞ができあがる筈だ」と批判する者もいた[6]。

比較的新しいシャンソンを例にとって、翻訳が創作に転化する例をあげよう。岸洋子のヒット曲「恋心」（永田文夫訳）がそれである。

L'amour, c'est pour rien（永田文夫訳「恋心」）

恋は不思議ね　消えたはずの　灰の中から　なぜに燃える
ときめく心　せつない胸　別れを告げた　二人なのに
恋なんて　むなしいものね　恋なんて　なんになるの
恋がめざめる　夜になると　あなたのことを　夢に見るの
けれどわたしが　めざめる時　夜明けとともに　消えてしまう

恋なんて　はかないものね　恋なんて　なんになるの
恋をするのは　つらいものね　恋はおろかな　のぞみなのね
あなたのために　いのちさえも　捨ててもいいと　思うけれど
恋なんて　悲しいものね　恋なんて　なんになるの
恋なんて　恋なんて

パスカル・ルネ・ブラン作詞、エンリコ・マシアス作曲の元歌には、「恋なんてむなしいものね／恋なんてなんになるの」に相当する文句はない。原作者の意図するところはそれとは逆である。歌の上でこの二行に対応すると思われる原文を直訳するならば、「愛は無償のものである／きみは愛を売ることはできない／愛は無償のものである／きみは愛を買うことはできない」となり、作者は「愛は無償の行為である／金銭で売買できるものではない」と主張している。これは言うなれば、マシアス風の〈愛の讃歌〉なのである。「恋なんてむなしいものね／恋なんてなんになるの」という演歌調の捨て鉢の心情はどこにもない。これに対して、越路吹雪の歌う「恋ごころ」（岩谷時子訳）の歌詞の方がずっと原作に忠実である。

恋はすばらしい　たとえ燃えて　灰になろうと　飛ぶ火の鳥
忘れ去るまで　その炎　消せはしないさ　どこの誰も
恋だけは　売る人もなく　恋だけは　買う人もない

ではなぜこのような意図的な改訳が行なわれたのか。訳詞をした永田文夫自身、原作との違いは自覚している。「もっとも〝恋は不思議ね／消えたはずの／灰の中から／なぜに燃える……〟という言葉で始まる歌詞は、なかば私の創作に近い」[7]とシャンソンに関する著作のなかで自ら述べているくらいなのだから。明らかにわざわざ意図的にこのようなずれが生みだされた。訳者は、かつて鶴見俊輔が提唱した〈誤解する権利〉を行使したのである。彼のねらいは原作の忠実な翻訳よりも、訳詞の歌いやすさとヒット・ソング生産の可能性にあった。日本人大衆の心情にとって〈愛の無償性〉を謳い上げる元歌はわかりにくい。それよりも〈愛のはかなさ〉〈愛のむなしさ〉をテーマにしたほうが日本の大衆にはずっと受けやすい、という計算がおそらく働いたのであろう。その意味で永田文夫の訳詞は、フランスと日本の比較文化論的研究に恰好の素材を提供するものである、といっても過言ではあるまい。ピアフのヒット曲「水に流して」*Non, je ne regrette rien* についても同様のことが指摘できる。

最後に、シャンソン翻訳の成功例を挙げて本論を閉じることにしよう。〈現代の吟遊詩人〉と呼ばれてもいる、文学的シャンソンの旗頭ジョルジュ・ブラッサンスは、シャンソンのなかで庶民の生活と心情を謳いあげることにかけても一流であった。彼はパリの場末の下町が舞台の、ルネ・クレール監督作品『リラの門』に出演して異彩を放っているのだが、「ビストロ」と題する彼の作品には、そのような場末の下町の安酒場が登場する。東京在住の古賀力は、この「ビストロ」を翻訳するに際して、舞台をパリの酒場から東京の場末の酒場に移し替えた。

Le Bistrot（古賀力訳「ビストロ」）

東京は片隅の　場末の酒場　パトロンは　ふとっちょの嫌なやつ
オールドを飲みなれた　あんたなら
ここの酒は　とてもじゃないが　手に負えないよ

焼酎を　飲みつけた　あんたなら　ドロドロの　ここの酒も　おつなもの
この浮世の　寒空に　乾いたバラを　ここの酒は　この酒場は　癒してくれる
止まり木を　はすにかまえ　眺めるママは
はきだめの　白鶴か　賀茂鶴か
多摩川の　水をみな　飲んだっていいよ
あのママの　愛らしさに　いかれなかったら
ぼろっちい　この酒場も　まるで御殿さ［……］

ここでは元歌に出てくる〈安ワイン〉が〈焼酎〉に置き換えられる。〈セーヌ川〉が〈多摩川〉に替わる。酒場のママを「はきだめの鶴」にたとえておいてから、そのメタファーを日本酒の銘柄（白鶴と賀茂鶴）の列挙にすりかえるなどは、名人芸といってもよい。ブラッサンスの元歌がもっているユーモアとエスプリが、みごとな日本語に移し替えられているのである。もしもブラッサンスが日本語を理解したならば、快哉を叫んでいたことであろう。

結語に代えて

以上、大雑把にではあるが、わが国におけるシャンソン受容の歴史をふりかえり、本国におけるシャンソン・フランセーズの実像と日本人の抱いているシャンソンのイメージ（虚像）とのあいだのギャップについて考察した。わたしとしては、シャンソンを一例として〈異文化の受容〉という大問題を扱ったつもりである。アメリカ文化による世界文化の一元化〈グロバリゼーション〉が音を立てて進行中の現在、〈価値観の多様さが必要であること〉〈マルチ文化の可能性と意義〉を提唱することはますますその重要性を増しつつある。

その反面、外国から発信される文化〈異文化〉は、自国の文化のなかにその本来の姿のままで摂取されるということはありえない。そこには必ずある種のバイアスがかかる。われわれは自分流の色メガネをかけて異文化を眺めるのである。わが国におけるシャンソン受容のあり方は一つのモデル・ケースを提供してくれている、と言えよう。これまで日本のシャンソン・ファンは、口当たりのよい歌だけをよりすぐって取り入れて来た。〈愛の喜びと悲しみ〉をテーマとするセンチメンタルな歌〈および文学的シャンソンの一部〉がシャンソン・フランセーズのすべてであると思って来た。その結果として、〈異議申し立てのシャンソン〉や〈言葉遊びシャンソン〉の存在に関心が向けられたことはほとんどない。ブラッサンス、レオ・フェレ、エレーヌ・マルタンらの作る文学的香りの高いシャンソン、ゲーンズブール、ルノー、ボビー・ラポワントらの歌う言葉遊びシャンソン、ジュリエットやブリジット・フォンテーヌのブラック・ユーモアをまぶしたシャンソンなどを聴く日本人はごく少数の好事家に限られていた。ましてやこのような、真の意味でフランス的なシャンソンを歌う者はほとんどいなかったのである〈古賀力やくどうべんは貴重な例外的存在〉。この一事をもってしても、異文化の理解と摂取がいかに困難な作業であるかを納得していただけたであろうか。

(1) 座談会「パリのシャンソンを語る――あるサロンでの會話」『レコード音楽』、一九三八年一二月号、出席者／蘆原英了、野川香文、三浦潤、野村あらえびす。

（2）同前。
（3）その様子を描いた映画としては、『この世の外へ――クラブ進駐軍』（阪本順治監督作品、二〇〇四年）という佳作がある。
（4）《Petite composition chanté, de caractère populaire, d'inspiration sentimentale ou satirique, divisée en couplets souvent séparés par un refrain》（*Trésor de langue française*, Tome 5).
（5）座談会「似非フレンチ・ポップスに気をつけろ」『ウル』一二号、ペヨトル工房、一九九六年九月。
（6）柳亮「外国流行歌の訳詞に就て――出鱈目な、あまりにデタラメな」『月刊歌謡』。
（7）永田文夫『シャンソン』、誠文堂新光社。

なお、前記（1）（2）（6）の資料は、袴田麻祐子さんに提供していただいた。ここに記して感謝します。

fenêtre 5

大澤寿人（1907-1953）

大澤寿人と戦前関西山の手モダニズム

岡田　暁生

昨年あたりから突如として音楽界で話題になり始めた大澤寿人という作曲家がいる。一九〇七年に神戸で生まれた彼は、アメリカとフランスに留学した後、一九三六年に帰国。しばらくは交響曲や協奏曲など「本格的な」ジャンルを発表していたが、特に評判になることもなく、戦後は神戸女学院で作曲を教えながら、ラジオ音楽や映画音楽（溝口健二の『歌麿をめぐる五人の女』、『女優須磨子の恋』、『夜の女たち』など）といったセミクラシックのジャンルへと活動を移し、一九五三年にわずか四六歳で急逝した。そもそも生前からして、関西近辺でのみある程度知られているにすぎなかった彼だが、死後その作品はまったく顧みられることがなくなり、つい最近まで誰もその名前すら知らない存在だった。

事情が一変したのは昨年、NAXOSというレーベルから出ている『日本作曲家選集』というシリーズの一枚として、彼の『ピアノ協奏曲第三番』および『交響曲第三番』の録音が発売されてからである。東京在住の音楽評論家である片山杜秀氏が、大澤家の蔵に半世紀以上眠っていた手書きの楽譜資料を徹底的に調査し、伝記的データもゼロから調べ上げて、数年がかりでこの録音にこぎつけたのである。このCDは大変な評判となり、海外も含めて多くの音楽雑誌で取り上げられ、それからというもの、大澤作品を上演しようとする企画が相次いで持ち上がり始めた。これは「再」評価とか「再」発見などではなく、まさに五〇年に一度あるかどうかの「新」発見であって、私もこのCDを聴いて「こんなにすごい作品が今まで知られないままであったか……」と驚愕した一人である。

「戦前関西の作曲家」というと「コテコテの」土俗性を想像する向きもあろうが、大澤の作風は不器用なフジヤマ芸者的民族主義のかけらもない極めてスマートなものであり、典型的な一九二〇年代フランス・モダニズムのスタイルである。大雑把に言えば、ラヴェルのピアノ協奏曲とガーシュインのそれを混ぜて、オネゲルの重厚さを加えたような作風と言えばいいだろうか。何より驚くべきは、そのあっけにとられるような洗練洒脱、そして楽器の扱いや作曲テクニックの曲芸的な完璧さだ。作曲家の名前を伏せて聴いて、それらが戦前の日本人作品だと言い当てられる人は皆無だろう。しかも「おフランス」的スノビズム――フランス人そっくりの発音でフランス人そっくりのジョークを飛ばし悦に入るの類――はそこには微塵もない。何ら臆することなく、あるいは権威主義的になることもなく、楽々と戯れるようにしてモダン・フランス音楽のイディオムを操るところが、大澤のすごさである。

それにしても興味深いのは大澤の音楽的経歴だ。彼は日本で一切正規の音楽教育を受けていないのである。イギリス留学した技術者だった彼の父親は神戸製鋼の創始者の一人で、大澤自身は中学から関西学院に通い、神戸在住の白系ロシア人やスペイン人のもとで、ピアノや作曲をプライベートに学んでいた。そして一九三〇年に関西学院を卒業すると同時に渡米し、ボストン大学とニューイングランド音楽院に入学。そこではシェーンベルクにも教えを受けている。一九三四年にはフランスへ渡り、パリで自作を指揮してイベールやオネゲルから激賞された。欧米に滞在中は奨学金ももらっていたらしいが、絶えず実家から相当な額の仕送りをしてもらっていたという。要するに大澤は、絵に描いたような「阪急沿線ハイカラブルジョワ子息」であって、日本の官製音楽学校と一切関係ないところで育ちながら、あの恐るべき作曲テクニックを身につけたのである。

この大澤に限らず、フランス音楽に魅かれた戦前日本の音楽家には、大ブルジョワの子息が多い。彼らの大半は、日本の音楽学校には通わず、いきなりフランスに留学した。ここのところ、戦前日本におけるフランス音楽受容の問題は、こうした「モダン旦那衆文化」（これは「東京ないし官」に対するものとしての「関西ないし民」とある程度重なるだろう）とでも言うべきものを抜きには考えられないのではないかと思うことしきりである。

人名索引

ア行

青山圭男　408
青山杉作　408, 410
青木昆陽　4, 6, 7, 25
秋山晴夫　128
芥川龍之介　45, 46, 50, 61, 68, 74, 128, 145, 151
朝野寅四郎　32
朝野義之助　32
芦野宏　428
蘆原英了　427, 441
アズナヴール　430
安積艮斎　8
アダモ　427, 430
姉崎嘲風　383, 397
アノトー　361
阿部良雄　128
アベラール　41, 42, 44
アポリネール , ギヨーム　137, 152, 201, 430
天津乙女　425
天野貞祐　145
アミエル　83, 94
荒井恒男　179
新井白石　4 ～ 6, 73
荒木古童　386
アラゴン　430
荒畑寒村　31
有島生馬　33, 46
有島武郎　57
アリストテレス　162
在原業平　196
アルベニス　369
淡谷のり子　426
安斎和雄　99
安藤広重　74, 193, 197, 282
安藤元雄　128

生田長江　29, 31, 44
池内友次郎　369, 370, 377, 378, 380, 381
池田立基　179
石井满吉　32
石井好子　427, 428
石川戯庵（石川弘）　29 ～ 33, 35, 38, 44 ～ 46
石川剛　179
石橋忍月　146
伊勢　214
井上勤　21
井原西鶴　437
イベール　376, 445
入野義朗　378
イルリカ　324
岩下壮一　154, 155
岩谷時子　438
岩野泡鳴　102, 103, 106 ～ 119, 137
岩村和男　414

ヴァス , エマニュエル　276
ヴァトー（ワトー）　79
ヴァラン , オーギュスト　227
ヴァルタン , シルヴィー　431, 433
ヴァレリー , ポール　79, 80, 92, 149, 158, 159, 162, 164 ～ 177
ヴィオー , ジュリアン　298, 300, 318, 333
ヴィニー　120
ヴィネール , ルネ　230, 231
ヴィヨン　41, 178

ヴィルドラック，シャルル　396
ウーセ，アルセーヌ　277
上田敏　29, 31, 32, 34, 35, 45, 61, 62, 73, 102 ～ 105, 110, 113, 117, 121, 123 ～ 126, 128, 129, 135 ～ 137, 162, 175, 382 ～ 387, 388, 390, 396 ～ 398
ヴェラーレン，エミール　121, 125
ヴェルクマイスター　366
ヴェルヌ，ジュール　21 ～ 23, 267
ヴェルレーヌ，ポール（ヹルレイン）　ii, 58, 59, 73, 79, 102 ～ 105, 109 ～ 112, 114, 120, 121, 125, 130, 135, 137, 138, 172, 176, 214, 430
ヴォルテール　ii, 24, 69, 311
ヴォルフ　365
宇田川榕庵　10
内田魯庵　31, 146
宇津秀男　408, 414
梅本浩志　44
楳茂都陸平　414

エーマン，ロール　252
江川太郎左衛門　8 ～ 10
江川英竜　10
エック，エミール　180
榎本秋村　30
海老坂武　89, 95, 96
エマソン　107, 108, 110
エリュアール　166
エレディア，ジョゼ＝マリア・ド　121
エロイーズ　41 ～ 44, 303
遠藤周作　50

大江朝綱　122
大岡昇平　117, 119, 181
大澤寿人　375, 443 ～ 445
大杉栄　29, 31, 44, 113
大田黒元雄　368
大槻玄沢　7
大手拓次　128
大沼哲　374
大仏次郎　369
大村益次郎　10
大森正男　411, 412
岡倉天心　56, 140, 358 ～ 360
緒方洪庵　10, 17
尾形光琳　188, 203, 280
岡本かの子　343, 351, 354, 357
荻原守衛　56
尾崎喜八　368
小山内薫　389
小関三英　8
落合太郎　159
オネゲル　444, 445
小野晴道　414
折竹錫　179
オルコック　16, 208

カ行

ガーシュイン　444
カイユボット　250
香川景樹　214, 223
カサット，メアリー　56
カスー，ジャン　90
加太邦憲　15
片山杜秀　444
勝海舟　11
葛飾北斎　74, 241, 250, 280, 284, 393
加藤登紀子　428
金子光晴　128
金子由香利　428
カフカ　148
カブレル，フランシス　434
ガリレオ　84
カルサヴィナ　389
ガレ，エミール　227, 241, 250, 251, 261, 286
カロリーヌ　273, 278
河上徹太郎　116, 117, 119, 137, 171 ～ 173, 176,

179, 369, 376, 380
河上肇　389
川島忠之助　21 ～ 23, 27
川路柳虹　137, 142, 144
川端康成　98, 99
河村幸次郎　232
河盛好蔵　92, 159, 370
カント　142, 147
カントゥルム , スコラ　374
蒲原有明　42, 62, 102, 105, 109, 113, 129, 137, 142, 145
カンポー , アントワーヌ　234

キェルケゴール　81, 93
岸田国士　180
岸田辰彌　400, 401, 411, 414, 417 ～ 419, 421 ～ 423
岸田劉生　401
岸洋子　428, 437
北原白秋　50, 59, 61, 142, 146, 349
北村透谷　38
杵屋小三郎　390
杵屋六左衛門　390
木下杢太郎（太田正雄）　48 ～ 59, 61 ～ 66, 68 ～ 73, 75 ～ 77, 80
紀貫之　214 ～ 217
紀淑望　217
ギマール　197
ギメ , エミール　273, 294
ギャル , フランス　431, 433
ギュイヨ　142
キュレル　64
清瀬保二　371, 376, 380, 381

クールベ　55
グールモン　137, 218
九鬼周造　139 ～ 157, 365, 391, 394 ～ 397, 399
九鬼隆一　140, 359
くどうべん　441
国木田独歩　149
グノー　389
久米邦武　20, 23, 27, 341
久米桂一郎　56, 74
久米博　82, 93, 94
グラナドス　369
栗本鋤雲　342, 356
厨川白村　148
クルーツベルジェ　282
グルック　384
グルモン , レミ・ド　33, 44
クレール , ルネ　425, 439
グレコ , ジュリエット　427, 430, 434, 441
クレモンチーヌ　434
黒岩涙香　97
クローデル , ポール　289
クローン　366
クロ , シャルル　213, 427
黒田清輝　59, 202, 222, 238, 250, 268
グロ男爵　278
桑原武夫　44, 89, 93

渓斎英泉　280
ゲーテ（ゲエテ）　63, 147
ゲーンズブール , セルジュ　430, 431, 433, 441

ゲオルゲ　54
ゲルヌ , A.　98

幸徳秋水　24
ゴーチエ , テオフィル　64, 136, 190, 208, 211 ～ 213, 218, 221, 223, 267, 277
ゴーチエ , ジュディット　ii , iv, 184, 186, 189 ～ 191, 194, 199 ～ 202, 205 ～ 208, 211, 213 ～ 215, 217 ～ 221, 223, 233, 235, 251, 267, 268
郡虎彦　389
古賀力　439, 441
コクトー , ジャン　60, 320
越路吹雪　428, 438

小島威彦　141
兒玉和三郎　32
コック, ポール・ド　345
ゴッホ　197, 280
小畠賢八郎　374
小林一三　414
小林秀雄　94, 117, 130, 132 ～ 134, 137, 158, 171 ～ 174, 176, 179, 181, 369
小松清　321
コルディエ, アンリ　65
コルトー　374
コルビエール　130
コレ, ルイーズ　275, 276
コロー　55
ゴンクール（ゴンクール兄弟, エドモン・ド・ゴンクール）　62, 64, 186, 188, 240, 242, 251, 261, 262, 272, 273, 280, 282, 284, 286, 288, 292, 293, 344
ゴンス, ルイ　188, 198, 199, 230
近藤浩一路　328

サ行

サイード, エドワード　311, 319
西園寺公望　ⅱ, 184, 206, 207, 214, 215, 218, 219, 222, 224
齋藤磯雄　128
斎藤茂吉　57
堺利彦　30, 31
佐久間象山　10, 11, 13, 25
櫻井豪人　14, 26
佐々木信綱　146
サトウ, アーネスト　50
佐藤朔　128
サマン, アルベール　135
鮫島直道　282
サルトル　143
サンド　154
サンドー, ジュール夫人　278
ジイド　376
シーボルト, フィリップ　280, 292
シェイクスピア　85
シェイラ　431
シェーンベルク　373, 445
シェノー, エルネスト　191, 230, 239
ジェラルディ, ポール　64, 68
シェレ　197
支倉常長　5, 16
シドッチ　5
司馬江漢　8
柴田剛中　16
柴田南雄　378
島木赤彦　141
島崎こま子　43, 44, 47, 388
島崎藤村　28, 29, 31, 34, 37 ～ 40, 42, 44, 46, 47, 109, 113, 129, 346, 349, 350, 357, 368, 380, 382, 388 ～ 394, 396 ～ 398
島村抱月　73, 109
清水脩　373, 380
シモンズ, アーサー　107, 112 ～ 114, 118, 137
シャール, ドレアン　121
ジャコーザ　324
シャトーブリアン　311
ジャルー, エドモン　64
シャルパンティエ, ジョルジュ　272, 273, 282, 284, 286
シャルパンティエ, テレーズ　228
ジャンケレヴィッチ, ヴラディミール　79, 81 ～ 83, 85, 87 ～ 94, 96
シャンフルーリ　282
シャンポリオン, ジャン＝フランソワ　276
シュービン, オシップ　103
シューマン, クララ　364
シュトラウス, リヒャルト　365, 372, 384 ～ 387, 397
ジュネット夫人　282, 284
ショーペンハウアー（ショペンハウエル）　108, 383

ショパン　365
ショルツ　366
白井鐵造　401 ～ 423, 425
ジロー, イヴェット　427
ジロ, シャルル　187, 202
新城和一　30
ジンメル, ゲオルク　57

スウェーデンボルグ（スヰデンボルグ）107, 108, 110
菅原明朗　370, 374
菅原道真　122, 370
菅野昭正　128
杉竹二郎　360
杉田玄白　6, 7
杉本つとむ　14
スクリャービン　368
鈴木信太郎　14, 128, 137, 138, 172
薄田泣菫　142, 145
スターム　114
ストラヴィンスキー　373, 375, 388
ストロース夫人　252

セザンヌ　56, 74, 327
セジャンジェ, ジゼール　275

荘繁太郎　35 ～ 37
ソクラテス　80, 81, 84, 93
ゾラ　52, 54, 61, 73, 344, 345
ソラール, M. C.　434

タ行

高木東六　370, 375
高島米峯　30
高島北海　iii, 225 ～ 234, 236 ～ 243, 251
高野長英　7 ～ 11, 25
高橋邦太郎　14, 202, 207, 222, 227, 242
高橋広江　128, 176
高浜虚子　370
高英男　427, 428
高村光太郎　32, 56, 142, 144, 145, 352
高山樗牛　383, 397
瀧田貞二　14, 26
滝廉太郎　365, 370
宅孝二　370, 374, 375
竹内勝太郎　158 ～ 176
竹内栖鳳　238
竹田省　389
竹中郁　343, 351, 352, 356, 357
太宰治　128
太宰施門　179
太宰徹雄　128
田谷力三　425
多田道太郎　128
橘糸重　388
伊達政宗　4
田中貞夫　14
田辺元　141, 149, 170
谷崎潤一郎　99, 102, 113, 128
ダヌンチオ（ダヌンツィオ）31, 33, 35, 195
ダミア　426, 431
田山花袋　46, 105, 106, 109, 113, 115, 118
ダルマス, レイモン・ド（ダルマス伯）228 ～ 231, 240

近松門左衛門　437
茅野蕭々　139

鶴見俊輔　87, 89, 94, 96, 439

ディキンス　209
ティボーデ　83
ティン・トゥン・リン　213
テーヌ　64
出口美保　435
出口裕弘　ii
デュアメル　64

デュ・カン，マクシム　274, 276, 295
デュマ，アレクサンドル　97
デュラン，ジャック　393
デュランティ，ルイ・エドモン　290
デュルケム　83
デュレ，テオドール　65, 203
デルヴィリ，エルネスト　286, 294, 295

土居光知　149
トゥヴィヨン，エミール　234
ドーデ夫人　286
ドーデ，レオン　64
ドービニー　345
ドガ，エドガール　151, 192, 249
徳川吉宗　6, 25
ドストエフスキー（ドストイエフスキー）　38, 94, 376
戸田邦雄　371, 380
魚屋北渓　280
ドビュッシー（ドビュッシイ）　79, 266, 367 ～ 369, 374, 376, 381 ～ 397
富田仁　14, 21
富永太郎　117, 119, 129, 130, 132, 134, 135, 137
外山正一　19
ドラクロワ　311
鳥居耀蔵　8, 9
トレネ　427, 431

ナ行

内藤濯　179, 367, 380
永井荷風　74, 102, 103, 125 ～ 129, 135 ～ 137, 343 ～ 350, 356, 368, 370, 380, 382 ～ 384, 386 ～ 388, 390, 396, 398
中江兆民　24, 30
中島健蔵　171, 172, 369, 371 ～ 373, 380
長田秀雄　59
永田文夫　437 ～ 439, 442
長与専斎　10
中原中也　117, 130, 132 ～ 134, 136, 137, 178 ～ 181, 369
中原美佐緒　428
中村雅真　361
ナタリー　434
夏目漱石　45, 61, 72, 98, 103, 142, 356
ナデージュ　434
ナポレオン（ボナパル）　9, 18, 19, 24, 277, 342

ニーチェ　326, 383
新村出　50
西田幾多郎　141, 145, 161, 170, 176
西堀昭　14
ニジンスキー　389
二宮金次郎　374

ヌエット，ノエル　64, 76

ネルヴァル　130, 178, 211, 311

ノアイユ夫人　68, 178
ノードリンガー，マリー　246, 252
野島一郎　404, 413
野田宇太郎　61, 72, 73, 75
野渕龍潜　360
野間宏　165, 166, 169, 173 ～ 177
野村光一　365, 367, 368, 380
ノルダウ　114

ハ行

バーキン，ジェーン　433
ハーン　210, 216
ハイデガー　139, 145 ～ 147, 149, 152, 153, 394
バイヤール＝サカイ，A.　100
萩原朔太郎　128, 142, 144, 145, 151
白楽天　122
橋本左内　10, 25
長谷川天渓　109

服部龍太郎　436, 437
バッハ　365, 366, 368, 371, 374
ハネカー　114
ハネム, クーシウク　277
馬場睦夫　128
浜尾新　15
林式部　8
林述斎　8
林達夫　79 ～ 96
林芙美子　154, 343, 351, 353, 354, 357
原田潜　30
バルザック　25, 26, 154
パルドオ夫人　389
バルト, ロラン　314, 317, 320, 333
バルバラ　430
伴悦　109
パンゲ, モーリス　325

ピアフ, エディット　429 ～ 431, 434, 439
ビイ, ロベール・ド　252
ピカソ　267, 327
引田一郎　410, 422
久松一聲　414
久松潜一　220
ピサロ　55
ビゼー, ジャック　252
ヒューム, T. E.　152
ビューロー　364
ビュシエール, エルネスト　227, 241
ビュトール, ミシェル　240, 320
ビュルティ, フィリップ　189, 199, 230, 273, 292
平尾貴四男　370, 374, 378
平出修　33, 35, 45, 46
平野謙　43
平野久保　32
ビラン, メーヌ・ド　142
広瀬哲士　179
ヒロン, アビラ　4
ビング, サミュエル　198, 199, 202, 203

ファリャ　373, 375
ファレール, クロード　64
フィッツマイエル　209, 210
ブーイエ, ルイ　213
フーコー, ミシェル　150, 156, 196, 203
ブートルー　142
プーランク　373, 375
ブーランジェ, ナディア　370, 374
ブールジェ, ポール　64, 287
ブールデル　50, 57
フェラ, ジャン　430
フェリエ, ミカエル　333, 338
フェルメール　255
フェレ, レオ　427, 430, 441
フォーチュン, ロバート　248, 263
フォール, ポール　350
フォーレ, ガブリエル　96, 367, 369, 380
フォンテーヌ, ブリジット　434, 441
深井史郎　375, 376
深緑夏代　435
福岡易之助　179
福沢諭吉　10, 16 ～ 20, 23, 26, 140, 208
福田和也　153, 157
福地復一　360
福永武彦　128
藤田省三　88, 95
藤田嗣治　401, 421
富士正晴　160, 173, 174, 176
藤森文吉　98
ブスケ, ジョルジュ　273, 292
プッチーニ, ジャコモ　299, 324
ブラームス　365, 366, 368, 373
ブラウ　6
ブラウニング, ロバート　121
ブラジヤック　152
ブラッサンス, ジョルジュ　430, 431, 439 ～ 441

ブランシャール , M.　248
ブランショ , モーリス　148, 149, 153, 154, 156
フランス , アナトール　64, 65, 72, 79
ブラン , パスカル・ルネ　438
ブリズー , オーギュスト　234, 242
ブリューゲル　173, 177, 276, 282, 291
プリュドム , シュリー　234
ブリュノー , ジャン　276, 277, 291
プリングスハイム , クラウス　372, 376
プルースト , マルセル　iii, 62 ～ 64, 75, 77, 80 ～ 82, 93, 149, 245 ～ 247, 250, 252, 253, 256, 260 ～ 264
ブルックナー　365
ブルデュー , ピエール　287
ブルトン　148
プレヴェール　429, 430
フレール　431
ブレル　430, 431
フロイス , ルイス　4
プロコフィエフ　373
フロベール　272 ～ 285, 287 ～ 291, 294, 295, 354

ベートーヴェン　330, 365, 366, 368, 371, 374
ベコー , ジルベール　428
別宮貞夫　378, 379, 381
ベラスケス　52
ベラスコ , ディビッド　324
ペリー　10
ベルクソン　82, 83, 91, 92, 94, 142, 144, 146, 152, 394 ～ 396
ベルゼリウス　10, 13, 25, 26
ベンヤミン , ヴァルター　141, 336, 337, 339

ホイスラー　55, 56, 73, 74
ポー　114
ボージャン　179
ボードリヤール , ジャン　314
ボードレール　ii , 52, 58, 61, 73, 102 ～ 106, 108, 111, 112, 114, 115, 117, 120 ～ 122, 124 ～ 126, 128 ～ 130, 132, 135, 136, 138, 159, 162, 164, 178, 348, 430
星崎隆一　140
ボッテイチェリ　257
ホフマンスタール　50, 54
ポプラン　213
堀口大學　128, 138, 143, 144, 346, 350, 351, 357
堀正旗　414
ポルナレフ　431, 433
ボワイエ , リュシエンヌ　426, 436
ボワレーヴ , ルネ　62

マ行

マーラー　365, 372, 373
前野良沢　6, 7
マシアス , エンリコ　427, 438
増沢健美　372, 380
マチルド皇女　272, 282, 284
松尾邦之助　401
松尾芭蕉　149
松木弘安　210
松平直亮　360
松平頼則　370
松本良順　10
マドセン , ステファン　227
マニー , コレット　431
マネ , エドゥアール　55, 56, 73, 192, 250, 272
馬渕明子　203, 285, 294, 295
マラルメ , ステファヌ　103, 111, 115, 130, 132, 133, 137, 149, 151, 154, 165 ～ 167, 175, 178, 201, 220, 221, 346, 368, 389
マルクス　28, 83, 166
マルタン , エレーヌ　441
マルチノ , ピエール　211
マルティヌー　373
丸山明宏（美輪明宏）　428
丸山順太郎　179

マルロー, アンドレ　64, 320, 321, 326 ～ 328, 330, 331, 334, 336, 337
マン, トーマス　372

三浦関造　30
三木清　141
三木露風　135, 137, 142, 145, 160, 175, 392
ミケランジェロ　191
ミシュラン, アンドレ　66
ミショー　333
水田茂　408
水之江滝子　407
溝口健二　443
三田光妙寺（光妙寺三郎）　206, 221
三宅雪嶺　30
宮崎駿　428
ミュッセ　120
ミヨー　373, 375
三善晃　378
ミレー　54, 55

ムーテル, リヒヤルト　50, 52 ～ 54
ムスタキ　430, 431, 434
村上菊一郎　128
村上英俊　10 ～ 14, 24 ～ 26
村野四郎　142

メーテルリンク, モーリス（メーテルランク, マアテルリンク）　107, 108, 111, 137, 256, 262, 385
メーボン, アルベール　396
メドハースト　14

モアッティ　321
モークレール　284
モーパッサン　272, 285, 288, 344
モネ, クロード　55, 61, 192, 250, 260, 262, 264, 272, 280
モラス, シャルル　152, 153
モラン, ポール　64
モリエール　ii
森鷗外（森林太郎）　29, 31 ～ 33, 45, 48, 61, 72, 103, 105, 126, 141, 143, 144, 146, 383, 385
モリゾー　54
森田思軒　21, 24
諸井三郎　369, 372, 378
モンタン, イヴ　427 ～ 430, 434
モンテスキウ, ロベール・ド　186, 188, 191, 252, 260, 268
モンテスキュー　320

ヤ行

矢代秋雄　378
矢田部良吉　19, 120
柳川勝二　179
柳沢健　175, 391 ～ 394, 396 ～ 398, 401
柳田泉　21, 22, 27
柳田國男　90
矢野文夫　128
矢野峰人　103, 117, 118, 175
山内義雄　128, 175
ヤマタ, キク　99
山田耕筰　365, 368, 370, 372
山田美妙　146
山田吉彦（きだみのる）　79, 96
山本直文　179
山本芳翠　ii, iv, 184 ～ 186, 188 ～ 195, 202, 203, 222, 267 ～ 269
山本有三　17

ユイスマンス　68, 111
ユゴー, ヴィクトル　ii, 24, 97, 120, 121, 125. 211, 212, 214, 221, 267, 311, 345
ユッソン, ブランシュ　233, 235
ユルスナール　320, 333

ヨアヒム　364

与謝野晶子　32, 33, 46, 56, 57, 71, 78, 143
与謝野寛（与謝野鉄幹）　32, 33, 46, 49, 78, 139, 143
吉雄幸左衛門　7
吉田松陰　11
吉田秀和　372, 380
吉田凞生　117

ラ行

ライト　58
ラヴィリエ, ベルナール　434
ラヴェッソン　142
ラヴェル　369, 375, 389, 394, 395, 444
ラゲ　180
ラシーヌ　ii, 120
ラファエル・フォン・ケーベル　365
ラフォルグ　130, 178
ラポワント, ボビー　441
ラマルチーヌ　ii, 120, 311, 345
ランディ, ピエール　227
ランボー, アルチュール（ランボオ）　ii, 117, 120, 129, 130, 132, 133, 135 〜 138, 172, 175, 176, 178, 180, 181, 346, 430

リード, エリック　324, 338
リール, ルコント・ド　121
リヴィエール, ジャック　395
リシュリウー公爵夫人　298, 306
リスト　365
リッケルト　142, 394
リッチ, マテオ　6
リトレ, エミール　179
リルケ　57

ルイ一六世　255
ルーセ, ジャン　303
ルーセル, レーモン　148, 150, 151, 155, 156, 375, 376
ルーボー, ジャック　320
ルクー, アンドレ　290, 295
ル・コルビュジエ　58, 74
ルソー, ジャン＝ジャック（ルソオ, ルッソオ, ルウソオ）　ii, 28 〜 31, 33 〜 39, 41 〜 46, 79
ルソー, テオドール　280, 281
ルツセル　376
ルノー　431, 441
ルノワール, オーギュスト　55, 56, 250, 272
ルボー　210, 220
ルモワーヌ, ヴィクトール　250
ルルー　374

レヴィ＝ストロース　320, 333
レヴィ＝ブリュール　83, 89, 96
レガメ, フェリックス　273, 286, 294
レニエ, アンリ・ド　121, 125, 135, 346
レニョー＝ガティエ, S.　99

ローダンバック　348
ロートレアモン　153, 154
ロートレック　197
ロセッティ　41, 122
ロダン, オーギュスト　50, 56, 57, 73, 74
ロッシュ, レオン　15
ロティ, ピエール　64, 251, 252, 283, 284, 297 〜 309, 311 〜 319, 324, 331 〜 333
ロドリゲス, ジョアン　4
ロニー, レオン・ド　190, 209, 210, 216
ロバン, シャルル　283, 294
ロブ＝グリエ, アラン　280
ロマン, ジュール　64
ロラン, ロマン　368, 387, 395
ロング, ジョン・ルーサー　299, 324
ロンサール　120

ワ行

ワーグナー（ワグナー，ワグネル） 200, 267, 365, 368, 383 ～ 387, 392, 397
ワイルド 267
渡辺一民 83, 88, 93 ～ 95, 174
渡辺華山 4, 8 ～ 11, 18, 25
渡辺貞夫 375
渡辺廣士 43, 46
綿抜瓢一郎 33, 45, 46
和辻哲郎 78, 365

●執筆者一覧

鵜飼《うかい》 敦子《あつこ》　京都大学大学院人間・環境学研究科博士後期課程

＊宇佐美《うさみ》 斉《ひとし》　京都大学名誉教授

大浦《おおうら》 康介《やすすけ》　京都大学人文科学研究所教授

岡田《おかだ》 暁生《あけお》　京都大学人文科学研究所助教授

柏木《かしわぎ》 加代子《かよこ》　京都市立芸術大学教授

柏木《かしわぎ》 隆雄《たかお》　大阪大学大学院文学研究科教授

北村《きたむら》 卓《たかし》　大阪大学大学院言語文化研究科教授

小西《こにし》 嘉幸《よしゆき》　大阪市立大学名誉教授

小山《こやま》 俊輔《しゅんすけ》　奈良女子大学文学部教授

近藤《こんどう》 秀樹《ひでき》　大阪教育大学非常勤講師

阪村《さかむら》 圭英子《けえこ》　京都市立芸術大学非常勤講師

佐野《さの》 仁美《ひとみ》　佛教大学非常勤講師

高木《たかぎ》 博志《ひろし》　京都大学人文科学研究所教授

高階《たかしな》 絵里加《えりか》　京都大学人文科学研究所助教授

内藤《ないとう》 高《たかし》　大阪大学大学院文学研究科教授

袴田《はかまだ》 麻祐子《まゆこ》　早稲田大学21世紀COE演劇研究センター特別研究生

松島《まつしま》 征《ただし》　京都大学名誉教授

三野《みの》 博司《ひろし》　奈良女子大学文学部教授

森本《もりもと》 淳生《あつお》　一橋大学大学院言語社会研究科助教授

吉川《よしかわ》 順子《じゅんこ》　京都大学大学院文学研究科博士後期課程

吉田《よしだ》 城《じょう》　故人（元京都大学大学院文学研究科教授）

（50音順、＊は編者）